W0266186

SOMMAIRE

Nº 251
janvier-mars

DOSSIER

La renaissance de la géopolitique dans l'action et la pensée politiques en France et en Allemagne

Dossier dirigé par Daniel Göler, Reiner Marcowitz et Stephan Martens, publié avec l'aide du Centre d'études germaniques interculturelles de Lorraine (CEGIL) à l'Université de Lorraine (UL), du Pôle Lettres, Langues, Espaces, Cultures et Temps (LLECT) de l'Université de Lorraine (UL) et de l'Eurométropole de Metz

DOSSIER

La renaissance de la géopolitique dans l'action et la pensée politiques en France et en Allemagne

Dossier dirigé par Daniel Göler*, Reiner Marcowitz** et Stephan Martens***,
publié avec l'aide du Centre d'études germaniques interculturelles de Lorraine (CEGIL) à l'Université de Lorraine (UL), du Pôle Lettres, Langues, Espaces, Cultures et Temps (LLECT) de l'Université de Lorraine (UL) et de l'Eurométropole de Metz

INTRODUCTION

Les textes rassemblés dans ce dossier sont issus d'un Programme-Formation-Recherche (PFR) mené sous l'égide du Centre interdisciplinaire d'études et de recherches sur l'Allemagne (CIERA) portant sur « La France et l'Allemagne face au retour de la géopolitique dans l'analyse des enjeux stratégiques pour l'Union européenne (UE) » (2022-2024). Fruit d'un partenariat entre CY Cergy Paris Université et le Laboratoire AGORA, l'Université de Lorraine (pôle de Metz) et le centre CEGIL, ainsi que l'Université de Passau, le PFR a eu pour objectif d'analyser les défis posés par toute une série d'instabilités politiques, mais surtout par le regain de la guerre en Europe, avec le conflit ukrainien, aux dirigeants, acteurs publics et société civile en France et en Allemagne, à travers le prisme du retour de la géopolitique comme outil d'analyse. Au cours des journées d'études de Paris (Maison Heinrich Heine, 23 et 24 mars 2023) et de Passau (17 et 18 octobre 2024), ainsi que du colloque de Metz (22 et 23 novembre 2023), les intervenants ont tenté de décrypter les différences d'interprétation que peuvent avoir Français et Allemands du concept de la « géopolitique », ainsi que des notions « d'Europe puissance », « d'autonomie stratégique » ou « d'Europe géopolitique », de déchiffrer les enjeux géostratégiques essentiels pour l'Europe d'un point de vue français et allemand, en analysant des cas d'espèces concrets, d'évaluer enfin la concordance ou la divergence, voire le décalage, des « représentations » et des politiques de défense et de sécurité mises en œuvre de part et d'autre du Rhin, et de savoir dans quelle mesure et comment ces politiques française et allemande pourraient s'articuler à l'échelle de l'Union européenne (UE). Les textes scientifiques reproduits dans ce dossier, et qui émanent des différentes interventions, permettront au lecteur de mieux appréhender l'intérêt de décliner une thématique portant sur le retour de la géopolitique dans les affaires européennes et internationales.

L'Europe connaît effectivement un indéniable retour de la géopolitique dans les débats politiques au début des années 2020 – l'UE connaissant alors un contexte exceptionnel. En janvier 2020, la Commission européenne nouvellement désignée évoque, à travers sa présidente Ursula von der Leyen, une « Europe géopolitique » – c'est-à-dire une Europe capable de s'inscrire dans une logique de compétition entre États sans pour autant être elle-même un État –, tandis que le président du Conseil européen, Charles Michel, et le Haut représentant pour les Affaires étrangères et la

* Professeur de sciences politiques à l'Université de Passau, titulaire de la Chaire Jean Monnet de Politique européenne

** Professeur de civilisation allemande à l'Université de Lorraine

*** Professeur d'études allemandes et européennes à CY Cergy Paris Université

politique de sécurité, Josep Borell, reprenaient le concept « d'autonomie stratégique européenne », cher au président Emmanuel Macron[1]. Plus récemment, le chancelier Olaf Scholz, déclarait que l'avenir de l'Allemagne se joue à travers une Europe qui serait un « acteur géopolitique[2] ». L'on voit que les dirigeants au sein de l'Union parlent désormais la langue de la « puissance ». Mais qu'en est-il des ambitions géopolitiques alors que la plupart des experts des questions européennes pointaient un réel analphabétisme de l'UE en matière de réflexion stratégique[3] ?

L'idée « d'Europe géopolitique » avancée par la Commission européenne relevait certes plus de l'intention que d'un projet formalisé[4]. Mais ce qui a conduit à la traduction de cette intention en action ce sont deux événements majeurs : la crise de la COVID puis la guerre en Ukraine. Avec la crise de la COVID, les Européens ont en effet pris conscience que si l'interdépendance économique offrait d'indéniables avantages, elle présentait aussi des risques sérieux de vulnérabilité et de dépendance. C'est à partir de là que le débat sur la Chine a ressurgi : si la Chine contrôlait la production mondiale de masques, qu'en serait-il si une crise venait à priver les Européens de matières rares ? À peine la crise de la COVID surmontée, les Européens se sont trouvés plongés dans la guerre ukrainienne. Avec, à nouveau en toile de fond, le débat sur la dépendance des États membres de l'UE cette fois-ci énergétique vis-à-vis de la Russie. Ce débat concernait en particulier l'Allemagne, en raison de son exorbitante dépendance du gaz et du pétrole russes – une sujétion qui était également à relier à la question du sentiment de culpabilité : les dirigeants allemands n'avaient-ils pas longtemps considéré que la construction des North Stream 1 et 2 constituait aussi une forme de dette morale contractée par l'Allemagne vis-à-vis de la Russie pour le mal qu'elle lui avait fait pendant la Seconde Guerre mondiale ? La crise de la COVID puis la guerre en Ukraine ont fait voler en éclats de nombreux schémas de pensée. Le chemin mental et politique franchi par les États membres de l'UE et en particulier l'Allemagne depuis l'invasion de l'Ukraine par Moscou, le 24 février 2022, a été considérable : alors qu'au début de la guerre, l'Allemagne n'envisageait d'envoyer aux Ukrainiens que quelques milliers de casques, elle est devenue aujourd'hui le premier fournisseur d'armes derrière les États-Unis[5].

L'Union est aujourd'hui entourée de zones particulièrement instables dans le bassin méditerranéen et surtout dans l'Est européen, avec la guerre en Ukraine. L'Europe, pôle de stabilité attractif pour d'autres parties du monde, est ainsi poussée à intervenir (in)directement dans la gestion de conflits proches. D'autres crises, au cours des années 2010, comme la guerre en Syrie, la montée du fondamentalisme religieux et le terrorisme international, les flux migratoires ou la guerre commerciale entre États-Unis et Chine, étaient déjà venues rappeler que le projet européen à visée d'abord interne ne pouvait plus faire l'impasse sur le monde extérieur. Fondamentalement, l'ère Donald J. Trump de 2016 à 2020, a été celle d'une prise de conscience sur le vieux continent : à des Européens rêveurs de paix universelle par la grâce du droit, le président américain avait révélé le monde tel qu'il est, c'est-à-dire une affaire de rapports de force. La prise de conscience concerne donc le chantier du nécessaire rehaussement de la posture extérieure et stratégique européenne, au moment où des redistributions significatives de la puissance mettent en doute la fiabilité

1. Cf. Maxime Lefebvre, Édouard Simon (dir.), « Une Europe géopolitique ? » (dossier), *La Revue internationale et stratégique*, n° 122, été 2021.
2. Olaf Scholz, « Die EU muss zu einem geopolitischen Akteur werden », *Frankfurter Allgemeine Zeitung*, 17.07.2022.
3. Cf., notamment, Renaud Girard, « L'UE ne sera jamais une puissance géopolitique ! », *Le Figaro*, 28.06.2021.
4. Cf. Teona Giuashvili, Fabrizio Tassinari, « Beyond Geopolitical Europe », *Policy Brief*, Florence School of Transnational Governance, Policy Papers, Janvier 2024.
5. Cf. Katarina Engberg, « Germay's rôle in a Geopolitically Changed Europe : the Thinking in Berlin », *European Policy Analysis*, Swedish Institute for European Policy Studies, août 2022.

des mécanismes internationaux de gestion des crises au sens large. Les Européens sont confrontés à la nécessité d'analyser leur environnement, d'identifier leurs intérêts et de concevoir des réponses dans un contexte d'urgence des risques et d'ampleur des enjeux.

L'Europe, celle de l'Union, c'est la « norme sans la force[6] », parce qu'après la Seconde Guerre mondiale, c'est la norme qui a construit le lien entre les citoyens européens[7]. Mais l'environnement mondial d'aujourd'hui force l'Union à abandonner son innocence géopolitique, elle est obligée de se « penser » davantage dans la compétition mondiale. C'est le plus grand défi : l'UE s'est présentée comme une puissance économique évitant les logiques traditionnelles du rapport de force, alors qu'elle doit se muer en acteur stratégique majeur d'envergure internationale. L'on voit bien aujourd'hui que cette Union, couronnée du prix Nobel de la Paix en 2012, fait face à la guerre, antithèse existentielle de sa vocation, en devenant soutien financier et matériel de l'arsenal militaire ukrainien dans le conflit engagé par le voisin russe[8]. Annalena Baerbock, ministre fédérale des Affaires étrangères, membre du parti des Verts, lance sans hésiter devant l'Assemblée parlementaire du Conseil de l'Europe, le 24 janvier 2023 à Strasbourg : « *We are fighting a war against Russia* » (Nous menons une guerre contre la Russie). L'on constate à quel point les Européens commencent à admettre que leur projet de paix ne fera pas fatalement tache d'huile à l'extérieur et que la géopolitique s'invite à nouveau dans l'analyse des enjeux politiques, économiques, stratégiques sur les scènes européenne et internationale[9], avec la résurgence de notions comme celles de « sphères d'influence », de « jeux de puissance », de « realpolitik » de l'intérêt bien compris[10], ou encore de « guerre économique[11] », voire même de « conflictualité géopolitique » dans le secteur financier[12].

Des géographes et politologues avaient certes observé le retour ou la renaissance de la géopolitique en France[13], mais aussi en Allemagne[14], dès le début des années 1990 avec, et ce n'est paradoxal qu'en apparence, la fin de la Guerre froide

6. Zaki Laïdi, *La norme sans la force : l'énigme de la puissance européenne*, Paris, Presses de la FNSP, 2005.
7. L'UE est ainsi une expérience qui permet de gérer quotidiennement, de manière contractuelle et civilisée, des désaccords nationaux, il existe un modèle européen avec des règles (acquis communautaire) et des valeurs (acquis politique) qui ont dessiné un espace communautaire à l'intérieur duquel la paix est assurée, les droits de l'Homme garantis et les injustices sociales combattues pour promouvoir la prospérité pour tous.
8. Cf. Cyrille Bret, « Comment la guerre a déjà changé l'Union européenne », *Blogpost*, Institut Jacques Delors, 21.02.2023 ; Pierre Ménat, *L'Union européenne et la guerre*, Paris, L'Harmattan, 2023.
9. Cf., par exemple, Jochen Buchsteiner, « Deutschland braucht Geopolitik », *Frankfurter Allgemeine Sonntagszeitung*, 21.05.2023.
10. Cf. notamment, Thomas Gomart, « Le retour du risque géopolitique. Le triangle stratégique Russie, Chine, États-Unis », *Les notes de l'Institut*, Institut de l'Entreprise, janvier 2016 ; Kai-Olaf Lang, « Schluss mit strategischer Blindheit. Die EU braucht eine balancierte Geopolitik », *Politikum*, n° 2, été 2019, p. 62-66 ; Martin Grosch, *Geopolitische Machtspiele. Wie China, Russland und die USA sich in Stellung bringen und Europa immer stärker ins Abseits gerät*, Munich, Olzog, 2022 ; Bruno Tertrais, *La guerre des mondes. Le retour de la géopolitique et le choc des empires*, Paris, Éditions de l'Observatoire, 2023.
11. Cf., notamment, Sandra Ebner *et. al*, « Investieren im Großmachtwettbewerb. Ein geopolitischer Kompass für aktives Chancen- und Risikomanagement », *White Paper Risikomanagement 2023*, Union Investment Deutschland, octobre 2023 ; Christian Harbulot, La guerre économique au XXIe siècle, Paris, VA Éditions, 2024.
12. Cf. Guillaume A. Callonico, *Le réveil géopolitique de la finance. Votre organisation est-elle prête pour la guerre ?*, Paris, Le Lys Bleu, 2023.
13. Cf., notamment, Jean Klein, « Renaissance de la géopolitique. Espace, frontières et peuples dans l'organisation de la sécurité européenne », *Études internationales*, n° 2, juin 1995, p. 347-360 ; Paul Claval, *Géopolitique et géostratégie. La pensée politique, l'espace et le territoire au XXe siècle*, Paris, Nathan, 1996.
14. Cf., notamment, « Geopolitik. Ein altes Konzept wird neu befragt » (dossier), *WeltTrends*, n° 4, 1994 et n° 6, 1995 ; Jan Helmig, « Geopolitik. Annäherung an ein schwieriges Konzept », *Aus Politik und Zeitgeschichte*, n° 20-21, 2007, p. 31-37.

qui, très vite, ne s'est pas révélée être la « fin de l'Histoire » (Francis Fukuyama) et le début d'une politique intérieure mondiale sans conflits, mais bien au contraire, avec l'occupation irakienne du Koweït ou la guerre civile en Yougoslavie, un « retour de l'Histoire » (Henry Kissinger) très conflictuel. Dans d'autres pays européens, la géopolitique a même connu un essor considérable, comme en Italie, où la revue *Limes. Rivista di geopolitica italiana*, fondée par le journaliste et universitaire Lucio Caracciolo en 1993, a établi, en 2021, la « Scuola di Limes », son École de géopolitique, pour former une nouvelle élite de dirigeants. Il est vrai aussi que ces dernières années, ce mot s'est hissé au rang de terminologie à la mode : les conférences de prétendus experts en géopolitique, les parutions éditoriales thématiques, les projets autoédités par des passionnés sur YouTube par exemple, se développent et se multiplient. Il faut dire que la « géopolitique » est un terme repris et utilisé à de multiples fins, donc sans sens précis, notamment par les médias[15]. La géopolitique, en somme, vit un moment de découverte populaire.

Mais à l'inverse de la France, la réflexion géopolitique en Allemagne est restée longtemps après la fin de la Seconde Guerre mondiale objet de méfiance, voire de tabou. Car la *Geopolitik* née, du moins dans sa forme codifiée, à la fin du XIXe siècle dans le monde germanique – avec le géographe Friedrich Ratzel, comme fondateur, et le Suédois Rudolf Kjelléen qui a inventé le terme en 1899 –, a connu, après la Seconde Guerre mondiale, une condamnation unanime liée à l'influence d'auteurs allemands, comme Karl Haushofer, dans la structuration de la stratégie d'expansion territoriale nazie[16]. Si en Allemagne de plus en plus d'acteurs politiques et économiques ont, depuis une décennie, (ré)intégré dans leur discours le concept de « géopolitique », les médias et les intellectuels allemands restent plutôt réticents à son emploi[17]. En France, c'est à partir des années 1970 que le terme a pu véritablement être remobilisé, grâce au projet progressiste de celui qui allait devenir le fondateur d'une véritable « école », le géographe Yves Lacoste, avec son ouvrage pionnier *La géographie, ça sert d'abord à faire la guerre*, dans lequel l'auteur montrait (et dénonçait) combien les savoirs géographiques avaient participé des stratégies de bombardement de l'aviation américaine pendant la guerre du Viet Nam, et ce faisant des visées expansionnistes des États-Unis[18].

La recherche et les débats qui ont inspiré les textes du dossier se veulent résolument inscrits dans la lignée de ce que l'on appelle désormais en France, dans la tradition d'Yves Lacoste, la « géopolitique critique[19] ». Les articles abordent des thèmes fondamentaux qui peuvent influer sur l'avenir de l'Union, d'un point de vue allemand et français. On pourra toujours discuter de la subjectivité des responsables du dossier dans le choix des questionnements abordés – les limites de l'exercice sont indéniables –, mais ils n'ont pas eu la prétention de l'exhaustivité et ont préféré mettre l'accent sur des séquences d'actualité, tout en veillant à rendre lisible leurs arrière-plans (géo)historiques.

– Daniel GÖLER, Reiner MARCOWITZ
et Stephan MARTENS –

15. Cf., à propos du vaccin anti-COVID, Alexander Chernyshev *et. al.*, « Das Menschheitsprojekt », *Der Spiegel*, 21.11.2020 ; Sylvie Kauffmann, « La géopolitique s'est enrichie d'un nouvel objet et la puissance d'un nouvel instrument : le vaccin », *Le Monde*, 28.01.2021.
16. Cf. Michel Korinman, *Quand l'Allemagne pensait le monde. Grandeur et décadence d'une géopolitique*, Paris, Fayard, 1990.
17. Cf., notamment, Hanke Ritz, « Die Rückkehr der Geopolitik. Eine Ideologie und ihre Fatalen Folgen », *Blätter für deutsche und internationale Politik*, n° 3, mars 2013, p. 71-80.
18. Yves Lacoste, *La géographie, ça sert d'abord à faire la guerre*, Paris, Maspero, 1976.
19. La « géopolitique critique » c'est la géopolitique du temps long, qui étudie l'ensemble des forces à l'œuvre (politiques, économiques, sociales et culturelles), qui retient les constantes géographiques, stratégiques et les continuités historiques, mais, consciente de l'écueil déterministe, analyse surtout les conflits sous l'angle (du choc) des « représentations » dans la mesure où c'est sans doute davantage encore que la réalité, la perception que l'on a d'elle qui induit chez les acteurs politiques et économiques les prises de décision.

Béatrice Giblin*

Le grand retour de la Géopolitique

On ne peut que constater l'utilisation massive du terme « géopolitique » au point d'être devenu un mot banal après avoir été tabou, voire infamant pour ceux et celles qui osaient l'employer. Aussi, en 1982, le comité de rédaction de la revue *Hérodote* et surtout son directeur Yves Lacoste, firent-ils preuve d'audace en changeant le sous-titre de la revue : « Stratégie-Géographie-Idéologie », pour : « revue de Géographie et de Géopolitique ». Ils furent aussitôt accusés d'avoir basculé dans l'idéologie de l'extrême-droite, façon de sous-entendre que les conceptions idéologiques de la géopolitique allemande nazie étaient désormais celles de la revue. Il n'en était évidemment rien, mais le seul emploi du terme suffisait à l'accusation, sans s'interroger sur le pourquoi du comment. L'opprobre est désormais dépassé.

C'est en France que ce grand retour est le plus manifeste. Il suffit de constater le succès des atlas géopolitiques, celui d'une émission de télévision comme « Le dessous des cartes », le choix fait par le ministère de l'Éducation nationale d'enseigner la géopolitique au lycée, la multiplication des formations universitaires de géopolitique, y compris dans les Instituts de Sciences Politiques qui ont longtemps résisté à en reconnaître le bien-fondé. En revanche, en Allemagne, le souvenir de la géopolitique nazie a rendu plus difficile ce retour, et dans les pays anglo-saxons, les spécialistes de relations internationales ont défendu leur pré-carré disciplinaire au nom de son caractère scientifique, dont la géopolitique était à leurs yeux totalement dépourvue. Comment expliquer un tel renversement en un temps relativement court, un peu plus de vingt ans ?

Un retour timide et prudent

Avant même d'aborder les trois facteurs majeurs de ce grand retour, il me faut revenir sur les conditions dans lesquelles le qualificatif de « géopolitique » a surgi sous la plume de journalistes français.

L'année 1979 constitue un tournant. Cette année-là, le Cambodge des Khmers rouges et le Viet Nam communiste, sont en guerre, guerre qui sera suivie de celle entre la Chine et le Viet Nam, la Chine ayant décidé de venir au secours de son allié

* Professeure honoraire à l'Institut français de Géopolitique de l'Université Paris 8, directrice de la revue *Hérodote, revue de géographie et de géopolitique*.

cambodgien bien que le Viet Nam soit, lui aussi, son allié. Ces guerres ont fortement surpris les observateurs des affaires internationales. En effet, trois pays communistes, alliés contre l'impérialisme américain, frères en idéologie, se faisaient la guerre non pas pour des richesses minières ou pour défendre un combat idéologique, mais simplement pour du territoire, le delta du Mékong. André Fontaine, alors directeur du journal *Le Monde*, pour exprimer son incompréhension d'un tel conflit, le qualifia de « géopolitique ».

Cette même année 1979, l'armée soviétique intervient en Afghanistan pour défendre le gouvernement communiste afghan qui affrontait la révolte armée de plusieurs tribus menée au nom de la défense de l'Islam et des valeurs traditionnelles afghanes. L'intervention soviétique dura dix ans, sans succès, ce qui surprit les observateurs : pourquoi une armée aussi puissante que celle de l'URSS n'arrivait-elle pas à vaincre les combattants de tribus qui n'étaient même pas toujours alliées entre elles ? Toutefois, ce conflit était encore indirectement un conflit de la Guerre froide, donc « classique », puisque les Américains soutenaient les combattants talibans dans leur guerre contre l'URSS, sans se préoccuper de leur radicalité religieuse alors que dans le pays voisin l'Iran, ces mêmes Américains montraient une hostilité farouche envers les mollahs et cette même radicalité religieuse – il est vrai qu'ils avaient renversé leur allié, le shah d'Iran. En France ce retour du facteur religieux dans les conflits, en particulier dans l'affrontement entre l'Irak sunnite et l'Iran chiite, étonna.

Accélération du retour de la géopolitique durant les années 1990

Tout s'est accéléré à la suite de la chute du mur de Berlin, le 9 novembre 1989, suivie de l'éclatement de l'URSS en 1991. Cet éclatement fut à l'initiative de la Russie, situation totalement inédite dans l'histoire de l'effondrement des empires, puisque résultant de la volonté de son centre et non de celle de ses périphéries. L'équilibre – relatif – de la Guerre froide entre les deux grandes puissances était donc volontairement rompu par l'un des deux adversaires. À ce moment précis, la victoire du modèle américain semblait définitive, au point que l'historien américain Francis Fukuyama a même théorisé la « fin de l'histoire », autrement dit la fin des guerres. L'effondrement économique de la Russie confortait cette conviction, les autorités russes faisant le choix du capitalisme, de la démocratie, de la liberté des médias, de l'ouverture des frontières. Preuve supplémentaire de cette normalisation des relations entre les deux anciennes grandes puissances rivales, le vote de la Russie en 1990 au Conseil de sécurité de l'ONU favorable à l'intervention américaine pour libérer le Koweït, envahi par l'armée de Saddam Hussein. Pour la première fois depuis la création du Conseil de sécurité, et jusqu'à maintenant la seule, la Russie ne mettait pas son veto à une demande des États-Unis. Guerre menée au nom du respect de la souveraineté des États, mais aussi parce que les Saoudiens, soutenus par les Américains, ne voulaient pas voir l'Irak prendre le contrôle du Koweït et donc celui d'une partie des flux pétroliers du Golfe arabo-persique. Cette guerre de quelques jours est apparue comme la consécration de la formidable supériorité de l'armée américaine, confortant s'il en était besoin, le statut des États-Unis comme la première puissance mondiale.

Cette première guerre du Golfe ne suscita pas d'analyses vraiment géopolitiques. En effet, elle fut encore analysée comme une guerre classique avec l'invasion du plus fort, l'Irak contre un minuscule État, le Koweït, mais qui dispose du seul port en eaux profondes de la région, ce qui est un énorme atout pour recevoir les tankers indispensables à l'exportation du pétrole irakien. Mettre la main sur le Koweït était aussi le moyen de s'en approprier les richesses et faciliter ainsi le remboursement de la dette irakienne contractée durant les huit ans de guerre qu'avait duré l'affrontement avec l'Iran. Si cette première guerre du Golfe ne fut pas qualifiée de « géopolitique », ses conséquences le furent, il suffit de songer à l'attentat du 11 septembre et de ses répercussions toujours actuelles.

La dislocation de l'empire soviétique s'accompagna de conséquences politiques positives pour l'Europe : effondrement des régimes communistes dans l'Europe de l'Est, réunification de l'Allemagne et dissolution du Pacte de Varsovie, mais pas de l'OTAN. Tout semblait donc devoir aller pour le mieux dans le meilleur des mondes démocratiques et le temps semblait venu de toucher les dividendes de la paix – et puisque les conflits ne semblaient plus être d'actualité, le budget des armées pouvait être réduit et attribué à d'autres domaines.

Cette illusion ne tarda pas à être dissipée. En effet, dans les années 1990, la guerre frappait de nouveau le continent européen suite à la dislocation de la Yougoslavie. Le mythe du dépassement des nationalismes ethniques et religieux par le socialisme volait en éclat. L'Allemagne fut le premier État européen à reconnaître l'indépendance d'un des États fédérés yougoslave, la Slovénie, sans doute dans l'euphorie de sa réunification, le gouvernement allemand poussait au démantèlement de tous les pouvoirs communistes en Europe. Il fut suivi aussitôt par le Vatican qui reconnut l'indépendance de la Croatie, pays catholique. Seule la France, et surtout son président, François Mitterrand, se montraient plus circonspects. En vérité, peu d'observateurs imaginaient que la reconnaissance de ces indépendances entraînerait une guerre cruelle qui dura une dizaine d'années, et fit près de 250 000 morts. Pourtant, personne, pas même le nationaliste serbe Slododan Milosevic, ne voulait reconstituer la Yougoslavie. En revanche, le dirigeant serbe voulait réunir dans un seul État l'ensemble des Serbes de Yougoslavie, nombreux hors de Serbie, surtout en Bosnie-Herzégovine et en Croatie. Au Kosovo ils étaient très minoritaires, la majorité de la population étant albanaise, mais le Kosovo était, et est toujours, considéré par les Serbes nationalistes comme le « berceau » de la Serbie, de plus c'est au Kosovo que se trouvent les principaux monastères orthodoxes.

Loin de la « fin des territoires », c'était clairement leur retour ainsi que celui des frontières, et aussi celui de la géopolitique. La découverte de la complexité territoriale de la répartition des ethnies religieuses et ethniques très imbriquées les unes dans les autres, résultat d'une longue histoire mouvementée, un temps masqué dans l'ensemble yougoslave, surprit nombre d'Européens. À deux heures de Paris, on se battait pour conquérir ou sauvegarder du territoire qui n'avait pas d'autre valeur que celle symbolique d'être celui de la nation. Dès lors, le substantif ou l'adjectif « géopolitique » est apparu sous la plume d'abord de journalistes et d'un géographe, Yves Lacoste.

Dans ce contexte de bouleversement, émergeait depuis les années 1980 un nouvel acteur, la Chine. En effet, son ouverture aux capitaux étrangers à l'initiative de Deng Xiaoping s'est avérée être un formidable accélérateur de la mondialisation aux conséquences économiques et sociales contradictoires – positives et négatives – tant dans les riches pays développés que dans les pays du Tiers-Monde. En devenant l'usine du monde, la Chine a provoqué la désindustrialisation plus ou moins importante des pays développés. Ainsi, en Europe, elle fut massive en France et beaucoup moins en Allemagne, touchant fortement les régions les plus industrialisées et mettant au chômage de nombreux ouvriers. Ce contexte favorisa le réveil de l'extrême droite qui se saisit du thème de la défense de la « Nation », en accusant, à tort, les étrangers de prendre le travail des Français – thème qui sera repris dans l'ensemble des pays européens où le rejet de l'immigration est désormais massif. Or, de cette désindustrialisation inattendue, avec son corollaire la montée du chômage chez les ouvriers, la Communauté économique européenne (CEE) fut rendue responsable – on ne parlait pas encore « d'Union européenne » (UE) –, car ses dirigeants vantaient urbi et orbi les bienfaits du marché et de la concurrence. La Chine en ouvrant son marché et sa main-d'œuvre très bon marché attirait les entrepreneurs étrangers, et bien sûr européens, ce qui favorisait les délocalisations industrielles. Dans ce contexte de libéralisme économique mondial où tout devait faciliter les échanges commerciaux, le marché est apparu à beaucoup comme le principal organisateur des relations internationales, et nombreux étaient ceux qui imaginaient que le doux commerce, cher à Condorcet, contribuerait à aplanir les tensions. Les intérêts économiques partagés allaient devenir tellement importants qu'ils éloigneraient le risque de la guerre. Autre illusion perdue depuis.

Enfin, un troisième facteur important du retour de la géopolitique est la multiplication des acteurs. Si les États restent des acteurs de premier plan, d'autres interviennent désormais dans les affaires du monde tant au niveau international que régional et local : les grandes institutions internationales, les ONG, les multinationales ou encore les grandes collectivités territoriales comme les villes-monde. Dans les années 1990, les analyses classiques des spécialistes de relations internationales, principalement politologues et historiens, ont eu de plus en plus de difficultés à rendre compte de ces profonds changements des rapports de force et de leur mondialisation. Désormais, il ne s'agit plus seulement d'analyser des conflits interétatiques mais aussi entre des mouvements religieux, des organisations clandestines, des entreprises multinationales y compris par l'intermédiaire de groupes armés. Et ces conflits se manifestent par des affrontements armés, par des actes de violences, de terrorisme, des alliances inattendues.

Dans ce nouveau contexte, les théories des relations internationales élaborées à la suite de la Seconde Guerre mondiale, telles que le néoréalisme ou l'institutionnalisme libéral, centrées sur des conflits interétatiques, ne s'appliquaient plus, ou très mal, elles étaient devenues obsolètes.

C'est pourquoi il a fallu repenser les outils d'analyse des conflits. En 1993, Yves Lacoste définit la géopolitique comme l'analyse des rivalités de pouvoir sur des territoires pour en prendre, ou en garder, le contrôle, et celui des populations comme des ressources. Mais surtout ce qui était jusqu'alors totalement négligé, et l'est encore trop souvent, Yves Lacoste insiste sur la nécessaire prise en compte des représentations contradictoires que se font les protagonistes du territoire en jeu, y compris les représentations les plus irrationnelles, mais qui peuvent s'avérer très mobilisatrices. Ainsi, en février 2022, Vladimir Poutine a décidé d'envahir l'Ukraine, soi-disant pour la dénazifier et « libérer » les Ukrainiens. En vérité, cet État n'a, à ses yeux, comme à ceux de certains Russes, aucune raison de s'émanciper de la Russie puisqu'il appartient au monde russe, et ce depuis l'origine puisque Kiev est considéré dans l'historiographie russe comme le « berceau », le lieu d'origine de ce qui deviendra la Russie. La majorité des observateurs européens ne croyaient pas à cette invasion malgré les informations fournies par le renseignement américain, car elle leur semblait aberrante. La Russie avait repris facilement le contrôle de la Crimée, cela devait lui suffire puisqu'elle préservait ainsi sa base navale de Sébastopol sur la mer Noire. De plus, le front de la guerre dans le Donbass menée par les séparatistes pro-russes soutenus par le gouvernement russe, semblait stabilisé. Pourquoi prendre un tel risque et bafouer les règles internationales du respect de la souveraineté territoriale des États ? Vladimir Poutine, pris dans sa représentation de l'inexistence d'un sentiment national ukrainien, ne pouvait concevoir la résistance et le courage des Ukrainiens pour défendre leur patrie, et surtout l'existence même de leur nation, et que l'Occident décadent, en particulier l'UE, viendrait au secours des Ukrainiens en leur apportant une aide militaire conséquente.

La géopolitique allemande

La géopolitique est née en Allemagne à la fin du XIXe siècle, précédée par le développement de la géographie, considérée comme une grande discipline scientifique et donc enseignée à la prestigieuse université de Berlin, avec le projet sous-jacent, que l'on peut qualifier de « géopolitique », de démontrer les raisons géographiques de l'unité allemande. Une fois celle-ci réalisée et l'État suffisamment puissant, il y eut le projet géopolitique de réunir les populations germaniques dispersées en Europe orientale. Les géographes allemands contribuèrent à construire les arguments géographiques pour justifier ce projet. Friedrich Ratzel, qui à l'origine n'était pas géographe, mais pharmacien et zoologiste – et la précision est d'importance –, a beaucoup contribué à développer dans son ouvrage célèbre *Géographie Politique* une conception de la géographie selon laquelle les conditions géographiques influencent la politique, ce qu'on appelle dans l'histoire de la géographie française, le « déterminisme ». « La politique de toutes les puissances est dans leur géographie », écrivait Napoléon à Frédéric-Guillaume III, roi de Prusse, dans sa lettre datée du 10 novembre 1804. Cet aphorisme ne s'est avéré que partiellement vrai.

Selon cette conception déterministe de la puissance d'un État, son développement, sa prospérité, son dynamisme, sont dépendants du territoire dont il a besoin pour s'épanouir, ce que Friedrich Ratzel définit comme un espace de vie, le fameux *Lebensraum*, nécessaire à tout organisme vivant. Or, Friedrich Ratzel assimile l'État à un être vivant, de la naissance à la maturité et au déclin. Les peuples démographiquement et économiquement les plus dynamiques étant inexorablement conduits à conquérir les plus faibles qui n'arrivent plus à défendre leur espace vital. Ce darwinisme social avait l'apparence d'une loi scientifique et devait donc mener inéluctablement l'Allemagne à la victoire sur la France. à l'issue de la Première Guerre mondiale. Ce devait être la confirmation de la supériorité dont la Prusse avait fait preuve en 1870 grâce à son dynamisme démographique et économique et à la légitimité qu'elle avait selon ses dirigeants à réunir sous son autorité les peuples germaniques, y compris les Alsaciens et les Lorrains de langue germanique. La défaite a entraîné une remise en question de ces « lois » qui n'en étaient pas, ce qui a conduit au développement de la géopolitique à l'initiative du général et géographe Karl Haushofer. Il fallait penser le monde autrement tout en donnant au Reich le rôle central : sa vision géopolitique – un monde recomposé en grands ensembles autarciques, où le Reich contrôlerait l'Europe et l'Afrique – rejoignait, justifiait « scientifiquement » et propageait la « stratégie immanente » d'un « grand espace européen », comme le stipule l'historien Georges-Henri Soutou. Il s'agissait de convaincre l'opinion publique allemande de l'impérative nécessité d'obtenir la révision des clauses territoriales du traité de Versailles, mais aussi de ceux de Saint-Germain, Trianon, Neuilly et Sèvres, car ils étaient non seulement injustes, mais absurdes puisqu'ils ne tenaient compte ni des réalités géographiques, ni de l'unité du peuple allemand désormais réparti entre plusieurs États. C'est pourquoi il crée en 1924 la revue de géopolitique *Zeitschrift für Geopolitik*. Karl Haushofer n'a sans doute pas été, comme on le dit, dans la continuité directe de la pensée ratzélienne, mais plutôt dans une approche plus pragmatique en évaluant une situation donnée pour orienter les pratiques politiques, selon la définition de la *Geopolitik* d'un de ses disciples, Otto Maull, et cela même s'il accorde beaucoup d'importance aux caractéristiques géographiques, surtout physiques, de l'État étudié. La géopolitique de Karl Haushofer a incontestablement une dimension prescriptive en accordant dans ses analyses une large place au rôle joué par les territoires et leurs situations géographiques dans les politiques mises en œuvre par les dirigeants – « faire de la géopolitique une science opérationnelle et appliquée » – tandis que la science politique cherche à analyser les décisions et comportements des dirigeants sans accorder quelque intérêt au territoire. Karl Haushofer est en quelque sorte un partisan de la Realpolitik, c'est-à-dire que la politique étrangère des États doit être évaluée à l'aune des rapports de force qui s'exercent sur des territoires précis (en cela il tient compte de l'influence de leurs caractéristiques géographiques sur la politique des États) et qui imposent aux dirigeants des contraintes, et non en fonction de leurs idéologies, car les alliances ne peuvent pas et ne doivent pas se faire uniquement en fonction de la proximité idéologique des chefs d'État.

On attribue, souvent et à tort, le concept « d'espace vital » à Karl Haushofer, alors qu'il l'emprunta à Friedrich Ratzel, et compte tenu de l'utilisation par Hitler et les siens de ce concept pour justifier la nécessité de leur conquête de l'Europe, on rend responsable Karl Haushofer de la conception nazie de la géopolitique. Il fut incontestablement un conseiller écouté par les autorités allemandes dans les années 1930. Mais c'est aussi son analyse géopolitique de l'URSS, dans laquelle il tenait compte de l'immensité de son territoire, qui montrait que sa conquête était plus qu'incertaine et que son invasion par l'armée allemande était une erreur stratégique. Sa revue de géopolitique cesse d'ailleurs de paraître en 1944. Il était tombé peu à peu en disgrâce dès 1938. Le nazisme fit de la géopolitique une science allemande s'appuyant sur le concept « d'espace vital » pour en faire une loi géographique et justifier la suprématie du peuple allemand et son expansion territoriale. Ce sont donc bien les dérives tragiques du nazisme qui ont dévoyé la géopolitique, comme elles ont d'ailleurs dévoyé la médecine, la biologie ou l'anthropologie sans, fort heureusement pour ces savoirs, les discréditer.

Le retour d'une nouvelle géopolitique démocratique et citoyenne

Le retour de la géopolitique s'explique par la complexité croissante des affaires du monde et ce à tous les niveaux d'analyse du plus vaste au plus petit. Or, cette complexité croissante est source d'inquiétude et c'est celle-ci qui pousse les citoyens à s'intéresser aux analyses géopolitiques pour tenter de mieux comprendre les affaires du monde.

Pourquoi ce retour a-t-il d'abord concerné la France ? Le rôle des jeunes journalistes lui doit beaucoup. Politisés par les guerres d'indépendance coloniales (guerre d'Algérie, du Viet Nam) et ignorants du tabou qui s'exerçait sur le qualificatif « géopolitique », d'autant plus que personne n'en parlait et qu'ils s'étaient rarement intéressés à la géographie, ils ont employé spontanément, et même innocemment, ce terme. Ils avaient conscience que dans les situations qu'ils étudiaient, le territoire avait son importance pour expliquer les rivalités dans lesquelles s'affrontaient les protagonistes des conflits, sans être pour autant l'alpha et l'oméga de toute explication, tant d'autres facteurs sont à prendre en compte.

C'est le rôle du géographe Yves Lacoste qui fut cependant déterminant dans le retour de la géopolitique dans le monde universitaire en montrant que le raisonnement géographique gagne en efficacité quand il intègre le champ du politique. Son analyse si pertinente du bombardement des digues du fleuve rouge par les Américains pendant la guerre du Viet Nam en 1972, a conforté sa conviction de l'utilité d'un raisonnement géographique multiscalaire combinant le niveau local le plus précis – impact des bombes à proximité des digues pour les fragiliser et les rompre en cas de fortes moussons –, le niveau régional – l'ensemble de la province d'Hanoï impactée par la désorganisation du réseau hydrographique du delta du fleuve rouge très peuplé –, le niveau national – par l'impact qu'aurait eu une catastrophe apparemment naturelle sur le devenir de la guerre menée par les forces communistes – et enfin le niveau mondial – les États-Unis étant directement impliqués dans ces bombardements. Cette expérience sur le terrain en temps de guerre a conduit Yves Lacoste à écrire une sorte de manifeste « *La géographie, ça sert d'abord à faire la guerre* », publié en 1976, ouvrage de petite taille, mais à l'énorme retentissement dans la discipline ainsi que dans l'ensemble des sciences sociales. Dans ce manifeste il affirmait la fonction stratégique du savoir géographique qui a précédé celle de l'enseignement.

C'est cette même année qu'Yves Lacoste fonde la revue *Hérodote* chez le même éditeur François Maspero. C'est dans cette revue et les nombreux éditoriaux/articles qu'il y publie, qu'il met au point sa conception de la géopolitique et les méthodes pour la mettre en œuvre finalisées dans le préambule du dictionnaire géopolitique publié sous sa direction en 1993. Il démontre la nécessaire association de l'étude des enjeux actuels à la recherche de causes anciennes et/ou récentes. Mener une analyse géopolitique implique d'envisager à la fois des territoires précis et des idées, car les rivalités de pouvoirs mettent en œuvre des représentations contradictoires : à tort ou à raison, chaque protagoniste à sa façon de voir les choses. Ce dictionnaire, le premier du genre, présente des situations et des problèmes géopolitiques avec des articles consacrés à tous les États et à leurs grandes subdivisions territoriales, mais également aux grands ensembles géopolitiques (le Moyen-Orient, le monde musulman, les Méditerranées ou encore l'Occident).

Loin d'être une science, la géopolitique est un savoir, une méthode d'observation, un mode de raisonnement fondé sur la superposition et l'articulation de différents niveaux d'analyse spatiale (raisonnement diatopique) pour comprendre et expliquer des événements conflictuels qui se déroulent sur un ou des territoires et qui font l'objet de représentations contradictoires de la part des différents protagonistes. De même, la recherche des causes plus ou moins anciennes de ces conflits nécessite de conduire un raisonnement historien (diachronique). C'est donc la combinaison des raisonnements diatopique et diachronique et la prise en compte des représentations contradictoires, vraies ou fausses, mais mobilisatrices, que se font les acteurs du ou des territoires en jeu qui caractérisent la méthode scientifique géopolitique. Croiser les représentations contradictoires des protagonistes engagés dans le conflit est une façon rigoureuse d'assurer l'objectivité de l'analyse géopolitique. Pendant longtemps, par souci de scientificité, les géographes ont soigneusement évité de prendre en compte les facteurs politiques et donc leurs acteurs, apparaissant comme des contingences qui faussaient le fondement de l'analyse qui devait résister au temps et donc ignorer ce qui ne relevait pas de la structure. La géographie prenait ainsi la même orientation que l'histoire avec l'école des Annales qui s'intéressait aux évolutions des sociétés dans leur ensemble sur des temps longs à la recherche des structures qui fondaient les sociétés et qui négligeait volontairement le rôle des acteurs. L'apport de grands historiens à la connaissance de sociétés historiques peu connues en particulier au Moyen-Âge, mais aussi à l'époque moderne et même contemporaine, a été tel que cette nouvelle façon de faire de l'Histoire a rencontré un large écho, car les historiens continuaient à raconter des histoires passionnantes, et qu'ils ne se sont jamais totalement coupés du champ politique. Il n'en a pas été de même avec la géographie que les géographes ont souvent limitée à l'enseignement, mais qui, amputée du politique et donc de l'action, était devenue une discipline souvent ennuyeuse où il n'y avait qu'à apprendre et peu à comprendre. Cependant, dans les années 1960 et 1970, avec l'aménagement du territoire, la géographie retrouve non seulement une autre raison d'être que le seul enseignement scolaire ou universitaire, mais aussi sa vocation première : connaître le territoire dans toute sa complexité physique et humaine pour pouvoir y agir efficacement, que ce soit pour y faire la guerre ou l'exploiter.

Le grand retour de la géographie – géopolitique

Il s'agit d'abord du retour de la géopolitique locale. L'élévation du niveau des connaissances du citoyen et un moindre encadrement (affaiblissement de l'Église catholique et des partis politiques, en particulier le parti communiste), s'accompagnent de plus de contestations de certaines décisions politiques concernant l'aménagement des territoires (implantation d'aéroports, de lignes à haute tension, de barrages hydrauliques ou d'autoroutes) et font l'objet de débats entre citoyens, représentants de l'État, élus locaux. La fréquence de ces contestations a conduit l'État à créer, en 1995, une Commission nationale du débat public pour les projets d'aménagements susceptibles d'avoir un impact sur l'environnement. Les sociétés démocratiques sont ainsi plus favorables que les régimes autoritaires aux débats géopolitiques locaux, car il s'agit bien de conflits géopolitiques dans lesquels s'affrontent des acteurs aux intérêts contradictoires quant au devenir d'un territoire, par exemple les agriculteurs partisans de la création de « mégabassines » contre les militants écologistes, défenseurs du libre accès à l'eau. Ces contestations et débats sont légitimes car l'aménagement du territoire n'est pas une science dont les lois imposeraient une seule façon d'agir, mais relève de choix politiques déterminés par les représentations contradictoires du territoire en jeu qu'en ont les citoyens et les élus.

Il s'agit ensuite du retour des territoires, au point d'en faire un acteur à part entière – les confits sont de plus en plus complexes et territorialisés. On a rappelé que longtemps les politologues ont négligé le rôle des territoires dans le déroulement des conflits privilégiant la nature des relations interétatiques fondées le plus souvent sur la puissance – approche favorisée par le contexte de la Guerre froide. L'éclatement de l'empire soviétique à l'initiative de la Russie a indirectement redonné aux territoires toute leur importance et donc à l'analyse géographique qui seule sait combiner les facteurs physiques et humains et maîtriser le raisonnement multiscalaire. Pas de géographie sans drame disait le géographe Jean Dresch – autrement dit pas de géographie sans géopolitique.

Bibliographie

Béatrice Giblin (dir.), *Les grands conflits contemporains. Une approche géopolitique*, Paris, Armand Colin, 2024.

Yves Lacoste, *La Géographie, ça sert d'abord à faire la guerre*, Paris, François Maspero, 1976.

Yves Lacoste, *Dictionnaire de Géopolitique*, Paris, Flammarion 2e édition, 1995.

Yves Lacoste, *La Géopolitique, la longue histoire d'aujourd'hui*, Paris, Larousse, 2006.

Yves Lacoste, *La Géopolitique par les cartes*, Paris, Larousse, 2022.

Florian Louis, Qu'est-ce que la géopolitique ? Paris, PUF, 2022.

Georges-Henri Soutou. « Géopolitique : les Haushofer père et fils », *Commentaire*, vol. 178, no 2, 2022, p. 437-442.

La géopolitique en Allemagne. Un état des lieux entre le passé et le présent

Florian Weber*

En Allemagne, le rapport à la « géopolitique » est ambivalent. Pendant le XIXe et au début du XXe siècle, la géopolitique était étroitement liée au nationalisme, à l'impérialisme et au colonialisme européens, fournissant ainsi des récits de nature à justifier les deux guerres mondiales ainsi que les visées du national-socialisme, en lien avec l'idéologie « du peuple et de l'espace » (*Volk und Raum*). Après ces funestes développements et le dévoiement de la science au profit de la propagande, il n'est guère surprenant que le terme soit devenu tabou dans l'après-guerre. Dans l'espace germanophone, la géographie est restée fortement descriptive et plutôt apolitique jusqu'à la fin des années 1960. Alors qu'en France, la revue géopolitique *Hérodote* était fondée en 1976, les géographes des pays germanophones avaient certes conscience des idées venues de l'étranger, mais ils ne les intégraient qu'avec réticence dans leurs propres travaux.

Ce n'est qu'à partir des années 1990 que l'on peut véritablement évoquer un renouveau de la géographie politique – l'approche fondamentale étant devenue tout autre : une perspective constructiviste de la recherche, marquée par une certaine distance analytique et critique. En Allemagne, si l'on peut parler d'une « renaissance de la géopolitique » au quotidien, c'est surtout depuis la guerre du Caucase en 2008, et davantage encore depuis l'annexion de la Crimée en 2014 et la guerre en Ukraine de 2022, en lien avec l'évocation d'une nouvelle Guerre froide. La recherche en géographie politique actuelle porte sur la manière dont on parle de « géopolitique », ce qui illustre le changement de perspective : l'analyse au lieu de la propagande activiste. Le présent article fournira dans un premier temps un aperçu des grands axes du développement de la géopolitique historique en Allemagne, pour illustrer ensuite la rupture avec les traditions qui a suivi la Seconde Guerre mondiale et pour montrer comment la recherche s'est réorientée au cours des trois dernières décennies. En s'appuyant entre autres sur les travaux du géographe politique Paul Reuber, l'évolution sémantique dans le discours médiatique sur la guerre en Ukraine, qui représente

* Professeur d'Études européennes à l'Université de la Sarre (spécialisation Europe occidentale et espaces frontaliers) et membre du centre transfrontalier *UniGR-Center for Border Studies* de l'Université de la Grande Région. En tant que géographe, il travaille notamment sur les questions relatives à la coopération transfrontalière ainsi qu'au développement urbain et régional.

un « retour de la géopolitique » au sein de la société, sera abordée, avant de dresser un bilan final succinct.

Les grands axes du développement de la géopolitique en Allemagne jusqu'en 1945

Pour pouvoir situer le rapport actuel de la science allemande à la géopolitique, un regard sur le passé est à la fois indispensable et très utile. Au XIXe et au début du XXe siècle, la tradition des voyages d'exploration dans les « pays étrangers » était dominée par une vision du monde et une perspective de recherche bien établies, basées sur l'étude géographique des pays (*Länderkunde*). Les visions du monde marquées par le déterminisme naturel dominaient : les hommes, la faune, la flore et les régions étaient perçus et pensés comme des entités naturelles, c'est-à-dire que l'on partait du principe qu'il existait des « entités spatiales naturelles » aux frontières bien définies, dont les propriétés spécifiques pouvaient être mises en évidence, selon un paradigme essentialiste[1]. Friedrich Ratzel (1844-1904) a joué un rôle particulièrement important dans ce contexte. Avec sa publication *Politische Geographie*[2], et parallèlement à l'expansion de sous-disciplines de la géographie – telles que la géomorphologie ou la géographie de l'habitat –, il a fondé une géographie politique, ou plutôt en fin de compte une « géopolitique » aux implications fortement normatives.

On peut dire que Friedrich Ratzel cherchait des corrélations entre les bases naturelles de la vie et les processus de la vie des États, mettant ainsi les déterminismes géographiques et naturels en prise avec le nationalisme. Son approche s'est de plus en plus fondée sur le darwinisme social, le modèle d'un État au territoire étendu ainsi que sur les aspirations coloniales et impérialistes. La lutte de la « vie contre la vie pour l'espace », et donc la « lutte pour la survie », en est devenue constitutive. Autrement dit, Friedrich Ratzel a fait de la recherche d'espace vital supplémentaire la condition de la survie d'un État. Avec de telles orientations, la géographie, telle qu'il la concevait, devenait une géopolitique militante qui légitimait l'aspiration des États à l'hégémonie. Les conflits entre États paraissaient alors naturels et inévitables, car l'État était considéré comme un « être organique » qui ne pouvait assurer sa propre survie que par l'expansion[3] : « Ainsi, l'État devient un organisme dans lequel une partie spécifique de la surface terrestre est tellement intégrée que les caractéristiques de l'État découlent de celles du peuple et de celles du sol[4] ». Sans autre forme de procès, Friedrich Ratzel érige les aspirations hégémoniques vers l'Est et l'appropriation de colonies en processus « naturels », car selon lui, il y aura « toujours des peuples dominants et des peuples asservis[5] ».

Les thèses de Friedrich Ratzel, avec leur géodéterminisme et déterminisme naturel, ont trouvé un terreau fertile dans une géographie universitaire allemande en voie de professionnalisation. Pendant la Première Guerre mondiale, on employait déjà une rhétorique de « race et d'espace » (*Rasse und Raum*) qui allait devenir de plus en plus hégémonique par la suite. La citation d'Ernst Hunkel datant de 1916 illustre bien le phénomène : « Nous ne menons pas cette guerre pour obéir à des désirs et à des

1. Cf., notamment, Olaf Kühne, Florian Weber, *Germany. Geographies of Complexity*, Wiesbaden, Springer VS, 2022.
2. Friedrich Ratzel, *Politische Geographie*, Munich/Leipzig, Oldenbourg, 1897.
3. Cf., pour plus de détails, Paul Reuber, *Politische Geographie*. Paderborn, Schöningh, 2012, chapitre 4.1.4.
4. Friedrich Ratzel, *Politische Geographie*, *op. cit.*, p. 5
5. *Ibid.*, p. 377.

objectifs étrangers [...], mais afin de défendre la race allemande et le sol allemand et afin de conquérir pour nos enfants et nos petits-enfants de nouvelles campagnes et une patrie [...], où ils pourront prendre racine et grandir, labourer et planter en tant qu'Allemands[6] ». On voit ici les bases d'un lien extrêmement néfaste entre les questions de pouvoir et d'espace, dont les conséquences sociopolitiques allèrent très loin. Pendant l'entre-deux-guerres, les « géopolitisations » se sont poursuivies, par exemple avec les réflexions d'Albrecht Penck sur le « territoire de la culture et du peuple allemand » (*deutscher Volks- und Kulturboden*)[7], sur lesquelles l'auteur basait son argumentation en faveur du « rapatriement dans le Reich » des territoires de l'Est, au prétexte qu'ils étaient déjà « imprégnés de germanité ». Une fois encore, les argumentations en faveur des guerres d'expansion territoriale étaient reproduites par la géopolitique militante de l'époque. On avançait entre autres arguments la « surpopulation de l'Allemagne – le manque de population à l'Est[8] » et à l'aide de diagrammes et de cartes, on s'efforçait d'ancrer dans la société l'idéologie du « peuple privé d'espace ». C'est ainsi que la géopolitique est devenue le fondement d'ambitions politiques visant à annuler à plus ou moins long terme les cessions de territoires consécutives à la Première Guerre mondiale.

Il n'est donc pas surprenant que sur cette base, l'idéologie « *Blut und Boden* » ait pu gagner rapidement du terrain à l'époque du national-socialisme. La rhétorique géopolitique de la géographie universitaire a contribué à rendre la guerre imminente nécessaire aux yeux de la population. Les idées de Friedrich Ratzel se sont avérées compatibles avec l'idéologie de l'espace vital propre aux nationaux-socialistes, donc rattachables à l'idéologie de « race ». Même si le rôle de Karl Haushofer, professeur de géographie à Munich, apparaît rétrospectivement moins simple qu'on ne l'avait imaginé, il est prouvé qu'il a eu des échanges parfois approfondis avec Adolf Hitler et qu'en tant que directeur de la revue *Zeitschrift für Geopolitik*, il pouvait exercer une influence sur les publications correspondantes. Sur la base des décennies d'endoctrinement qui avaient précédé, la propagande politique a donc eu la partie belle. La géopolitique a été l'un des fondements des actes de guerre et des atrocités. Dans ce contexte, la fin de la Seconde Guerre mondiale et du national-socialisme a constitué une césure majeure, y compris pour les liens entre la science géopolitique et le régime nazi.

Du tabou à la réorientation scientifique

Après 1945, l'héritage historique s'est révélé être un lourd fardeau. Les approches de la géographie politique étaient marginalisées et par conséquent quasiment inexistantes. La « géopolitique » est devenue un « sujet tabou » dans le cadre plus général d'une géographie largement apolitique. Jusqu'à la fin des années 1960, le paradigme dominant était celui de l'étude des pays et des paysages, fortement descriptif et

6. Ernst Hunkel, « Deutschland und die Polenfrage im Weltkriege ». Berlin, Deutscher Ostmarken-Verein, 1916, p. 28.
7. Albrecht Penck, « Deutscher Volks- und Kulturboden », in Karl Christian von Loesch (éd.), *Volk unter Völkern*, vol. 1, Breslau, Hirt, 1925, p. 62-73.
8. Franz Braun, A. Hillen Zeigfeld, *Geopolitischer Geschichtsatlas*, Dresde, L. Ehlermann Verlag, 1927, p. 60.

peu théorique, qui laissait de côté les thèmes politiques. Carl Troll[9] et Peter Schöller[10] se sont efforcés parmi d'autres d'établir une distinction sémantique, postulant que la « géographie politique » était plutôt objective et que sur le plan scientifique, elle reposait sur des principes d'analyse et de réflexion, pour lui opposer la « géopolitique », stigmatisée comme étant politique, idéologique et donc une pseudoscience. Rétrospectivement, il ne fait aucun doute que les scientifiques avaient choisi la facilité et que cette distinction n'était pas tenable. En 1969, le congrès de géographie de Kiel a permis une réflexion critique sur la prédominance de la géographie des pays et des paysages[11]. Son approche a été critiquée comme étant trop descriptive et excessivement normative, entachée de restes de géodéterminisme. On lui a reproché son manque de pertinence pour la société, au prétexte que la géographie laissait de côté les pratiques sociales. On est passé alors à une approche fondamentale de nature quantitative et positiviste, basée sur des analyses spatiales, sans donner davantage d'importance à une « intervention » dans la politique intérieure ou extérieure de l'Allemagne.

Un regard sur le pays voisin qu'est la France révèle bien par contraste à quel point la géographie pouvait aussi avoir une orientation politique et militante dans les années 1970. En 1976, la revue *Hérodote* était fondée sous la direction d'Yves Lacoste, et le premier numéro contenait un article de sa plume intitulé « Enquête sur le bombardement des digues du fleuve Rouge (Vietnam, été 1972). Méthode d'analyse et réflexions d'ensemble[12] », qui « dévoilait » et dénonçait les stratégies des Américains pendant la guerre du Vietnam, textes et illustrations à l'appui. La thèse fondamentale d'Yves Lacoste, énoncée dès l'introduction, est d'une importance capitale : « La géographie, ça sert – encore, et plus que jamais – à faire la guerre[13]. » Dans un contexte international plus large, la *radical geography*, entre autres, est devenue une source d'inspiration pour la critique des idéologies et les réflexions sur la théorie sociale – et là encore dans une certaine perspective militante[14].

Mais en Allemagne, il a fallu attendre les années 1980/1990 pour que la géographie politique, alors une « sous-discipline tombée dans l'insignifiance », comme l'a formulé Jürgen Oßenbrügge[15], connaisse une renaissance, avec une approche résolument différente de celle d'avant 1945. La barrière linguistique franco-allemande a empêché que l'on s'inspire plus souvent des débats francophones. Les réflexions ont été davantage basées sur les publications anglo-américaines, dans lesquelles la géographie politique était déjà devenue depuis des décennies un pilier central de la géographie humaine. Dans les pays germanophones, plusieurs courants se sont développés. Ils faisaient preuve d'une distance critique par rapport aux décisions

9. Carl Troll, « Die geographische Wissenschaft in Deutschland in den Jahren 1933 bis 1945. Eine Kritik und Rechtfertigung », *Erdkunde*, n° 1, 1949, p. 3-48.
10. Peter Schöller, « Wege und Irrwege der Politischen Geographie und Geopolitik », *Erdkunde*, n° 11, 1957, p. 1-20.
11. Frank-Dieter Grimm, Ute Wardenga (éd.), *Zur Entwicklung des länderkundlichen Ansatzes*, Leipzig, IfL, 2001.
12. Yves Lacoste, « Enquête sur le bombardement des digues du fleuve Rouge (Vietnam, été 1972). Méthode d'analyse et réflexions d'ensemble », *Hérodote*, n° 1, 1976, p. 86-117.
13. *Ibid.*, p. 86.
14. Cf., pour de premières impulsions, David Harvey, *Social Justice and the City*, Londres, University of Georgia Press, 1973.
15. Jürgen Oßenbrügge, « Die Renaissance der Politischen Geographie : Aufgaben und Probleme », *HGG-Journal*, n° 11, 1997, p. 14.

politiques et, pour trois sur quatre, ils mettaient en avant des analyses scientifiques sans intention militante[16] :

Tout d'abord, le courant inspiré des *critical geopolitics*. Sur la base d'une approche constructiviste, on procède à une étude critique et à une déconstruction des visions géopolitiques du monde et des narratifs géopolitiques, pour mettre en évidence des discours de pouvoir. Au départ, on analyse comment, dans différents domaines tels que la politique, les médias ou les sciences et par le biais du langage, de l'image et de la cartographie, sont produites et reproduites des représentations spécifiques de ce qui est souhaité, de ce qui doit être, autrement dit, des *geographical imaginations*[17], comment il en résulte des modèles géopolitiques de ce qui est « de chez soi » et « d'ailleurs » ou « propre à soi » et « étranger[18] » et comment ces derniers influent sur l'action des parties prenantes.

L'étude géographique des conflits, ensuite. Ce courant de la géographie politique se concentre sur l'analyse des actions des parties prenantes aux conflits de pouvoir et de territoire. Les conflits de territoire sont interprétés comme des manifestations de l'action des sociétés dignes de l'attention des chercheurs. Il est donc nécessaire de tenir compte, outre des acteurs, des contextes sociopolitiques et des structures territoriales ainsi que des interactions entre ces domaines – entre ce qui est global et ce qui est local.

Les approches poststructuralistes. Elles explorent les processus de construction et les dynamiques de consolidation de réalités sociales spécifiques. Contrairement aux approches orientées vers l'action, elles essaient d'explorer par des moyens spécifiques des complexes de savoir et de pouvoir situés bien au-dessus de l'échelle individuelle dans la société. Beaucoup de chercheurs se sont inspirés pour cela de Michel Foucault, de ses réflexions sur l'analyse du discours en tant qu'archéologie du savoir tout comme de celles sur la gouvernementalité en tant que mélange de formes de conduite de soi et d'autrui. En conséquence, il convient d'accorder une attention particulière aux questions relatives aux modèles, visions du monde, représentations de la société et de l'espace bien établis, et donc aux hégémonies, comme nous le verrons plus loin à l'aide d'un exemple.

Enfin, le courant inspiré par la *radical geography* en tant que « *geography from the left* », faisant partie d'une théorie de la société orientée à gauche. Dans une perspective d'inspiration marxiste, critique des idéologies et militante, cette variante de la géographie politique est à la base de revendications en matière d'action politique en vue de supprimer les inégalités sociales. Elle est fondée sur une critique du capitalisme existant. L'analyse se concentre sur la production sociale de l'espace et sur les relations d'interdépendance entre les différentes échelles. Dans cette approche, les « luttes » sociales conditionnent les contextes spatiaux.

En opposition explicite avec la géopolitique d'avant 1945, les quatre courants décrits ci-dessus de manière schématique et simplifiée ont pour objet la recherche spécifique *sur* des processus politiques et *sur* la géopolitique, tout en gardant conscience, dans le cas idéal, du lourd passé des liens entre la géopolitique et le régime nazi.

16. Cf. notamment Paul Reuber, « Conflict studies and critical geopolitics – theoretical concepts and recent research in political geography », *GeoJournal*, n° 1, 2000, p. 37-43.
17. Cf. Derek Gregory, *Geographical imaginations*, Cambridge, Blackwell, 1994.
18. Cf. Gearóid ÓTuathail, *Critical geopolitics. The politics of writing global space*, Minneapolis, University of Minnesota Press, 1996.

Une illustration par l'exemple : « géopolitique et nouvelle Guerre froide » dans une perspective poststructuraliste basée sur la théorie du discours

À l'aide de l'exemple d'une « nouvelle Guerre froide », il s'agit de montrer comment une analyse peut être effectuée dans une perspective poststructuraliste basée sur la théorie du discours. Christoph Creutziger et Paul Reuber ont publié en 2021 une analyse de ce phénomène où ils montrent que depuis le conflit russo-géorgien de 2008, une rhétorique allant dans ce sens gagne du terrain et évince de plus en plus d'autres représentations géopolitiques comme la « lutte des cultures », de sorte qu'une réactivation des schémas argumentatifs basés sur un antagonisme Est-Ouest se dessine à l'horizon[19]. Ils résument leur position de la manière suivante : « Quiconque partait du principe que la réactivation [du] schéma [de la Guerre froide] s'avérerait n'être qu'une dérive passagère est obligé de reconnaître son erreur face à la guerre en Ukraine : "La nouvelle Guerre froide", c'est ce que titrait à l'époque le journal *Frankfurter Rundschau* (16 mars 2014), alors que le *Spiegel* affichait à sa Une "La Guerre froide en Europe" (2 mars 2014), et que de nombreux autres journaux remettaient la métaphore au goût du jour de manière similaire[20] ». Les deux chercheurs n'ont pas l'ambition de faire adopter leur propre point de vue, mais plutôt d'observer les ruptures temporelles en les regardant de l'extérieur, selon une perspective spécifique. Ils se concentrent donc sur l'évolution des discours dans la société au fil du temps pour pouvoir tirer des conclusions sur la résurgence des schémas historiques. L'approche poststructuraliste basée sur la théorie du discours ressort des références à Michel Foucault ainsi qu'à Ernesto Laclau et Chantal Mouffe, ce qui permet de déterminer les changements de discours et les formations discursives. Leur approche méthodologique est basée sur des analyses quantitatives et qualitatives de quotidiens et d'hebdomadaires allemands depuis 1948. Ils parviennent ainsi à reconstruire l'usage du terme « *Geopolitik* » dans les médias, autrement dit à porter résolument le regard sur la « géopolitique » et non à faire eux-mêmes de la géopolitique. Au fil du temps, ils identifient trois grands discours qui évoluent dans les médias, sachant que dans la première phase, ceux-ci suivent une évolution parallèle à l'approche scientifique du sujet.

D'abord, l'invisibilisation. Dans les premières années de l'après-guerre, les médias allemands ont eu tendance à ignorer le sujet de la géopolitique ou du moins à éviter d'employer ce terme, par réaction d'évitement par rapport à la période nationale-socialiste. Ce n'est qu'avec le discours sur la Guerre froide, à partir des années 1960, que la géopolitique peut de nouveau être évoquée en public, même si ce n'est qu'avec réticence.

Le renversement de tendance, ensuite. À la fin des années 1970, et plus particulièrement dans les années 1980, Christoph Creutziger et Paul Reuber observent une augmentation marquée de l'usage du terme dans les médias. Leurs analyses détaillées montrent que vers la fin de la Guerre froide, le terme est utilisé, et ce de manière inattendue, sans aucun recul critique. On voit que le terme commence à faire l'objet d'une extension sémantique et qu'il est utilisé en lien avec divers conflits mondiaux.

19. Christoph Creutziger, Paul Reuber, « Diskurse von Geopolitik und ‚Neuem Kaltem Krieg' – Zur Veränderung medialer Repräsentationen von Russland und ‚dem Osten' », *Geographica Helvetica* 76, n° 1, 2021, p. 1-16.
20. *Ibid.*, p. 1.

Enfin, la renaissance. Avec la guerre du Caucase de 2008 et notamment avec l'annexion russe de la Crimée en 2014, le terme de « *Geopolitik* » est utilisé encore bien plus souvent. Il a donc fait l'objet d'un réajustement sémantique et son usage est devenu bien plus fréquent. Les vieux discours de conflits se voient ainsi réactivés, du fait que la géopolitique et la « nouvelle Guerre froide » sont mises en relation discursive.

Ce dont les deux chercheurs n'ont pas pu tenir compte dans leur publication de 2021, et pour cause, était le nouveau point culminant qu'allait représenter la guerre d'agression russe de 2022 en Ukraine. Par conséquent, l'auteur de ces lignes a regroupé et analysé tous les articles de l'hebdomadaire *Die Zeit* relatifs à la guerre en Ukraine, et publiés de février 2022 à février 2023, au nombre de 1346. Dans ce corpus, c'est une vision « allemande » de la guerre qui domine, dans laquelle Vladimir Poutine est identifié en tant que force agissante centrale. Les souffrances humaines évoquées en lien avec les « civils » et les « enfants » montrent que c'est l'aspect tragique de la guerre qui est mis en avant. Les discours évoquant le « pouvoir » et la soif de pouvoir sont très présents, alors que la géopolitique est très peu évoquée. Dans les 1 346 articles, la séquence « géopolitique » n'apparaît que 86 fois. Mais là où l'argumentaire repose sur la géopolitique, on observe des schémas bien nets et comparables, qui peuvent être rattachés à trois contextes discursifs distincts.

Tour d'abord, à celui de la rupture et aux réorientations. Même si l'annexion de la Crimée en 2014 avait déjà sapé la structure établie des États-nations, on ne peut parler de « tournant historique » qu'avec la guerre d'agression de 2022. Les articles font état d'une « rupture historique dans l'ordre géopolitique » et d'un « nouvel ordre géopolitique ».

Ensuite, à celui du pouvoir et à la guerre en tant que jeu d'influence. En faisant référence à la géopolitique, les articles de *Die Zeit* décrivent les actes de guerre comme des jeux de pouvoir, comme l'illustrent les exemples suivants : « Revendication d'une zone d'influence géopolitique », « Guerre et luttes systémiques géopolitiques », « Une lutte géopolitique pour le pouvoir », « Un jeu géopolitique dangereux » ainsi qu'un « Renversement ou rétablissement de l'échiquier géopolitique ».

Enfin, à celui d'une vision par rapport à l'Europe. Certes, la guerre en Ukraine implique en premier lieu un changement majeur des réalités de vie dans ce pays, mais les références à la géopolitique dans les articles de *Die Zeit* montrent que le discours porte également sur ses conséquences pour l'Europe. Ainsi, la guerre devient une « dangereuse ligne de faille géopolitique au cœur de l'Europe ». « L'Europe [est] la grande perdante géopolitique », et on se demande même : « Est-ce que l'Europe est armée face aux changements géopolitiques ? ». Dans le discours, l'Ukraine est intimement associée à l'Europe.

Dans les articles de l'hebdomadaire, « géopolitique » est donc utilisé purement et simplement, sans référence au passé allemand d'avant 1945, ni réflexion sur celui-ci. La géopolitique est de retour sur la scène médiatique, mais elle est plutôt utilisée comme élément accessoire à des réflexions de stratégie politique internationale. La recherche poststructuraliste basée sur la théorie du discours peut permettre d'identifier les évolutions au fil du temps et les hégémonies, ainsi que d'indiquer de nouvelles normalités dans l'usage de certains termes.

Bilan et perspectives

Quel bilan peut-on tirer de l'évolution de la géopolitique ou de la géographie politique en Allemagne entre le passé et le présent ? Comme indiqué plus haut, la géographie politique au sens large a une longue tradition en tant que sous-discipline de la géographie humaine, dans les règles de la spécialisation au sein de cette discipline. Avec les thèses de Friedrich Ratzel et les adaptations qu'elle a connues au cours de la première moitié du XXe siècle, la « géopolitique » a pris un tour de plus en plus militant, (re)produisant dès avant la Première guerre mondiale et au cours de celle-ci des schémas argumentatifs nationalistes et racistes. Déterminisme naturel, nationalisme et impérialisme ont formé un amalgame de plus en plus dangereux, qui a été repris par la recherche scientifique dans un discours essentialiste pour légitimer les aspirations au pouvoir mondial de l'Allemagne. Le phénomène a atteint son comble pendant l'ère nationale-socialiste, car l'orientation primaire de la géopolitique allemande était compatible avec l'idéologie « *Blut und Boden* ». Pendant le Troisième Reich, la politisation très marquée ne pouvait logiquement qu'aboutir à la catastrophe.

Par conséquent, dans l'Allemagne d'après 1945, la « géopolitique » est devenue un sujet tabou pour les scientifiques et dans le discours public. Alors que dans le contexte international, de nouvelles perspectives émergeaient dans un cadre théorique, en Allemagne, la géographie est d'abord restée apolitique pendant un certain temps. Même si on s'est détourné à la fin des années 1960 des disciplines plutôt normatives et descriptives, c'est plutôt un paradigme quantitatif qui a été adopté et il n'y a pas eu de renouveau de la recherche en géographie politique. Ce n'est qu'à partir des années 1990 que l'on s'est inspiré des théories, des concepts et des approches utilisés à l'international pour trouver de nouvelles orientations et faire revivre la « géographie politique ». Le terme délibérément utilisé pour décrire la discipline est très souvent celui de « géographie politique » et pas de « géopolitique ». Même si les tentatives de faire déchoir la « géopolitique » au rang de pseudoscience n'ont pas vraiment porté leurs fruits – en Allemagne, il y a souvent une distanciation critique vis-à-vis de la géopolitique en tant qu'approche de recherche.

Ce que l'on observe cependant, c'est une recherche *sur* la « géopolitique ». On cherche à savoir comment la « géopolitique » est utilisée dans le discours médiatique et quelles évolutions ont eu lieu au fil du temps. Dans le présent article, cette perspective a été mise en évidence à partir des travaux de recherche de Christoph Creutziger et Paul Reuber. Les approches poststructuralistes basées sur la théorie du discours recherchent les hégémonies et les ruptures au fil du temps, en adoptant une perspective « d'en haut et de l'extérieur ». Les approches plus militantes se référant à la *radical geography* sont également présentes dans le contexte allemand, par exemple chez Bernd Belina. Toutefois, ce dernier met l'accent sur la critique des ordres existants et des inégalités et sur la proposition de solutions. Il ne cherche pas, comme ce fut le cas sous le national-socialisme, à fournir des explications pseudoscientifiques pour justifier des visions essentialistes du monde. Dans les premières décennies du XXIe siècle, les approches relevant de l'analyse scientifique dominent dans la géographie politique en Allemagne. Cela étant, les chercheuses et les chercheurs devraient toujours rester conscients du lourd passé de cette discipline. Une discipline scientifique faisant preuve d'esprit critique vis-à-vis de la société semble être l'objectif à atteindre car elle propose toujours une réflexion sur les implications politiques potentielles.

Bibliographie

Bernd Belina, *Raum, Überwachung, Kontrolle. Vom staatlichen Zugriff auf städtische Bevölkerung*, Münster, Westfälisches Dampfboot, 2006.

Bernd Belina, Boris Michel (dir.), *Raumproduktionen. Beiträge der Radical Geography. Eine Zwischenbilanz*, Münster, Westfälisches Dampfboot, 2007.

Iris Dzudzek, Paul Reuber, Anke Strüver (dir.), *Die Politik räumlicher Repräsentationen. Beispiele aus der empirischen Forschung*, Berlin, LIT Verlag, 2011.

Lisa Ellmers, « Politische Geographie und Landschaft », in Olaf Kühne, Florian Weber, Karsten Berr, Corinna Jenal (dir.), *Handbuch Landschaft*, Wiesbaden, Springer VS, 2019, p. 397-406.

Mélina Germes, Georg Glasze, Florian Weber, « "Neue Kulturgeographie" – Débats et perspectives au sein de la nouvelle géographie culturelle germanophone », *Cybergeo*, 556, 2011.

Nicolas Ginsburger, « Ratzel contre la géopolitique ? Référence allemande et géographie politique dans la géographie française de l'entre-deux-guerres », *Geographica Helvetica*, 78, n° 1, 2023, p. 65-74.

Georg Glasze, « Der unmögliche Raum bei Laclau und die politischen Räume der Geographie », in Georg Glasze, Annika Mattissek (dir.), *Handbuch Diskurs und Raum. Theorien und Methoden für die Humangeographie sowie die sozial- und kulturwissenschaftliche Raumforschung*, Bielefeld, transcript Verlag, 2021, p. 183-193

Georg Glasze, Robert Pütz, Manfred Rolfes (dir.), *Diskurs – Stadt – Kriminalität. Städtische (Un-)Sicherheiten aus der Perspektive von Stadtforschung und kritischer Kriminalgeographie*. Bielefeld, transcript Verlag, 2005.

Derek Gregory, *Geographical imaginations*. Cambridge, Blackwell, 1994.

David Harvey, *Social Justice and the City*, London, Arnold, 1973.

Olaf Kühne, Florian Weber, *Germany. Geographies of Complexity*, Springer Nature Switzerland, 2022.

Ernesto Laclau, Chantal Mouffe, *Hegemony and Socialist Strategy. Towards a Radical Democratic Politics*, Londres, Verso, 1985.

Annika Mattissek et Georg Glasze, « Discourse analysis in German-language human geography : integrating theory and method », *Social & Cultural Geography*, 17, n° 1, 2016, p. 39-51.

Jörg Mose, *Katalonien zwischen Separatismus und Transnationalisierung. Zur Konstruktion und Dynamik raumbezogener Identitäten*, Münster, LIT Verlag, 2014.

Gearóid ÓTuathail, *Critical geopolitics. The politics of writing global space*, Minneapolis, University of Minnesota Press, 1996.

Friedrich Ratzel, *Politische Geographie*, Berlin, Oldenbourg Wissenschaftsverlag, 1897.

Paul Reuber, « Conflict studies and critical geopolitics – theoretical concepts and recent research in political geography », *GeoJournal*, 50, n° 1, 2000, p. 37-43.

Paul Reuber, *Politische Geographie*, Paderborn, Schöningh, 2012.

Paul Reuber, Anke Strüver, Günter Wolkersdorfer (dir.), *Politische Geographien Europas – Annäherungen an ein umstrittenes Konstrukt*, Münster, LIT Verlag, 2005

Paul Reuber, Günter Wolkersdorfer (dir.), Politische *Geographie. Handlungsorientierte Ansätze und Critical Geopolitics*, Heidelberg, Selbstverlag des Geographischen Instituts der Universität Heidelberg, 2001

Stéphane Rosière, *Géographie politique et Géopolitique. Une grammaire de l'espace politique*, Paris, Ellipses, 2021.

Anke Strüver, *Stories of the 'Boring Border': The Dutch-German Borderscape in People's Minds*, Münster, LIT Verlag, 2005.

Florian Weber, Corinna Jenal, Albert Roßmeier, Olaf Kühne, « Conflicts around Germany's Energiewende: Discourse patterns of citizens' initiatives », *Quaestiones Geographicae*, 36, n° 4, 2017, 117-130.

Maxime Lefebvre*

La conception française de la puissance

La France et sa langue ont un rapport particulier à la puissance. Contrairement à l'allemand et à l'anglais qui ne distinguent pas le pouvoir dans le sens domestique et la puissance au sens international (*Macht*, *power*), le français a fait progressivement la différence. Le mot « puissance » associé au départ par Jean Bodin, dans *La République* (1576), à la souveraineté – celle-ci se définissant comme la « puissance absolue et perpétuelle d'une République » –, s'est déplacé de plus en plus dans un sens international – le concept de « grande puissance » par exemple –, tandis que Montesquieu, *L'Esprit des lois* (1748), raffinait dans l'ordre interne la théorie de la séparation des pouvoirs.

La France, revendiquant l'égalité du royaume face à l'Empire germanique, puis architecte de la paix de Westphalie en 1648, a joué un rôle essentiel, à la fois théorique et pratique, dans l'invention de l'État et de la souveraineté, et dans la conceptualisation des relations de puissance entre les États souverains européens. Occupant pendant une grande partie de son histoire le premier rang de la puissance en Europe, à travers notamment sa force armée, elle en a gardé une forme de nostalgie. Si l'évolution des relations internationales l'a conduite à inscrire de plus en plus son action et son rôle dans le cadre de la construction européenne et de l'alliance avec les États-Unis, les aspirations nationales à la puissance ne sont pas éteintes.

Le poids de l'Histoire : souveraineté et puissance

C'est sans doute au XIIIe siècle, avec la bataille de Bouvines (1 214), la victoire sur l'Angleterre et le prestige international du roi Saint-Louis, que la France commence à se considérer comme la première des nations chrétiennes. Les légistes du roi de France élaborent sous le règne de Philippe Auguste (1285-1314) la théorie que le « roi est empereur en son royaume », ce qui signifie qu'il revendique sa pleine souveraineté et son autonomie au sein de l'Europe des nations en voie de constitution.

* Ancien ambassadeur, professeur de géopolitique à l'ESCP Business School, directeur du Master « International Business & Diplomacy », co-directeur de la rubrique « Politique étrangère de la France » dans l'Annuaire français de relations internationales, auteur du *Jeu du droit et de la puissance. Précis de relations internationales*, Paris, PUF Major, 2022, et de *La politique étrangère de la France*, Paris, PUF, Que sais-je ?, 2022.

La conception française de la souveraineté devient la base du droit public européen comme du droit international, depuis Jean Bodin jusqu'au modèle de l'État-nation propagé par la Révolution française (le « principe de toute souveraineté réside essentiellement dans la nation », art. 3 de la Déclaration des droits de l'homme et du citoyen), en passant par le mot de Cardin Le Bret (juriste de Louis XIII) selon lequel la « souveraineté n'est pas plus divisible que le point en géométrie ».

De l'Ancien Régime à la République, il y a donc une spécificité française consistant à relier souveraineté interne et souveraineté externe, au nom d'un double principe de centralisation du pouvoir à l'intérieur de l'État et d'égalité formelle entre les États, sans exclure l'inégalité et même l'anarchie de la société internationale du fait du phénomène de la puissance.

Si l'équilibre de la puissance s'impose comme le fondement de la paix et de la tranquillité de l'Europe, comme le reconnaît explicitement le préambule du traité d'Utrecht entre l'Angleterre et l'Espagne (1713)[1], la France ne renonce pas facilement à vouloir conserver le premier rang. Depuis l'appellation de « Roi Très Chrétien » (qui se répand au XIVe siècle) jusqu'aux prétentions impériales de Napoléon Ier et Napoléon III, en passant par les aspirations de Louis XIV à la gloire et à la grandeur, les dirigeants français ont régulièrement cédé à la tentation de la supériorité – volontiers brocardée à l'étranger : l'arrogance française, la « grande nation ».

Les institutions françaises actuelles, forgées sur mesure par Charles de Gaulle en 1958, renvoient, dans leur définition juridique comme dans la pratique politique, l'image d'un président tout puissant, héritier des monarques absolus et des empereurs, prêt à prendre le leadership en Europe et au-delà – en tout cas hors période de cohabitation. Il faut peut-être y voir l'héritage aussi d'une société d'ordres[2] qui demeure régie, malgré les idéaux égalitaires de la Révolution française, par la « logique de l'honneur » (Philippe d'Iribarne), où chacun doit conquérir et défendre sa place et son rang.

L'importance de l'outil militaire

La souveraineté et la puissance en France s'ancrent dans l'État, qui s'est consolidé au fil des siècles et a triomphé des particularismes locaux, au point d'incarner la continuité entre l'Ancien Régime et la Révolution, comme l'avait perspicacement analysé Alexis de Tocqueville. Mais c'est particulièrement vrai de l'armée, devenue permanente et financée par l'impôt à la fin de la guerre de Cent Ans, sous le règne de Charles VII. L'armée est devenue l'outil d'une politique étrangère ambitieuse et expansionniste, depuis les croisades et les guerres d'Italie jusqu'aux conquêtes coloniales. Même après la défaite de Napoléon en 1814-1815, même après la défaite face à l'Allemagne en 1871, la France a cherché à maintenir son statut de puissance militaire, de puissance maritime, de puissance mondiale et de puissance coloniale. Et c'est sans doute aussi en ayant à l'esprit la conception française de la souveraineté et de la puissance que le général de Gaulle a théorisé, en 1945, les trois leviers qui commandent la politique étrangère : la « diplomatie qui l'exprime, l'armée qui la soutient, la police qui la couvre ».

1. Cf. Lucien Bély, *L'art de la paix en Europe. Naissance de la diplomatie moderne XVIe-XVIIIe siècle*, Paris, PUF, 2007.
2. Cf. Charles Loyseau, *Traité des ordres et simples dignités*, 1610.

L'accession de la France au statut de puissance nucléaire en 1960 a été de ce point de vue une évolution capitale, en sanctuarisant le territoire national (l'Hexagone) par la dissuasion, en consolidant l'appartenance du pays au petit cercle des « grandes puissances » (membres permanents du Conseil de sécurité des Nations Unies), et en consacrant le rôle souverain du président de la République dans ce qui a été appelé une « monarchie nucléaire » (Samy Cohen). La France est une puissance nucléaire de second ordre – environ 300 têtes nucléaires, très loin des milliers de têtes des arsenaux américain et russe, hérités de la Guerre froide –, mais son arsenal est suffisant pour protéger ses « intérêts vitaux » définis de façon volontairement imprécise – ils incluent l'intégrité du territoire et la survie de la nation, et ne s'y limitent pas –, et pour contribuer aussi à la défense de ses alliés de l'OTAN, voire de ses partenaires européens comme les présidents français l'ont régulièrement proposé[3].

Malgré la perte de l'Empire colonial, la France a continué à peser comme puissance militaire. Protégée par la dissuasion nucléaire et par l'absence de menace directe à ses frontières, elle a maintenu une force de projection militaire dans le monde. Elle est intervenue une cinquantaine de fois sur le continent africain, où elle a entretenu et continue d'entretenir plusieurs bases militaires[4], au point d'avoir été un temps surnommée le « gendarme de l'Afrique ». Elle a des forces déployées dans toutes les parties du monde – environ 20 000 militaires – du fait de ses territoires d'Outre-mer, de son gigantesque espace maritime – le second au monde après celui des États-Unis – et de ses opérations extérieures – par exemple encore aujourd'hui au Liban ou en Irak. La récente stratégie indopacifique de la France, voulue et annoncée par le président Emmanuel Macron, a d'abord pris la forme d'une stratégie élaborée par le ministère des Armées en 2019. Depuis la fin de la Guerre froide, la France a veillé à s'affirmer comme un soutien militaire au côté de l'allié américain dans toutes les grandes interventions occidentales : la guerre du Golfe en 1990-1991, les opérations en ex-Yougoslavie, les interventions de l'OTAN en Afghanistan et en Libye, les frappes contre Daesh à partir de 2014. La seule exception fut l'invasion de l'Irak en 2003, contestée non en raison d'une position pacifiste mais parce qu'elle a été jugée à Paris comme dépourvue de fondement légitime, et la France n'a pas craint de s'y opposer frontalement.

À travers ces déploiements et ces interventions, et en faisant de son complexe militaro-industriel une priorité stratégique, la France « boxe au-dessus de sa catégorie ». Avec une capacité de projection militaire limitée à 15 000 hommes – qui n'a pas augmenté depuis la division Daguet envoyée dans la guerre du Golfe en 1990-1991 –, un seul porte-avions nucléaire qui est en maintenance une grande partie du temps et ne peut donc assurer une permanence à la mer, la France a des capacités comparables au Royaume-Uni et à l'Allemagne, mais est très loin de pouvoir se mesurer à la puissance militaire écrasante des États-Unis. Ses forces sont limitées en nombre de soldats comme en capacité de frappe, et son assistance militaire effective à l'Ukraine après 2022, bien que non négligeable (par exemple les canons César), a été distancée par de nombreux pays. En revanche, elle a remarquablement réussi à tirer son épingle du jeu à travers ses exportations d'armes (notamment l'avion de combat Rafale), au point de se hisser en 2023 à la deuxième place

3. Cf. Maxime Lefebvre, « L'heure de la défense européenne peut-elle sonner ? », Fondation Robert Schuman, 202.04.2024.
4. Côte d'Ivoire, Djibouti, Gabon, Sénégal, Tchad.

mondiale du commerce des armes derrière les États-Unis, en profitant de l'affaiblissement de la Russie.

Ce qui se joue derrière cette priorité constante accordée à l'outil militaire[5], c'est la défense du rôle de la France, la puissance qui porte sa diplomatie, sa place à la table des négociations, la légitimité de ses combats et son statut de « puissance moyenne » – un vocable assumé depuis la présidence de Valéry Giscard d'Estaing dans les années 1970 – siégeant comme membre permanent au Conseil de sécurité des Nations unies.

Il demeure donc un lien fort, et relativement consensuel dans le débat intérieur, entre la souveraineté française, son instrument militaire, et sa puissance dans les relations internationales. Ce n'est pas un hasard si le président Emmanuel Macron a commencé son premier mandat en augmentant le budget des armées et s'il a voulu jouer un rôle leader dans le soutien à l'Ukraine, jusqu'à jouer ouvertement avec l'option d'envoyer des troupes au sol. Il y a là une part de posture qui ne doit pas occulter les insuffisances, en particulier celle des moyens budgétaires, mais elle est révélatrice d'une continuité dans le positionnement de la France comme puissance militaire et comme puissance tout court. Dans les carrières de l'État, que ce soit les carrières militaires ou les carrières de hauts fonctionnaires, la filière dite « politico-militaire » ou « stratégique », fait d'ailleurs partie des plus prestigieuses et inclut des postes dans l'industrie d'armement.

Entre alignement occidental et Europe puissance

La puissance militaire a permis à la France de continuer à jouer une carte nationale spécifique dans les rapports de force mondiaux. Mais l'exercice français de la puissance n'a pas vocation à rester solitaire. Bien sûr, la dissuasion nucléaire a établi les bases d'une défense autonome, condition d'une politique étrangère indépendante, et les opérations militaires extérieures, notamment en Afrique, ont permis de jouer un rôle dans les affaires de sécurité mondiales. Néanmoins, la France n'a échappé ni au cadre occidental ni au cadre européen.

Le cadre occidental s'est imposé dès les débuts de la guerre froide, avec la participation à l'Alliance atlantique créée en 1949. Si le général de Gaulle a fait sortir la France du commandement militaire intégré de l'OTAN en 1966, Nicolas Sarkozy l'y a fait revenir en 2009, ce qui était dans la continuité des interventions militaires auxquelles la France participait aux côtés des États-Unis depuis la fin de la Guerre froide. Il y a un alignement occidental assumé, qui était déjà en germe dans l'alliance des démocraties durant la Première puis la Seconde Guerre mondiale, qui répond aux valeurs portées par le pays au niveau mondial (la démocratie, les droits de l'Homme), et qui lui permet aussi de s'articuler avec la puissance dominante de l'ordre international. De ce point de vue, la politique d'autonomisation du général de Gaulle et de ses successeurs jusqu'à François Mitterrand et Jacques Chirac – ce que Hubert Védrine a caractérisé comme le « gaullo-mitterrandisme » – n'a été que relative et limitée dans le temps. Emmanuel Macron, bien que critique au départ de certaines orientations atlantistes ou « néoconservatrices » de ses deux prédécesseurs (Nicolas Sarkozy et

5. Cf. Jean Doise, Maurice Vaïsse, *Diplomatie et outil militaire. Politique étrangère de la France (1870-2015)*, Paris, Points « Histoire », 2015.

François Hollande), s'est finalement inscrit dans cette continuité occidentale que la guerre en Ukraine est venue consolider.

Toutefois la France a aussi cherché à porter l'ambition d'une « Europe puissance » capable de s'appuyer sur une défense autonome. Le général de Gaulle en avait rêvé, à six (les plans Fouchet d'union politique) puis dans le cadre d'une alliance franco-allemande (le traité de l'Élysée de 1963). Ses successeurs ont poursuivi l'ambition d'une diplomatie européenne puis d'une politique de défense européenne, qui se sont progressivement affirmées. Le compromis franco-britannique de Saint-Malo (1998) envisageait ainsi une capacité européenne autonome de projection militaire, tout en réaffirmant le cadre de la défense collective dans l'OTAN. Jacques Chirac, président entre 1995 et 2007, brandissait volontiers le cadre d'une « Europe puissance » dans un « monde multipolaire[6] », tandis que Pierre Moscovici en donnait une version plus économique[7]. Jusqu'aux projets d'Emmanuel Macron pour une « souveraineté européenne » et à la « boussole stratégique » adoptée par l'Union européenne (UE) sous la présidence française de l'Union en 2022, cette ambition européenne n'a cessé d'étreindre les dirigeants français, soucieux de transposer les ambitions nationales à l'échelle européenne et d'utiliser ainsi l'Europe comme un « multiplicateur de puissance » – un « levier d'Archimède », selon le vocabulaire du général de Gaulle[8].

Malgré certains succès comme les opérations de la Politique de sécurité et de défense commune (PSDC) et la montée en puissance des financements européens pour l'industrie de défense, ces ambitions ont aussi connu des revers. L'Allemagne n'a jamais sérieusement voulu desserrer le cadre atlantique, qui lui a permis d'atteindre l'unification du pays et de garantir sa sécurité depuis 1949, et qui est perçu comme plus rassurant pour un pays dépourvu de l'arme nucléaire. Le Royaume-Uni a accepté de s'engager dans l'affirmation d'une politique européenne de sécurité et de défense mais n'a cessé en même temps, jusqu'au Brexit, de freiner toute tentative d'autonomiser réellement l'UE par rapport à l'OTAN. Les nouvelles démocraties d'Europe centrale et orientale, inquiètes pour la plupart de la résurgence de la puissance russe, ont également privilégié l'alliance américaine après 1990, au point de soutenir l'invasion américaine de l'Irak à laquelle s'opposaient la France et l'Allemagne (2003).

L'échec de la ratification de la Constitution européenne en France (2005) a marqué un désamour entre l'opinion française profonde et le projet européen. Certes, Nicolas Sarkozy a sauvé le projet constitutionnel à travers le traité de Lisbonne (2007) et les Français ont continué à pousser le développement de la politique européenne de défense. Mais un lien s'est rompu avec le vote de 2005, sans doute explicable par l'évolution que prenait l'Union – trop libérale, trop élargie –, et les partis contestant les choix européens – à l'extrême-droite, mais aussi à l'extrême-gauche – n'ont cessé de grossir à chaque nouvelle consultation nationale.

Le retour au réalisme ?

En 2008, un Livre Blanc sur la politique étrangère et européenne de la France[9] est rédigé sous l'égide d'Alain Juppé, ancien premier ministre et ancien ministre des

6. Thierry de Montbrial – Georges-Henri Soutou, *La défense de l'Europe*, Paris, Hermann, 2015.
7. Pierre Moscovici, *L'Europe, une puissance dans la mondialisation*, Paris, Seuil, 2001.
8. Maxime Lefebvre, « Europe puissance, souveraineté européenne, autonomie stratégique : un débat qui avance pour une Europe qui s'affirme », Fondation Robert Schuman, 01.02.2021.
9. https://www.diplomatie.gouv.fr/IMG/pdf/2LIVREBLANC_DEF.pdf

Affaires étrangères, et de Louis Schweitzer, ancien PDG de Renault. C'est la première fois que la diplomatie française se livre à un tel exercice de prospective stratégique, réservé en principe à la politique de défense – comme ce fut le cas pour les Livres blancs de 1972, 1994, 2008 et 2013. On y chercherait vainement une grande stratégie géopolitique sur le rôle et les ambitions du pays. Les priorités définies, au-delà de la sécurité, marquent plutôt l'adaptation à un cadre global qui dépasse la France : l'Europe, les valeurs, la mondialisation et l'influence par les idées et la culture.

La France a paru ainsi achever une mutation de la puissance à l'influence et vers un engagement occidental assumé au service des valeurs libérales, concomitant de la réintégration complète dans l'OTAN et de l'élargissement de l'UE[10]. Certes, la mise au point d'outils et de politiques d'influence était loin d'être nouvelle (le service des œuvres françaises à l'étranger en 1920, l'Organisation internationale de la francophonie en 1970 ou encore les médias de l'audiovisuel extérieur français), mais elle a pris un tour plus systématique avec la création de la direction générale de la mondialisation au Quai d'Orsay en 2009. En suivant la mode née aux États-Unis sous l'impulsion de Joseph Nye, la France s'est mise à investir à son tour le champ du *soft power*[11].

Pour autant, les déceptions européennes expliquent sans doute que la France ne se soit pas détournée d'une conception plus nationale de la puissance, à nouveau ancrée dans son outil militaire. Au Mali, elle est intervenue seule en 2013 pour empêcher le pays de basculer sous la coupe des islamistes (opération Serval), et l'opération Barkhane qui lui a succédé au Sahel a duré jusqu'en 2022. Paris a même essayé d'entraîner une dizaine de partenaires européens dans un *cadre ad hoc*, la force Takuba (2020-2022), en contournant le cadre de la PSDC et l'Allemagne, se positionnant ainsi comme le pays leader des ambitions stratégiques européennes. C'est aussi par ses frappes militaires aux côtés des États-Unis – contre Daesh à partir de 2014, en Syrie en 2018 – que la France s'est affirmée.

Les déconvenues au Sahel (coups d'État au Mali, au Burkina Faso, au Niger entre 2021 et 2023) ont porté un coup sévère à la puissance française en Afrique, sur fond d'influence croissante des puissances autoritaires rivales (Chine, Russie) et de montée d'un ressentiment anticolonial. Dans ce contexte, la question de la révision à la baisse des effectifs des bases militaires françaises en Afrique est désormais posée.

La France paraît ainsi confrontée à une forme de trilemme : soit elle continue de parier sur ses seuls moyens nationaux au risque de peser de moins en moins dans les rapports de force mondiaux ; soit elle mise sur un cadre européen dans lequel son influence s'est réduite (malgré le Brexit) et qui peine à se transformer en puissance autonome ; soit elle se résigne au cadre occidental en acceptant le leadership des États-Unis. Emmanuel Macron a voulu au départ renouer avec certaines orientations « gaullo-mitterrandiennes » en positionnant la France comme « puissance d'équilibre » qui parle à tout le monde et en affichant un haut niveau d'ambition européenne. Il a

10. Dans ce courant dominant de pensée, cf. Christian Lequesne, *La France dans la nouvelle Europe. Assumer le changement d'échelle*, Paris, Presses de Sciences Po, 2008 ; Maurice Vaïsse, *La puissance ou l'influence ? La France dans le monde depuis 1958*, Paris, Fayard, 2009 ; Thierry Balzacq, « Une grande stratégie française ? », in Frédéric Charillon (dir.), *La France dans le monde*, Paris, CNRS Éditions, 2021, p. 195-211.

11. Cf. Pierre Buhler, « Le *soft power*, version française », Annuaire français des relations internationales 2024 ; et aussi l'émission radiophonique « soft power » animée par le journaliste Frédéric Martel sur France Culture depuis 2006.

tenté sans succès de renouer avec la Russie. Face à la Chine, il s'est montré prudent en jouant la carte de l'unité européenne, accompagnant sans l'accélérer un durcissement occidental croissant, poussé par les États-Unis, face au régime de Xi Jinping. L'agression de l'Ukraine par la Russie, provoquant un « changement d'époque » et la « fin de la naïveté », l'a amené à revenir pleinement dans le cadre occidental classique, en renforçant par exemple ses déploiements militaires à l'est de l'Europe dans le cadre OTAN.

Avec la poussée des forces nationalistes en France, comme partout ailleurs en Europe et dans le monde, il n'est pas évident que Paris continue à pousser au projet d'une Europe puissante, alors même que l'UE est menacée de nouveaux élargissements. Entre les trois cartes qu'elle a traditionnellement jouées – l'alliance occidentale, la puissance européenne et la liberté d'action nationale –, il est probable que la France cherchera à garder une autonomie de décision et d'action pour continuer à jouer un rôle diplomatique et un rôle militaire, avec des partenaires quand elle le peut, mais aussi en comptant sur ses propres forces quand il le faut.

Même si le poids de l'Europe diminue dans le monde par rapport au duopole États-Unis/Chine et à la montée des grands émergents comme l'Inde ou le Brésil, la France garde des atouts qui la positionnent au niveau d'un petit nombre de puissances de second rang, ou « puissances moyennes ». Son intérêt est peut-être de maintenir l'éventail de ses options.

Régine Perron*

Géopolitique et Mondialisation

Cet article étudie le sens des deux mots : « géopolitique » et « mondialisation », et se propose de saisir leur évolution dans deux contextes différents. Le point de départ de cette étude se situe au moment de la chute du Mur de Berlin, le 9 novembre 1989, parce que le mot « mondialisation » est apparu dans ce contexte au tout début des années 1990. Quelle est donc sa signification par rapport à la géopolitique ? Leur sens a-t-il été marqué par cet événement majeur de la fin du XXe siècle ? Il est intéressant dès lors de saisir leur évolution de nos jours, soit dans le contexte de la décennie 2020. Ont-ils gardé le même sens que celui des années 1990 ? Pour cela, nous ferons référence à certains débats qui ont eu lieu autour de la mondialisation, à la position de la revue *Hérodote*, revue de géographie et de géopolitique de référence, ainsi qu'aux productions des deux instituts de recherche en relations internationales en France, l'Institut français des relations internationales (IFRI) et l'Institut de relations internationales et stratégiques (IRIS). La question principale est bien celle-ci : la mondialisation et la géopolitique sont-elles semblables ou antinomiques ?

C'est en effet la chute du Mur de Berlin en 1989 qui a donné naissance au terme « mondialisation », ou encore « globalisation » dans sa version anglo-saxonne. Cette mondialisation du début des années 1990 était perçue comme un phénomène soudain, nouveau, inédit, inexplicable, indéfinissable. L'élargissement de la sphère géographique, causé par la disparition de la frontière entre le bloc soviétique et le bloc occidental, alors symbolisée par le Mur de Berlin, représentait en effet un changement brusque à tous les niveaux. Le bloc soviétique n'était plus un monde à part dans l'économie mondiale mais constituait désormais un monde à intégrer. On a alors constaté que le « monde libre », plus précisément le bloc occidental, avait résisté. Pourquoi ? Comment cela a-t-il été possible ? Là se situe la véritable question de la mondialisation.

Puisque cette frontière entre le monde occidental et le monde soviétique n'existait plus, celui-ci s'est très vite inséré au cours des années 1990 dans l'ensemble des institutions relevant du système international, qui caractérisait le bloc occidental, soit le

* Maîtresse de conférences HDR en histoire des relations internationales à CY Cergy Paris Université.

multilatéralisme[1]. Or, ce système multilatéral est justement resté debout, intact face à la désagrégation rapide du bloc soviétique. En fait, le multilatéralisme a permis au bloc occidental de résister parce qu'il s'appuie sur un échafaudage, constitué d'institutions à la fois au niveau international comme l'Organisation des Nations unies (ONU), le Fonds monétaire international (FMI), l'Organisation mondiale du commerce (OMC), pour les plus connues, et au niveau régional comme l'Union européenne (UE), l'Association des nations d'Asie du Sud-Est (ASEAN), l'Organisation de l'unité africaine (OUA) – ces deux dernières organisations sont relativement peu importantes à ce moment-là, mais ont servi de base pour un agrandissement territorial et un approfondissement de leurs prérogatives après la Guerre froide. Cet échafaudage institutionnel a ainsi permis de tisser des liens d'interdépendance entre les pays membres du bloc occidental, et d'intégrer ensuite sans faillir tous les pays qui faisaient partie du bloc soviétique. Puis, l'extension des directives, des normes juridiques, économiques, sociales au monde entier, a conduit à le considérer comme homogénéisé. C'est pourquoi on a parlé de « mondialisation ».

La chute du Mur de Berlin avait été alors présentée comme la victoire de l'Occident sur le monde soviétique – on se rappelle l'article de Francis Fukuyama sur « La fin de l'Histoire », publié en 1989[2]. Après 1989, l'exemple le plus visible fut surtout l'extension de la libéralisation des échanges à toute la planète. Cette mondialisation était en fait en marche depuis 1945, mais elle s'était comme « régionalisée », ou encore « occidentalisée », dans le cadre du multilatéralisme, à cause de la Guerre froide. Jusque dans les années 1970, le système multilatéral avait instauré un libéralisme régulé (selon le modèle du keynésianisme), pour ensuite diffuser un libéralisme dérégulé (celui du néolibéralisme jusqu'à nos jours). C'est pourquoi, dans les années 1990, le multilatéralisme a coïncidé avec le néolibéralisme désormais appliqué au monde entier *via* les institutions. Or, cette mondialisation a aussi permis au multilatéralisme de renouer avec la base universelle, telle qu'il avait été conçu au départ[3]. Il est frappant de constater qu'il existait à cette époque une coupure au niveau de la réflexion entre la mondialisation et le système international qu'est le multilatéralisme.

Au niveau historiographique, nous nous limiterons ici à quelques éléments concernant la mondialisation. C'est du côté des États-Unis qu'on a pris conscience assez tôt de la nécessité de repenser à une nouvelle approche, comme l'a reconnu John L. Gaddis, en 1997 : « L'erreur est venue, [je] pense, de la manière dont [nous] avons calculé le pouvoir pendant les années de la Guerre froide. [Nous l'avons fait entièrement en des termes monodimensionnels, en [nous] focalisant particulièrement sur les aspects militaires, alors qu'une perspective multidimensionnelle aurait pu nous parler davantage[4] ». De même, le dynamisme économique du bloc occidental a attiré, à la manière d'un chant de sirène, les pays du bloc soviétique, comme le faisait remarquer Jean Heffer de la manière suivante : « À long terme, la supériorité économique patente du monde libre, renforcée par une organisation multilatérale des échanges, sapera les bases de l'Empire soviétique[5] ». Quant à Thomas Zeiler, il insistait sur une

1. Cf. Régine Perron, *Histoire du multilatéralisme. L'utopie du siècle américain de 1918 à nos jours*, Paris, Presses de l'Université de Paris-Sorbonne, 2de édition 2017 (2014).
2. Francis Fukuyama, « The End of History », *The National Interest*, été 1989, p. 3-18.
3. Cf. Régine Perron, *Histoire du multilateralisme*, *op. cit.*
4. John L. Gaddis, *We Now Know. Rethinking Cold War History*, Oxford, Oxford Clarendon Press, 1997, p. 284.
5. Claude Fohlen, Jean Heffer, François Weil, *Le Canada et les États-Unis depuis 1770*, Paris, PUF, coll. « Clio », 1997, p. 243.

nouvelle méthodologie qui prenne en compte le renouvellement des concepts face à la mondialisation : « Le cadre de la mondialisation ne signifie pas la réinvention de la roue. Il [nous] force plutôt à [nous] débattre, sur la base du travail antérieur, avec des concepts comme l'américanisation (en effet, la mondialisation de McKinley-Wilson était-elle simplement la projection des idées et de la puissance américaines, comme beaucoup l'ont dit ?) et à mieux définir ces termes comme le transnationalisme et l'interdépendance et comment ils sont reliés à la sécurité, aux sciences économiques et à la culture. [...] Cela exige de se concentrer sur les sciences économiques, sans toutefois exclure d'autres champs[6] ». Du côté de l'histoire économique aux États-Unis, certains tentèrent de relever le défi que représentait l'étude de la mondialisation dans une perspective historique en 2003 : « Mieux [nous] comprendrons l'économie politique de la mondialisation, mieux [nous] serons armés pour anticiper toute nouvelle répercussion de la mondialisation[7] ». Ainsi, de l'autre côté de l'Atlantique, il s'avérait nécessaire d'intégrer les aspects économiques pour comprendre la mondialisation, qui ne pouvait se résumer aux seules questions de défense.

Quant à la définition de la mondialisation, elle paraissait ardue à trouver. D'après Thomas Zeiler, la « mondialisation est l'organisation de la production qui implique les réseaux transnationaux qui recherchent les avantages en coût et en politique et qui sont financés par un système virtuellement non régulé d'échanges en monnaie, crédit et en actions cotées en bourse. C'est le "système global"[8] ». Ensuite, définir la période de la mondialisation s'avérait très délicat : quand a-t-elle commencé ? On caractérise habituellement la mondialisation par les progrès techniques des transports et de la communication grâce à la réduction des coûts, à la croissance du commerce mondial, aux flux migratoires du travail, aux mouvements des capitaux dans une sphère géographique étendue, comme si les frontières n'existaient plus. Dans ce cadre, l'avant-Première Guerre mondiale est souvent retenue pour cerner les origines de la mondialisation. Par exemple, Alfred E. Eckes et Thomas Zeiler démontraient que la puissance nationale économique des États-Unis, qui a symbolisé par la suite la mondialisation, avait commencé après la guerre qui les a opposés à l'Espagne à la fin du XIXe siècle[9]. Peut-être cette difficulté à définir la période de la mondialisation sera-t-elle résolue lorsqu'on pourra quantifier ce phénomène avec des données précises ou lorsqu'elle sera terminée ? C'est pourquoi ce mot était considéré comme relevant de la génération spontanée, difficile de dater précisément ses origines.

Du côté européen, du moins en France, le premier ouvrage qui porte sur la mondialisation date de 2009 : *Mondialisation. Les mots et les choses*[10]. L'un des articles, celui de René Dagorn, retraçait le parcours fort instructif des termes « globalisation » et « mondialisation ». Ceux-ci avaient été introduits par les sciences économiques qui les utilisaient alors de manière indifférenciée. L'auteur avait proposé cette définition fort éclairante de ce mot, en le replaçant dans le contexte de l'époque : « Vers 1990, il [le mot globalisation/mondialisation] est porteur de deux éléments forts : une idée

6. Thomas Zeiler, « Just Do It e! Globalization for Diplomatic Historians », *Diplomatic History*, vol. 25, n° 4, automne 2001, p. 551.
7. Michael Bordo, Alan M. Taylor, Jeffrey G. Williamson, *Globalization in Historical Perspective*, Chicago, The University of Chicago Press, 2003, p. 10.
8. Thomas Zeiler, « Just Do It! », *op. cit.*, p. 531.
9. Alfred E. Eckes, Jr., Thomas Zeiler, *Globalization and the American Century*, Cambridge, Cambridge University Press, 2003.
10. Michel Beaud *et. al.*, (dir.), *Mondialisation. Les mots et les choses*, Paris, Karthala, 1999.

de changement d'échelle, mais surtout une idée de décomposition voire de destruction des anciens systèmes de fonctionnement de l'économie internationale interétatique[11] ». On peut retenir le changement d'échelle qui est, entre autres, le résultat de l'effondrement de l'URSS et aussi de la fin du Tiers-Monde. Une autre configuration du monde a émergé après 1989. René Dagorn constate aussi que l'histoire est la grande absente de cette réflexion sur la mondialisation.

Quant aux sciences politiques, Susan Strange s'était penchée sur la mondialisation en distinguant les acteurs publics et privés qui exerçaient un pouvoir de décision : les firmes multinationales, les banques, les organisations non gouvernementales (ONG), les mafias aussi, les États. Cette tentative de structurer la mondialisation *via* le pouvoir lui avait permis de dégager ces caractéristiques principales que sont la sécurité, la production, la finance et le savoir.[12] L'autre élément frappant de la mondialisation est la diffusion instantanée et considérable de l'information – aussi bien pour les transactions financières, les échanges, que pour chaque individu sur la planète muni d'un téléphone portable. Sur la scène internationale, plus que jamais, les grandes sociétés multinationales, les groupes de pression, la presse, les médias et aussi les ONG, interféraient, selon Susan Strange, dans l'action de l'État, et par conséquent dans l'action des institutions multilatérales.

Dans le cadre de la mondialisation de l'après-1989, on ne peut omettre que l'hégémonie américaine était plus que jamais d'actualité, avec la diffusion au monde entier des caractéristiques de la société américaine à travers le multilatéralisme puisque les États-Unis en sont à l'origine. Ces caractéristiques sont le marché, la loi et l'individu. En effet, cela se traduit dans le multilatéralisme en son sein par le modèle de la démocratie libérale, l'État de droit, le marché libre, la libre circulation des marchandises, des biens de consommation, des services, des flux financiers. Hubert Védrine, alors ministre des Affaires étrangères de la France avait justement qualifié les États-Unis en 1998 de « superpuissance », après la disparition du rival russe : « Dans ce monde global, au sein de cette économie de marché planétaire, il n'y a aujourd'hui qu'un seul pays qui dispose de tous les attributs de la grande puissance, disons même de la superpuissance. Ce sont les États-Unis : en raison de la combinaison de leur poids politique, de leur puissance militaire, économique, technologique, culturelle, de leur maîtrise des moyens actuels et futurs de communications. Cela fait d'eux une puissance mondiale sans précédent[13] ». On pourrait alors caractériser la mondialisation, au lendemain de la chute du Mur de Berlin, de processus d'extension du multilatéralisme au monde entier, soit la « multilatéralisation », avec l'américanisation.

Quant à la « géopolitique », on peut retenir cette définition donnée par Yves Lacoste, afin de saisir les similitudes ou les différences avec l'autre terme qu'est la « mondialisation » : « Par ce mot, [j'] entends toute rivalité de pouvoirs sur un territoire. Il ne s'agit donc pas seulement de l'influence de données naturelles sur les rapports de forces (ce que les spécialistes anglo-saxons des "relations internationales" appellent parfois *geopolitics*), mais aussi des dimensions territoriales de ces rivalités et de la localisation des forces en présence dans un contexte international plus ou

11. René Dagorn, « Une brève histoire du mot "mondialisation" », *ibid.*, p. 192.
12. Christian Chavagneux, *Économie politique internationale*, Paris, La Découverte, coll. « Repères », 2010.
13. Déclaration de M. Hubert Védrine, ministre des Affaires étrangères, sur les conséquences de la mondialisation sur l'évolution des relations et des échanges internationaux, Pékin le 23 janvier 1998, source : https://www.vie-publique.fr/discours/130201-hubert-vedrine-23011998-sur-les-consequences-de-la-mondialisation.

moins vaste[14] ». La démonstration se fait avec une carte géographique, en combinant les faits historiques. Ainsi, « observations géographiques et récits historiens sont indispensables pour envisager, au sein de tout groupe dirigeant et de son état-major, une situation stratégique et préparer une opération politique ou militaire[15] ». On est vraiment dans la configuration classique des relations entre des pouvoirs à l'égard d'un territoire donné, comme en histoire des relations internationales. La différence est que l'histoire s'appuie sur les archives ouvertes après un certain nombre d'années.

Comme le mot « mondialisation » est apparu après 1989, il est intéressant de voir quelle était la position de la revue *Hérodote*, revue de géographie et de géopolitique fondée par Yves Lacoste, face à ces événements qui ont conduit à l'implosion de l'URSS et sa dislocation, à la fin de la Guerre froide et à la réunification des deux Allemagnes. Quel fut le regard géopolitique sur ces bouleversements d'ampleur ? Pour essayer de faire un parallèle ou trouver un point commun avec la mondialisation.

Peu de temps après l'ouverture du Mur de Berlin le 9 novembre 1989, le numéro *Hérodote* du dernier trimestre s'intitule « Les marches de la Russie ». On retrouve la même perplexité dominante face à cet événement soudain, mais on y décèle surtout une grande inquiétude quant au devenir des Républiques soviétiques, ces Marches, entourant la Russie du côté occidental. Selon Yves Lacoste, « c'est un grand embarras qu'il a fallu surmonter pour rédiger cet éditorial d'*Hérodote*. Depuis les débuts de la revue, il y a bientôt quatorze ans, jamais [nous] n'avions tenté d'envisager des changements aussi rapides et inattendus dans le cadre d'un ensemble politique aussi vaste et complexe. Jamais [nous] n'avions eu à envisager le destin proche d'un État aussi puissant[16] ». À la différence de l'histoire qui attend d'avoir le recul de plusieurs années pour analyser un fait, la géopolitique a cet avantage de pouvoir réagir à chaud avec sa propre méthodologie. Dans le contexte actuel, il est frappant de lire le constat prémonitoire de la situation qui a suivi la dislocation de l'URSS : « En revanche, depuis 1987-1988, la glasnost et la perestroïka ont entraîné l'apparition et la propagation de très graves problèmes géopolitiques, ce qui très probablement n'était pas prévu par les promoteurs de ces réformes : le "problème des nationalités", que l'on croyait depuis longtemps sinon réglé, du moins en voie de solution, se manifeste brusquement avec force dans un grand nombre de républiques soviétiques dont le peuplement, pour l'essentiel, n'est pas russe, surtout dans celles qui sont situées près des frontières de l'ouest et du sud-ouest de l'Union soviétique, les Républiques baltes, l'Ukraine, la Moldavie, les Républiques de Transcaucasie, Géorgie, Arménie, Azerbaïdjan. C'est tout le grand croissant que forment, de la Baltique à la Caspienne, les marches occidentales de la Russie[17] ».

Ensuite, on peut dire que la revue est au rendez-vous de l'histoire, elle va proposer plusieurs numéros (ou des articles) au cours de ces années de bouleversements géopolitiques majeurs en Europe et dans le monde, plus précisément entre 1990 et 1992. Environ un an après la chute du Mur de Berlin, Yves Lacoste esquissait les conséquences géopolitiques à venir dans cette partie de l'Europe : « Les développements de la perestroïka en Union soviétique et l'effondrement du communisme dans ce

14. Yves Lacoste, « La géographie, la géopolitique et le raisonnement géographique », *Hérodote*, n° 3-4, 2012, p. 14.
15. *Ibid.*, p. 15.
16. Yves Lacoste, « Géopolitique et pérestroïka », *Hérodote*, n° 54-55, 1989, p. 7.
17. *Ibid.*, p. 4.

que l'on appelait autrefois les "démocraties populaires" font que tout l'est de l'Europe apparaît aujourd'hui comme une aire de complexes et de difficiles problèmes géopolitiques : depuis ceux qui résultent de la réunification de l'Allemagne jusqu'aux risques de sécession de l'Ukraine, en passant par les conflits entre Républiques yougoslaves ou les persécutions sur la minorité hongroise en Roumanie, etc.[18] ».

Quant au numéro 62 de la revue, de la fin de l'année 1991, sur « Les territoires de la nation », il est aisé de suivre le changement d'ambiance : « Deux ans après l'ouverture spectaculaire et surtout sans drame du "Mur de Berlin", ce qui était la preuve que la Guerre froide était bel et bien terminée, l'euphorie a été de courte durée et, dans un grand nombre de pays européens, à l'Est mais aussi à l'Ouest, on ressent aujourd'hui une sorte de malaise, d'inquiétude, la perception plus ou moins forte de dangers nouveaux. Ce n'est plus d'une guerre mondiale qu'on a peur, et celle "du Golfe" a été courte et lointaine[19] ». Enfin, au début de 1992, le numéro intitulé : « Cela s'appelait l'URSS, et après... » s'interrogeait encore une fois sur les bouleversements passés et à venir, et surtout sur la soudaineté de la fin de la Guerre froide. « Comme bien d'autres, [nous] ne [nous] doutions pas que ce serait en URSS, la partie du monde où les structures économiques, sociales, politiques les plus pesantes paraissaient les plus établies, que tout allait commencer à changer [...] Un des risques que [nous] signalions alors – bien que Gorbatchev le démentît – était l'essor de mouvements nationaux séparatistes [...] Aujourd'hui l'URSS n'est plus[20] ». On peut observer que toutes ces citations offraient une vision géopolitique du monde, dirait-on, pratique, et ne s'interrogeaient pas à ce moment-là sur le sens de la mondialisation, à la différence des débats historiographiques. En effet, on ne parlait pas du tout de la mondialisation dans *Hérodote* au cours de ces années, mais du monde en devenir qui se reconstruisait sous nos yeux, à l'est et au sud par rapport à l'ouest et au nord. L'horizon s'ouvrait, s'élargissait et laissait perplexe.

À la lumière de ces deux approches, on peut réfléchir au lien qui pourrait exister entre ces deux termes : la mondialisation serait, après la fin de l'URSS, l'étude des rapports de force entre les différents pouvoirs pour une influence sur des territoires en reconstruction. Cela se passe au niveau mondial, en particulier entre les États-Unis et les autres, dans le cadre de la conquête de marchés, mais cette reconstruction de l'espace se fait aussi par le biais des institutions multilatérales qui accueillirent désormais tous les pays du monde entier – en particulier en 1995 avec la création de l'OMC. Après les avoir considérés dans le contexte de la chute du Mur de Berlin, on peut s'interroger aujourd'hui sur leur évolution. Ont-ils changé de sens ? Ou bien reflètent-ils un contexte particulier en cette décennie de 2020 ?

Le mot « géopolitique » connaît un grand succès aujourd'hui, au point d'être un terme « galvaudé » d'après Yves Lacoste. Il est vrai qu'on le retrouve dans de très nombreux discours, au point d'éclipser l'expression « les relations internationales ». Tout est devenu géopolitique. Peut-être est-ce un terme plus clair, plus simple, ou encore plus court que « les relations internationales » ? Le fait de présenter les rivalités de pouvoirs pour un territoire sur une carte géographique est beaucoup plus parlant,

18. Éditorial d'Yves Lacoste, *Hérodote*, « À l'Est et au Sud, De la crise du Golfe à la fin d'un Empire », n° 58-59, 1990, p. 3.
19. *Ibid.*, *Hérodote*, n° 62, 1991, « Les territoires de la nation », p. 3.
20. *Ibid.*, *Hérodote*, n° 64, 1992, « Cela s'appelait l'URSS, et après... », p. 2.

plus visible. Comme le déclare Delphine Papin : « Une bonne carte peut parfois faire l'économie d'un papier[21] ».

Afin de continuer à explorer l'utilisation du mot « géopolitique », on peut se pencher sur la production de deux fondations privées de recherche en relations internationales, l'IFRI et l'IRIS. Ces deux instituts concurrents proposent de très nombreuses études de géopolitique. Du côté de l'IFRI, on peut citer « La géopolitique des hydrocarbures[22] », *La géopolitique de l'Indo-Pacifique*[23], et du côté de l'IRIS, *Géopolitique de la mer*[24], et même *Géopolitique des féminismes*[25]. Feraient-ils alors concurrence aux travaux proposés par la revue *Hérodote*, revue de géographie et de géopolitique ?

Depuis peu, la presse quotidienne, notamment *Le Monde* et *Le Figaro*, s'est dotée de véritables services d'infographie de qualité. Delphine Papin fait aussi remarquer que le « contexte général est favorable au visuel et les Français ont un intérêt particulier pour les cartes. Cette place est aussi le fruit d'une volonté politique de la direction (du journal *Le Monde*) et sans doute de rencontres humaines propices à ce type d'expression au sein du journal[26] ». Pour exemple, la carte sur « Le Dniepr, un fleuve devenu ligne de front entre Russes et Ukrainiens », dans *Le Monde* du 24 février 2023, en version papier et en version numérique, est remarquable[27]. Aujourd'hui, le terme « géopolitique » est utilisé à grande échelle, et, il faut bien le dire, aussi un peu à tort et à travers. Cependant, il existe un véritable intérêt aujourd'hui pour comprendre ces rivalités des pouvoirs, ces luttes d'influence pour un territoire grâce à la carte géographique, qui est sans aucun doute plus éloquente.

Quant à la mondialisation, Yves Lacoste reconnaissait dans un éditorial d'*Hérodote* en 2003 que « certains de [nos] amis se sont étonnés qu'*Hérodote* n'(y) ait pas encore contribué (à ce débat sur la mondialisation)[28] ». Et il proposait alors cette définition : « De cette très vaste question, il s'agit de faire une approche géopolitique et tout d'abord de l'envisager sur le plan mondial en termes de rivalités de pouvoirs sur les territoires[29] ». Cependant, parler de rivalités de pouvoirs en 2003 amenait au constat suivant : « Mais est-il possible de traiter de la mondialisation sans poser la question du rôle de l'empire mondial que domineraient les États-Unis ?[30] ». Or, Hubert Védrine qualifiait les États-Unis, dans un ouvrage paru en 2003, d'hyperpuissance[31]. Au début des années 2000, les États-Unis commencèrent à voir apparaître un concurrent sur la scène internationale, la Chine. Puis, en 2011, un acronyme créé par un économiste de la banque Goldman et Sachs, le « BRIC » (auquel sera ajoutée plus tard l'Afrique du Sud), réunissait les puissances émergentes du Sud : le Brésil, La Russie, l'Inde et la Chine. Le BRIC illustre précisément cette nouvelle rivalité face

21. Delphine Papin, « L'évolution de la place de la cartographie dans *Le Monde* », *Hérodote*, n° 146-147, 2 012/13, p. 112.
22. Marc Antoine Eyl-Mazzega, « Géopolitique des hydrocarbures : gagnants et perdants de l'instabilité », *IFRI, Questions internationales*, n° 117, février-mars 2023.
23. Isabelle Saint-Mézard, *Géopolitique de l'Indo-Pacifique*, Paris, PUF, 2022.
24. Julia Tasse, Sébastien Abis, *Géopolitique de la mer*, IRIS éditions/Eyrolles, 2022.
25. Marie-Cécile Naves, *Géopolitique des féminismes*, Eyrolles, 2023.
26. Delphine Papin, « L'évolution de la place de la cartographie dans *Le Monde* », *op. cit.*, p. 109.
27. Réalisée par Victor Simonnet, Delphine Papin, Flavie Holzinger, Eric Dedier : https://www.lemonde.fr/international/article/2023/02/24/le-dniepr-un-fleuve-devenu-ligne-de-front-entre-russes-et-ukrainiens_6163208_3210.html.
28. Yves Lacoste, « Mondialisation et géopolitique », *Hérodote*, n° 108, 2003, p. 3.
29. *Ibid.*, p. 4.
30. *Ibid.*, p. 5.
31. Hubert Védrine, *Face à l'Hyperpuissance : textes et discours-1995-2003*, Paris, Fayard, 2003.

aux États-Unis. Aujourd'hui, en 2024, cette configuration existe toujours et s'est même renforcée : la Chine est devenue entre-temps la deuxième puissance économique après les États-Unis.

Sommes-nous alors dans la même représentation de la mondialisation des années 1989-1991 ? On s'aperçoit que ce mot est beaucoup moins employé aujourd'hui dans les dernières productions des deux instituts des relations internationales, l'IFRI et l'IRIS. En effet, la dernière publication de l'IFRI, « *Russie et Asie centrale à la croisée des chemins. Des survivances soviétiques à l'épreuve de la mondialisation* », remonte à mai 2021[32], ou encore « Le COVID-19 : à bas la mondialisation, vive l'Europe » dans *Politique étrangère* en 2020[33], un éditorial en 2019 sur « La (dé) mondialisation du commerce des déchets plastiques : enjeux de perspectives[34] ». Du côté de l'IRIS, le mot « mondialisation » apparaît encore, mais surtout dans un sens négatif pour un entretien ou un billet bref : « Guerre en Ukraine : fin de la mondialisation ?[35] », « Le monde s'achemine vers une démondialisation. Mais laquelle ?[36] » ; les véritables études sur la question remontent entre 2014 et 2016 dans la revue *Revue internationale et stratégique*[37], et le dernier ouvrage abordant la question de la mondialisation à propos du football date de 2006[38].

Le contraste est saisissant : le mot « géopolitique » est sans cesse utilisé de nos jours alors que le mot « mondialisation » est en déclin, pourrait-on dire. On parle justement de la fin de la « mondialisation heureuse » (en référence à un ouvrage d'Alain Minc paru en 1999 qui l'estimait heureuse[39]), de « démondialisation ». Ainsi, les « événements de l'année 2020, avec leur lot d'instabilité géopolitique, les conflits armés et le terrorisme, l'épidémie planétaire d'un virus type SARS-Cov-2 d'un nouveau genre, dit COVID-19, qui a gelé une grande partie du commerce international, limité les déplacements humains, confiné une large partie des êtres humains dans leurs espaces domestiques, ont suscité chez pas mal de cette catégorie d'acteurs experts dits "commentateurs" ou "observateurs" l'idée que la mondialisation était mise à mal et qu'elle vivait ses derniers instants, tant sur le plan des processus qui la qualifient comme telle, que sur celui du lexique des sciences[40]. » Cette citation de Lionel Obadia éclaire précisément le contexte ambiant qui déprécie l'idée même de la mondialisation.

Plusieurs crises sont effectivement passées par là, et ont conduit à regarder différemment la mondialisation. En 2008-2009, s'est déclenchée la crise financière et économique mondiale. Elle a particulièrement mis en lumière que l'OMC et le FMI, les deux institutions chargées de la bonne marche de l'économie mondiale au niveau commercial et au niveau financier, ne possédaient plus les mesures adéquates pour éviter une crise. Le résultat est le retour des mesures protectionnistes et une sorte de guerre économique larvée entre le Nord et le Sud. Cette crise a aussi relancé le

32. Michaël Levystone, *Russie et Asie centrale à la croisée des chemins. Des survivances soviétiques à l'épreuve de la mondialisation*, Paris, L'Harmattan, 2021.
33. « Le COVID-19 : à bas la mondialisation, vive l'Europe », *Politique étrangère*, vol. 85, automne 2020.
34. Eugène Jottreau, « La (dé)mondialisation du commerce des déchets plastiques : enjeux de perspectives », Paris, Éditorial de l'IFRI Énergie, septembre 2019.
35. IRIS, Entretien avec Pascal Lamy, 4 mai 2002.
36. IRIS, revue de presse, 29 mars 2022.
37. « État-Nation et Mondialisation », *RIS*, n° 102, 2016 ; « Mondialisation et Contestation », *RIS*, n° 93, 2014.
38. Pascal Boniface, *Football et Mondialisation*, 2006.
39. Alain Minc, *La mondialisation heureuse*, Paris, Pocket, 1999.
40. Lionel Obadia, « Tours, détours, retours… de mondialisation. Une introduction », *Diogène*, n° 271-272, juillet-décembre 2020, p. 3.

débat sur la gouvernance mondiale. Puis, la pandémie du COVID-19 de ces dernières années a comme achevé de discréditer les institutions internationales (OMS ou ONU). Dans le contexte d'aujourd'hui, les considérations sur la fin de la mondialisation coïncident justement avec la défiance exprimée très fortement à l'égard du multilatéralisme. De vives critiques sur l'ONU, l'OMS, l'OMC, le FMI, le Conseil des droits de l'Homme se sont exprimées : que garantissent ces institutions dans le monde ? De même, au niveau régional, l'UE est aussi la cible de critiques de la part des populistes, il y a eu le Brexit, l'OUA ne s'affirme guère comme entité unifiée, le Marché commun du Sud (MERCOSUR) a certes connu un regain d'intérêt avec le traité de libre-échange récent, seule l'ASEAN connaît plus de succès, avec l'ajout de trois membres décisifs, la Chine, la Corée du Sud et le Japon.

Le monde est à un tournant où la démondialisation remet aussi en cause le multilatéralisme qui atteint ses limites d'acceptation aujourd'hui. Serait-ce alors la victoire des anti-mondialistes/anti-globalistes dans la droite ligne de Donald J. Trump, de celle des populistes ? Ceux-ci ont rejeté cette mondialisation considérée comme équivalente à une perte de souveraineté nationale, ont combattu durement ces institutions et revendiquent le protectionnisme, mais dans une certaine mesure[41]. En effet, le dynamisme des échanges extérieurs ne doit pas être trop contrarié pour servir la puissance de l'État en question, comme les États-Unis, la Chine, l'Inde aussi. Cette mondialisation-ci se penche plus que jamais sur la défense de marchés, de territoires qui permettent aux États concurrents d'avoir une extension de leur propre territoire national, de faire valoir leur souveraineté territoriale ou d'influence. Dans ce cas, pouvons-nous parler aussi de victoire des alter-mondialistes dans la version ATTAC ? Leur slogan, « Un autre monde est possible », ne supposait pas de compétition acharnée entre plusieurs puissances.

Le pôle dominant est encore aujourd'hui constitué par les États-Unis, qui ont réfléchi à ce nouvel ordre international, l'ont créé et mis en place en 1945. C'est pourquoi les historiens appellent la période de 1945 à nos jours le « Siècle américain ». Nous sommes dans la continuité de l'histoire puisque, de siècle en siècle, nous voyons se succéder un pôle dominant avec son système économique, politique, social et culturel à un autre, selon Immanuel Wallerstein. C'est la Chine qui s'affirme plus que jamais sur la scène internationale et qui aspire à prendre la suite des États-Unis, et cela en 2049 parce qu'elle l'a planifiée. Comment s'y prend-elle ? Qu'en est-il des autres régions du Sud, du monde ? Comme la mondialisation évolue, allons-nous aussi vers une évolution du multilatéralisme ou vers la création d'un nouveau système international, avec un nouveau pôle dominant ? Ce qui est certain, c'est que nous sommes en ce moment dans une période de transition.

Comment dès lors représenter l'évolution de cette mondialisation d'aujourd'hui, avec le regard géopolitique ? On constate alors que cette lutte d'influence s'exerce aussi par le biais d'institutions, d'organisations à dimension régionale. Pour cela, la carte suivante permet de représenter la rivalité des puissances sur un territoire (dans le sens géopolitique) mais au niveau mondial pour la conquête des marchés via les institutions (dans le sens de la mondialisation) en 2023.

41. Régine Perron, « La fin du multilatéralisme : une victoire de Donald Trump ? », *Diploweb*, novembre 2018.

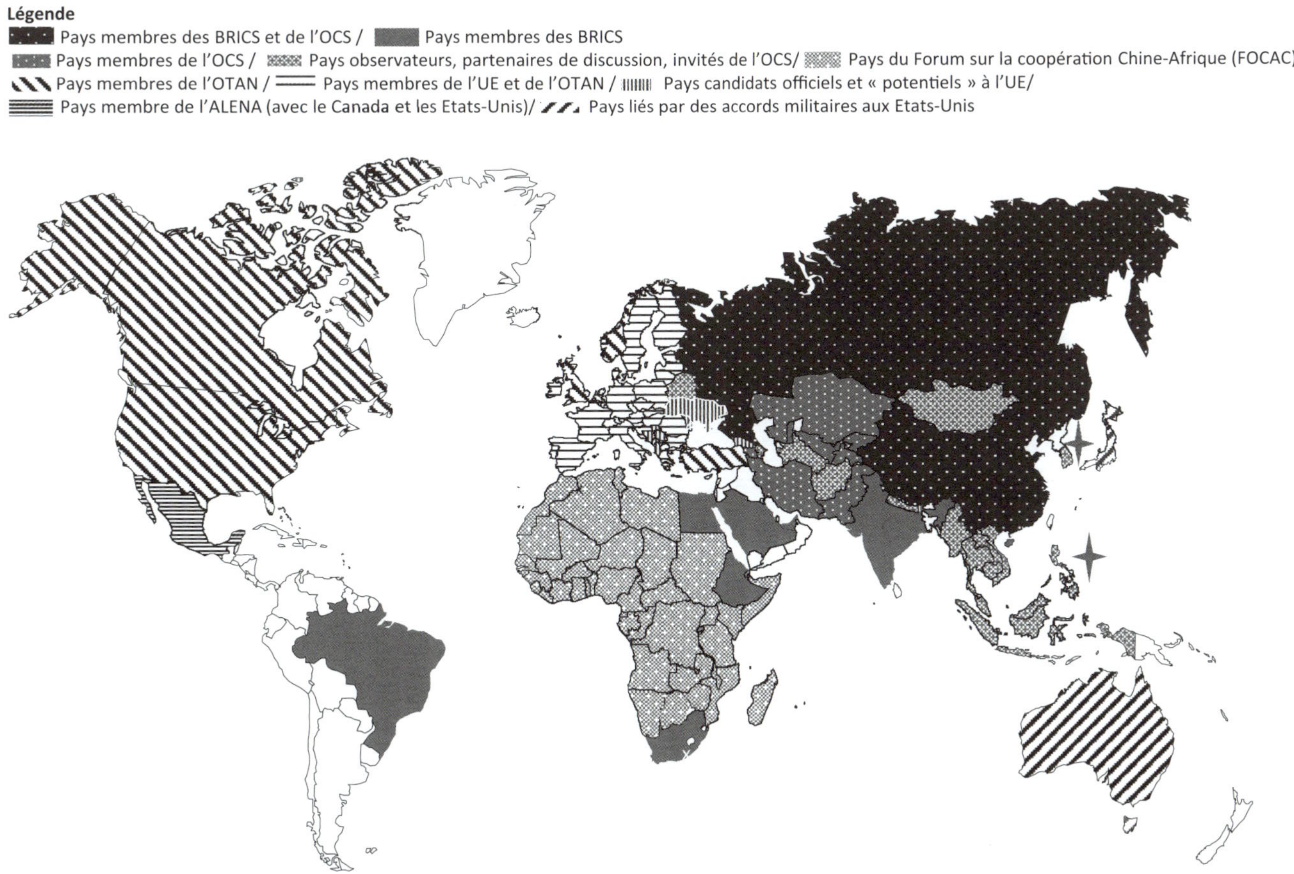

La mondialisation d'aujourd'hui: les rivalités de pouvoirs entre le pôle dominant et le pôle émergent dans les régions du monde

Adam Bence Balazs*

Le tournant géopolitique et les faiblesses de l'Europe

Introduction : de quoi le tournant géopolitique est-il le nom ?

L'Union européenne (UE) se situe à un tournant de son histoire. À la suite de l'intégration économique d'après-guerre et des multiples efforts en vue d'une unité politique, l'heure serait désormais à l'action géopolitique. Dans un monde global en pleine ébullition, l'ouverture progressive d'un marché commun et le rôle normatif de l'UE en tant que modèle démocratique, pour ses membres ainsi que pour les pays candidats, ne suffisent plus à garantir une présence européenne mondiale digne de ce nom.

C'est l'urgence des défis qui dicterait donc une nouvelle feuille de route : l'expansionnisme russe en Ukraine, en Géorgie, en Moldavie et ailleurs, la montée en puissance du pôle chinois, les intrigants rapports de force entre Pékin et Moscou, le changement de cap géostratégique de l'allié américain confirmé par la réélection de Donald J. Trump ainsi que la flambée des conflits macro-régionaux du Sahel au Moyen-Orient en passant par le Congo et le Rwanda, tout laisse entendre, en effet, que le tournant s'inscrit dans le contexte global lui-même. Ce serait ainsi un appel que l'UE, en dépit de ses difficultés internes, se doit d'entendre pour mieux peser dans le monde.

Cet appel, les Européens l'entendent-ils vraiment ? Tournant peut être synonyme de prise de conscience, or rien n'empêche que celle-ci ait quelque peu tardé du côté d'une Union qui a longtemps misé sur son rôle de modèle séduisant, agissant selon son propre paradigme d'intégration plutôt que suivant les défis sécuritaires du village global. Par conséquent, on peut soupçonner ce « tournant » de répondre avant tout aux défaillances d'une Europe politique qui peine à convaincre au lieu de prendre la pleine mesure de ses responsabilités au-delà de l'alternance enkystée de la cohésion interne de ses États-membres et de l'élargissement aux parents pauvres de l'Est post-soviétique et du Sud-Est.

* Chercheur affilié à l'Université allemande Andrássy de Budapest (AUB), Hongrie. Il enseigne la philosophie politique et la géopolitique. Ses recherches en cours portent sur le régime Orbán en Hongrie, l'intégration européenne des Balkans occidentaux, les perspectives globales de l'Union européenne et les nouvelles formes de pouvoir à l'œuvre dans le monde global.

À l'intérieur, la démocratie se porte mal, qu'il s'agisse des rechutes autoritaires suivant le « modèle » hongrois, du jeu politique dérisoire en France et en Allemagne qui affaiblit les cadres démocratiques du couple moteur de la construction européenne, ou encore, plus généralement, de cette montée populiste, expression maladroite qui indique que les démocraties libérales européennes ne sont plus dans l'antichambre d'un mal antidémocratique à venir, mais sont bel et bien entrées dans une nouvelle phase de fragilité. Comment assurer un tournant au niveau des relations internationales avec de tels virages ratés à l'intérieur ?

Dans le voisinage de l'UE, le blocage et la fatigue des Balkans dits « occidentaux », étiquette *made in the EU*, emblématique d'un projet européen qui se croit seul au monde, résument malheureusement bien une absence de vision géopolitique. Si l'épuisement est ambiant dans l'UE comme du côté des candidatures qui s'éternisent, comment espérer un souffle nouveau en matière de géopolitique ? Ne sommes-nous pas dès lors dupes de l'urgence de tourner une page confuse et brouillonne sans avoir pris la peine de l'avoir bien lue ? Tournant serait alors l'équivalent d'une fuite en avant.

L'escalade majeure de l'agression russe de l'Ukraine est une menace pour l'Europe tout entière. Existentielle pour les pays d'Europe de l'Est, la menace n'en est pas moins réelle pour l'Ouest du Vieux Continent, pour ses démocraties, son économie et sa sécurité. Est-ce bien le retour de la guerre en Europe qui marque aujourd'hui un tournant ? La guerre en Ukraine dure depuis plus de dix ans. Dès les années 1990, avec la désagrégation de la Yougoslavie, il y a eu conflit ouvert et sanglant sur le sol européen. Il y a eu génocide. Est-il vraiment sérieux de saluer un « retour » de la géopolitique en Europe dans les années 2020 ?

Le tournant, ne serait-ce pas, plutôt qu'un point de rupture, un processus à moyen terme, depuis la fin de la Guerre froide, processus au cours duquel le leadership américain triomphe avant de décliner, les défis de la mondialisation (réchauffement climatique, révolution numérique, processus migratoire) se cristallisent et de nouvelles formes de violence s'affirment dans les conflits internationaux ?

Fatigue et épuisement, blocages techniques, défaillances politiques, manque de vision stratégique et fuite en avant : le maître-mot de ces considérations préliminaires, c'est la faiblesse. Au premier abord, il peut sembler nocif d'insister sur les faiblesses du projet européen alors que l'heure est grave et que les populismes se nourrissent volontiers de (re)sentiments eurosceptiques. Cependant, loin de minorer le potentiel géopolitique de l'UE, réfléchir de manière constructive à ses points faibles est essentiel pour y remédier. Il en va de l'Europe comme de la démocratie : c'est vanter aveuglément ses avantages ou sa supériorité qui finit par en saper les fondations.

La faiblesse est un concept géopolitique à part entière. Elle ne se réduit guère au simple contraire de la puissance. Loin d'être ce qui échoue face à la puissance, la faiblesse est devenue une forme et une source de puissance dans un jeu géopolitique dont il s'agit de bien saisir les anomalies. À l'heure des guerres hybrides et « asymétriques », la puissance militaire ne suffit plus à assurer des victoires politiques. Bertrand Badie a élaboré, au fil de plusieurs ouvrages, une théorie de la « puissance de la faiblesse » dans le Sud global pour mettre un nom sur ces anomalies qui, de la guerre du Vietnam aux dernières secousses du conflit dans le Sahel, ont mis à l'épreuve la théorie classique de la puissance et les rouages traditionnels du jeu international.

Et si, contre toute attente, ce concept de faiblesse s'appliquait également aux puissants de la veille pour nous offrir une grille de lecture qui s'applique aux États européens et à leurs déboires internes ? Mettre la faiblesse en tant que concept géopolitique autonome au centre du débat nous permettra d'y voir plus clair au sujet des défaillances de l'UE, ses points ainsi que ses maillons faibles grâce à une perspective inversée sur la logique, sur les limites, voire sur la nature même du pouvoir en ce début du XXIe siècle. Dans un premier temps, examinons la théorie de Badie, telle qu'elle s'applique aux réalités du Sud global. Concentrons-nous ensuite sur le cas spécifique de la Hongrie, un « faible » aux allures puissantes. Enfin, adoptons une critique constructive des faiblesses de l'Europe dans un contexte où celles-ci s'exposent plus que jamais au pouvoir de nuisance des entités qui contestent un ordre international qui n'a pas dit son dernier mot.

La « puissance de la faiblesse » : le Sud global au cœur de la géopolitique

La faiblesse comme forme déviante de puissance ? C'est le pari théorique de Bertrand Badie, qui situe la faiblesse au cœur du jeu géopolitique global. Il s'agit d'expliquer les anomalies qui, au niveau international, remettent en question la logique traditionnelle des rapports de force. Bien que l'attention de l'auteur se porte avant tout sur les caractéristiques du Sud global, ce sont bien les pays occidentaux que la « puissance de la faiblesse » interpelle[1]. Qui plus est, ce concept de faiblesse pourrait bien, moyennant quelques ajustements, mettre un nom sur les dysfonctionnements de la construction européenne.

Examinons la thèse avant de l'adapter au contexte européen. Le constat de Badie est le suivant : depuis 1945, la puissance, au sens de l'avantage militaire, ne suffit plus à assurer des victoires. Au Vietnam comme en Algérie, en Afghanistan comme au Sahel, des puissances nucléaires (États-Unis, Union soviétique, France) ont été repoussées par des pays en voie de développement[2]. Les victoires sur le champ de bataille ne se convertissent plus en victoires politiques[3].

Ce sont des sociétés et des fractions politico-militaires précaires et des régions aux frontières poreuses qui résistent aux armées occidentales. Les nouveaux conflits internationaux, ces guerres dites asymétriques, ne sont pas des « guerres » au sens où l'entendait Clausewitz à l'époque napoléonienne[4] ; « asymétrique » ne convient pas non plus pour décrire ces conflits, puisque ce terme réduit le problème à un rapport de force qui serait simplement inégal suivant les critères clausewitziens de la puissance[5]. Le déploiement classique de la puissance militaire n'aboutit pas à un net rapport de force suivant lequel les termes d'un traité de paix pourraient s'imposer. Les nouveaux conflits internationaux sont sans issue, du moins au sens classique du terme.

Pour Badie, ces anomalies remontent à la décolonisation qui « constitue le grand événement de l'après-Seconde Guerre mondiale[6] ». Moralement nécessaire, la

1. Badie, Bertrand, *Quand le Sud réinvente le monde*. Essai sur la puissance de la faiblesse, Paris (La Découverte) 2018.
2. *Ibid.*, p. 104-105.
3. *Ibid.*, p. 123.
4. Badie, Bertrand, *L'Art de la paix*. Après *L'Art de la guerre* de Sun Tzu, Paris (Flammarion) 2024, p. 105-106.
5. Kaldor, Mary, *New wars and old wars*. Organized violence in a global era, Cambridge (Polity Press) 2012 [1999]. Münkler, Herfried, *The New wars*, Cambridge (Polity Press) 2005.
6. Badie, Bertrand, *Quand le Sud réinvente le monde*. Essai sur la puissance de la faiblesse, Paris (La Découverte) 2018, p. 17.

décolonisation aurait échoué sur le plan politique et institutionnel. Les États qui en grand nombre s'émancipent de la domination coloniale n'ont pas été convenablement intégrés dans l'ordre international d'origine européenne (le système westphalien) et sous leadership états-unien depuis 1945. Certes, l'hégémonie états-unienne a modifié le rapport de force au niveau des relations transatlantiques[7], mais cela n'a pas permis à l'ordre international de relever à temps les multiples défis de la décolonisation.

La théorie de Badie présente toute une série d'avantages. Un avantage historiographique d'abord. L'origine de ces conflits sans issue se situe à moyen plutôt qu'à court terme, elle remonte à la Guerre froide. Badie nous invite, dans l'esprit des Annales, à considérer de manière plus avertie ce que Paul Ricœur a nommé « l'étagement des durées[8] ». Il y a, certes, le temps de l'événement, le temps court qui sied au récit historique. Il importe de ne pas borner l'effort de compréhension aux événements, si dramatiques soient-ils. Méfions-nous « de cette histoire brûlante encore », du court terme chargé d'émotions[9]. Le risque, comme l'a si souvent souligné Jacques le Goff, c'est de s'orienter selon des prétendus points de rupture (un événement après lequel plus rien ne serait comme « avant »), alors que ce qui intéresse l'historien, ce sont plutôt des tournants, certes moins spectaculaires, certes moins rapides et immédiats, mais qui permettent de saisir le changement au sein des continuités qui donnent sens à l'événementiel[10]. D'un mot, il est requis, pour mieux comprendre les défis du monde global contemporain, de s'interroger sur la durée du tournant géopolitique en cours.

Avantage, ensuite, d'une critique plus approfondie des institutions internationales. Une fois bien compris que les perturbations du monde global trouvent leur origine dans l'échec politique de la décolonisation, on peut mesurer avec plus de précision la brèche qui sépare l'ordre international du monde global. L'extrapolation du modèle westphalien à la complexité globale n'a eu lieu que de manière formelle, et le résultat est source de frustrations et de ressentiment. La responsabilité, selon Badie, incombe avant tout aux institutions internationales d'un monde onusien qui n'a pas opéré avec un concept d'intégration à la hauteur de cette tâche historique et globale[11].

L'intégration dans le système international fut l'enjeu de la décolonisation. Pour Badie, une intégration réussie consiste à « porter les trois propriétés qui donnèrent peu à peu corps à la mondialisation : l'inclusion, l'interdépendance et la mobilité[12] ». L'inclusion s'opère en trois temps : la reconnaissance « formelle de l'indépendance et l'admission au sein des Nations unies » ; l'inclusion politique, qui consiste à « admettre, sur un pied d'égalité, l'autre en tant qu'acteur politique interagissant sur toutes les grandes questions internationales » ; une reconnaissance morale, autrement dit l'estime pour le nouvel État, son histoire, sa culture, sa différence[13]. L'interdépendance aurait exigé un véritable « régime de gouvernance globale » au lieu du « vieux Concert

7. *Ibid.*, p. 21-22.
8. Ricœur, Paul, *Temps et récit.* 1. L'intrigue et le récit historique, Paris (Seuil/Essais) 1983, p. 186.
9. *Ibid.*, p. 187. Braudel, Fernand, *Écrits sur l'histoire*, Paris (Flammarion) 1969, p. 12.
10. Le Goff, Jacques, *À la recherche du Moyen Âge*, Paris (Seuil/Essais) 2006, p. 40. ; Le Goff, Jacques, *Faut-il vraiment découper l'histoire en tranches*, Paris (Seuil) 2014, p. 11-15.
11. Badie, Bertrand, *Quand le Sud réinvente le monde*. Essai sur la puissance de la faiblesse, Paris (La Découverte) 2018, p. 21-28.
12. *Ibid.*, p. 21-22.
13. *Ibid.*, p. 21-23. Mattias Iser, « Recognition between states? », in C. Daase, C. Fehl, A. Geis et G. Kolliarakis (éds), *Recognition in International Relations.* Rethinking a Political Concept in a Global Context, Londres (Palgrave) 2015, p. 36 *sq.*

des puissances » qui domine jusqu'à nos jours le système international[14]. Quant à la mobilité, il faut constater qu'elle se situe aux antipodes du « temps des murs[15] », ces discours prônant le cloisonnement dans un monde global dont on loue l'ouverture pour mieux dissimuler le sentiment de claustrophobie qu'il suscite. Une Europe géopolitique doit congédier cette tentation des murs et des clôtures barbelées.

Un avantage analytique se dessine. Afin de bien saisir la notion de faiblesse, Badie propose de distinguer État, nation et société. Qu'est-ce qui est faible, au juste ? Est-ce l'État défaillant, avec ses institutions mal-établies ou corrompues ? Est-ce la « construction nationale » qui peine à rassembler la population *via* un récit du type grand roman national à l'européenne ? Ou bien est-ce la société, à laquelle manquent si souvent les solidarités qui tissent le lien social[16] ?

Ces « trois grandes faiblesses » se télescopent[17]. Les défaillances démocratiques se laissent lire au croisement des institutions étatiques et des mentalités sociales ; la corruption est, elle aussi, affaire à la fois d'État et de société ; une construction nationale entravée ou coercitive peut trahir un manque d'expérience dans l'exercice de la souveraineté, enjeu étatique s'il en est ; une organisation terroriste comme le Hamas ou le Hezbollah remplace en partie l'État failli (Liban) ou inexistant (Palestine). Les guerres d'intervention (Afghanistan, Irak, le Sahel) ont signé l'échec de l'intégration globale. Des interventions de ce type se situent dans la continuité de l'esprit de tutelle, de la dépendance, d'une mobilité qui se veut sécuritaire et à sens unique.

Ces conflits ont opposé des armées surpuissantes à des sociétés précaires. Badie met l'accent sur le rôle des sociétés dans les relations internationales[18] : l'Ukraine, c'est un État qui se bat pour son indépendance, une nation qui s'affirme plus nettement que jamais, mais c'est aussi une société dont la résilience a pris de court l'agresseur russe ; Gaza, bande en ruines, c'est aussi une société, victime à la fois d'une armée et d'une organisation qui se nourrit des faiblesses des Gazaouis ; le Congo, le Mali, le Soudan, le Yémen, autant de sociétés complexes dont les multiples faiblesses sont si faciles à instrumentaliser au nom d'une cause nationale ou spirituelle.

La théorie des faiblesses de Badie nous permet d'y voir plus clair dans ce type d'instrumentalisation. Si la puissance aux mains du faible est une anomalie, elle semble aller de pair avec la formule malheureusement plus classique de la faiblesse aux mains du puissant. Une cellule terroriste résiste à une armée dans la mesure où elle peut se nourrir des faiblesses de sociétés abandonnées par l'État. Dès lors, la précarité n'est pas une conséquence de mauvaises gouvernances, mais aussi ressource, mais aussi outil, autrement dit quelque chose de disponible et d'exploitable. La « puissance de la faiblesse », ce n'est pas seulement le pouvoir de nuisance de l'État décolonisé et mal-intégré dans l'ordre international ; c'est aussi la précarité sociale à la disposition de cet État ou de son *ersatz* politico-terroriste qui utilise cette précarité comme bouclier.

L'humiliation est un concept-clef dans l'échec de la décolonisation. « L'humilié, nous explique Badie, dans son étymologie même (*humus*), est celui que l'on place au ras du sol, dont l'identité est conçue comme la plus basse et la plus faible. Et le refus de

14. Badie, Bertrand, *Quand le Sud réinvente le monde*. Essai sur la puissance de la faiblesse, Paris (La Découverte) 2018, p. 26.
15. *Ibid.*, p. 27.
16. *Ibid.*, p. 114-121.
17. *Ibid.*, p. 114.
18. Badie, Bertrand, *Pour une approche subjective des relations internationales*, Paris (Odile Jacob) 2023.

ce statut est à l'origine d'une révolte qui n'a jamais et nulle part été mise en échec par les puissants d'hier[19]. » Loin d'un effet de paralysie, l'humiliation est une source de résistance qui, combinée à l'idée de la supériorité *morale* du faible qui lutte pour son émancipation, peut très bien se retourner contre les sociétés qui nourrissent de leur précarité les puissants locaux que Badie nomme les « entrepreneurs de violence », « jouissant de ressources qui s'enracinent au cœur même de sociétés meurtries[20] ».

Le modèle hongrois

Dans son essai sur la « puissance de la faiblesse », Badie ne mentionne la Hongrie de Viktor Orbán qu'une seule fois : le régime magyar se situerait du côté des « discours ethno-nationalistes et des politiques étrangères néonationalistes qui s'imposent un peu partout [...], comme si, face à ce monde qui n'est plus vraiment westphalien ni même autorégulé par la puissance, l'essentiel était de se claquemurer chez soi[21] ». Du côté du « vieux monde donc, et qui « résiste au nouveau[22] ».

Pourtant, l'analyse des « trois grandes faiblesses » et de leur exploitation nous offre une grille de lecture pertinente pour comprendre le phénomène hongrois. En effet, c'est à des niveaux multiples que le régime d'Orbán a capturé la Hongrie. La capture d'État est un concept bien établi et amplement documenté dans le cas magyar[23]. Cela dit, cette capture a été précédée par une capture de la démocratie, de la nation et a également permis une capture de la société hongroise depuis l'installation du régime en 2010.

En 2010, le parti Fidesz gagne les élections législatives et obtient une majorité constituante à l'Assemblée hongroise. Orbán va rapidement instrumentaliser cette légitimité toute démocratique pour changer de régime (au lieu de poursuivre et d'achever le changement de régime de 1989-1990)[24]. Le système électoral est remplacé par un vote majoritaire à un tour. Ce type de vote n'est pas inconnu des démocraties libérales : on le retrouve notamment au Royaume-Uni[25]. Cependant, adopter un tel type de suffrage, qui favorise généreusement le gagnant, dans un contexte où un bloc (le Fidesz) s'impose et où l'opposition, déjà, se morcelle, manque d'esprit démocratique. Le suffrage, en lui-même, est défendable ; le *timing* de son introduction suscite davantage le soupçon. Ce vote uninominal aura pour effet de répéter l'euphorie de la victoire de 2010 à trois reprises (en 2014, 2018 et 2022)[26], d'éparpiller une opposition qui se discrédite tout en légitimant les nouvelles règles du jeu et de prétendre

19. Badie, Bertrand, *Quand le Sud réinvente le monde*. Essai sur la puissance de la faiblesse, Paris (La Découverte) 2018., p. 108.
20. *Ibid.*, p. 125.
21. *Ibid.*, p. 130-131.
22. *Ibid.*, p. 59-97.
23. Mihály Fazekas et István János Tóth, « From Corruption to State Capture. A New Analytical Framework with Empirical Applications from Hungary », in *Political Research Quarterly* Thousand Oaks, No. 2/2016, p. 320-334; József Péter Martin et Miklós Ligeti, Miklós, « Hungary. Lobbying, State Capture and Crony Capitalism », in A. Bitonti et P. Harris (éds), *Lobbying in Europe*. Public Affairs and the Lobbying Industry in 28 EU Countries, Londres (Palgrave Macmillan) 2017, p. 177-193.
24. Bozóki, András, *Free and unfair: The Hungarian elections*, Wien (Transit Online) 2014. Lien : https://www.iwm.at/transit-online/free-and-unfair-the-hungarian-elections (Consulté le 31.08.2024).
25. Political Capital, *A short guide to the Hungarian election system*; Budapest, (Politcal Captial) 2022 (30 mars). Lien : https://politicalcapital.hu/library.php?article_read=1&article_id=2980 (Consulté le 31.08.2024).
26. Emilia Palonen, « Rupture and continuity. Fidesz and the Hungarian revolutionary tradition », in *La Révolution française. Cahiers de l'Institut d'histoire de la Révolution française* Paris N° 1/2011 p. 1-10 [en ligne]. Lien : http://journals.openedition.org/lrf/353.

que le parti monolithique au pouvoir est fort d'une majorité démocratique dans un paysage politique de plus en plus fragmenté et sans alternatives viables. Dans le contexte de la guerre en Ukraine, cette capture de la démocratie s'est révélée particulièrement toxique : comment convaincre les opinions occidentales que le pays dans son ensemble vaut mieux que le régime en place, alors qu'une majorité vote effectivement pour ce dernier, et que les dirigeants présentent systématiquement les critiques à leur encontre comme des attaques contre le « peuple hongrois[27] » ?

Sans cette capture de la démocratie, point de capture d'État. Mais, derrière ce « peuple » construit et imaginé[28], il y a, à moyen terme, une capture du récit national. Dès 2002, lorsqu'il perd les élections, Orbán n'hésite pas à déclarer que « la patrie ne peut se retrouver dans l'opposition[29] ». S'ensuivent deux cycles électoraux où, bien qu'en opposition, c'est Orbán qui dicte le nouvel épisode du grand roman national et réussit, *via* une stratégie extraparlementaire et à coups de référendums, à imposer sa vision d'une Hongrie insurgée contre ses dirigeants soi-disant hérités de l'époque communiste. La stratégie divise la nation, fracture les familles et affaiblit un corps politique qui peinait déjà à se constituer[30].

La capture de la société hongroise commence par cette polarisation du récit national. Elle persévère dans le dramatique affaiblissement de la société : l'apathie, l'indifférence, le manque d'espoir et de perspectives ne sont pas des conséquences néfastes du régime autoritaire : il s'agit d'une stratégie qui instrumentalise les faiblesses de la société afin la contraindre à courber l'échine. C'est une société amoindrie, atomisée, rendue crédule et craintive qui préfère l'autocrate à la vérité aux législatives d'avril 2022, dans le contexte scandaleux de l'agression russe de l'Ukraine qui confirme la politique pro-Poutine d'Orbán[31].

La nostalgie, tare politique s'il en est, est une autre ressource de cette puissance. Le régime d'Orbán a été maladroitement comparé au socialisme d'État de János Kádár et au régime autoritaire de l'amiral Horthy dans l'Entre-deux-guerres[32]. Il n'en est rien : la structure du régime actuel n'a rien à voir avec ces dictatures. En revanche, le régime joue volontiers sur la nostalgie pour la sécurité qu'offrait la « plus joyeuse baraque du camp socialiste » et pour les rêves revanchards de grandeur de l'amiral qui navigua un pays sans accès à la mer tout droit dans une compromission avec l'Allemagne nazie. La nostalgie semble susciter de la joie, mais en réalité amoindrit ceux qui s'y laissent aller. On perd de vue le présent, le sens de l'orientation et celui des réalités. Être aux commandes de la nostalgie politique, c'est disposer d'un paradis artificiel

27. Vaskor, Máté, *Kovács Zoltán szerint Brüsszel megtámadta a nemzeti konzultációt* [Selon Zoltán Kovács, Bruxelles s'attaque à la consultation nationale], Budapest (24.hu) 2023 (20 novembre). Lien : https://24.hu/belfold/2023/11/20/nemzeti-konzultacio-brusszel-kovacs-zoltan-tamadas/ (Consulté le 12.11.2024).
28. Badiou, Alain, *et al.*, *Qu'est-ce qu'un peuple ?* Paris (La Fabrique) 2013.
29. Political Capital, « Fidesz nagygyűlés a Várban » [Grand meeting du Fidesz au Château], 10 mai 2002. Lien : https://politicalcapital.hu/konyvtar.php?article_read=1&article_id=711 (Consulté le 31.08.2024).
30. Kapelner, Zsolt, *Mit kezd a baloldal a nemzettel?* [Que peut faire la gauche avec la nation ?], Budapest (Mérce), 2017 (18 novembre). Lien : https://merce.hu/2017/11/18/mit-kezd-a-baloldal-a-nemzettel/ (Consulté le 31.08.2024).
31. Une société avilie : la faiblesse est un concept moral ; brutaliser le faible, l'exploiter s'apparente, en Hongrie comme en Russie, à un phénomène « post-fasciste ». Cf. Miklós, Tamás Gáspár, *Antitézis* [Antithèse] Budapest (Pesti Kalligram) 2021, p. 375-392 ; Miklós, Tamás Gáspár, *A túlsó pólus* [L'autre pôle] Budapest (Kijárat Kiadó) 2023, p. 106.
32. Teczár, Szilárd, *Ez nem a Kádár-korszak.*Tamás Gáspár Miklós önkényuralomról, pesszimizmusról és ellenállásról, Budapest (Magyar Narancs) 2017 (7 décembre). Lien : https://magyarnarancs.hu/belpol/ez-nem-a-kadar-korszak-107769 (Consulté le 12.12.2024).

bon marché qui dissimule le malheur d'un peuple aux abois avec le monde contemporain et perdu dans un rapport conflictuel avec son passé. Apathie, peur et nostalgie : c'est dans un pays d'Europe de l'Est que nous retrouvons la recette d'une capture de la société par ses points faibles, le modèle d'un puissant local qui se nourrit des tares de la société qu'il subjugue[33].

Le régime hongrois a parfois été comparé à celui de Vladimir Poutine et de Recep Tayyip Erdoğan. De telles comparaisons sont pertinentes dans la mesure où elles révèlent des contrastes. La différence essentielle entre le régime hongrois et ses parents russe et turc réside dans le fait que la Hongrie est membre de l'UE. Mieux : le régime d'Orbán n'aurait pu s'établir et se consolider qu'à l'intérieur de l'UE.

Ce régime a capturé l'UE en maraudant ses acquis et privilèges afin d'établir un type d'autocratie singulier. Le détournement des fonds européens est connu et documenté[34]. C'est là un double vol : ces fonds sont dérobés au contribuable européen, mais aussi aux citoyens hongrois qui en auraient grand besoin. Par conséquent, suspendre le versement des fonds ne résout qu'une moitié du problème. Les citoyens hongrois attendent toujours, tandis que l'opposition se retrouve dans une situation contradictoire : on se surprend à saluer le blocage des fonds.

Le régime profite tout autant de la mobilité européenne. Différence considérable par rapport au socialisme d'État : les Hongrois qui exècrent le régime sont libres de quitter le pays, un choix rendu accessible et flexible grâce à la libre circulation des personnes. Bien que la fuite des cerveaux affecte d'autres nouveaux membres[35], l'intérêt pour le régime d'Orbán est plus explicitement politique : c'est l'esprit d'entreprise et la volonté de changement qui quittent le pays, celles et ceux qui, autrement, viendraient grossir les rangs des timides manifestations contre le régime[36].

Ensuite, Orbán profite et abuse de la publicité qu'offre l'UE au dirigeant d'un État-membre. Contrairement à ses alliés dans les Balkans, le Premier ministre magyar jouit d'une attention continentale – et lorsque, en visite à Belgrade, il critique les institutions européennes, ce sont encore vingt-six gouvernements au moins qui sont contraints de prêter l'oreille à ses grossièretés.

Enfin, le dirigeant hongrois s'est approprié le droit de veto, cette garantie d'une Europe où les États ont le dernier mot, et l'a retourné contre la communauté européenne. On reconnaît là la puissance du faible : sans ressources naturelles, sans arrière-pays industriel et sans intérêt géostratégique particulier[37], la Hongrie d'Orbán s'approprie les outils et les avantages de l'intégration et s'en sert pour asseoir son pouvoir local et pour gonfler une célébrité globale sans autre mérite que cette instrumentalisation

33. Cassin, Barbara, *La Nostalgie*. Quand donc est-on chez soi ? Paris (Pluriel) 2015.
34. Kállay, László, *The corruption risks of EU funds in Hungary* Budapest (Transparency International Hungary Foundation) 2015. Lien : https://transparency.hu/wp-content/uploads/2016/05/The-Corruption-Risks-of-EU-Funds.pdf (Consulté le 21.04.2024).
35. Zubaşcu, Florin *Croatia wants EU to take east to west brain drain 'more seriously'*,Brussels (Science Business Publishing) 2019 (12 septembre). Lien : https://sciencebusiness.net/news/croatia-wants-eu-take-east-west-brain-drain-more-seriously (Consulté le 14.12.2024).
36. Gábor Lados, Zoltán Kovács, Gábor Hegedűs et Lajos Boros, « Challenges of brain drain and obstacles of return migration in Hungary. An empirical perspective », in *Berichte Geographie und Landeskunde* Dortmund, No. /4/2013, p. 441-458.
37. Meszleny, Zita, *'Hajnal előtt van a legsötétebb'*.Orbán Krisztián a magyar elit kudarcáról [« C'est avant l'aube qu'il fait le plus sombre » – Krisztián Orbán sur l'échec de l'élite hongroise]. Budapest (Mediaworks Hungary/Mandiner) 2016 (25 avril). Lien : https://mandiner.hu/belfold/2016/04/hajnal-elott-van-a-legso-tetebb-orban-krisztian-a-magyar-elit-kudarcarol (Consulté le 12.12.2024).

des acquis européens. Différence notable : le régime hongrois a délibérément choisi de saper les privilèges de l'intégration dans le système des alliances transatlantiques, alors que les pays du Sud réagissent tant bien que mal au manque d'intégration dans l'ordre international. Autre différence : le modèle hongrois n'est pas né d'un conflit, il n'est « en guerre » que contre ses alliés occidentaux, et c'est à l'Ukraine voisine, que ravage un conflit d'un type à la fois traditionnel et nouveau, que ce faisant il nuit.

Le pouvoir du faible, écrit Badie, n'est qu'un « pouvoir de nuisance » : par abus des outils et par « contre-socialisation », le faible ne peut que nuire à l'ordre établi, sans que se dessine à l'horizon une quelconque alternative[38]. C'est donc un pouvoir limité, une variante du *sharp power*[39]. Quant à l'humiliation, elle est avant tout un outil aux mains d'un régime qui exploite les malheurs historiques de la nation et de la société tout en exigeant, sans cesse, plus de « respect » pour la Hongrie.

L'humiliation, c'est aussi le revers que subit Orbán à chaque rencontre avec son allié russe. En effet, toujours brave lorsqu'il s'agit d'attaquer plus faible que soi, l'homme fort se fait tout petit en présence du maître du Kremlin. C'est l'humiliateur humilié[40]. Ce jeu d'instrumentalisation des acquis européens sabote la cohésion de l'UE mais fait aussi de la Hongrie le point faible de l'Europe. Au bout du compte, c'est bien la Russie de Poutine, autre faible puissant, autrement faible et autrement puissant que le régime magyar, qui profite de la stratégie bornée de Budapest[41].

L'Europe : une histoire de faiblesses

Parler de la Hongrie, c'est parler de l'Europe. Le modèle hongrois permet en effet de mieux distinguer les faiblesses de l'Europe qu'instrumentalisent ses ennemis. Faiblesse du paradigme de l'intégration d'abord. Le cas hongrois montre bien comment les deux axes de l'intégration à l'européenne, la cohésion interne et l'élargissement, longtemps solidaires, peuvent se disjoindre. Il y a une brèche entre élargissement et cohésion : on ne faisait qu'espérer que de nouveaux pays membres allaient naturellement se développer et se démocratiser une fois inclus dans le jeu des cohésions.

La Hongrie statue un précédent particulièrement nocif : bien que soutenant l'accession des Balkans occidentaux, c'est avant tout le cas hongrois qui fait bloquer l'intégration des maillons faibles du Sud-Est du continent : qui, à Bruxelles et à Strasbourg, voudrait compliquer une machine d'ores et déjà difficile à manœuvrer avec de petits pays dirigés par des hommes au profil si proche d'Orbán ? On peut contempler la brèche entre fatigue de l'élargissement et blocages de la cohésion sur une carte : en Europe du Centre-Est, une cohésion détournée ; plus au sud, des régimes qui s'accommodent plutôt bien du statut indéfini de pays candidat[42]. Deux formes d'exploitation qui

38. Badie, Bertrand, *Quand le Sud réinvente le monde*. Essai sur la puissance de la faiblesse, Paris (La Découverte) 2018, p. 121-125, 133-158.
39. Joseph S. Nye, « How Sharp Power Threatens Soft Power: The Right and Wrong Ways to Respond to Authoritarian Influence », in *Foreign Affairs*, 24 janvier 2018. Christopher Walker, « What is 'Sharp Power'? », in *Journal of Democracy* Baltimore, No. 3/2018, p. 9-23.
40. Rácz, András, *Putyin látványosan megalázta Orbánt* [Poutine a humilié Orbán de manière flagrante], Budapest (HVG) 2023 (18 octobre). Lien : https://hvg.hu/gazdasag/20231018_Racz_Andras_Orbant_latvanyosan_megalazta_Putyin (Consulté le 31.08.2024).
41. Sur les faiblesses de la Russie, cf. Sz. Bíró, Zoltán, *Putyin háborúja* [La guerre de Poutine], Budapest (Gondolat) 2023, p. 69-75, 97-132.
42. Florian Bieber, « The Rise (and fall) of Balkan Stabilitocracies », in *Horizons: Journal of International Relations and Sustainable Development* Belgrade, No. 10/2018, p. 176-185.

misent sur la fatigue des sociétés (hongroise, serbe, nord-macédonienne, bosnienne) et sur la méfiance des opinions publiques au sein de l'UE.

Faiblesse, ensuite, de l'idée même de modèle. Montrer l'exemple au monde, est-ce vraiment une priorité absolue pour une communauté qui se veut acteur géopolitique ? L'unité à tout prix, l'unité comme mot d'ordre, l'unité comme réponse à tous les défis – est-ce toujours pertinent ? Si vingt-six pays s'accordent pour soutenir l'Ukraine, et que le vingt-septième est insignifiant, pourquoi insister ? Cela ne détourne-t-il pas l'attention de l'Ukraine au profit du membre récalcitrant ? Qui plus est, un modèle impossible à suivre ou à imiter s'avère facilement contreproductif, source de nouveaux ressentiments et de nouvelles frustrations.

L'idée de l'Europe-modèle, d'une Europe dont le *soft power* serait l'atout principal se retourne contre la stabilité continentale. Le fait que des millions d'individus rêvent d'Europe à travers le monde et sont prêts à risquer leurs vies pour en commencer une nouvelle en Allemagne ou en Suède, n'est-ce pas un effet amplifié de ce pouvoir d'attraction, du rêve européen ?

Une faiblesse plus proprement géopolitique en découle. Le risque principal des processus migratoires n'est pas identitaire ou « culturel ». C'est plutôt l'illusion de centralité que les multiples rêves et désirs d'Europe donnent à l'UE, alors que le défi contemporain est précisément de situer l'Europe autrement qu'au centre du monde. L'Europe « forteresse » traduit certes un vœu d'isolement mais trahit également la chimère d'une centralité. Celle-ci entrave tout dessein géopolitique réaliste. Les discours identitaires, symptomatiques de ce « temps des murs », promettent une sécurité insulaire aux puissances d'hier, à l'instar du *Nautilus* dont Barthes disait qu'il était « chiffre de la clôture » et symbole de la « joie de s'enfermer parfaitement[43] ». Le modèle, serait-ce dès lors une Europe-sous-marin, produit d'une technologie de pointe qui, comme au temps de Jules Verne, permettait de joindre à l'exploitation la contemplation littéraire et scientifique du monde extérieur ? N'est-ce pas au modèle d'hier d'apprendre à s'intégrer aujourd'hui dans un monde global[44] ?

Faiblesse narrative ou historiographique pour finir. Il est crucial pour l'Europe de mieux étager les processus qui aboutissent à sa situation présente. Il s'agit de ne pas succomber au « présentisme[45] », de ne pas réduire l'analyse de la situation géopolitique de l'Europe à des « ruptures », d'autant plus que le climat géopolitique actuel favorise l'escalade rapide des conflits en cours, en Ukraine comme dans le dédale du Proche Orient et ailleurs. Évitons aussi de substituer à notre compréhension du temps présent de vagues promesses d'un ordre multipolaire qui vient, promesses qui n'engagent que celles et ceux qui veulent bien y croire[46]. Le « multipolaire », cela pourrait être précisément le monde présent, ce « marteau sans maître », où aucun

43. Barthes, Roland, *Mythologies*. Paris (Seuil) 1957, p. 75-76.

44. Deleuze a insisté sur la différence entre éthique et morale. Une approche plus éthique, c'est-à-dire plus horizontale des acteurs internationaux et des sociétés pourrait nuancer des valeurs morales universelles certes, mais teintées d'universalisme. Spinoza et le *smart power* : une affinité à méditer. Deleuze, Gilles, *Spinoza*. Philosophie pratique. Paris (Minuit) 2003 [1981], p. 27-42. Spinoza, Baruch, *Traité théologico-politique*. Trad. Charles Appuhn. Paris (Flammarion) 1965, p. 19-28.

45. Hartog, François, *Régimes d'historicité*. Présentisme et expériences du temps. Paris (Seuil) 2012, p. 11-18, 149-157, 257-271.

46. Borreil, Jean, *La Raison nomade*. Paris (Payot&Rivages) 1993, p. 14.

acteur n'est suffisamment puissant pour endiguer, seul ou de concert avec d'autres, les escalades qui secouent le paysage global[47].

La construction européenne fut un projet d'après-guerre. L'Europe avait une importance géopolitique dans le monde bipolaire, sans en être un acteur à part entière. Miser sur l'idée, toute rationnelle certes, qu'il est encore et toujours dans l'intérêt des États-Unis de protéger des alliés stables et fiables, c'est encore une illusion de centralité, celle des relations transatlantiques. Les États-Unis ont d'autres voisins, non moins importants[48]. Le tournant, c'est aussi celui de l'allié américain, ce qui nous invite aujourd'hui à reconsidérer les concepts d'hégémonie et de *soft power* : le pouvoir d'attraction et de séduction du leader ne se déploie-t-il pas, avant tout, dans les rangs de ses alliés ? Le *soft power* n'est-il pas douteusement proche d'une forme de servitude volontaire ? Badie nous invite aussi à puiser dans la tradition européenne et à mobiliser des références alternatives au schéma westphalien de Thomas Hobbes[49].

L'Europe et les États-Unis, l'Europe et la Russie, l'OTAN et la sécurité continentale sont les grandes questions européennes à l'ordre du jour. Mais ces questions n'ont pas été soulevées par des événements récents : elles datent de la chute de l'Union soviétique. Le simple fait de formuler ces questions aura pris plus de trois décennies. Le tournant géopolitique est un processus qui dure depuis 1991, rythmé par des avertissements qui, rétrospectivement, semblent d'une évidence éhontée : un génocide en Europe (Srebrenica), la fin de « l'hyperpuissance » américaine (le 11-Septembre et les guerres contre le terrorisme)[50], le cap d'une Europe à la fois élargie *et* politique, le réveil de l'impérialisme russe (la période Eltsine fut l'une des rares anomalies d'une histoire expansionniste plusieurs fois centenaire), tout ceci constitue le tournant dont on débat aujourd'hui avec tant de ferveur.

La faiblesse était au cœur du projet européen d'après-guerre. Sans aide transatlantique considérable (le Plan Marshall), les six pays fondateurs de l'Europe unie, qui avaient tous, d'une façon ou d'une autre, perdu la guerre, n'auraient pu entreprendre un tel projet. Ce rappel devrait créer de l'empathie pour les Balkans occidentaux qui se situent dans un après-guerre plus récent et d'autant plus douloureux.

Par ailleurs, comment redéfinir un projet de paix dans une perspective géopolitique ? La façon dont l'UE cherche aujourd'hui un nouvel élan dans ce tournant en cours depuis 1991 doit être crédible aux yeux du monde. L'est-il, si Poutine ne voit pas d'inconvénient à ce que l'Ukraine rejoigne l'UE[51] ? Une distinction plus nette et plus critique s'impose entre l'UE et l'OTAN : est-ce bien l'UE, ce projet-modèle de paix, qui s'est « réveillée » depuis l'escalade russe ?

47. Rácz, András, *Merre tovább Közép-Kelet Európa? Geopolitikai körkép,* [Vers où se dirige l'Europe Centrale et Orientale ? Panorama géopolitique] Rotterdam (Oxo Technologies Holding/Oxo Blog) 2023 (16 octobre 2023). Lien : https://oxoblog.eu/archives/podcast/merre-tovabb-kelet-kozep-europa-geopolitikai-korkep-i (Consulté le 12.12.2024).

48. Boniface, Pascal et Védrine, Hubert, *Atlas géopolitique du monde global.* 100 cartes pour comprendre un monde chaotique. Paris (Armand Colin/Fayard) 2020, p. 82-84.

49. Badie, Bertrand, *L'Hégémonie contestée.* Les nouvelles formes de domination internationale. Paris (Odile Jacob) 2019, p. 70-82. Le travail de Miguel Abensour sur la servitude volontaire pourrait nourrir une réflexion philosophico-politique sur la nature du pouvoir. Abensour, Miguel, *De l'épineuse servitude volontaire.* Paris (Sens&Tonka) 2024.

50. Védrine, Hubert, *Dictionnaire amoureux de la géopolitique.* Paris (Plon/Fayard) 2021, p. 228-230.

51. Le Figaro/AFP, « La Russie n'a "rien contre" une adhésion de l'Ukraine à l'Union européenne », Paris (lefigaro.fr) 2022 (20 juin). Lien : https://www.lefigaro.fr/international/la-russie-n-a-rien-contre-une-adhesion-de-l-ukraine-a-l-union-europeenne-20220617 (Consulté le 12.11.2024).

L'Europe n'a pas attendu Francis Fukuyama pour jouir du sentiment d'une « fin de l'histoire ». Ce sentiment marqua la période d'après-guerre, or celle-ci est bel et bien terminée. Deux questions se posent au sujet de cette image qui se retrouve d'ailleurs dans la tradition philosophique européenne[52]. Les Européens d'aujourd'hui (sans aucunement relativiser les horreurs incontestables et l'injustice de la tutelle soviétique à l'Est), sont-ils conscients de l'incroyable luxe qu'aura été la Guerre froide, puis la décennie de l'hyperpuissance américaine pour leurs reconstructions, réconciliations et autres rétablissements ? Et sommes-nous capables, maintenant que l'idée d'un tournant se cristallise enfin, d'esquisser ce qui pourrait suivre une telle fin de l'histoire ?

52. Kant et son entreprise critique visant à mettre un terme au « champ de bataille historique » en établissant un État de droit dans le domaine de la connaissance et de la liberté, Marx et son utopie d'une société sans classes : ces grands récits impliquent une fin de l'histoire grâce au droit et à la justice.

F. Peter Wagner*

Relations transatlantiques et défis géopolitiques pour l'Europe : avec ou sans les États-Unis ?

Introduction

Dans la discipline académique de l'analyse de la politique étrangère (APE), qui fait partie du domaine des relations internationales (RI), la question de la continuité ou du changement dans la politique étrangère américaine continue d'animer les analyses et les débats[1]. Cet article se positionne clairement du côté de la continuité, mais il le fait dans une perspective à l'échelle du système international. La fin de la Guerre froide, la fin de l'ordre mondial bipolaire, est considérée comme la rupture et l'événement historique qui est venu structurer les relations entre les États-Unis et l'Europe, les « relations transatlantiques ». Les années 1989/1991 n'ont pas marqué la « fin de l'histoire » (Francis Fukuyama), mais le début de l'histoire – l'histoire de notre temps. Il ne devrait pas être surprenant que l'époque actuelle soit définie par des conflits violents et par des points d'interrogation quant au rôle que les États-Unis, l'Union européenne (UE) et l'Organisation du Traité de l'Atlantique Nord (OTAN) joueront au niveau régional (Europe) et mondial. Aujourd'hui, il existe cette zone crépusculaire de transformation où l'ancien n'est ni tout à fait trépassé ni le nouveau tout à fait éclos[2]. De plus, cet essai est rédigé dans une perspective centrée sur les États-Unis. L'auteur croit encore en la nécessité d'un leadership américain à l'échelle mondiale, mais se montre très sceptique vis-à-vis des États-Unis, tout comme vis-à-vis d'autres États-nations développés, dans la mesure où il n'est pas certain qu'ils soient prêts à payer le prix pour être le leader d'une transformation écologique nécessaire au niveau mondial.

* Associate Professor, Department of Politics, Government, and Law, University of Wisconsin-Whitewater, USA. wagnerp@uww.edu.

1. Cf., notamment, Michael H. Hunt, *Ideology and U.S. Foreign Policy*, New Haven & Londres, Yale University Press, 2009 [1987] ; Ido Oren, *Our Enemies and US: America's Rivalries and the Making of Political Science*, New York, Cornell University Press, 2003 ; Stephen M. Walt, *Taming American Power: The Global Response to U.S. Primacy*, New York & Londres, W. W. Norton, 2005 ; Serena Simoni, *Understanding Transatlantic Relations: Wither the West?* New York, New York & Londres, Routledge, 2013 ; Hilde Eliassen Restad, *American Exceptionalism: An idea that made a nation and remade the world*, New York & Londres, Routledge, 2015.
2. Cf. F. Peter Wagner, « The Collective Trauma of International Relations (review essay) », *New Political Science*, vol. 45, n° 4, 2023, p. 650-653.

Une crise (euro-américaine)

Avec ou sans les États-Unis ? Cette question résume la crise actuelle des relations transatlantiques et les défis géopolitiques auxquels l'Europe est confrontée aujourd'hui et dans un avenir proche. On peut évidemment considérer que les relations transatlantiques ont toujours connu des crises, si par « crise » et « relations transatlantiques » on entend les relations entre les États membres de l'OTAN. Les crises historiques clés dans ce sens ont été le retrait de la France du commandement militaire intégré de l'alliance, en 1966, et les controverses et les protestations publiques massives générées par la crise des euromissiles (double décision de l'OTAN), en 1979, la décision de l'OTAN de bombarder la République fédérale de Yougoslavie (Serbie), en 1999, et la décision unilatérale des États-Unis d'envahir l'Irak, en 2003.

Pourtant avec l'élection de Donald J. Trump à la présidence des États-Unis, en 2016, une rupture fondamentale semble s'être produite ; une rupture qui ne peut être expliquée par la « politique d'alliance[3] ». Donald J. Trump a remis en question la valeur de l'alliance de l'OTAN elle-même et plus largement l'engagement des États-Unis dans les relations transatlantiques. La déclaration du Président Joe Biden, élu en 2021, sur « L'Amérique est de retour ! », a ironiquement souligné cette rupture, alors que certaines politiques de l'administration Biden reflètent et poursuivent le virage néo-mercantiliste de l'administration Trump dans les relations économiques internationales. La réélection de Donald J. Trump à la présidence, le 5 novembre 2024, implique le retour à des interrogations clés d'il y a quelques années.

La crise euro-américaine actuelle dépasse cependant la seule discussion autour du trumpisme. Les relations transatlantiques en général et l'alliance de l'OTAN en particulier, sont aujourd'hui dans un état de crise parce que leur moment historique déterminant, la Guerre froide, n'est plus. C'est plus de trente ans après la fin de la Guerre froide, après la fin de l'ordre mondial bipolaire, que les effets de cette véritable rupture historique et structurelle sont devenus flagrants. Le retour tant vanté de la géopolitique marque à cet égard l'absence de point de référence commun dans et pour les relations transatlantiques. En l'absence d'un ordre mondial bipolaire, dans lequel la principale frontière géopolitique traversait l'Europe et reliait ainsi les États-Unis et l'Europe occidentale dans un projet géopolitique commun (« l'Occident »), des points d'interrogation fondamentaux sont venus accentuer cette absence : est-ce que les États-Unis veulent et/ou ont encore besoin des « relations transatlantiques » ? Est-ce que les Européens, et en particulier la France et l'Allemagne, veulent et/ou ont encore besoin de ces relations ? Et, compte tenu des réponses potentielles, y a-t-il réellement un avenir pour les relations transatlantiques ? Des réponses peuvent être esquissées, en prenant notamment en compte l'impact de l'invasion de l'Ukraine par la Russie, le 24 février 2022, et la guerre qui s'y déroule depuis, sur les relations transatlantiques. De toute évidence, cette invasion et cette guerre ont remis les relations transatlantiques et l'OTAN sous le feu des projecteurs. Pourtant, l'impact – toujours visible – sur les relations transatlantiques et sur l'OTAN a également mis en relief la fragilité des relations transatlantiques et de l'alliance de l'OTAN – elles sont même devenues problématiques.

3. Cf. David Hastings Dunn, « European Security and Defense Policy in the American Security Policy Debate », *Defense Studies*, vol. 1, n° 1, 2001, p. 145-155.

Une question d'intérêt national

Le 22 octobre 2012, lors du troisième débat présidentiel centré sur la politique étrangère, le président Barack Obama avait reproché au challenger du parti républicain, Mitt Romney, d'avoir assimilé la Russie à « l'ennemi géopolitique numéro un » des États-Unis[4]. Comme le président Obama l'avait notoirement exprimé pendant le débat : « Les années 1980 [nous] appellent et veulent retrouver leur politique étrangère parce que la Guerre froide est terminée depuis 20 ans[5] ». Il faut se souvenir de ce fameux mot d'esprit parce que Mitt Romney avait peut-être mieux compris Vladimir Poutine – les temps allaient d'ailleurs changer dès 2014, avec l'occupation de la Crimée. Mais il ne faut pas oublier que l'administration Obama voulait abandonner la politique étrangère axée sur l'Europe et se concentrer sur l'Asie (« *pivot towards Asia* »). L'Europe était considérée comme prospère, stable et pacifique, mais aussi comme peu dynamique et peu importante. L'avenir était considéré comme appartenant aux États-nations d'Asie, en croissance économique et démographique, et la Chine était considérée comme le principal concurrent. Le soi-disant « redémarrage » avec la Russie faisait partie de cette vision stratégique globale[6]. Laisser derrière soi l'Europe et le Moyen-Orient était considéré comme une façon de s'affranchir du paradigme de la Guerre froide (Europe) et des erreurs coûteuses en matière de politique étrangère (Moyen-Orient). Le fait que l'administration Obama se soit retrouvée piégée dans la « guerre mondiale contre le terrorisme » menée par les États-Unis après le 11 septembre et dans les « guerres apparemment sans fin » en Irak et en Afghanistan[7], ne doit pas faire oublier que les l'UE et les États-membres européens de l'OTAN admiraient et s'inquiétaient de la politique étrangère de l'administration Obama. L'internationalisme multilatéral d'Obama (« *Leading from behind* »)[8] promettait une coopération à l'échelle paneuropéenne et confiait de plus en plus les questions européennes aux Européens eux-mêmes. Le fait que les Européens devraient contribuer davantage à leur propre défense, au minimum 2 % de leur PIB respectif, n'était pas une invention de Trump, même si le ton est devenu nettement plus agressif sous Trump et que ce dernier n'avait manifestement aucune idée de la manière dont l'OTAN était financée et fonctionnait[9].

À ce stade, il est presque habituel d'affirmer que l'invasion russe de l'Ukraine en février 2022 a fondamentalement changé le terrain géopolitique et les calculs géostratégiques antérieurs. Les États-Unis sont revenus en Europe, aux côtés de leurs alliés européens contre un ennemi commun, et l'Europe de l'UE et de l'OTAN est unie comme jamais dans sa défense commune. Le tout au service du sauvetage de l'ordre

4. CNN Press Room, « Romney : Russia is our number one geopolitical foe », 26.03.2012. https://cnnpressroom.blogs.cnn.com/2012/03/26/romney-russia-is-our-number-one-geopolitical-foe/.
5. Glenn Kessler, « Fact Check: Flashback: Obama's debate zinger on Romney's "1980s" foreign policy (video) », *The Washington Post*, 20.03.2014. https://www.washingtonpost.com/news/fact-checker/wp/2014/03/20/flashback-obamas-debate-zinger-on-romneys-1980s-foreign-policy/.
6. Cf. Obama White House, *United States National Security Strategy 2010*, Washington, DC. (May): Archives. https://obamawhitehouse.archives.gov/sites/default/files/rss_viewer/national_security_strategy.pdf.
7. Cf. Edwin Daniel Jacob, *American Security and the Global War on Terror*, New York & Londres, Routledge, 2020.
8. Cf. Ryan Lizza, « The Consequentialist », *The New Yorker*, 25.04.2011. https://www.newyorker.com/magazine/2011/05/02/the-consequentialist.
9. Cf. Franz-Josef Meiers, « Le budget de la défense allemand pris au piège de l'objectif des 2 % ? La capacité opérationnelle de la Bundeswehr soumise à un "test de résistance" », *Allemagne d'aujourd'hui*, n° 235, janvier-mars 2021, p. 52-64.

international libéral fondé sur des règles face à l'agression de la Russie de Vladimir Poutine. Pourtant, dès le début, la situation était plus compliquée. L'évolution des réactions à la guerre aux États-Unis, en France et en Allemagne (et en Europe de l'UE et de l'OTAN en général) reflète des discussions et des politiques qui ont tourné autour des notions « d'identité nationale » et « d'intérêt national ».

Dès le début, le président Joe Biden a considéré l'invasion de la Russie comme une violation de l'ordre international fondé sur des règles et a promis son soutien à l'Ukraine. Mais le président Biden et son administration ont également tracé une ligne claire. Il n'y aurait pas d'engagement direct avec la Russie, pas de troupes américaines en Ukraine, et les Américains ne devraient pas avoir à s'inquiéter d'une guerre nucléaire avec la Russie[10]. La présentation de l'invasion et de la guerre qui s'ensuivit comme un défi au niveau du système international est en contradiction avec ce que les États-Unis sont prêts à faire. L'endiguement est au cœur de la stratégie américaine : maintenir la guerre de manière conventionnelle et en tant que guerre entre la Russie et l'Ukraine. Les Américains veulent éviter une guerre directe avec la Russie (conventionnelle, nucléaire), mais sont aussi confrontés aux multiples défis de politique intérieure, comme le poids du Congrès américain et en particulier de la Chambre des représentants américaine. Mettre fin aux « guerres sans fin » et se concentrer sur les besoins de la politique intérieure était une préoccupation aussi bien de la droite redéfinie par Donald J. Trump que de la gauche américaine (dans une perspective de gauche : contre l'impérialisme américain). Demander plus aux Européens n'est donc pas nécessairement une position de « droite contre gauche ». Même les partisans de l'Ukraine au Congrès américain estiment qu'un soutien européen accru est nécessaire. Ce qui importe, c'est de savoir dans quelle mesure l'implication des États-Unis dans ce dossier est considérée comme légitime. À la suite du débat dramatique au Congrès américain, en avril 2024, autour d'un programme d'aide militaire de 60 milliards de dollars à l'Ukraine, une majorité de républicains à la Chambre des représentants était prête à voter « non » (112 voix contre 101). Le fait que presque tous les démocrates aient voté « oui » (210, 3 n'ont pas voté) doit être considéré comme un signe des sensibilités partisanes au sein des partis[11]. Le « non » républicain a de multiples raisons, depuis le besoin d'argent pour des fins intérieures (sécurité de la frontière sud) jusqu'au soutien fondamental à la version poutinienne de l'invasion et de la guerre. Quoi qu'il en soit, ce dramatique débat a clairement montré que l'aide à l'Ukraine est devenue une question controversée dans la politique américaine.

Il serait facile de voir dans la formulation d'une « autonomie stratégique » européenne par le président français Emmanuel Macron une réaction claire et forte à la lutte des États-Unis avec leurs réalités et intérêts nationaux. Et il y a une part de vérité dans cette affirmation. Dans son discours du 25 avril 2024 à la Sorbonne, le président Macron a demandé que l'Europe « ne soit jamais le vassal des États-Unis ». Il a également déclaré que l'invasion de l'Ukraine par la Russie constitue

10. Cf. The White House, « Remarks by President Biden on Russia's Unprovoked and Unjustified Attack on Ukraine », 24.02.2022, https://www.whitehouse.gov/briefing-room/speeches-remarks/2022/02/24/remarks-by-president-biden-on-russias-unprovoked-and-unjustified-attack-on-ukraine/ ; Nandita Bose, « Biden says Americans should not worry about nuclear war after Russian actions », Reuters, 28.02.2022, https://www.reuters.com/world/biden-hosts-calls-with-allies-after-putin-put-nuclear-deterrent-alert-2022-02-28/.

11. Cf. « How every House member voted on aid to Ukraine, Israel and more », *The Washington Post*, 20.04.2024. https://www.washingtonpost.com/politics/interactive/2024/04/20/ukraine-israel-border-funding-house-vote/.

aujourd'hui le principal danger pour la sécurité européenne : « La condition sine qua non de notre sécurité, c'est que la Russie ne gagne pas la guerre d'agression qu'elle mène contre l'Ukraine[12] ». Et pourtant, du point de vue américain – et partant d'une perspective critique qui considère les sphères de « l'intérieur » et de « l'international » comme étant interdépendantes – on ne peut s'empêcher de noter qu'Emmanuel Macron voulait ainsi promouvoir le leadership français dans les affaires européennes. D'un point de vue américain, on peut se demander comment la vision du président français d'une sécurité européenne s'intégrerait à l'OTAN. « L'UE-Europe » se dissocierait-elle de « l'OTAN-Europe » en matière de sécurité européenne ? Il semble plutôt étrange d'imaginer qu'une architecture de sécurité européenne pleinement opérationnelle coexiste avec l'OTAN. En outre, plutôt que d'unifier les Européens, l'autonomie stratégique pourrait finir par les désunir. La concurrence économique est une chose, la sécurité militaire en est une autre. Les États baltes, la Finlande ou la Suède voudraient-ils confier leur sécurité militaire contre la Russie de Vladimir Poutine, à la France ou à l'Allemagne ? Le maintien des États-Unis en Europe était également une garantie que la sécurité européenne ne dépendrait pas des « hauts et des bas » des relations intra-européennes.

Selon le président Macron, les Européens ont eu la « chance d'avoir les Américains à leurs côtés[13] ». Il a ainsi minimisé l'hésitation de la France, et surtout de l'Allemagne, face à la Russie et à l'agression russe. Avant l'invasion de l'Ukraine, l'Allemagne et la France étaient toutes deux fières de leurs relations privilégiées respectives avec la Russie, et en fait avec Vladimir Poutine lui-même. Comme il est désormais largement reconnu, la dépendance de l'UE à l'égard du gaz et du pétrole russes a joué un rôle clé dans le maintien de la coopération avec la Russie, même après l'occupation de la Crimée par la Russie en 2014. Nord Stream 2, qui acheminait du gaz russe vers l'Europe centrale via la mer Baltique, est devenu le symbole et la pomme de discorde, notamment entre l'Ukraine et l'Allemagne. Un acte de sabotage en septembre 2022, sept mois après l'invasion russe, a emporté la pomme[14].

Même s'il est habituel dans les médias américains de blâmer les intérêts économiques de l'Allemagne pour sa réticence à considérer la Russie et les Russes comme des agresseurs, il convient de noter que le passé de l'Allemagne joue un rôle important pour la compréhension des enjeux. Il n'a pas été et il n'est toujours pas facile pour les intellectuels, l'opinion publique et les responsables politiques allemands de ne pas voir la Russie et les Russes à travers le prisme de l'invasion de la Russie soviétique par l'Allemagne nazie et des horreurs qui ont été infligées au peuple russe. C'est cette partie de la *Vergangenheitsbewältigung* qui a permis à l'extrême droite allemande d'utiliser avec succès sa propagande pro-Poutine et anti-Ukraine. En revanche, les pays d'Europe centrale et orientale aujourd'hui membres de l'UE et de l'OTAN ne connaissent que trop bien la Russie en tant que puissance menaçante. La fracture entre une « Europe-UE » et une « Europe-OTAN » selon une ligne d'opposition Ouest/Est n'est que trop réelle dans ce cas (la Hongrie et la Slovaquie sont des exceptions à cet égard). Cela inclut les doutes de l'Est quant à la volonté et à la capacité des

12. Palais de l'Élysée, « Discours du président de la République sur l'Europe à la Sorbonne », 25.04.2024. https://www.elysee.fr/front/pdf/elysee-module-22625-fr.pdf.
13. *Ibid.*
14. Cf. Adam Entous, Julian E. Barnes, Adam Goldman, « Intelligence Suggests Pro-Ukrainian Group Sabotaged Pipelines, U.S. Officials Say », *The New York Times*, 07.03.2023. https://www.nytimes.com/2023/03/07/us/politics/nord-stream-pipeline-sabotage-ukraine.html.

Occidentaux, en particulier allemands et français, à les défendre contre la Russie de Vladimir Poutine. Des États baltes au Sud-Est européen, les États-Unis continuent d'être considérés comme nécessaires, « indispensables » (Madeleine Albright), garants de la sécurité européenne de l'UE et de l'OTAN. La formulation de « l'autonomie stratégique » par le président Macron reflète donc le fait que certains Européens en sont venus à considérer les États-Unis davantage comme un concurrent que comme le garant privilégié de la sécurité de l'Europe. Cela constitue certainement un signal pour les États-Unis : ils ne doivent pas tenir pour acquises leurs relations avec la « vieille » et la « nouvelle » Europe.

Ainsi, loin d'être un grand facteur d'unification, l'invasion russe et la guerre qui a suivi se sont révélées bien plus problématiques que prévu pour les relations transatlantiques. En effet, les questionnements et dynamiques déjà existantes dans les relations entre les États-Unis, l'UE et l'OTAN ont été à nouveau mises en relief. Au-delà de ces réalités, la Chine constitue un vrai défi géopolitique pour les États-Unis et leurs alliés européens. Le retournement des États-Unis contre la Chine (déjà commencé sous l'administration Obama) a conduit à des divergences importantes en matière de politique industrielle et technologique entre les États-Unis et leurs alliés européens.

Non seulement la politique douanière est devenue un sujet de discussion, mais aussi l'insistance des États-Unis à traiter la Chine comme un ennemi dès qu'il s'agit d'échanges technologiques et de coopération économique générale. Le *New York Times* n'est pas le seul à s'interroger sur l'incapacité des alliés européens à tirer les leçons de leur erreur russe[15]. Le président Macron perçoit clairement aujourd'hui les intérêts européens – plus précisément français – comme devant évoluer entre les États-Unis et la Chine. Il n'y a certainement pas d'équivalence morale, du moins pas encore, mais il existe certainement une équivalence géopolitique. Un autre indice démontrant ainsi que les États-Unis ne peuvent considérer l'UE et leurs alliés européens comme d'évidents partenaires.

Du point de vue des alliés européens, il y a lieu de s'inquiéter du sort des États-Unis. L'autonomie stratégique est encore loin de pouvoir se concrétiser, mais la sécurité européenne ne peut pas attendre, car l'invasion de l'Ukraine par la Russie et la guerre en Ukraine menacent directement la foi dans une Europe prospère et pacifique. Le président Macron a raison quant à l'impact qu'une victoire de Vladimir Poutine aurait sur l'Europe. Ce qui est moins clair, c'est l'impact qu'une telle victoire aurait sur les États-Unis. À l'occasion du premier anniversaire de l'invasion russe, Mitch McConnell, leader de la minorité républicaine au Sénat américain, a déclaré : « L'Amérique et [nos] amis doivent mettre un terme à leur congé sabbatique, accueillir la Finlande et la Suède dans l'OTAN d'ici cet été et faire en sorte que des investissements importants dans la modernisation militaire et dans [nos] capacités industrielles de défense aient lieu, à la mesure des défis majeurs auxquels [nous] sommes confrontés[16] ». Les guerres perdues se transforment aujourd'hui facilement en passif politique pour les États-Unis – seules leçons tirées de l'Afghanistan et de l'Irak. Le président Biden a fixé des limites

15. Katrin Bennhold, Erika Solomon, « Did Germany Learn From Its Russia Trouble ? The Test May Come in China », *The New York Times*, 30.10.2022. https://www.nytimes.com/2022/10/30/world/europe/germany-russia-china.html?smid=url-share.
16. Mitch McConnell, « Republican Leader McConnell on One-Year Anniversary of Ukraine Escalation », 24.02.2023. https://www.republicanleader.senate.gov/newsroom/press-releases/mcconnell-on-one-year-anniversary-of-ukraine-escalation.

claires à ce que les États-Unis seraient prêts à faire pour soutenir l'Ukraine. Et chaque mois (année ?) qui passe sans que la Russie de Vladimir Poutine ne perde clairement du terrain, renforce d'autant sa position géopolitique en Europe. Et cela, à son tour, ne fera qu'aggraver les préoccupations nationales au sein de la coalition anti-Poutine.

La promesse initiale du président Biden selon laquelle les États-Unis « défendraient chaque centimètre carré du territoire de l'OTAN, avec toute la force de la puissance américaine[17] » a ensuite été raccourcie en la formule : « Défendre chaque centimètre carré du territoire de l'OTAN ». Étant donné que le président Biden continue de mettre l'accent sur l'article 5 de l'OTAN, il convient de citer cet article 5 : « Les parties conviennent qu'une attaque armée contre l'une ou plusieurs d'entre elles survenant en Europe ou en Amérique du Nord sera considérée comme une attaque dirigée contre toutes les parties, et en conséquence elles conviennent que, si une telle attaque se produit, chacune d'elles, dans l'exercice du droit de légitime défense, individuelle ou collective, reconnu par l'article 51 de la Charte des Nations Unies, assistera la partie ou les parties ainsi attaquées en prenant aussitôt, individuellement et en accord avec les autres parties, telle action qu'elle jugera nécessaire, y compris l'emploi de la force armée, pour rétablir et assurer la sécurité dans la région de l'Atlantique Nord[18] ». L'affirmation « y compris » dans la version française (« *including* » dans la version anglaise), retient toute l'attention. Malgré l'accent mis actuellement sur une réaction par la force militaire, ce n'est précisément pas l'automatisme promis par l'article 5. Au début de ce qui allait devenir la Guerre froide, les États-Unis ne voulaient pas être liés et voulaient conserver leur pouvoir de décision souverain – après tout, la déclaration de guerre est réservée au Congrès américain. Pendant la Guerre froide, l'article 5 était lié à l'ordre mondial bipolaire et son interprétation le reflétait. Il faut souligner ici que cela impliquait une réaction militaire différenciée : certaines parties de l'Europe (l'Allemagne de l'Ouest) auraient pu être perdues dans une première réaction concentrée au niveau régional, mais avec la possibilité évidente d'une escalade vers une guerre nucléaire généralisée, qu'aucune partie n'aurait alors gagnée (destruction mutuelle assurée). Cela ne signifie pas que les États-Unis ne réagiraient pas militairement et ne risqueraient pas ainsi une guerre nucléaire si la Russie envahissait un État membre de l'OTAN. Mais ce qui pourrait arriver si une telle invasion se produisait par l'intermédiaire d'acteurs non étatiques (réels ou artificiels) et dans le cadre d'une mission de déstabilisation ou de chaos – comme ce fut le cas en en 2014 avec la Crimée – est moins clair. Ce qui se passerait si la Russie s'en prenait à la République de Moldavie, menaçant ainsi directement la Roumanie, membre de l'UE et de l'OTAN, est encore moins clair. Les Européens devraient ainsi s'inquiéter car la garantie de sécurité des Américains pourrait dans les faits ne pas correspondre à la rhétorique officielle des États-Unis et de l'OTAN. Cela devrait également faire réfléchir quiconque aux États-Unis ne s'est pas encore mué en un expert plus ou moins cynique de l'école réaliste des RI[19].

17. The White House, « Remarks by President Biden on Russia's Unprovoked and Unjustified Attack on Ukraine », 24.02.2022.
18. Organisation du traité de l'Atlantique nord, *Le Traité de l'Atlantique Nord* (1949). https://www.nato.int/cps/en/natohq/official_texts_17120.htm?selectedLocale=fr.
19. Cf. Micah Zenko, « The Myth of the Indispensable Nation : The world doesn't need the United States nearly as much as we like to think it does », *Foreign Policy*, novembre 2014. https://foreignpolicy.com/2014/11/06/the-myth-of-the-indispensable-nation/ ; Stephen M. Walt, « The World Wants You To Think Like a Realist : From Europe to Iran to North Korea, the world doesn't make sense anymore – unless

Conclusion. Un questionnement sur l'ordre mondial

Les considérations ci-dessus ramènent au questionnement soulevé en début d'article. Les relations transatlantiques sont aujourd'hui dans un état de crise parce que leur moment historique déterminant, la Guerre froide, n'est plus. Le monde vit actuellement une période de transformation internationale (mondiale) comportant d'infinies incertitudes.

En l'absence du système et de la logique bipolaires de la Guerre froide, le monde est confronté à des politiques d'État-nation fondées sur les identités et les intérêts nationaux – un problème évident pour tout type d'action collective, y compris la sécurité et la défense collectives. Même si on peut souvent lire que les actions de la Russie constituent une menace pour l'ordre international fondé sur des règles, il convient de noter que même la Russie de Vladimir Poutine ne représente pas la menace systémique que représentait autrefois l'Union soviétique. Dans le monde d'après-Guerre froide, la Russie de Vladimir Poutine est un acteur puissant et menaçant certes, mais aussi simplement un État-nation parmi d'autres. L'on assiste ainsi à une sorte de retour en arrière, au renvoi au monde d'avant la Guerre froide, caractérisé par la politique européenne des « grandes puissances ». Que la Russie puisse gagner ou non la guerre qu'elle mène contre l'Ukraine, la Russie elle-même ne va pas disparaître. Ainsi, les réactions croissantes à la guerre aux États-Unis, en France et en Allemagne (et dans l'Europe de l'UE et de l'OTAN en général) reflètent l'absence d'un projet global (« l'Occident » de la Guerre froide) qui lierait les États-Unis, ainsi que les États-membres de l'UE et l'OTAN. Le fait que la tentative du président Biden de présenter la politique internationale comme une lutte entre démocratie et autoritarisme n'ait pas rencontré beaucoup de succès ne fait que souligner l'absence de tout projet commun qui animerait la politique internationale contemporaine. La menace mondiale du changement climatique aurait pu fournir un tel cadre global et un nouveau récit mondial. Pourtant, il n'y est pas parvenu jusqu'à présent et les chances d'y parvenir diminuent.

Après la réélection de Donald J. Trump à la présidence des États-Unis, en novembre 2024, la question de l'avenir de la politique étrangère américaine se pose davantage en termes de degré plus intensément nationaliste et non de changement de nature. La principale différence en matière de politique étrangère entre Donald J. Trump et la démocrate Kamala Harris réside sans doute dans le fait que la politique du premier est dictée par des goûts et des aversions personnels, et par la priorité donnée exclusivement aux intérêts américains. Ainsi, une réduction, voire même une annulation, de l'aide à l'Ukraine ne résultera pas d'une grande stratégie géopolitique : Donald J. Trump apprécie Vladimir Poutine, et déteste le président ukrainien Volodymyr Zelensky. Si l'on prend à la lettre les propos du président réélu[20], on pourrait même conclure que le second mandat aura plus d'impact sur les États-Unis que sur leur rôle dans la politique internationale. Le reste du monde s'adaptera à des États-Unis qui exigent ouvertement et sans vergogne une adulation absolue tout en vaquant à leurs « affaires ». Ce sont les États-Unis, leurs institutions, leurs normes, leur peuple qui, finalement, ne seront pas capables de s'adapter. En bref, les États-Unis ne deviendront pas simplement plus nationalistes, ils risquent de devenir également

you put all your illusions aside », *Foreign Policy*, mai 2018. https://foreignpolicy.com/2018/05/30/the-world-wants-you-to-think-like-a-realist/.

20. « Read the Full Transcripts of Donald Trump's Interviews with TIME », *TIME Magazine*, 30.04.2024. https://time.com/6972022/donald-trump-transcript-2024-election/.

plus autoritaires. Si la nette victoire de Donald J. Trump a épargné aux États-Unis une période d'incertitude et des bouleversements postélectoraux majeurs, il faut bien admettre qu'aucun expert ne peut deviner les évolutions futures. L'avenir dépendra de la capacité du président Trump à mettre en œuvre les différentes politiques (et promesses) qu'il a prônées durant sa campagne, depuis l'établissement de tarifs douaniers massifs jusqu'à la fin de toutes les guerres, en passant par l'expulsion de millions d'immigrés sans papier.

Les États-Unis ont certainement un bilan problématique en matière de démocratie, de paix et de justice dans la politique internationale, de la simple hypocrisie au recours à la violence pure. Pourtant, « l'Amérique », l'image positive idéalisée des États-Unis, continue d'attirer l'attention, d'influencer et d'inspirer. Malgré tous les défauts des États-Unis (et ils sont nombreux), personne n'exige de la Russie de Vladimir Poutine et de la Chine de Xi Jinping qu'ils soient à la hauteur de leurs idéaux respectifs. C'est l'Amérique qui représente désormais la vision d'un monde plus démocratique, plus pacifique, plus prospère et plus juste. Ainsi, si les États-Unis finissaient par devenir un membre sans vergogne d'un vrai tournant nationaliste-autoritaire, cela compromettrait gravement la lutte pour un monde meilleur. Le prix à payer pour un ordre mondial fondé sur les ambitions exprimées comme une politique de puissance pourrait finalement s'avérer (une fois de plus) trop élevé.

Nina Bärschneider*

Le « Rêve chinois » brisé de l'Occident. L'Allemagne et la France face au défi géopolitique par la Chine

Introduction

Dans la stratégie du gouvernement fédéral pour la Chine, datant de 2023, une phrase illustre tout le dilemme auquel est confrontée l'Allemagne vis-à-vis de la République populaire : « Pour le gouvernement fédéral, la Chine est à la fois un partenaire, un concurrent et un rival systémique[1] ». Il en va de même pour la France, même si le gouvernement français n'a pas encore élaboré de stratégie à long terme vis-à-vis de la Chine. La perception internationale de la Chine a radicalement changé depuis l'arrivée au pouvoir de Xi Jinping. Alors qu'elle se montrait auparavant discrète malgré sa croissance économique fulgurante, elle revendique sous Xi Jinping une place importante dans les événements politico-économiques internationaux. De nombreux éléments laissent à penser qu'elle veut disputer aux États-Unis le rôle de puissance hégémonique. Sur le plan économique, politique et culturel, la Chine exerce une influence croissante, non seulement en Asie, mais aussi en Europe, en Afrique et en Amérique latine. Ce faisant, elle diffuse des valeurs qui sont en partie diamétralement opposées à celles de l'Occident. L'Allemagne et la France, en tant que « moteur de l'Europe », sont donc confrontées à de nouveaux défis. Elles doivent repenser leur position vis-à-vis de leur partenaire commercial chinois, définir des lignes rouges et décider si elles veulent continuer à être aussi dépendantes qu'auparavant. Comment les deux pays réagissent-ils au nouveau défi géopolitique que leur pose la Chine ? Quels sont les arguments qu'ils mettent en balance lorsqu'ils réfléchissent à l'avenir de leurs relations avec la Chine ?

La mutation géopolitique de la Chine : de la modestie à une confiance en soi retrouvée

Lorsque Xi Jinping arrive au pouvoir en 2012 – en tant que secrétaire général du PCC en 2012, puis en tant que président de la République populaire un an plus tard –, la Chine est visiblement plus forte économiquement que du temps de Deng Xiaoping. Ce dernier avait mené une politique d'ouverture à partir de 1978 afin de remettre le

* Rédactrice économique au *Bonner General-Anzeiger*. Titulaire d'un Master trinational en études franco-allemandes des Universités de Lorraine, Sarrebruck et Luxembourg.

1. Auswärtiges Amt, « China-Strategie der Bundesregierung ». URL : https://www.auswaertiges-amt.de/blob/2608578/810fdade376b1467f20bdb697b2acd58/china-strategie-data.pdf, 2023.

pays sur les rails économiques après l'époque de Mao Zedong. Sa communication sur la scène internationale était marquée par la modestie. Selon Deng Xiaoping, les objectifs de la Chine au sein de la communauté internationale étaient « l'harmonie » plutôt que « l'hégémonie[2] ». Dans un discours prononcé en 1974, Deng Xiaoping avait été le premier orateur chinois à déclarer devant les Nations unies : « China is not a superpower, nor will she ever seek to be one[3] ». L'idéologie socialiste joue un rôle secondaire sous Deng Xiaoping et ses successeurs. Le résultat est un capitalisme d'État, autrement dit « l'intégration du marché dans un capitalisme dirigé de manière centralisée sous la direction du PCC[4] ». Avec cette nouvelle politique économique, la croissance intérieure de la Chine prend des proportions insoupçonnées. Alors que la part de la Chine dans le PIB mondial était encore de 1,2 % en 1980, elle est passée à environ 10 % 30 ans plus tard, pour atteindre aujourd'hui plus de 18 %[5]. Depuis 2009, la Chine est le plus grand pays exportateur au monde, dix ans plus tard, elle est également le deuxième plus grand importateur derrière les États-Unis[6]. La puissance économique de la Chine s'est manifestée lors de l'entrée en fonction de Xi Jinping. Sûr de cette nouvelle position, ce dernier a formulé son « Rêve Chinois », sa vision politique et économique pour la République populaire du futur. Ce rêve comprend un rajeunissement national et une suprématie internationale jusqu'en 2049, date à laquelle la République populaire de Chine fêtera son centenaire[7].

Xi Jinping rêve de retrouver le rôle central que la Chine avait joué dans le monde avant la chute de l'empire, pendant les guerres de l'opium[8]. D'ici 2049, le pays doit achever le processus de rajeunissement national et devenir un « pays socialiste entièrement moderne[9] ». Pour atteindre cela, Xi Jinping a conçu un plan de développement en deux étapes. À la fin de la deuxième phase, de 2035 à 2049, l'objectif est ambitieux : « La Chine sera devenue un leader mondial en termes de force nationale et d'influence internationale[10] ». Le pays doit se moderniser sur le plan militaire et devenir une puissance maritime importante, riche en main-d'œuvre, avec une excellente qualité des produits, il doit faire des progrès importants dans la science et la technologie, ainsi que dans l'aérospatiale, le transport, le commerce, la culture et l'éducation. Xi Jinping définit son « Rêve chinois » comme un objectif collectif qui requiert les forces combinées de la population. Pour réaliser ce rêve, des changements

2. Ronald C. Keith Ronald, *Deng Xiaoping and China's Foreign Policy*, Londres, Routledge, 2017, p. 13 et s.
3. *Ibid.*, p. 13.
4. Nele Noesselt, *Chinesische Politik: Nationale und globale Dimensionen*, Baden-Baden, Nomos, 2018, p. 111.
5. Bpb, *EU – USA – China: Bruttoinlandsprodukt (BIP)*. Publié sous : bpb, 19.03.2019, URL : https://www.bpb.de/kurz-knapp/zahlen-und-fakten/europa/135823/eu-usa-china-bruttoinlandsprodukt-bip/, 2019 ; IMF, *Die 20 Länder mit dem größten Anteil am kaufkraftbereinigten globalen Bruttoinlandsprodukt (BIP) im Jahr 2021*. Publié sous : Statista.com, URL : https://de.statista.com/statistik/daten/studie/166229/umfrage/ranking-der-20-laender-mit-dem-groessten-anteil-am-weltweiten-bruttoinlandsprodukt/#:~:text=Im%20Jahr%202021%20betr%C3%A4gt%20der,(BIP)%20im%20Jahr%202021, 2022.
6. Destatis, *Welthandel 2019: Deutschland drittstärkste Handelsnation*. Publié sous : Statistisches Bundesamt Destatis, URL : https://www.destatis.de/DE/Themen/Laender-Regionen/Internationales/Thema/aussenhandel/welthandel.html;jsessionid=C19895E868CE0DEB9B9BE31079EF726F.live711, 2019 ; Huotari, Mikko, *China in der Weltwirtschaft*. Publié sous : Bundeszentrale für politische Bildung (bpb), 07.09.2018, URL : https://www.bpb.de/shop/zeitschriften/izpb/275583/china-in-der-weltwirtschaft/, 2018.
7. Xi Jinping, *Full text of Xi Jinping's report at 19th CPC National Congress*. Publié sous : China Daily, 04.11.2017, URL : https://www.chinadaily.com.cn/china/19thcpcnationalcongress/2017-11/04/content_34115212.htm, 2017.
8. Nele Noesselt, *Chinesische Politik : Nationale und globale Dimensionen*, *op. cit.* p. 46.
9. Xi Jinping, *Full text of Xi Jinping's report at 19th CPC National Congress*, *op. cit.*, 2017.
10. *Ibid.*

nationaux sont donc d'abord nécessaires. Il s'agit notamment de la stratégie « Made in China 2025 », par laquelle des industries clés, qui étaient jusqu'à présent en mains étrangères, seront de plus en plus dominées par la Chine elle-même. Il s'agit également de faire progresser l'objectif de durabilité déclaré par la génération de dirigeants précédente[11].

Les objectifs de Xi Jinping ne requièrent toutefois pas seulement des efforts nationaux, mais aussi internationaux. La Chine se présente de plus en plus comme un investisseur international. Dans le même temps, le chef d'État remet en question la position dominante des États-Unis et plaide en faveur d'une Chine plus compétitive sur la scène mondiale. La « Nouvelle Route de la Soie » est un symbole de cette nouvelle orientation mondiale de la République populaire. Ce grand projet géopolitique, que Xi Jinping a annoncé pour la première fois dans un discours en 2013, doit faire revivre et élargir la route de la soie historique de Marco Polo. Pour ce faire, la Chine s'engage dans de nombreuses coopérations avec des pays d'Asie centrale, d'Europe, d'Afrique et d'Amérique latine, ce qui se traduit généralement par des investissements chinois dans les infrastructures locales. En contrepartie, ces pays accordent à la Chine l'accès à des infrastructures stratégiques, telles que des ports commerciaux, ainsi qu'à des matières premières dont la République populaire a besoin à long terme. Des institutions spécialement créées, comme l'Asian Infrastructure Investment Bank (AIIB), qui sert à financer le projet de la « Nouvelle Route de la Soie », renforcent l'ambition de la Chine de peser sur les affaires mondiales. L'intervention accrue de ce pays sur la scène internationale est certainement aussi une réaction aux attentes de la communauté internationale. Avec l'importance économique et politique croissante de la République populaire, d'autres pays exigent plus d'engagement et de responsabilité de la part de la Chine dans les défis internationaux. Le fait que Xi Jinping aspire à plus de durabilité est probablement aussi lié au fait que la communauté internationale attend de la Chine un comportement plus exemplaire en matière de protection du climat. En fin de compte, la politique économique extérieure expansive du dirigeant chinois repose sur trois intérêts nationaux fondamentaux « inviolables » et « indestructibles » : la stabilité du système politique, ce qui signifie le maintien au pouvoir du PCC, la défense de la souveraineté, de la sécurité et de l'unité nationales, ainsi que la garantie d'un développement économique et social durable de la Chine[12]. La participation croissante de la Chine aux événements internationaux est donc en premier lieu un calcul rationnel des coûts et des bénéfices de la direction politique[13]. Cela apparaît clairement dans l'aide apportée lors de la pandémie de la COVID-19, au cours de laquelle la Chine enverra des équipements de protection médicale et des médecins en Italie, pays particulièrement touché[14]. La Chine est également très présente en Afrique durant cette période.

11. Angang Hu, Yilong Yan, Xiao Tang, Shenglong Liu, *2050 China: Becoming a Great Modern Socialist Country*, Wiesbaden, Springer Verlag, p. 37 et s. ; Nele Noesselt, *Chinesische Politik : Nationale und globale Dimensionen, op. cit.*
12. Cf. Dirk Schmidt, « From the Charm to the Offensive : Hat China eine neue Außenpolitik ? », *ASIEN*, n° 122, p. 34-56, 2012.
13. Cf. Nele Noesselt, *Chinesische Politik : Nationale und globale Dimensionen, op. cit.*, p. 193.
14. Gero von Randow, « *Maskendiplomatie* ». Publié sous : Zeit Online, 20.03.2020, URL: https://www.zeit.de/politik/ausland/2020-03/coronakrise-china-hilfsgueter-italien-usa-coronavirus-covid-19?page=19&utm_referrer=https%3A%2F%2Fwww.google.com%2F, 2020.

L'Allemagne et la France face au rêve chinois : de nouvelles réalités géopolitiques

La nouvelle importance économique et politique de la Chine modifie les positions géopolitiques actuelles. L'époque où les États-Unis étaient la seule puissance hégémonique sur la scène politique mondiale touche à sa fin. Pour Xi Jinping, le modèle social et politique chinois est clairement l'antithèse de celui des États-Unis. Il imagine un monde multipolaire dans lequel la Chine est au moins à égalité avec les États-Unis – au lieu d'une structure avec seulement une superpuissance et de nombreuses grandes puissances[15]. Pour sa stratégie géopolitique de plus en plus expansive, la République populaire veut consolider son pouvoir en Asie (du Sud) orientale, et pas seulement au sens économique, visible dans les conflits qui se multiplient en mer de Chine orientale et méridionale et dans le détroit de Taïwan avec des puissances régionales comme Taïwan, les Philippines et le Vietnam, mais aussi les États-Unis[16]. La France suit également l'action de la Chine dans l'Indo-Pacifique, car elle y poursuit ses propres intérêts stratégiques. L'objectif est de « préserver une région ouverte, fondée sur le respect du droit international et des principes du multilatéralisme et libérée de toute contrainte[17] ». La stratégie n'est dirigée contre aucun pays, mais elle tient compte des « défis résultant de l'affirmation croissante de la Chine, notamment dans le domaine militaire ». La répression radicale des mouvements démocratiques à Hong Kong par la Chine est un indice supplémentaire de la volonté du gouvernement de maintenir et d'étendre son pouvoir dans la région.

Depuis 2015 au moins, la République populaire accroît massivement son influence en Europe dans le cadre de la « Nouvelle Route de la Soie », afin de créer des dépendances et de réaliser ses objectifs économiques ambitieux. Ainsi, au tournant de l'année 2014/15, des investisseurs chinois achètent la moitié de l'aéroport de Toulouse en France. Peu après, le gouvernement chinois accorde d'importants prêts au gouvernement du Monténégro pour la construction d'une autoroute, que le pays a du mal à rembourser. En 2016, la compagnie maritime nationale chinoise Cosco prend une participation majoritaire dans le port du Pirée, le plus grand port de Grèce. Il s'agit d'un nœud important de la Route de la Soie maritime et sert ainsi de porte d'entrée vers l'Europe pour la République populaire. En outre, les investissements chinois dans l'infrastructure grecque ont permis au gouvernement grec de bloquer à plusieurs reprises un durcissement de la position de l'UE vis-à-vis de la Chine. En Allemagne, la Chine est intervenue en 2016 avec le rachat de l'aéroport de Francfort-Hahn. La même année, elle rachète le fabricant de robots Kuka, doté jusqu'alors d'un énorme potentiel en matière de solutions d'automatisation. Cinq ans plus tard, en 2021, la compagnie maritime Cosco rachète une partie du port de Hambourg. L'Allemagne et la France font depuis toujours partie des principaux destinataires des investissements directs chinois. Certes, ceux-ci ont nettement baissé depuis 2020, en

15. Cf. Nele Noesselt, *Chinesische Politik : Nationale und globale Dimensionen*, *op. cit.*, p. 48.
16. Cf. Holger Senzel, Steffen Wurzel, « Der Konflikt im Südchinesischen Meer ». Publié sous : Deutschlandfunk.de, 02.07.2020, URL : https://www.deutschlandfunk de/pekings-imperialismus-der-konflikt-im-suedchinesischen-meer-100.html, 2020; RND (Redaktionsnetzwerk Deutschland) (s.a.), *China militarisiert das Südchinesische Meer – und will von Kritik daran nichts wissen.* Publié sous : Redaktionsnetzwerk Deutschland, 22.03.2022, URL : https://www.rnd.de/politik/china-militarisiert-suedchinesisches-meer-und-will-von-kritik-nichts-wissen-AZAVJD6AYF7S4RQMSIHUA2AYCI.html, 2022a.
17. Ministère de l'Europe et des Affaires Étrangères, *Indopazifik : 9 Fragen zum besseren Verständnis der Strategie Frankreichs in der Region.* Publié sous : Diplomatie.gouv.fr, URL : https://www.diplomatie.gouv.fr/de/aussenpolitik-frankreichs/landerinformationen/asien-ozeanien/article/indopazifik-9-fragen-zum-besseren-verstandnis-der-strategie-frankreichs-in-der, 2024.

raison notamment de la pandémie, mais aussi des sanctions réciproques liées à la question ouïghoure[18]. Néanmoins, les investissements déjà réalisés entraînent des conflits entre les États européens, qui sont tiraillés entre l'unité européenne, d'une part, et les besoins financiers, d'autre part. Du point de vue français, la stratégie chinoise en Afrique est également source de conflits. Depuis son ouverture sous Deng Xiaoping, la Chine est de plus en plus présente en Afrique, car elle a besoin à long terme de matières premières comme le pétrole, l'or et le coltan, compte tenu de sa forte croissance industrielle et économique. En échange, la Chine investit dans l'infrastructure des États africains. Sous Xi Jinping, les investissements chinois dans les voies ferrées, les aéroports et les ports en eau profonde se sont encore intensifiés, car l'Afrique joue un rôle important dans la Route de la Soie maritime[19].

Réactions allemandes : ne pas mettre l'adversaire « en échec »

Depuis le début de ses relations avec la Chine, l'Allemagne est confrontée à un dilemme : d'une part, la République populaire est d'une importance économique considérable pour l'Allemagne, d'autre part, les pays sont diamétralement opposés dans leurs conceptions de la politique et de la société[20]. Depuis l'adhésion de la Chine à l'Organisation mondiale du commerce (OMC) en 2001, les relations économiques avec la République populaire sont devenues de plus en plus importantes pour l'Allemagne. Depuis 2014, les deux pays ont une relation avec le statut de « Grand Partenariat Stratégique Global », ce qui inclut également des consultations sur les questions de politique de sécurité[21]. L'Allemagne et la France sont toutes deux membres fondateurs de l'Asian Infrastructure Investment Bank (AIIB), une sorte d'équivalent chinois de la Banque mondiale. L'Allemagne en est le quatrième actionnaire[22]. Alors que la République fédérale est la troisième relation bilatérale la plus importante pour la Chine après les États-Unis et la Russie, la Chine est le premier partenaire commercial de l'Allemagne pour la cinquième année consécutive en 2020, le volume du commerce bilatéral s'élevant à 212,1 milliards d'euros. Cela représente plus d'un tiers du volume des échanges commerciaux de l'Union européenne (UE) avec la Chine[23]. En 2018, les exportations allemandes vers la Chine représentent une valeur supérieure à celle des exportations communes de la France, de l'Italie et de la Grande-Bretagne. L'Allemagne exporte ainsi quatre fois et demie plus vers la Chine que la France. Selon l'expert Heribert Dieter, c'est l'une des raisons pour lesquelles le gouvernement allemand, dirigé longtemps par l'ancienne chancelière Angela Merkel, se montre nettement plus prudent que le gouvernement français vis-à-vis de la République

18. Cf. Agatha Kratz, Max J. Zenglein, Gragor Sebastian, Mark Witzke, *Chinese FDI in Europe, 2021 Update. Investments remain on downward trajectory – Focus on venture capital.* MERICS Mercator Institute for China Studies, Berlin, 2022.
19. Cf. Alvin Lim Cheng-Hin, « Africa and China's 21st Century Maritime Silk Road », *The Asia-Pacific Journal*, vol. 13, n° 3, 2015, p. 1-19.
20. Cf. Dominic Sachsenmaier, « China. Der Einfluss einer Weltmacht neuer Art », in Stefan Mair, Dirk Messner, Lutz Meyer, (dir.), *Deutschland und die Welt 2030. Was sich verändert und wie wir handeln müssen*, Düsseldorf, ECON Verlag, 2018, p. 131-140.
21. Michael Staack, « Strategische Partnerschaft zwischen China und Deutschland: Krisenfest und zukunftstauglich?», in Michael Staack, David Groten (dir.), *China und Indien im regionalen und globalen Umfeld*, Opladen, Barbara Budrich, 2018, p. 29 et s.
22. Cf. Wolf D. Hartmann, Wolfgang Maennig, Run Wang, *Chinas neue Seidenstraße. Kooperation statt Isolation – Der Rollentausch im Welthandel.* Francfort-sur-le-Main, Frankfurter Allgemeine Buch, 2017, p. 10.
23. Cf. BMWK (Bundesministerium für Wirtschaft und Klimaschutz), *China – Wirtschaftliche Beziehungen.* URL: https://www.bmwk.de/Redaktion/DE/Artikel/Aussenwirtschaft/laendervermerk-china.html, 2022.

populaire[24]. Les chiffres d'affaires considérables que certaines entreprises allemandes ont réalisés en Chine y ont également contribué, ainsi que plusieurs voyages d'Angela Merkel dans ce pays, accompagnés de délégations économiques. Les gouvernements allemands ont longtemps cru que les relations économiques avec la Chine leur permettraient de changer le système chinois, selon le principe du « changement par le commerce » (*Wandel durch Handel*)[25].

Mais cet espoir ne se réalise pas. Un constat qui, avec la formulation du « Rêve Chinois » par Xi Jinping, commence à faire son chemin en Allemagne. Un véritable changement de mentalité intervient au début de l'année 2019, lorsque la Commission européenne qualifie pour la première fois la Chine de « rival systémique[26] ». L'approche de plus en plus agressive de la Chine en matière de politique étrangère, son ingérence dans les processus décisionnels des États démocratiques, sa tactique visant à faire taire les critiques et à manipuler les rapports sur son propre pays, l'emprise croissante du PCC sur le monde de l'entreprise : autant d'évolutions qui augmentent le scepticisme, même en Allemagne. L'ancien ministre fédéral des Affaires étrangères Sigmar Gabriel est parmi ceux qui, depuis 2017, mettent haut et fort en garde contre le danger que représente la Chine et son système de valeurs qui est totalement contraire à celui de l'Occident. Il souligne l'importance pour l'Allemagne et l'Europe d'avoir leur propre stratégie vis-à-vis de la République populaire, faute de quoi l'Europe risque de se diviser[27]. De plus, les obstacles pour les entreprises étrangères sur le marché chinois et la possibilité pour les dirigeants chinois d'intervenir à tout moment dans l'activité économique inquiètent les investisseurs et rendent la planification difficile. Plusieurs associations économiques telles que l'Association allemande des constructeurs de machines et d'équipements (VDMA) et la Fédération de l'industrie allemande (BDI) déconseillent depuis 2019 de devenir trop dépendants de certains marchés – tel le chinois. La BDI a publié un document d'orientation sur la Chine, au titre évocateur : « Partenaires et concurrents systémiques – Comment s'y prendre avec l'économie contrôlée par l'État en Chine ?[28] ». Les récents développements tels que les manifestations de Hong Kong, la persécution des Ouïghours et la gestion de la COVID-19 modifient également la perception de la Chine en Allemagne. La pandémie a fait prendre conscience à l'Allemagne de sa propre dépendance vis-à-vis de la Chine.

24. Heribert Dieter, « Die ungewisse Zukunft der deutsch-chinesischen Beziehungen », *SWP-Studie*, n° 23, Stiftung Wissenschaft und Politik, Deutsches Institut für Internationale Politik und Sicherheit, 2021, p. 22.
25. Cf. Stefan Mair, *Deutschland und China: Ökonomische Verflechtung und Abhängigkeiten*. Publié sous : Bundestag.de, 24.06.2020, URL : https://www.bundestag.de/resource/blob/703510/794dabea2098ac165062672523e4bde8/Stellungnahme-Mair-BDI-data.pdf, 2020.
26. Commission européenne, *EU-China – A strategic outlook*. European Commission and HR/VP contribution to the European Council, 12.03.2019, URL : https://ec.europa.eu/info/sites/default/files/communication-eu-china-a-strategic-outlook.pdf, 2019.
27. Sigmar Gabriel, *Rede des Bundesministers des Auswärtigen, Sigmar Gabriel, bei der Münchner Sicherheitskonferenz am 17. Februar 2018 in München*. Publié sous : Bundesregierung.de, 19.02.2018, URL : https://www.bundesregierung.de/breg-de/service/bulletin/rede-des-bundesministers-des-auswaertigen-sigmar-gabriel-782350, 2018, Sigmar Gabriel, *Rede des Bundesministers des Auswärtigen, Sigmar Gabriel, bei der 25. französischen Botschafterkonferenz am 30. August 2017 in Paris*. Publié sous : Bundesregierung.de, 06.09.2017, URL : https://www.bundesregierung.de/breg-de/service/bulletin/rede-des-bundesministers-des-auswaertigen-sigmar-gabriel-810446, 2017.
28. Stefan Mair, Friedolin Strack, Ferdinand Schaf, « Partner und systemischer Wettbewerber – Wie gehen wir mit Chinas staatlich gelenkter Volkswirtschaft um ? », BDI-Grundsatzpapier China, Bundesverband der Deutschen Industrie e.V, Berlin. URL : https://www.politico.eu/wp-content/uploads/2019/01/BDI-Grundsatzpapier_China.pdf, 2019.

Malgré les critiques croissantes, l'attitude officielle de l'Allemagne envers la République populaire sous la chancelière Merkel resta jusqu'à la fin de son mandat plutôt bienveillante. Le gouvernement défendit certes ses propres valeurs, mais évita toute confrontation ouverte avec la Chine[29]. Cette évolution favorable à la Chine s'était renforcée durant le mandat de Donald J. Trump, qui remit en question la relation de confiance autrefois étroite entre l'Allemagne et les États-Unis. C'est ainsi qu'Angela Merkel, à l'occasion de la présidence allemande de l'UE en 2020, fit avancer de manière décisive l'accord d'investissement avec la Chine. C'est également elle qui, lors du sommet de Davos en 2021, mit en garde contre la formation d'un bloc entre la Chine et l'Occident et plaida en faveur d'un ordre mondial multilatéral – tout à fait dans l'esprit du « Rêve Chinois » de Xi Jinping. À la veille de son départ de la chancellerie, le président chinois lui rendit hommage en parlant d'elle de « vieille amie[30] ». Certaines communes allemandes se montrent aujourd'hui encore très favorables à la Chine. L'exemple le plus connu est la ville de Duisbourg, dont le terminal portuaire sert depuis 2014 de terminus aux trains chinois circulant sur la Route de la Soie. La même année, la municipalité a créé un poste de délégué à la Chine et, en 2021, un département pour les Affaires chinoises. Le nombre d'entreprises chinoises a triplé depuis 2014[31].

Avec le nouveau gouvernement du chancelier Olaf Scholz, en place depuis 2021, la ligne de conduite vis-à-vis de la Chine s'est durcie. C'est ce que montre l'accord de coalition dans lequel le SPD, les Verts et le FDP annoncent une politique étrangère basée sur des valeurs. On recherche la coopération avec la Chine, mais on veut aussi des règles du jeu équitables dans un contexte de concurrence croissante. Pour pouvoir réaliser ses propres valeurs et intérêts, il s'agit de développer une « stratégie chinoise globale en Allemagne dans le cadre de la politique commune UE-Chine[32] ». En juillet 2023, le gouvernement fédéral met son plan à exécution. Le choix de l'image sur la couverture du document stratégique envoie déjà un message : on y voit le jeu de stratégie Weiqi, également connu sous le nom de « Go », qui est expliqué de la manière suivante : « Contrairement aux échecs, le Weiqi ne consiste pas à mettre l'adversaire mat, mais à obtenir des positions avantageuses et à défendre ce que l'on appelle des "libertés"[33] ». Dans ce document, le gouvernement fédéral fait d'une part référence à la forte croissance économique de la Chine et souligne que la coopération sur des thèmes tels que la protection du climat reste importante. D'autre part, il observe un « recul des droits civils et politiques ». L'objectif est de « poursuivre la coopération avec la Chine dans un contexte de concurrence et de rivalité systémique, sans mettre en danger notre mode de vie libéral et démocratique, notre souveraineté, notre prospérité, nos partenariats avec d'autres pays ou notre sécurité ». Les violations

29. Cf. Ying Huang, *Die Chinapolitik der Bundesrepublik Deutschland nach der Wiedervereinigung*, Wiesbaden, Springer Verlag, 2019, p. 223 et s.

30. Benjamin Eyssel, « Neue Töne unter alten Freunden ». Publié sous : Tagesschau, 13.12.2021, URL: www.tagesschau.de/ausland/verhaeltnis-deutschland-china-101.html, 2021; Moritz Koch, « Merkel übt zu leise Kritik an China ». Publié sous : *Handelsblatt*, 28.01.2021, URL : https://www.handelsblatt.com/meinung/kommentare/kommentar-merkel-uebt-zu-leise-kritik-an-china/26857550.html, 2021.

31. Cf. Thorsten Fuchs, « Chinas neue Seidenstraße : Endstation Duisburg ». Publié sous : Rnd.de, 18.06.2021, URL : https://www.rnd.de/wirtschaft/chinas-neue-seidenstrasse-endstation-duisburg-PQSI5Z7D2JDAJPEYAJCBYA4LJM.html, 2021.

32. SPD, Grüne, FDP, « Koalitionsvertrag 2021-2025 ». Publié sous : SPD.de, URL : https://www.spd.de/fileadmin/Dokumente/Koalitionsvertrag/Koalitionsvertrag_2021-2025.pdf, p. 124, 2021.

33. Auswärtiges Amt, « China-Strategie der Bundesregierung », *op. cit.*

des droits de l'Homme chez les Ouïghours, à Hong Kong et au Tibet sont clairement identifiées, et la menace que représente la Chine pour Taïwan est également critiquée. L'Allemagne ne veut pas se détacher de la République populaire, mais minimiser les risques (« de-risking » plutôt que « de-coupling »). Le texte reste toutefois vague sur la manière exacte dont les entreprises doivent se rendre moins dépendantes du marché chinois. Il est toutefois important de diversifier davantage les relations commerciales. Le gouvernement lui-même veut développer la coopération sécuritaire et militaire avec des partenaires de la région Indo-Pacifique.

Des mesures politiques plus modestes indiquent également un changement de comportement. Ainsi, la décision de la ministre des Affaires étrangères Annalena Baerbock et de la ministre de l'Intérieur Nancy Faeser de ne pas se rendre aux Jeux olympiques de Pékin en 2022 devait être comprise comme une sorte de boycott politique. Lors de son premier voyage en Asie, le chancelier Scholz se rend au Japon et non en Chine, et souligne l'égalité des valeurs entre les deux pays, ce qui est interprété comme un avertissement adressé aux dirigeants chinois[34]. Le soutien de la Chine à la Russie après l'invasion de l'Ukraine est un autre sujet de conflit potentiel. Olaf Scholz communique ouvertement sa déception à ce sujet et l'exprime dans un entretien avec Xi Jinping, « profond et franc » selon les Chinois – une formulation qui, selon le Redaktionsnetzwerk Deutschland indique généralement des divergences[35]. Les menaces de la Chine à l'encontre de Taïwan ont en outre conduit des parlementaires allemands à formuler une demande au gouvernement fédéral pour qu'il s'engage en faveur de la participation de Taïwan à l'Organisation mondiale de la santé (OMS). Le gouvernement chinois, se référant à sa politique d'une seule Chine, avait depuis 2017, empêché, Taïwan de participer aux assemblées de l'institution[36]. Fin avril 2022, le ministère fédéral de l'Économie stoppe la vente du fabricant d'appareils médicaux Heyer Medical au groupe chinois Aeonmed. En tant que fabricant d'appareils respiratoires, Heyer Medical a joué un rôle important dans la pandémie, ce qui, selon les médias, a exercé une influence déterminante sur le choix de l'arrêt[37]. La décision du ministre de l'Économie Robert Habeck de refuser pour la première fois des garanties fédérales à Volkswagen (VW) en Chine s'inscrit également dans le cadre d'une politique économique extérieure basée sur des valeurs. En collaboration avec une entreprise chinoise, VW possède une usine dans la province du Xinjiang, où il est prouvé que la population ouïghoure est persécutée. Le scepticisme dans l'économie a également pris de l'ampleur. Le groupe chimique BASF s'est séparé en février 2024 de ses parts dans deux coentreprises au Xinjiang, après que l'entreprise partenaire chinoise ait été accusée de passer outre des violations des droits de l'Homme.

34. Veit Medick, « Der Anti-China-Trip ». Publié sous : *Der Spiegel*, 28.04.2022, URL :https://www.spiegel.de/politik/deutschland/olaf-scholz-in-japan-der-anti-china-trip-a-83635fae-153b-4d96-be09-4e108a61c996, 2022.
35. RND (Redaktionsnetzwerk Deutschland) (o.A.), « In Zeiten großer Differenzen : Scholz spricht mit Xi Jinping ». Publié sous : Redaktionsnetzwerk Deutschland, 09.05.2022, URL : https://www.rnd.de/politik/krieg-in-der-ukraine-olaf-scholz-spricht-mit-xi-jinping-ADIVLL6UKHMDISGUZAKZGNTUKE.html, 2022b.
36. Thorsten Jungholt, « Bundestag geht auf Konfrontationskurs zu China ». Publié sous : Welt Online, 18.05.2022, URL : https://www.welt.de/politik/deutschland/article238830665/Aufruf-an-Scholz-Bundestag-geht-auf-Konfrontationskurs-zu-China.html, 2022.
37. Dana Heide, Julian Olk, « Hamburger Hafen: Habeck sieht Einstieg von chinesischem Staatsunternehmen kritisch ». Publié sous : Handelsblatt.com, 19.08.2022, URL : https://www.handelsblatt.com/politik/deutschland/cosco-hamburger-hafen-habeck-sieht-einstieg-von-chinesischem-staatsunternehmen-kritisch/28611950.html, 2022.

Il est cependant perceptible que ni le secteur économique ni la sphère politique allemande ne sont encore prêts à s'engager dans la voie du « de-risking ». Ainsi, lors de son retrait du Xinjiang, BASF souligne vouloir « intégralement » maintenir les autres activités et investissements en Chine[38]. Et lors de sa visite en Chine, en avril 2024, le chancelier Scholz est accompagné par une forte délégation de chefs d'entreprise, comme ceux de BASF et de Mercedes. Deux des trois jours de visite sont consacrés à des rendez-vous économiques. Des observateurs allemands critiquent d'ailleurs le fait que les dirigeants d'entreprise aident « assidûment » à donner l'impression d'un « *business as usual* » afin d'apaiser les irritations suscitées après la présentation de la stratégie chinoise du gouvernement fédéral[39]. Les commentateurs reconnaissent certes à Olaf Scholz le mérite de vouloir amener la Chine à intervenir en faveur de la fin de la guerre en Ukraine et à conclure des accords qui profitent à l'économie allemande. Mais ils lui reprochent en même temps de ne pas avoir réussi à diminuer les dépendances économiques qui restent trop importantes, et à arracher davantage de concessions à la Chine sur l'importante question russe[40].

Les réactions françaises : entre autonomie et dépendance

Un nombre élevé d'essais sur les relations sino-françaises commence par rappeler un événement survenu en 1964, lorsque le général de Gaulle est le premier représentant occidental à reconnaître la République populaire de Chine et à établir des relations diplomatiques. Un moment qui est devenu une sorte de mythe dans l'histoire des relations sino-françaises et qui a conduit les observateurs à parler d'une « exceptionnalité française » à l'égard de la République populaire. De nombreux écrits notent une sorte « d'affinité élective[41] » entre la France et la Chine, comme l'intérêt chinois pour la Révolution française et la Commune de Paris. L'historien Emmanuel Lincot, spécialiste de la Chine, en analysant un discours de Xi Jinping dans lequel sont prononcés les mots « liberté », « égalité » et « justice sociale », pose la question suivante : « À un mot près, Français et Chinois poursuivraient-ils la même ambition ?[42] ». Il perçoit également un grand potentiel pour le travail culturel commun. En Allemagne, on ne trouve guère d'essais de ce type qui établissent des parallèles avec la nature chinoise ou l'attitude fondamentale de l'esprit.

Sur le plan économique, on ne peut pas vraiment parler d'une « relation d'exception » entre la France et la Chine. Tout comme l'Allemagne, la France a jusqu'à présent un intérêt essentiellement économique pour la Chine et son énorme marché. En 2019, la Chine était le septième plus gros acheteur de produits français, et plus d'un tiers des importations françaises concernaient des équipements aéronautiques et spatiaux. Environ 1 100 entreprises employant 570 000 personnes sont présentes en Chine. Inversement, la Chine détient en 2019 la deuxième plus grande part de marché en

38. Tagesschau, *BASF zieht Konsequenzen aus Vorwürfen zu Uiguren*. Publié sous : Tagesschau.de, 09.02.2024, URL : https://www.tagesschau.de/wirtschaft/unternehmen/basf-uiguren-100.html, 2024.
39. Thorsten Benner, « Scholz muss deutsche Kerninteressen verteidigen ». Publié sous : Der Spiegel.de, URL : https://www.spiegel.de/ausland/olaf-scholz-in-china-der-kanzler-muss-deutsche-kerninteressen-verteidigen-meinung-a-11e8bffb-d2e3-4da2-b482-a6363d153d22, 2024.
40. Cf. Diana Zimmermann, « Warum Scholz sich in China schwergetan hat ». Publié sous : Zdf.de, 16.04.2024, URL : https://www.zdf.de/nachrichten/politik/deutschland/scholz-china-xi-treffen-krieg-ukraine-100.html, 2024.
41. Cf. Dominique Bari, « Chine : existe-t-il une "exceptionnalité française" ? », in Bertrand Badie, Dominique Vidal (dir.), *La France, une puissance contrariée. L'état du monde 2022*, Paris, La Découverte, 2021, p. 175-181.
42. Emmanuel Lincot, « Réinventer les relations franco-chinoises », *Géoéconomie*, vol. 4, n° 67, 2013, p. 162.

France (9 %). Le poids des échanges commerciaux est très inégal : sur un déficit commercial total de la France de 58,9 milliards d'euros, la Chine représente la plus grande part avec 31,6 milliards d'euros, ce qui dépasse également le déficit avec l'Allemagne[43]. Les investissements directs chinois en France sont certes parmi les plus importants d'Europe, mais ils sont plutôt faibles en comparaison avec ceux destinés à l'Allemagne et au Royaume-Uni. Cela s'explique notamment par le fait que les investisseurs chinois considèrent l'Allemagne comme une nation technique et industrielle – la France étant plutôt perçue comme un pays de culture et d'arts. Cette asymétrie dans les relations économiques est la raison pour laquelle l'ancien président François Hollande s'est efforcé de resserrer les liens avec la Chine peu après le début de son mandat en 2012. Sous son prédécesseur Nicolas Sarkozy, ceux-ci s'étaient nettement refroidis, et depuis des années, la France ne faisait plus partie des dix principaux partenaires commerciaux de la Chine[44]. En avril 2013, le président Hollande est le premier chef d'État occidental à rendre visite au nouveau président chinois Xi Jinping et organise l'année suivante de grandes festivités à l'occasion du 50e anniversaire des relations franco-chinoises[45].

Depuis son élection en 2017, Emmanuel Macron insiste lui aussi sur la nécessité d'améliorer les relations économiques avec la Chine, de coopérer sur les questions environnementales et de promouvoir un multilatéralisme fort. Aux côtés de la chancelière Merkel, le président Macron a fait avancer le projet d'accord d'investissements avec la Chine. Néanmoins le gouvernement français veille à ce que le lien avec la Chine ne soit jamais trop exclusif. François Hollande se rendait souvent dans d'autres pays asiatiques à cette fin, et même sous la présidence d'Emmanuel Macron, la France entretient des relations de partenariat étroites avec l'Inde, la Corée du Sud et l'Europe du Sud-Est. La France entend ainsi contrebalancer l'initiative chinoise des Routes de la Soie, selon la logique suivante : si la Chine étend son influence en Europe, l'Europe doit étendre son influence en Asie. Tout cela montre que la France réagit plus sereinement à la politique expansive du gouvernement chinois que l'Allemagne. Cela peut s'expliquer aussi, selon l'expert Heribert Dieter, par le fait qu'une grande partie des exportations françaises vers la Chine est constituée d'avions Airbus, un produit difficilement remplaçable pour la Chine[46].

Malgré l'indépendance prônée par la France, les coopérations avec la Chine sont nombreuses. L'accent est mis sur les projets communs d'entreprises françaises et chinoises dans des pays tiers. S'y ajoutent des projets nationaux : ainsi, depuis 2017, des trains de marchandises chinois s'arrêtent trois fois par semaine en gare de la commune française de Dourges, au sud de Lille[47], et le trafic ferroviaire entre la

43. Cf. Kaixuan Liu, « Relations franco-chinoises, entre économie et politique », *Cause commune*, n° 22, mars-avril 2021. URL : https://www.causecommune-larevue.fr/relations_franco_chinoises_entre_economie_et_politique, 2021 ; France Diplomatie, « Chine – Relations bilatérales », ministère de l'Europe et des Affaires étrangères, URL : https://www.diplomatie.gouv.fr/fr/dossiers-pays/chine/relations-bilaterales/, 2019.

44. Cf. François Loncle, « François Hollande et la nouvelle donne diplomatique française », *Géoéconomie*, vol. 2, n° 65, 2013, p. 47-56.

45. Cf. Comité d'échanges franco-chinois, *Relations franco-chinoises (1964-2014)* 法中关系. URL : https://cefc-paris.fr/relations-franco-chinoises/, 2014.

46. Heribert Dieter, « Die ungewisse Zukunft der deutsch-chinesischen Beziehungen », *SWP-Studie*, *op. cit.*

47. Cf. Nicole Buyse, « Dourges ne reçoit plus de trains de fret en provenance de Chine ». Publié sous : LesEchos.fr, 04.04.2022, URL : https://www.lesechos.fr/pme-regions/hauts-defrance/dourges-ne-recoit-plus-de-trains-de-fret-en-provenance-de-chine-1398501, 2022.

Chine et Lyon s'est intensifié[48]. Des investisseurs chinois avaient racheté 49,99 % du capital de l'aéroport de Toulouse en 2015. Il est intéressant de noter que le groupe français Eiffage a depuis racheté les parts. L'État français avait reproché aux investisseurs chinois de ne vouloir que maximiser leurs dividendes grâce à l'aéroport et avait annoncé vouloir conserver ses parts minoritaires. Les Chinois de Casil se sont alors retirés de l'affaire, tout en réalisant un bénéfice d'environ 200 millions d'euros sur la vente[49].

Un revirement est perceptible à partir de 2018. Cette année-là, le président Macron, en se rendant en Chine, met pour la première fois en garde contre une nouvelle « hégémonie » de ce pays. Le projet de la Route de la Soie ne doit pas faire des pays de transit des « vassaux[50] ». Lorsqu'il se rend en Australie la même année, il souligne sa préférence pour un axe indo-pacifique avec l'Australie, l'Inde, le Japon et les États-Unis, qui garantirait davantage un développement équitable dans la région qu'une hégémonie chinoise. Une déclaration peu appréciée par les dirigeants chinois pour qui un tel axe ressemble à un encerclement géopolitique[51]. Le ministre français des Affaires étrangères de l'époque, Jean-Yves Le Drian, adopta un ton plus doux lors d'un discours à Pékin, au printemps 2019, mais laissa transparaître des critiques dans ses propos. Il préconisa ainsi la coopération plutôt que la confrontation, une stratégie UE-Asie et la Route de la Soie chinoise devant se compléter et les effets de synergie exploités. L'engagement commun dans les pays tiers devait toutefois être transparent, équitable et respecter des normes environnementales durables[52]. Le scepticisme se poursuit aujourd'hui. Ainsi, le rapprochement, en 2029, de l'Italie avec la Chine est considéré par Paris, mais aussi par Berlin, comme un danger. À la suite d'accords conclus par le gouvernement italien avec la Chine sur l'avenir des Routes de la soie, le président français avait appelé à la prudence vis-à-vis de Pékin et invoqué la défense de la souveraineté européenne[53]. Lorsque Xi Jinping se rend en France peu après, le président Macron organise une rencontre avec Angela Merkel et Jean-Claude Juncker, alors président de la Commission européenne : « L'homme fort de Pékin se retrouvera alors en présence du trio qui tente de créer un front commun européen face à un pays désormais officiellement qualifié de "rival [...] systémique" par Bruxelles[54] ». L'historien Kaixuan Liu parle à ce propos d'une « européanisation » des relations diplomatiques de la France avec la Chine[55]. Emmanuel Macron veut ainsi briser la

48. Cf. Sébastian Seibt, « Xi Jinping à Paris : la France à petits pas sur les "Routes de la soie ». Publié sous : France24.com, 25.03.2019, URL : https://www.france24.com/fr/20190325-france-chine-economie-xi-jinping-macron-routes-soie-negociations, 2019.
49. Cf. *Le Monde*, « Le chinois Casil vend l'aéroport de Toulouse à Eiffage et réalise une grosse plus-value ». Publié sous : Lemonde.fr, 30.12.2019, URL : https://www.lemonde.fr/economie/article/2019/12/30/le-chinois-casil-vend-l-aeroport-de-toulouse-a-eiffage-et-realise-unegrosse-plus-value_6024419_3234.html, 2019.
50. Deutsche Welle, « Chinabesuch: Macron warnt vor „Hegemonie" ». Publié sous : DW.com, 08.01.2018, URL : https://www.dw.com/de/chinabesuch-macron-warnt-vor-hegemonie/a-42060227, 2018.
51. Cf. Ke Dai, Gengxin Dai, Meixing Dai, « Initiative "une ceinture et une route" : implications économiques pour l'Union européenne », *Bulletin de l'Observatoire des politiques économiques en Europe*, n° 39, Université de Strasbourg, Bureau d'économie théorique et appliquée (BETA), 2018, p. 25-38.
52. Jean-Yves Le Drian, « Déclaration de M. Jean-Yves Le Drian, ministre de l'Europe et des affaires étrangères, sur le multilatéralisme, à Pékin le 26 avril 2019 ». Publié sous : Viepublique.fr, 26.04.2019, URL : https://www.vie-publique.fr/discours/270894-jean-yves-ledrian-26042019-multilateralisme-routes-de-la-soie, 2019.
53. *Capital*, « Routes de la soie : l'Italie succombe à l'ogre chinois, Emmanuel Macron appelle à la prudence ». Publié sous : Capital.fr, 25.03.2019, URL : https://www.capital.fr/economiepolitique/xi-jinping-a-paris-macron-veut-moderer-les-appetits-chinois-1332721, 2019.
54. Cf. Sébastian Seibt, « Xi Jinping à Paris : la France à petits pas sur les "Routes de la soie" », *op. cit.*
55. Kaixuan Liu, « Relations franco-chinoises, entre économie et politique », *op. cit.*

stratégie chinoise qui vise à conclure des accords bilatéraux avec des États européens isolés, souvent en proie à des difficultés financières[56]. Les crises récentes incitent également la France à prendre plus de distance avec la République populaire. Ainsi, le ministre des Finances Bruno Le Maire annonce, après l'expérience de la pandémie, vouloir réduire la dépendance française par rapport à certains produits chinois. Les événements de Hong Kong et du Xinjiang suscitent également l'indignation de la classe politique et de l'opinion publique françaises. Ainsi, à l'approche des Jeux olympiques de Pékin 2022, le parlement français adopte une résolution condamnant le « génocide » des Ouïghours en Chine. Et Emmanuel Macron rappelle au président Xi Jinping, lors d'une conversation téléphonique, ses engagements internationaux en matière de lutte contre le travail forcé et évoque la situation au Xinjiang[57]. Les relations avec la Chine se refroidissent légèrement : Xi Jinping félicite Emmanuel Macron pour sa réélection de manière plutôt modérée, et les médias chinois font part de leur sympathie pour Marine Le Pen en raison de sa proximité avec la Russie[58]. La France est par ailleurs le seul pays européen à avoir une présence militaire à la fois dans l'océan Indien et dans le Pacifique – ce qui n'échappe pas à la Chine[59] – et veut y préserver ses propres intérêts stratégiques, sept de ses 13 départements et régions d'Outre-mer étant répartis dans l'océan Indien et le Pacifique Sud[60]. Face à la lutte de pouvoir entre les États-Unis et la Chine dans l'Indo-Pacifique, la France craint de perdre son influence en Nouvelle-Calédonie, où se trouvent 25 % de la réserve mondiale de nickel. Des rapports militaires montrent que la Chine a déjà tenté de renforcer le mouvement indépendantiste néo-calédonien lors de différents scrutins.

Malgré le scepticisme croissant, les relations restent étroites. Xi Jinping tient à soutenir la France dans une « autonomie stratégique », afin que l'influence américaine en Europe ne devienne pas trop importante. Cette importance stratégique de la France pour la Chine pourrait encore s'accroître si le nouveau gouvernement allemand renforce sa distance. Le gouvernement français n'est pas seulement l'un des plus influents d'Europe. La France est un partenaire important pour la République populaire sur les questions internationales qui présentent un risque pour la sécurité de la Chine, par exemple au Proche- et au Moyen-Orient ainsi qu'en Afrique, où la Chine a un besoin urgent d'approvisionnement en énergie[61]. Dans un discours prononcé début 2024, Xi Jinping souligne l'importance des relations diplomatiques avec la France, qui fêtent cette année-là leur 60e anniversaire. Il souhaite par exemple profiter des Jeux olympiques de Paris pour promouvoir les échanges culturels entre les deux

56. Cf. Ke Dai, Gengxin Dai, Meixing Dai, « Initiative "une ceinture et une route" : implications économiques pour l'Union européenne », *op. cit.*, p. 36.
57. Giorgi Leali, Stuart Lau, « French parliament puts pressure on Macron by declaring Chinese treatment of Uyghurs a 'genocide' ». Publié sous : Politico.eu, 20.01.2022, URL : https://www.politico.eu/article/french-parliament-resolution-china-uyghurs-genocide-pressure-macron-france/, 2022 ; Présidence de la République, « Communiqué de la Présidence de la République, en date du 16 février 2022, sur les relations franco-chinoises et les questions internationals ». République Française, URL : https://www.vie-publique.fr/discours/283865-presidence-de-la-republique-16022022-france-chine, 2022.
58. Cf. Fréderic Lemaître, « Zone Indo-Pacifique : Paris agace Pékin », *Le Monde*, 23.02.2022.
59. Cf. Philippe Le Corre, « Quelles perspectives pour les relations franco-chinoises ? », Institut Montaigne, Articles, URL : https://www.institutmontaigne.org/blog/quelles-perspectives-pourles-relations-franco-chinoises, 2018.
60. Cf. Fred Constant, *Géopolitique des Outre-mer. Entre déclassement et (re)valorisation*, Paris, Le Cavalier bleu, 2023.
61. Cf. Emmanuel Lincot, « Réinventer les relations franco-chinoises », *op. cit.*, p. 157.

pays[62]. Du côté français aussi, l'intérêt reste élevé. Le président Macron signe ainsi en 2023 un accord économique avec la Chine dans des secteurs clés comme les transports, l'énergie, l'agriculture, la culture et la science. Il est notamment prévu d'installer une nouvelle ligne d'assemblage dans l'usine d'Airbus en Chine, afin que l'entreprise puisse doubler sa production. Le groupe énergétique français EDF renouvelle par ailleurs son accord avec un exploitant de centrale nucléaire chinois afin de permettre la construction de nouvelles centrales[63]. Et le fait que le groupe de télécommunications chinois controversé Huawei construise son premier site de production européen en France témoigne également d'une bienveillance continue[64].

Digression : l'Allemagne, la France et la « Nouvelle Route de la Soie »

L'Allemagne et la France considèrent l'initiative de la Route de la Soie dans une perspective de realpolitik, elles y perçoivent avant tout un projet géopolitique de domination par la Chine[65]. Par conséquent, le nombre de critiques issues des milieux politiques et économiques qui considèrent cette initiative comme un projet concurrent de l'UE est considérable. Dans son document d'orientation sur la Chine de 2019, le BDI écrit qu'avec l'initiative des Routes de la Soie, la Chine veut « étendre son influence géopolitique et géoéconomique et façonner des marchés tiers en fonction de ses propres intérêts » ; en outre, la République populaire « fait avancer de manière intensive l'établissement de ses propres normes techniques et réglementaires [...] sur d'autres marchés[66] ». Même l'ancienne chancelière Merkel montre son scepticisme quant au projet de la Route de la Soie. Dans un discours à Pékin, en octobre 2015, elle considère que la Chine tend à « forger des groupements au sein de l'Union, avec lesquels elle souhaite ensuite développer des formats de coopération spécifiques », alors que, selon la chancelière, « l'on peut aussi débattre avec l'ensemble de l'Union[67] ». En France, il n'y a certes pas d'opposition systématique à l'initiative de la Route de la Soie, mais le gouvernement français, selon des observateurs avisés, insiste avec force sur une situation « gagnant-gagnant » pour les deux parties[68]. Les gouvernements des deux pays n'ont donc à ce jour pas conclu de partenariat officiel avec la Chine dans le cadre de la Route de la Soie. Ils font ainsi partie d'une minorité,

62. Cf. Ambassade de la RPC, « Xi Jinping hält Videorede beim Empfang zum 60-jährigen Bestehen diplomatischer Beziehungen zwischen China und Frankreich ». Publié sous : de.china-embassy.gov.cn, 26.01.2024, URL: http://de.china-embassy.gov.cn/det/zgyw_/202401/t20240126_11234043.htm, 2024.
63. Cf. Charles Szumski, Clara Bauer-Babef, « Frankreich unterzeichnet Wirtschaftsabkommen mit China ». Publié sous : Euractiv.de, 07.04.2023, URL : https://www.euractiv.de/section/europa-kompakt/news/frankreich-unterzeichnet-wirtschaftsabkommen-mit-china/, 2023.
64. Cf. Supantha Mukherjee, « Huawei to start building first European factory in France next year ». Publié sous : Reuters.com, URL : https://www.reuters.com/technology/huawei-start-building-first-european-factory-france-next-year-source-2023-12-11/, 2023.
65. Cf. Ke Dai, Gengxin Dai, Meixing Dai, « Initiative "une ceinture et une route" : implications économiques pour l'Union européenne », *op. cit.*, p. 34.
66. Stefan Mair, Friedolin Strack, Ferdinand Schaff, « Partner und systemischer Wettbewerber – Wie gehen wir mit Chinas staatlich gelenkter Volkswirtschaft um ? », *op. cit.*, p. 7.
67. Angela Merkel, « Rede von Bundeskanzlerin Dr. Angela Merkel im Rahmen des Bergedorfer Gesprächskreises am 29. Oktober 2015 in Peking ». Publié sous : Bundesregierung.de, 30.05.2015, URL : https://www.bundesregierung.de/breg-de/service/bulletin/rede-von-bundeskanzlerin-dr-angela-merkel-789312, 2015.
68. Cf. Françoise Nicolas, « France and China's Belt and Road Initiative », Commentary in ISPI, Dossier « EU-China Relations. Challenges and Opportunities », Institut français des Relations Internationales (IFRI), URL : https://www.ifri.org/en/publications/publications-ifri/articlesifri/france-and-chinas-belt-and-road-initiative, 2019.

car près de trois quarts des pays au monde ont conclu un protocole d'accord (MoU)[69]. Un groupe de travail du Sénat français, qui s'est penché en détail sur les implications de l'initiative des Routes de la Soie, est arrivé à la conclusion que le multilatéralisme auquel la Chine prétend aspirer n'est guère dans l'intérêt de la République populaire. Les dirigeants chinois seraient bien au contraire attirés par un « bilatéralisme de masse » qui leur permettrait de mieux imposer leurs objectifs qu'ils ne pourraient le faire au sein d'un système multilatéral[70].

En réponse à l'expansion géopolitique de la Chine, l'Allemagne et la France participent désormais à deux initiatives communautaires occidentales – un moyen de contrer Pékin et d'asseoir une influence géopolitique grâce à de vastes programmes d'infrastructures notamment dans les pays en voie de développement. Elles soutiennent ainsi la stratégie de connectivité présentée par la Commission européenne fin 2021. Baptisé « Global Gateway », ce projet prévoit d'investir 300 milliards d'euros dans des projets d'infrastructures dans les pays émergents d'ici 2027. L'UE souligne le caractère durable de ses investissements : il s'agit pour elle de protéger l'environnement et de garantir la durabilité financière, et les pays participants doivent bénéficier de conditions de concurrence équitables[71]. D'autre part, l'Allemagne et la France participent à un projet du président américain Joe Biden : au printemps 2021, ce dernier avait proposé pour la première fois une initiative internationale en matière d'infrastructures – connu sous le nom de « Build Back Better World » (B3W) et qu'il développe un an plus tard lors du sommet du G7. Les chefs d'État et de gouvernement présents se mettent d'accord sur le « Partnership for Global Infrastructure and Investment (PGII) ». D'ici 2027, l'Allemagne, la France, l'Italie, le Japon, le Canada, le Royaume-Uni et les États-Unis prévoient d'allouer 600 milliards de dollars de fonds publics et privés à l'infrastructure mondiale[72].

Conclusion

Les développements de ces dernières années montrent que les gouvernements français et allemand se sont réveillés de leur « Rêve chinois ». Ils ont pris conscience que la Chine n'est plus seulement « l'atelier du monde » qui met à disposition son gigantesque marché. Ils ont appris, parfois douloureusement, que la Chine, sous la direction de Xi Jinping, a adopté une politique économique qui sert avant tout les intérêts chinois et qui ne se limite pas aux frontières nationales. La Chine a développé une ambition de puissance mondiale et est désormais si influente sur le plan économique

69. Cf. Lisa Flatten, Sandra Zwick, « Welche Länder sind Teil der neuen Seidenstraße ? ». Publié sous : GTAI.de, 17.03.2022, URL : https://www.gtai.de/de/trade/china/specials/welche-laender-sind-teil-der-neuen-seidenstrasse–624812, 2022.
70. Cf. Pascal Allizard, Gisèle Jourda, Édoaurd Courtial, Jean-Noël Guérini, « Rapport d'information au nom de la commission des affaires étrangères, de la défense et des forces armées par le groupe de travail sur les nouvelles routes de la soie ». Sénat, Session Ordinaire de 2017-2018, No. 520, URL : http://www.senat.fr/rap/r17-520/r17-5201.pdf, p. 105, 2018.
71. Cf. Lisa Flatten, Sebastian Holz, « Europas Konnektivitätsstrategie heißt Global Gateway – Was verbirgt sich hinter Global Gateway ? ». Publié sous : GTAI.de, URL : https://www.gtai.de/de/trade/eu/specials/europas-konnektivitaetsstrategie-heisst-global-gateway-599692, 2022.
72. Cf. US-Botschaft, « G7-Staaten planen Partnerschaft für globale Infrastruktur ». Publié sous : USembassy.gov, 13.07.2022, URL: https://de.usembassy.gov/de/g7-demokratien-planen-infrastruktur-partnerschaft/#:~:text=Im%20Rahmen%20dieser%20Partnerschaft%20wollen,Dollar%20f%C3%BCr%20die%20Infrastruktur%20bereitstellen, 2022 ; Lisa Flatten, « G7 startet Partnerschaft für globale Infrastruktur ». Publié sous : GTAI.de, 27.06.2022, URL : https://www.gtai.de/de/trade/welt/specials/g7-startet-partnerschaft-fuer-globale-infrastruktur-860400, 2022.

et politique qu'elle dispose des moyens nécessaires pour atteindre cet objectif. Ainsi, le ton se durcit du côté allemand et français où l'on met aussi davantage l'accent sur le respect des valeurs occidentales. L'expansion géopolitique de la Chine, la création de dépendances par des projets tels que ceux de la Route de la Soie, l'influence politique qui en découle : Paris et Berlin ont enfin su prendre conscience que ces réalités pouvaient devenir un problème pour leurs propres intérêts fondamentaux. Sur le plan économique, on insiste sur un meilleur équilibre et les investissements chinois en Allemagne et en France sont regardés d'un œil plus critique.

Ce sont cependant surtout les relations économiques qui empêchent jusqu'à présent les deux pays de tracer une ligne rouge. Même si la France, contrairement à l'Allemagne, a depuis longtemps diversifié ses partenariats, tous deux sont encore profondément empêtrés dans leur dépendance à la Chine. Elles n'agissent donc pas de manière cohérente, mais se laissent toujours entraîner dans de nouvelles coopérations économiques – ou n'insistent pas assez sur le respect de leurs propres intérêts. Il y aura certainement une évolution des positions française et allemande, à la suite d'événements majeurs. D'une part, si la guerre en Ukraine s'intensifie, la pression sur la Chine pour qu'elle prenne position devrait augmenter. Des sanctions seraient en tout cas à prévoir si le gouvernement chinois s'en prenait à Taïwan, un objectif qui fait partie du « Rêve chinois ». De plus, la posture de l'Allemagne et de la France dépendra également du comportement du président américain réélu Donald Trump sur la scène politique mondiale. Finalement, à l'avenir, il s'agira de savoir dans quelle mesure l'Allemagne et la France subordonneront leurs propres intérêts à ceux de l'Europe. Les deux pays soulignent l'importance d'une stratégie européenne, mais sont prêts à s'engager dans des coopérations bilatérales avec la Chine. La récente visite de Xi Jinping en Europe, en mai 2024, l'a démontré : avec des visites en France, en Serbie et en Hongrie, la République populaire persiste dans sa stratégie de la division. Malgré les critiques modérées d'Olaf Scholz et d'Emmanuel Macron, il semble que ce soit surtout la présidente de la Commission européenne, en la personne d'Ursula von der Leyen, qui adopte une position clairement sceptique vis-à-vis de la Chine.

Gisela Müller-
Brandeck-Bocquet*

Les relations de l'Union européenne avec l'Inde : des lendemains qui chantent ?

Introduction

L'Union européenne (UE) et l'Inde entretiennent depuis longtemps des relations étroites qui à maintes reprises ont été réévaluées. Pourtant, pour de multiples raisons, le potentiel de cette coopération bilatérale n'a jamais pu s'épanouir pleinement. À l'heure actuelle, l'Inde compte parmi les puissances émergentes (*emerging powers)* de premier rang et revendique d'agir comme leader du Sud global. Malgré la nette détérioration de l'ordre démocratique interne depuis l'arrivée au pouvoir de Narendra Modi, chef de file de la Bharatiya Janata Party (BJP) qui poursuit une « hindouisation » forcée du pays, et malgré le fait que l'Inde mène une politique extérieure dite d' » alignement multiple » (*multi alignment*), l'UE a tout intérêt de s'investir pleinement dans ses relations avec le géant sud-asiatique si elle veut poursuivre et réussir son tournant géopolitique tant de fois annoncé, mais toujours incertain et inachevé.

Dans ce qui suit, un bref résumé des relations UE-Inde essaiera de donner des explications pourquoi elles n'ont, à ce jour, obtenu que des résultats plutôt maigres. Ensuite, les positionnements complexes que l'Inde de Narendra Modi occupe sur la scène internationale seront présentés ; à l'exemple du format des BRICS, il sera argumenté que la politique de l'alignement multiple permet à l'Inde de jouer son rôle de leader du Sud global ce qui implique parfois l'adoption de postures post- ou même anti-occidentales. En même temps, pour pouvoir endiguer tant soit peu son grand et influent rival, la Chine, l'Inde cherche à maintenir des relations étroites avec l'Ouest, avec les États-Unis surtout, mais aussi avec l'UE et individuellement avec certains États-membres de celle-ci. Cette constellation présente pour l'UE et sa nouvelle commission l'opportunité d'approfondir, d'actualiser et de pragmatiser d'avantage ses relations avec l'Inde, non seulement afin de fortifier la souveraineté européenne et le poids géopolitique de l'UE, mais aussi pour tenter d'arrimer le plus solidement possible New Delhi au camp occidental pour le fortifier dans ces temps d'un ordre mondial en fort changement.

* Professeure émérite en sciences politiques à l'université de Würzburg, Allemagne. Elle a enseigné la recherche européenne et les relations internationales.

Résultats insatisfaisants du partenariat stratégique UE-Inde

L'Inde et l'ancienne Communauté économique européenne (CEE) ont noué les premiers liens de coopération en 1963 déjà. À travers les décennies, les relations entre ces « partenaires naturels[1] » ont été successivement élargies et revalorisées, en l'an 2000 notamment, date à laquelle des sommets UE-Inde furent introduits, et en 2004 avec la finalisation d'un partenariat stratégique entre les New Delhi et Bruxelles. Avec le recours à cet instrument de sa politique extérieure – très en vogue à l'époque[2] – Bruxelles reconnaissait l'importance croissante de l'Inde au niveau international : en effet, les réformes profondes – aussi bien politiques qu'économiques – que New Delhi avait entamées au début des années 1990, ont propulsé le pays parmi les *emerging powers* les plus prometteurs[3].

Dans ce partenariat stratégique, les deux côtés s'engageaient à promouvoir un ordre mondial fondé sur le multilatéralisme, l'État de droit et le respect des droits de l'homme. Ainsi, les documents fondateurs du partenariat stratégique stipulent :

> « L'Inde et l'UE, qui représentent les plus grandes démocraties du monde, réaffirment que leur partenariat repose sur le fondement solide de valeurs et de convictions communes. Notre engagement commun en faveur de la démocratie, du pluralisme et de l'État de droit, ainsi que du multilatéralisme dans les relations internationales, est un facteur de stabilité et de paix dans le monde. Nous reconnaissons que notre partenariat a évolué au fil des ans, passant d'une coopération économique et de développement à des dimensions politiques et stratégiques plus importantes, et qu'il convient de le renforcer par un dialogue plus intensif[4]. »

L'adoption d'un plan commun d'actions (*Joint Action Plan*) en 2005 peut être considérée comme le résultat le plus palpable du partenariat. Ce plan rappelle que « L'Inde et l'UE, qui sont les plus grandes démocraties du monde, partagent des valeurs et des convictions communes qui en font des partenaires naturels ainsi que des facteurs de stabilité dans l'ordre mondial actuel[5] ». Le plan commun d'action décrit ensuite de façon très détaillée les cinq domaines de la coopération renforcée : « Renforcer les mécanismes de dialogue et de consultation ; Approfondir le dialogue politiques et la coopération ; Rapprocher les peuples et les cultures ; Approfondir le dialogue

1. Christian Wagner, « The EU and India. A deepening partnership », in *Chaillot Papers* No. 109/2008, p. 88.
2. Gisela Müller-Brandeck-Bocquet/Carolin Rüger, *Die Außenpolitik der EU,* Berlin, Boston (De Gruyter) 2015, p. 342ff.
3. Pour les réformes fondamentales de l'économie indienne à partir de 1991, voir Philipp Gieg, *India's Africa Policy. Challenges of a Millenia-Old Relationship*, Singapore (Palgrave Macmillan), 2023, p. 51 ff.
4. « India and the EU representing the largest democracies in the world reiterate that their partnership is based on the sound foundation of shared values and beliefs. Our common commitment to democracy, pluralism and rule of law and to multilateralism in international relations, is a factor for global stability and peace. We recognise that our partnership has evolved over the years from economic and development cooperation, to acquire higher political and strategic dimensions, and that this should be further strengthened through more intensive dialogue », Council of the European Union, *Fifth India-EU Summit*, The Hague, 8 November 2004. Joint Press Statement. Brussels, liens : https://www.consilium.europa.eu/uedocs/cms_data/docs/pressdata/en/er/82635.pdf (consulté le 9 janvier 2025).
5. « India and the EU, as the largest democracies in the world, share common values and beliefs that make them natural partners as well as factors of stability in the present world order. » Council of the European Union, *The India-EU Strategic Partnership: Joint Action Plan*. Brussels 2005, liens https://www.europarl.europa.eu/cmsdata/122865/86130.pdf (consulté le 9 janvier 2025).

et la coopération en matière de politique économique ; Développer le commerce et l'investissement[6] ».

Puisque le plan commun d'actions accordait une importance particulière à la coopération économique, Bruxelles et New Delhi lançaient, en 2007, des négociations pour un accord commun concernant le libre-échange et les investissements (*EU-India Bilateral Trade and Investment Agreement, BTIA*). Le traité devrait faciliter et dynamiser le commerce entre l'Inde et l'UE, en très forte augmentation à l'époque. Mais après de longs et laborieux pourparlers, le processus fût interrompu en 2013 à cause de multiples désaccords dans des questions cruciales, telles que les standards sociaux et environnementaux ambitieux que l'Europe cherchait à imposer ; New Delhi s'y opposait et réclamait de pouvoir prendre, surtout pour son secteur agricole, des mesures protectionnistes ce qui en revanche était inacceptable pour Bruxelles[7].

L'échec temporaire du BTIA symbolisait l'incompatibilité des intérêts et attentes européens et indiens dans de nombreux autres domaines aussi. C'est pour cette raison que Christophe Jaffrelot fustigeait déjà en 2006 le partenariat comme une « charade[8] » ; d'autres spécialistes plaignent surtout le potentiel inexploité des relations indo-européennes et analysent dans différents champs de coopération les raisons profondes de ce résultat décevant[9]. Il s'est donc avéré au fil du temps que la « *like-mindedness* », c'est-à-dire le partage d'idées et de valeurs communes entre les deux plus grandes démocraties du monde, tant de fois invoqué, ne suffisait pas pour faire fructifier pleinement un partenariat entre deux partenaires affichant des niveaux de richesse et de développement très inégaux.

L'Inde – un partenaire de plus en plus détaché et incertain

L'Inde est sans aucun doute une des puissances majeures, un des leaders du Sud global – le terme est venu remplacer, ces dernières années, les anciennes dénominations « Tiers Monde » et « pays en voie de développement ». De nos jours, le Sud global articule de façon de plus en plus audible et forte ses aspirations légitimes à un ordre mondial plus juste, plus équitable, plus multipolaire et moins dominé par les valeurs, règles, institutions et intérêts occidentaux. L'Inde, de par la taille de sa population et de son économie, mais aussi de par sa traditionnelle politique du non-alignement, revendique depuis longtemps le statut d'un leader du Sud global, un rôle qu'elle doit pourtant partager avec d'autres *emerging powers*, surtout avec la Chine.

Depuis l'arrivée au pouvoir de Narendra Modi et de sa BJP en 2014, la volonté de New Delhi de voir son rang international revalorisé et son influence augmentée est articulée haut et fort. Afin de réaliser ses ambitions, l'Inde a adopté dans sa politique extérieure la nouvelle doctrine d'un alignement multiple qui a supplanté le

6. « Strengthening dialogue and consultation mechanisms; Deepening political dialogue and cooperation; Bringing together People and Cultures; Enhancing Economic Policy Dialogue and Cooperation; Developing Trade and Investment ». Council of the European Union, *The India-EU Strategic Partnership: Joint Action Plan*. Brussels 2005, liens https://www.europarl.europa.eu/cmsdata/122865/86130.pdf (consulté le 9 janvier 2025).
7. Nicolas Köhler-Suzuki, « Determinants and Impediments of the EU-India Bilateral Trade and Investment Agreement: The Proof of This Old Pudding Is in the Eating », in P. Gieg *et al.* (éd.), *EU-India Relations: The Strategic Partnership in the Light of the European Union Global Strategy*, Cham (Springer) 2021, p. 151-184.
8. Christophe Jaffrelot, *Indian and the European Union: The Charade of a Strategic Partnership*, Paris (CERI – Sciences Po). 2006.
9. Voir les différentes contributions in P. Gieg *et al.* (éd.), *EU-India Relations : The Strategic Partnership in the Light of the European Union Global Strategy*, Cham (Springer) 2021.

vieux dogme du non-alignement et qui est censé de permettre à New Delhi de créer de fortes et profitables relations avec différents pays de différentes régions du monde, avec le Nord global tout autant qu'avec le Sud global. Ainsi, New Delhi aspire à construire de multiples situations « gagnant – gagnant » qui permettront au pays de jouer un rôle central sur la scène internationale, afin de garantir sa souveraineté et sa sécurité[10]. Puisque aussi bien les États-Unis que l'Europe courtisent l'Inde pour en faire un partenaire de leurs tentatives de créer un contrepoids face à la Chine, New Delhi se trouve actuellement dans la position fort confortable de pouvoir mener sa politique de l'alignement multiple avec grand succès.

Pourtant, cette nouvelle politique extérieure et son rôle d'un leader du Sud global emmènent l'Inde de plus en plus fréquemment à défendre des positions anti- ou au moins post-occidentales. Ainsi, New Delhi s'est abstenu à tous les votes de l'Assemblée générale des Nations Unies condamnant la Russie pour ses agressions guerrières contra l'Ukraine. L'Inde, semble-t-il, se joint à l'opinion de la plupart des pays du Sud global pour qui le véritable problème déclenché par cette guerre n'est pas l'agression russe, mais les sanctions des pays occidentaux qui ont, c'est vrai, provoqué une augmentation signifiante des prix des denrées alimentaires et de l'énergie ce qui frappe le plus les pays du Sud global[11]. Le ministre indien des Affaires étrangères, Subrahmanyam Jaishankar, a expliqué en juin 2022 cette réaction du Sud global avec une phrase devenue célèbre entre-temps :

> « L'Europe doit renoncer à l'idée que les problèmes de l'Europe sont les problèmes du monde, mais que les problèmes du monde ne sont pas les problèmes de l'Europe[12]. »

Si les abstentions indiennes à l'Assemblée générale de l'ONU peuvent déjà être interprétées comme un certain désaveu de la norme du non-recours à la force de la Charte de l'ONU, d'autres positionnements de l'Inde de Narendra Modi sont encore plus ouvertement anti-occidentaux. Ceci arrive surtout dans le cadre des BRICS, format créé par le Brésil, la Russie, l'Inde et la China en 2009 et rejoint par l'Afrique du Sud en 2010 pour contrer la dominance occidentale surtout dans le système financier international ; ainsi, en 2014, la New Development Bank (NDB), basée à Shanghai, a été créée pour financer des projets de développement des pays membres, sans émettre des conditions (*no strings attached*), ce qui par contre est la règle dans les institutions financières traditionnelles comme le Fonds Monétaire International ou la Banque Mondiale[13].

Si l'impact du format BRICS est fréquemment mis en question, il ne reste pas moins que leurs sommets annuels peuvent être interprétés comme la haute messe du Sud global. Les deux derniers de ces rencontres, rassemblant les chefs d'État et de gouvernement des pays membres, ont révélé que l'Inde s'y trouve dans un contexte

10. Philipp Gieg/Gisela Müller-Brandeck-Bocquet, « Navigating Norms and Pragmatism in EU-India Relations. Multilateralism, Connectivity and the Future of the Strategic Partnership », in M. Jopp/J. Pollak (éd.), *The European Union's Geopolitics. The lackluster world power*, Cham, (Springer) à paraître début 2025.
11. Alain Frachon, « L'Ukraine et la passivité du Sud global », in *Le Monde* du 5 mai 2023.
12. « Europe has to grow out of the mindset that Europe's problems are the world's problems but the world's problems are not Europe's problems. » Jaishankar, Subrahmanyam, *Contribution au débat lors du forum GLOBSEC 2022 Bratislava,* Bratislava (3 juin 2022).
13. Ces conditions peuvent exiger le respect des droits de l'homme et de l'État de droit, mais aussi des réformes économiques et sociales de la part des pays récipients ; les BRICS et le Sud global sont extrêmement hostiles à ce conditionnement qui est décrié comme ingérence néocolonialiste dans leurs affaires intérieures.

ouvertement anti-occidental. Ainsi, le sommet de 2023, qui a eu lieu à Johannesburg en Afrique du Sud, a décidé l'élargissement des BRICS ; par conséquent, l'Égypte, l'Éthiopie, l'Iran et les Émirats arabes unis ont rejoint le club en début 2024, qui se nomme dorénavant BRICS+[14]. Cet élargissement a nettement augmenté le poids international du club, mais surtout sensiblement détérioré encore son bilan en matière de *good governance*, l'État de droit, de démocratie et des droits de l'homme et surtout de la femme. L'Inde ainsi que le Brésil et l'Afrique du Sud se sont longtemps opposés à cet élargissement, mais ne pouvaient pas imposer leur volonté face à la Russie et surtout à la Chine, qui toutes les deux bataillaient fortement pour cette démarche et qui finalement ont obtenu gain de cause.

Le sommet d'octobre 2024, tenu à Kazan en Russie, a plus encore révélé l'orientation anti-occidental des BRICS+ : malgré le mandat d'arrêt de la Cour Pénale Internationale contre le Président russe[15], tous les BRICS+-Membres ont fait le voyage en Russie, ainsi que les représentants d'une vingtaine d'autres pays qui aspirent à rejoindre le club, comme la Turquie, la Thaïlande, la Malaisie, Cuba et 26 autres candidats. Qu'Ankara souhaite rejoindre les BRICS+ est hautement perturbant pour un pays membre de l'OTAN et candidat à l'UE. Mais le président turc Erdogan semble vouloir imiter la doctrine indienne de l'alignement multiple[16] et prend les BRICS+ apparemment comme un complément et non pas comme une alternative aux liens avec l'Occident[17].

Le sommet de Kazan fut sans aucun doute un succès pour Vladimir Poutine, son hôte, puisqu'il pouvait, entouré des 24 dirigeants étrangers, « prouver que son pays, loin d'être un paria depuis son invasion de l'Ukraine, fait partie d'un groupe d'États puissants, capables de contrer l'hégémonie occidentale[18] ». Tandis que la Russie et la Chine, à Kazan aussi, poussaient les BRICS+ vers un nouvel élargissement et, ce qui plus est, poursuivaient avec force le projet de créer une monnaie commune, d'autres, surtout l'Inde, le Brésil et l'Afrique du Sud, démocraties au moins hybrides et entretenant les liens étroits avec l'Europe et les États-Unis, ont fait échouer cette fois-ci ces deux tentatives[19]. Narendra Modi semble vouloir marquer une certaine distance envers la Russie après sa visite à Moscou en août 2024, durant laquelle Poutine l'a accueilli en tant qu'« ami le plus cher[20] ». Ainsi, à Kazan, il tenait à souligner que les BRICS ne représentent pas une alliance « anti-occidentale », mais simplement « non-occidentale[21] ». Vladimir Poutine a repris cette description des BRICS+ à Kazan, pour accommoder certains des nouveaux membres et surtout les éventuels futurs partenaires[22].

14. Initialement, l'Argentine et l'Arabie Saoudite ont aussi été admis au BRICS. Mais en décembre 2023, le nouveau président argentin, Javier Milei, a annulé la participation de son pays, et Riad n'a pas, à ce jour, officialisé son adhérence.
15. À cet égard, la venue à Kazan du Secrétaire Général de l'ONU, António Guterres, est particulièrement choquante.
16. Jens Bastian, « Sonderling im Bündnis. NATO-Mitglied und dennoch Teil der BRICS ? », in *IPG* du 14 octobre 2024.
17. Silke Bigalke, « Wie Putin sich die Welt erträumt », in *Süddeutsche Zeitung* du 25 octobre 2024.
18. Marie Jégo, « Hôte des BRICS, Poutine met en scène son non-isolement », in *Le Monde* du 22 octobre 2024.
19. Déjà à Johannesburg, en 2023, le projet de créer une monnaie commune, appelée le R 5, avait été discuté – R5 comme Real, Rubel, Rupi, Renminbi et Rand, monnaies nationales des BRICS.
20. Sophie Landrin, « À Kiev, l'Indien Narendra Modi veut redorer son image », in *Le Monde* du 25/26 août 2024.
21. Silke Bigalke, « Wie es ihm gefällt », in *Süddeutsche Zeitung* du 24 octobre 2024.
22. Alexandra Sitenko, « Koalition der Mittelmächte », in *IPG* du 25 octobre 2024.

Si ce sommet de Kazan n'a donc pas abouti à des résultats concrets, il a, une fois de plus, démontré l'aspiration bien réelle du Sud global et des BRICS comme son fer de lance, de construire un ordre mondial nouveau, plus juste et surtout plus multipolaire. Le terme « multipolaire », très à la mode dans le Sud global et évoqué maintes fois à Kazan aussi, ne doit pourtant pas cacher une vérité amère : avec l'avancement des BRICS, fait remarquer le politiste Oliver Stünkel, le monde ne devient pas plus multipolaire, mais plutôt plus bipolaire[23].

À tous ces engagements post-, anti- ou non-occidentaux de l'Inde s'ajoute une très nette détérioration de l'ordre démocratique depuis l'arrivée au pouvoir de Narendra Modi ; son projet d'hindouisation du pays implique des entraves très sérieuses aux droits des minorités religieuses, surtout des musulmans. Déjà en 2021, le V-Dem Institute parlait à l'égard de l'Inde d'une « autocratie élective », et la politiste et journaliste Anne Applebaum appelle, dans son dernier livre, l'Inde « une autocratie soft », une démocratie « non libérale » ou « hybride[24] ». Dans un ouvrage important sur l'aspiration profonde de l'Inde à être mondialement reconnue comme une grande puissance, Timo Lowinger parle même d'une note « fascistoïde » dans la politique indienne actuelle[25]. La question se pose enfin si l'Inde de Narendra Modi est toujours la plus grande démocratie du monde. L'UE est donc bien avisée de porter un regard critique et sobre sur ce partenaire de longue date, et d'interroger ce que « like-mindedness « et « partenaire naturel » peuvent signifier à l'heure actuelle.

Le tournant géopolitique de l'Union européenne

Poussée par les changements majeurs de l'environnement international intervenus depuis 2016/2017 (référendum décidant le Brexit en Angleterre, élection de Donald Trump aux États-Unis, affirmation d'un cours autocratique dans plusieurs pays tels que la Chine, la Russie, la Turquie et l'Inde, etc.), l'UE a récemment entamé un tournant géopolitique. Sans doute, le fameux discours de la Sorbonne du jeune président Emmanuel Macron sur la souveraineté européenne du 26 septembre 2017 a beaucoup inspiré ce tournant[26]. Pendant les mois suivant ce discours programmatique, la nécessité pour l'Europe d'affirmer son indépendance, sa résilience et son rôle international s'imposait rapidement à bon nombre de responsables européens. Ainsi, depuis que la présidente de la Commission européenne, Ursula von der Leyen, avait promis, en septembre 2019, de vouloir diriger une « commission géopolitique », de très nombreuses mesures ont été prises pour construire cette souveraineté européenne, appelée des fois aussi « souveraineté stratégique » de l'Europe ou – suivant une expression chère à Jean-Claude Juncker – la « Weltpolitikfähigkeit » de l'Europe (capacité de l'Europe de mener une politique internationale audible et influente)[27].

23. Oliver Stünkel cité par Paul Munzinger/Lea Sahay, « Agenda Nummer eins: Neue Weltordnung », in *Süddeutsche Zeitung* du 21 août 2023.
24. Anne Applebaum, *Die Achse der Autokraten*, München (Siedler Verlag) 2024, p. 10, 117.
25. Timo Lowinger, *Status und globale Anerkennung. Indien und der Globale Süden in der Weltpolitik*, à paraître en 2025.
26. Emmanuel Macron, *Une initiative pour l'Europe. Pour une Europe souveraine, unie, démocratique*, liens : https://www.elysee.fr/emmanuel-macron/2017/09/26/initiative-pour-l-europe-discours-d-emmanuelmacron-pour-une-europe-souveraine-unie-democratique (consulté le 9 janvier 2025).
27. Gisela Müller-Brandeck-Bocquet, « Europäische Souveränität: Zauberwort oder belastbares Leitbild für die Europäische Union? Die deutsche Sicht », in T. Maissen/ N. F. May/ R. Maria Kiesow (éd.), *Souveränität im* Wandel. *Frankreich und Deutschland.* 14.-21. *Jahrhundert*, Göttingen (Wallenstein) 2023, p. 420-443 ;

Hors du domaine de la sécurité et de la défense qui ne sera pas traité ici[28], ce tournant géopolitique se traduit en premier lieu par le pacte Vert (*Green Deal)* de la commission von der Leyen, qui rendra l'UE plus résiliente et indépendante en matière énergétique, et qui devrait, en même temps, promouvoir des progrès technologiques des entreprises européennes. L'introduction d'une taxe carbone aux frontières (*Carbon Border Ajustment Mechanism, CBAM*), partiellement entrée en vigueur fin 2023, devrait empêcher que l'industrie européenne soit punie par l'ambition climatique de l'UE.

Parmi les mesures qui devraient affermir la « souveraineté stratégique européenne » dans le domaine économique comptent par exemple une flexibilisation des réglementations concernant la libre concurrence, les débuts d'une politique industrielle européenne et des nouveaux instruments permettant de protéger les entreprises européennes de la concurrence déloyale ; ces derniers instruments s'appliquent depuis novembre 2024 aux voitures électriques venues de Chine, soupçonnées de profiter de subventions déloyales. La protection des intérêts européens est aussi au centre du règlement sur les marchés numériques (*Digital Markets Act)* et du règlement sur les services numériques *(Digital Services Act)*, tous les deux entrés en vigueur en 2022. Le règlement sur les puces *(Chips Act)* de 2023 aspire à faire monter la part européenne de la production mondiale de semi-conducteurs d'actuellement 10 % à 20 % en 2030.

Quelques-uns des projets dans le domaine des semi-conducteurs ont pu être réalisés comme l'ouverture d'une entreprise de production à Crolles près de Grenoble fin 2022 ; d'autres projets sont près de la réalisation, comme c'est le cas pour deux lieux de production de semi-conducteurs à Dresde. Mais il y a aussi des échecs : un gigantesque projet de productions de puces près de Saarlouis vient d'échouer, un autre, à Magdeburg, a été reporté[29]. Et en matière de production de batteries électriques, la « dégringolade » du géant suédois Northvolt, en automne 2024, est devenue le « symbole du décrochage de l'UE[30] ».

Dans son « Agenda stratégique 2024-2029 », le Conseil européen du 27 juin 2024 a identifié trois priorités : la défense de la démocratie tout d'abord, le renforcement de la sécurité et défense ensuite et enfin la compétitivité européenne. Dans les « Orientations Politiques pour la prochaine Commission européenne 2024-2029 », présentées au Parlement de Strasbourg le 18 juillet 2024, Ursula von der Leyen, alors encore candidate à sa propre succession, a retenu des objectives similaires : en premier lieu, elle place « un nouveau plan pour une prospérité et une compétitivité durable de l'Europe « qui est étroitement lié au pacte vert et à la décarbonation. Von der Leyen propose que le « pacte pour une industrie propre » soit subventionné par un « nouveau Fonds européen pour la compétitivité[31] ».

Gisela Müller-Brandeck-Bocquet, *Germany and the European Union. How Angela Merkel Shaped Europe*, Cham (Springer) 2023, p. 112ff.

28. Voir par exemple Gisela Müller-Brandeck-Bocquet, « Deutsche Prioritäten für Europas Außen-, Sicherheits- und Verteidigungspolitik im Zeichen der Zeitenwende », in M. Jopp/ F. Tekin (éd.), *Deutsche Europapolitik. Handbuch für Wissenschaft und Praxis*, Baden-Baden (Nomos Verlag) 2024, p. 420-426.
29. Tobias Bug/ Caspar Busse, « Milliarden, die keiner haben will », in *Süddeutsche Zeitung* du 24 octobre 2024.
30. Anne-Françoise Hivert, « Northvolt, symbole du décrochage de l'UE », in *Le Monde* du 5 novembre 2024.
31. Les « Orientations Politiques » nomment comme autres priorités : La construction d'une « véritable Union européenne de la défense », la « protection de la démocratie » qui sera soutenue par un « bouclier européen de la démocratie » et une action « équitable et ferme en matière de migration », voir Ursula von der Leyen, *Orientations Politiques pour la prochaine Commission européenne 2024-2029*, Strasbourg, 18 juillet 2024.

Depuis la présentation de ces agendas politiques, le sujet de la compétitivité de l'Europe a pris une importance de premier ordre. Le rapport « The future of the European competitiveness » soumis par Mario Draghi, ancien président de la BCE et ancien président du conseil italien, en septembre 2024, a tiré le signal d'alarme à cet égard. Le rapport nomme trois axes d'actions absolument nécessaires afin d'obtenir une croissance durable : 1) Innover et combler le retard technologique, 2) Avoir un plan commun pour la décarbonation et la compétitivité, 3) Renforcer la sécurité et réduire les dépendances. Mario Draghi exhorte les dirigeants européens à agir de toute urgence. Il propose de nombreuses mesures concrètes et chiffre le besoin annuel d'investissement à 800 milliards d'euros[32].

Face à une économie européenne s'enfonçant de plus en plus profondément dans une récession, la présidente de la BCE, Christine Lagarde, a, elle aussi, déploré le décrochage de l'Europe et appelé à des actions fortes et unies[33]. Lors du sommet informel à Budapest, le 7 au 8 Novembre 2024, le Conseil européen a affirmé d'avoir « bien entendu le signal d'alarme lancé » et que « le maintien du statu quo n'est plus une option ». Dans la « Déclaration de Budapest sur le nouveau pacte pour la compétitivité européenne », le Conseil européen se dit déterminé « à assurer notre prospérité économique commune et à renforcer notre compétitivité, en faisant de l'UE le premier continent neutre pour le climat au monde et en assurant la souveraineté de l'UE ainsi que sa sécurité, sa résilience et son influence à l'échelle mondiale. » Il propose 12 mesures « décisives » sans pour autant concrétiser le « financement adapté à l'avenir[34] ».

L'UE, semble-t-il, a enfin vraiment entendu le signal d'alarme et se prépare à lever le défi de la compétitivité, décision d'autant plus nécessaire que Donald Trump va revenir à la Maison-Blanche en janvier 2025. Aux Européens, il faudra donc continuer et parachever leurs tournant géopolitique – et c'est dans cette démarche que l'Inde (re)vient en jeu.

L'Inde – partenaire indispensable pour réussir le tournant géopolitique de l'UE

Vu les résultats décevants du partenariat stratégique Inde-UE, exposés plus haut, New Delhi aussi bien que Bruxelles s'efforcent, depuis les dernières années, de revigorer les relations bilatérales. Ainsi, durant un sommet virtuel effectué en juillet 2020, un « *Roadmap to 2025* » a été adopté à cette fin. Ce document met au centre de la coopération la sécurité, le changement climatique et les énergies vertes. Les négociations pour le BTIA ont également été reprises. En 2022, un « *EU-India Trade and Technology Council* » a été créé afin de faire avancer le BTIA.

À ces efforts de réanimation de structures déjà existantes s'ajoute toute une série d'initiatives originelles, nouvelles et prometteuses qui traduisent du côté européen la nouvelle approche d'un « pragmatisme fondé sur des principes » (*principled pragmatism*) adoptée par l'UE avec sa « Grande Stratégie pour la politique extérieure » en

32. European Commission, *The future of European competitiveness* – A competitiveness strategy for Europe, Brussels, septembre 2024, p. 2-3.
33. Éric Albert, Philippe Escande, Béatrice Madeline, entretient avec Christine Lagarde, « Le décrochage de l'Europe est une réalité », in *Le Monde* du 1/2 novembre 2024.
34. Conseil Européen/Conseil de l'Union européenne, *Déclaration de Budapest sur le nouveau pacte pour la* compétitivité *européenne*, 8 novembre 2024, liens : https://www.consilium.europa.eu/fr/press/press-releases/2024/11/08/the-budapest-declaration/ (consulté le 9 janvier 2025).

2016. Ce pragmatisme et les nouvelles initiatives qui en découlent correspondent bien aux attentes de l'Inde envers son partenaire européen[35]. Ceci est le cas pour le « *EU-India Connectivity Partnership »,* signé en 2021 qui pourrait être étendu vers d'autres régions. Le nouveau « *principled pragmatism* » de l'UE s'exprime en premier lieu dans la « *Global Gateway Initiative* », lancée en 2021 et qui présente la réponse européenne au projet chinois des nouvelles routes de la soie (*Road and Belt Initiative*).

D'autres projets prometteurs dépassent le cadre bilatéral : Le « *Partnership on Global Infrastructure and Investment* » (PGII) est une initiative du G7 d'Elmau en Bavière de 2022, qui s'adresse aussi à l'Inde. Enfin, le « *India-Middle East-Europe Economic Corridor* (IMEC) » a été décidé en septembre 2023 dans le cadre du G20 à New Delhi ; principalement poussé par l'UE et l'Inde, le IMEC inclut – au niveau d'États nationaux – l'Allemagne, la France, l'Italie, l'Arabie Saoudite, les Émirats arabes unis ainsi que les États-Unis d'Amérique. L'UE planifie actuellement de fondre son « *Global Gateway Initiative* » dans le cadre de l'IMEC afin de multiplier son impact[36].

D'autres projets de coopérations servent clairement les intérêts climatiques, de sécurité et industriels, tel que « l'Alliance Solaire » *(Internationale International Solar Alliance, ISA*), lancée avec un grand entrain par la France et l'Inde en 2015. La « Coopération maritime dans l'Océan Indien Occidental », poursuivie depuis plusieurs années déjà, peut enfin répondre aux besoins de sécurité de l'Inde, tandis que le « *EU-India memorandum of understanding on semi-conducteurs* », signé en 2023, correspond ouvertement aux nécessités industrielles des deux côtés s'ils veulent rattraper leur retard en ce domaine face à Taïwan, la Chine et les États-Unis.

Dans le contexte actuel de récession économique et de décrochage technologique de l'Europe, des pays comme notamment la France et l'Allemagne renforcent leur engagement avec l'Inde sur le niveau bilatéral aussi[37].

Surtout Berlin, inquiet du recul des exportations allemandes vers la Chine, veut s'assurer de nouveaux débouchés tout en cherchant de profiter de la dynamique indienne en termes d'innovation technologique et de démographie. Lors des consultations gouvernementales germano-indiennes, tenues fin octobre 2024 à New Delhi, une déclaration commune énumère clairement les futures priorités de la coopération dans les domaines de l'innovation technologique et de la transition énergétique, de la recherche scientifique pour les semi-conducteurs et pour les énergies renouvelables ; une grande importance est également attribuée à l'adaptation aux changements climatiques, notamment dans l'agriculture. Ce document parle d'un partenariat germano-indien « de plus en plus diversifié » qui s'aventure aussi vers la coopération militaire et de sécurité avec Berlin promettant d'accélérer les procédures d'exportation d'armes. Il comporte aussi un « Accord de migration et de mobilité » pour combler le besoin croissant de main-d'œuvre qualifiée de l'Allemagne[38].

35. Manasi Singh, « Multilateralism in a Changing Global Order: Prospects for India-EU Cooperation », in P. Gieg *et al.* (éd.), *EU-India Relations: The Strategic Partnership in the Light of the European Union Global Strategy,* Cham (Springer) 2021, p. 275-290.
36. Philipp Gieg/Gisela Müller-Brandeck-Bocquet, « Navigating Norms and Pragmatism in EU-India Relations. Multilateralism, Connectivity and the Future of the Strategic Partnership », in M. Jopp/J. Pollak (éd.), *The European Union's Geopolitics. The lackluster world power*, Cham, (Springer) à paraître début 2025.
37. Carole Dieterich, « L'essor des entreprises tricolores en Inde », in *Le Monde* du 30 octobre 2024.
38. David Pfeifer, « Glücklich trotz Regenwolken », in *Süddeutsche Zeitung* du 19 novembre 2024.

Les deux gouvernements s'entendent enfin pour soutenir fortement le Conseil Commerce et Technologie EU-Inde (EU-India Trade and Technology Council) qui devrait aider à conclure à court délai le futur traité de libre-échange entre l'Inde et l'UE (BTIA). Berlin et New Delhi promettent de coordonner leurs efforts pour promouvoir ce traité ainsi que d'autres initiatives (Initiative de connectivité, IMEC, Global Gateway) au niveau bilatéral, mais aussi européen[39].

L'Europe a besoin de l'Inde, mais l'Inde a aussi besoin de l'Europe

Il reste à espérer que les nouvelles offres européennes puissent convaincre l'Inde si ce n'est pas de choisir son camp mais au moins de renouveler et revigorer ses attaches avec l'Europe et les valeurs occidentales. Car la position confortable dans laquelle l'Inde se trouve actuellement grâce à sa politique d'alignements multiples, a, elle aussi, ses limites ; les relations trop amicales avec Vladimir Poutine, réprouvées par les pays occidentaux, ont sérieusement terni l'image de Narendra Modi et « mis en péril le jeu d'équilibriste joué par l'Inde[40] ». Face à la menace persistante chinoise, défi majeur pour New Delhi[41], et face à la perspective d'une deuxième administration Trump aux États-Unis, l'Inde a besoin d'un partenaire sincère et fiable. Bref : l'Inde a aussi besoin de l'Europe.

39. Auswärtiges Amt, *Gemeinsame Erklärung der siebten deutsch-indischen Regierungskonsultationen*, 25 octobre 2024, liens : https://www.auswaertiges-amt.de/de/newsroom/deutsch-indische-regierungskonsultationen/2681840 (consulté le 9 janvier 2025).

40. Sophie Landrin, « À Kiev, l'Indien Narendra Modi veut redorer son image », in *Le Monde* du 25/26 août 2024.

41. Une certaine détente entre la Chine et l'Inde regardant leur conflit transfrontalier dans l'Himalaya a pu être obtenue juste avant le BRICS+ sommet à Kazan. Voir David Pfeiier/Lea Sahay, « Charme-Offensive aus Peking », in *Süddeutsche Zeitung* du 18 novembre 2024. Mais ceci ne changera en rien la rivalité fondamentale entre les deux pays en ce qui concerne la question du leadership dans le Sud global.

La France, l'Allemagne et l'Union européenne à la recherche d'une nouvelle politique africaine

Messan Tossa*

Introduction

La nouvelle constellation géopolitique en Afrique subsaharienne réfute de plus en plus l'ordre politique basé sur des valeurs axiomatiques occidentales structurées autour de l'État de droit et du respect des droits humains. Historiquement, ces valeurs sous-tendent aussi le système international des États. Depuis la résurgence de scissions majeures entre l'Occident et la Russie à la suite de l'agression russe de l'Ukraine, l'ordre politique global axé sur l'hégémonie occidentale se trouve ébranlé par de nouvelles mutations dans la géopolitique mondiale et l'Afrique devient le centre d'enjeux géostratégiques majeurs. Or, la généalogie politique des pays d'Afrique subsaharienne dérive de la modernité occidentale avec un ancrage progressif des principes du respect de l'État de droit et des libertés. L'évolution des politiques intérieures africaines met en évidence une dynamique de transposition du modèle sociétal occidental sur des sociétés africaines, déjà confrontées aux multiples traumas du legs colonial.

Toutefois, les contingences de la globalisation, l'émergence de nouvelles puissances économiques et militaires avides d'expansion économique et géopolitique génèrent en Afrique subsaharienne une constellation de dynamiques en rupture avec la connivence historique entre l'Afrique et l'Occident. Cette connivence était perçue au fil des décennies comme une continuité historique logique des relations impériales, garantissant aux anciennes puissances coloniales, des zones d'influence économiques et géostratégiques sur le continent africain. Dans le Sud global en effet, la « haine de l'occident[1] » dérive et se nourrit principiellement d'asymétries générées par l'Occident avec des complicités internes, ruinant les équilibres économiques et politiques endogènes. Avec la globalisation et la forte imbrication des interdépendances commerciales, financières et politiques, les sociétés africaines se rendent plus aisément à l'évidence de leurs fragilités multiformes qui minent les processus de construction nationale. L'omniprésence de la France, de l'Allemagne et de l'Union européenne en Afrique subsaharienne par des relais diplomatiques, économiques, militaires et

* Docteur ès lettres, chargé d'études à la Direction de la bibliothèque et des archives nationales du Togo et enseignant honoraire au département d'allemand de l'Université de Lomé.

1. Voir Jean Ziegler, *La haine de l'Occident*, Paris (Albin Michel) 2008.

géostratégiques est perçue, à tort ou à raison, comme un des points saillants d'une anamnèse que les puissances émergentes comme la Chine, la Russie, la Turquie, l'Iran exploitent pour des percées géopolitiques sur le continent.

Ce propos essaie de recentrer, à la lumière d'une analyse géopolitique inspirée du modèle de Yves Lacoste, le rejet de l'Occident dans la constellation géopolitique actuelle en Afrique, avec en toile de fond, la résurgence de discours néo-panafricanistes aux relents idéalistes manifestes. En s'inspirant des catégories topographiques, stratégiques et des systèmes de représentation déployés par les différents acteurs, le présent article part de l'historiographie des relations afro-européennes pour scruter l'émergence de nouvelles dynamiques géopolitiques dans l'espace continental africain et ses implications pour la France, l'Allemagne et l'Union européenne.

Des origines d'une asymétrie relationnelle

Dès la première phase de la globalisation marquée par le commerce transatlantique, les relations afro-européennes ont très vite basculé dans un spectre d'asymétries confortant la vassalisation du continent noir. L'orientation asymétrique des relations afro-européennes fut articulée depuis les Lumières, dans une épistémologie colonialiste servant de base à la racialisation des espèces humaines. L'érudition européenne a généré des phénotypes destinés à objectiver puis à conforter le mythe de la supériorité de la race blanche et ainsi légitimer l'asservissement des races dites inférieures. Le déséquilibre des relations afro-européennes résulte de cette asymétrie factice générée par l'épistémologie européenne de l'Afrique. Cette projection de l'imaginaire européen sur l'Afrique se conforte au fil des siècles et participe de l'imaginaire européen qui régente la modernisation des savoirs sur l'Afrique. Cet imaginaire domine aussi l'idée européenne de l'Orient, selon Edward Said :

> Tout autant que l'Occident lui-même, l'Orient est une Idée qui a une histoire et une tradition de pensée, une imagerie et un vocabulaire qui lui ont donné réalité et présence en Occident et pour l'Occident. Les deux entités géographiques se soutiennent ainsi et, dans une certaine mesure, se reflètent l'une l'autre[2].

Articulée autour du mythe prométhéen de la maîtrise de l'Univers et enfermant l'altérité extra-européenne dans un rapport de prédation, la modernité européenne se cristallise dans une autoreprésentation hégémonique. L'herméneutique de cette modernité est porteuse d'une vision de domination et d'expansion vers des horizons lointains. Se profile dès lors dans les perceptions européennes de l'Afrique un savoir négateur vite formalisé par des récits de voyage des temps modernes. Nantie d'une connaissance déficitaire du continent, l'épistémologie européenne a répandu sur ses habitants des préjugés indélébiles qui ont fini par entrer dans l'imaginaire global. La fixation du Noir presque aux antipodes de l'humain servit de caution morale à toutes les dérives et à ancrer les relations afro-européennes dans une prédation scandaleuse. En dépit des mouvements abolitionnistes réfutant le fondement moral et religieux du commerce transatlantique, la vision européenne est restée sclérosée dans un complexe de supériorité du Blanc à l'égard de l'homme africain. Amouzou observe que « [...] l'idée de la colonisation ne repose pas sur un concept unique, mais sur un système de préjugés, de croyances et d'habitudes mentales liées à la conviction très profonde et à

2. Edward W. Saïd, *L'Orientalisme, L'Orient créé par l'Occident*, traduit de l'américain par Catherine Malamoud, Paris (Seuil) 1980, p. 15.

peu près unanimement partagée de l'évidente primauté de la civilisation européenne, en vérité la seule Civilisation par rapport à toutes les autres sociétés humaines[3] ».

L'autoreprésentation hégémonique de l'Europe a pour corollaire la vision d'une Afrique servile qui détermine invariablement la relation afro-européenne à toutes les stations de l'historiographie globale. Le rejet de l'autre dans la marge aboutit à son insidieuse chosification puis à son assujettissement. Ainsi, l'épistémologie européenne a introduit une culture de l'altérité empreinte de relations de pouvoir, aboutissant à la légitimation des rapports de domination. L'impérialisme intègre cette continuité hégémonique qui soumet les Noirs, à peine libérés du système esclavagiste, à une nouvelle forme de domination. Au nom du projet civilisationnel et missionnaire, les puissances européennes s'approprient arbitrairement de vastes zones géographiques sans aucune légitimation juridique. Cet épisode impérial a servi de paravent à la transposition de la vision européenne dans des sociétés du Sud avec des motivations matérialistes latentes. Après la conquête coloniale, les dispositifs économiques et stratégiques des administrations coloniales ont mis à nu l'exploitation effrénée des ressources économiques des colonies.

Le principe de la charte des Nations Unies portant le droit des peuples à disposer d'eux-mêmes fut appliqué dans les limites du maintien de l'asymétrie afro-européenne. Dans cette logique, la vague de décolonisation des années 1960 ne modifie que très peu la logique prédatrice régissant les relations afro-européennes depuis des siècles. La décolonisation a simplement remodelé le cadre stratégique et institutionnel de la prédation, avec de nouveaux mécanismes articulés en fonction de la configuration géopolitique induite par les indépendances africaines. La dislocation de l'espace politique africain et sa fragilité subséquente préfigurent l'avènement d'États faibles dépendant à tous égards de l'ancienne puissance coloniale. Amouzou relève qu'en dépit de « l'évolution dans les rapports entre l'Occident et l'Afrique, force est de constater que rien n'a changé dans la perception occidentale du Noir[4] ».

Ainsi se perpétue une continuité hégémonique européenne avec les populations des anciennes colonies entravées par la laisse systémique d'organisations telles que la Francophonie ou le Commonwealth :

> Le général de Gaulle, qui avait fait de l'Afrique la base arrière des réseaux de résistance de la « France libre », a maintenu dans toutes les anciennes colonies un appareil sécuritaire au plus haut niveau. Il a ainsi assuré la sécurité et le maintien au pouvoir de dirigeants cooptés pour leur francophilie, dont certains étaient ministres français avant les Indépendances, tels le président ivoirien Félix Houphouët-Boigny ou le président sénégalais Léopold Sédar Senghor[5].

Les survivances de l'asymétrie coloniale minent la relation afro-européenne, de sorte que les logiques d'intérêt et de domination submergent les initiatives centrées sur la collaboration fructueuse et le respect mutuel. Cette discordance relationnelle est souvent reproduite par les instances européennes déterritorialisées opérant en Afrique. C'est à ce titre que Bénédicte Savoy observe que « même après la décolonisation et même en des termes différents, le fossé culturel infranchissable entre les aspirations théoriques et littéraires légitimes des intellectuels africains d'un côté et de

3. Esse A. Amouzou, *L'impact de la culture occidentale sur les cultures africaines*, Paris (Harmattan) 2009, p. 23.
4. *Ibid.*, p. 69.
5. Antoine Glaser, *Arrogant comme un français en Afrique*, Paris (Éditions Fayard) 2016, p. 26.

l'autre l'habitus arrogant de plusieurs acteurs en Europe est profond – inexplicablement profond – de la perspective actuelle[6] ».

L'accession à la souveraineté internationale a nourri sur le continent africain des rêves de grandeur vite réfrénés par des désastres politiques, économiques et humanitaires successifs. Des décennies après les indépendances, peu de pays africains ont réussi le pari de la sécurisation des frontières et de la gestation d'un espace économique et politique prospère. La stagnation sociale, économique et politique de nombreuses nations africaines conforte le diagnostic dressé par Frantz Fanon : « L'indépendance a certes apporté aux hommes colonisés la réparation morale et consacré leur dignité. Mais ils n'ont pas encore eu le temps d'élaborer une société, de construire et d'affirmer des valeurs[7] ». Le déficit de la politique intérieure de l'État postcolonial africain ruine toute prétention à une souveraineté incontestable dans les relations internationales. Bien au contraire, les échecs des élites postcoloniales africaines ont installé les populations africaines dans une vision dévalorisante de soi, avalisant le schéma pathologique insidieusement introduit dans le psychisme des Africains par l'école coloniale. Amouzou déplore que « les élites de l'Afrique contemporaine n'[aient] pas tenu compte des potentialités réelles du continent ni de ses valeurs culturelles. La plupart ont adopté pour l'avenir de leur pays une politique devant modeler le devenir de ceux-ci sur l'évolution des anciennes métropoles coloniales ou des nouvelles métropoles économiques et industrielles[8] ».

Le projet postcolonial s'est refermé sur un énorme échec et le dessein de « réhumanisation » de l'homme Noir s'est limité à inventer des masques blancs[9] pour des Africains privilégiés. L'Africain perçoit comme une implacable fatalité la déprédation de son pays en dépit de l'équité théorique régissant le système international des États. Son imaginaire ressasse le spectre d'un Occident dominateur et prédateur, au point de lui faire dénier les dérives des élites locales africaines et son propre échec à se forger une meilleure destinée.

L'ordre mondial européen et les mutations géopolitiques en Afrique

Le positionnement de l'Afrique dans les processus actuels de la globalisation reste tributaire des relations de pouvoir avec l'Europe. Les perceptions de l'Afrique dans le monde dérivent d'un faisceau de projections de l'Europe sur le continent noir, relayé aux quatre coins du monde. De fait, l'Afrique dans le discours eurocentrique est assimilée à un continent dont le passé serait dissout dans une nébuleuse historique amnésique. Hegel enferme le continent africain dans une a-historicité radicale, l'excluant de facto des stations majeures de l'historiographie globale[10]. Le postulat d'une Afrique dite « a-historique » confère une sorte de caution morale et politique à l'homme blanc pour exploiter et assujettir le continent. Aimé Césaire dénonce les paravents du projet colonialiste qui ne serait :

> ni évangélisation, ni entreprise philanthropique, ni volonté de reculer les frontières de l'ignorance, de la maladie, de la tyrannie, ni élargissement de Dieu, ni

6. Bénédicte Savoy, *Afrikas Kampf um seine Kunst*, Munich (C.H Beck Verlag) 2021, p. 13. Toutes les citations en langue allemande ont été traduites par l'auteur de l'article.
7. Frantz Fanon, *Les damnés de la terre*, Paris (Maspéro) 1961, p. 41.
8. Esse A. Amouzou, Esse A., *L'impact de la culture occidentale sur les cultures africaines*, *op. cit.*, p. 35.
9. Voir Frantz Fanon, *Peau noire, masques blancs*, Paris (Seuil) 1952.
10. Jean Hyppolite, *Introduction à Philosophie de l'histoire*, Paris (Seuil) 1983.

extension du Droit, d'admettre une fois pour toutes, sans volonté de broncher aux conséquences, que le geste décisif est ici de l'aventurier et du pirate, de l'épicier en grand et de l'armateur, du chercheur d'or et du marchand, de l'appétit et de la force, avec, derrière, l'ombre portée, maléfique, d'une forme de civilisation qui, à un moment de son histoire, se constate obligée, de façon interne, d'étendre à l'échelle mondiale la concurrence de ses économies antagonistes[11].

Les perceptions européennes du continent ont constitué le socle d'une pédagogie colonialiste qui prédispose les Africains à intérioriser une subjectivité déficitaire générée par le savoir européen. L'Afrique, selon Jean Michel Dévésa, « [...] doit peut-être plus ses traits, son visage et sa physionomie au regard des Blancs qu'à l'authenticité de ses racines et à une bien hypothétique identité[12] ». L'école coloniale et sa continuité postcoloniale sont demeurées le médium par excellence de la colonialité qui enferme l'Afrique et ses habitants dans une subalternité factuelle. Dans cette optique, les orientations de politique nationale en Afrique postcoloniale sont restées tributaires d'une vision occidentaliste, distillée dans l'imaginaire collectif des peuples africains. Césaire « parle de millions d'hommes à qui on a savamment inculqué la peur, le complexe d'infériorité, le tremblement [...][13] ».

En définitive, la ruine des empires coloniaux ne changea pas grand-chose aux rapports de force entre l'Europe et l'Afrique. Les projets de construction nationale postcoloniale en Afrique s'inspiraient du modèle sociétal européen, installant les anciens peuples colonisés dans une course poursuite avec la modernité occidentale dont les dérives se combinent aux défaillances spécifiques aux sociétés postcoloniales. L'asymétrie des relations afro-européennes se trouve consacrée par une logique de collaboration visant à hisser les nouveaux États décolonisés au même niveau de développement économique, social et politique que l'Europe. Or, le déséquilibre inhérent à cette coopération accentue les asymétries avec la complicité de nombreux organismes internationaux opérant comme des garants latents de la colonialité.

Le monopole heuristique de l'Europe sur l'essence de l'Afrique véhicule une image du continent que la jeunesse africaine actuelle refuse d'intérioriser. La révolution numérique a accru la vitesse de circulation de l'information et les modalités de sa réception. Les jeux d'intérêt au niveau de la géopolitique mondiale et les soubresauts d'un ordre politique mondial porté par la vision occidentale de la globalisation ont conduit les nouvelles générations africaines à remettre en cause le discours européen sur l'Afrique. Se profile dans les marges du discours postcolonial, un révisionnisme historique qui réfute la centralité de l'Europe et l'a-historicité de l'Afrique, dérivées d'une appropriation exogène de l'histoire des peuples africains.

Contre l'hypothèse d'une a-historicité de l'Afrique, s'affirme un narratif de restauration de la mémoire des empires et des royaumes au passé glorieux. Des communautés, émergeant soudain de l'a-mémoire précoloniale, se souviennent des artefacts de leur appartenance historique à des structures impériales, exerçant une emprise politique, économique et militaire sur de vastes territoires avant l'expansion européenne. Progressivement, se fédère la mémoire collective des peuples africains autour de

11. Aimé Césaire, Aimé, *Discours sur le colonialisme*, Paris (Présence africaine) 2004, p. 2.
12. Jean-Michel Devésa, « L'Afrique à l'identité sans passé d'Alain Mabanckou. D'un continent fantôme l'autre » in *Afrique contemporaine* n° 241 (2012/1), p. 93-110, DOI 10.3917/afco.241.0093, p. 96. Consulté le 24.8. 2023.
13. Aimé Césaire, *Discours sur le colonialisme*, *op. cit.*, p. 10.

l'appartenance à des instances politiques précoloniales. La résurgence mémorielle de ces appartenances politiques remet en question la position axiologique du savoir européen sur l'Afrique. Avec la globalisation, se précisent dans la conscience des opinions publiques africaines, des alternatives au modèle sociétal européen qui avait pendant des décennies inspiré leurs projets de construction nationale. Bien plus, l'ascendance européenne dans les relations afro-européennes et le rôle contestable des puissances occidentales dans certaines crises africaines (guerre du Biafra, guerres civiles du Congo-Brazzaville, guerre de Lybie, le génocide rwandais) ont fini par générer une défiance croissante à l'égard de l'Occident au sein d'une partie de l'élite africaine. Au fil des décennies, le narratif victimaire qui voit la main de l'Europe dans toutes les crises politiques, économiques, sécuritaires et institutionnelles en Afrique a envahi le champ du discours public. Sur le terreau de cette conviction victimaire se forgent de nouvelles identités politiques fédérées par un anti-occidentalisme mitigé : l'Europe reste l'objet des fantasmes des jeunes africains aspirant à y émigrer, mais cristallise au même moment les frustrations endurées depuis des décennies.

La floraison du discours anti-occidental opère sur le champ de la désillusion des indépendances africaines. Les désastres du projet postcolonial nourrissent une rhétorique accusant systématiquement l'Occident de tous les maux de l'Afrique. Sur le continent, les décideurs ne semblent pas avoir cerné le jeu implacable de prédation qui régit les relations interétatiques. La faiblesse de ces états et l'immaturité politique de leurs dirigeants exposent ces sociétés à l'emprise d'autres États ou de multinationales nantis d'atouts stratégiques plus conséquents. La gouvernance africaine semble confinée dans une naïveté coupable avec une confiance aveugle aux partenaires externes. Désillusionnée par l'implacable prédation régissant les relations internationales, la jeunesse africaine doute désormais de la tangibilité des valeurs occidentales. Aux yeux d'une grande partie de cette jeunesse, ces valeurs seraient des instruments d'aliénation néocoloniale. À ce titre, l'historique des coopérations afro-européennes est résumé à une distorsion relationnelle où les Européens profiteraient des ressources minières africaines extraites sur les territoires de populations végétant dans une misère continue. Frantz Fanon s'était fait très tôt l'écho de cette distorsion : « [...] L'ancien pays dominé se transforme en pays économiquement dépendant. L'ex-puissance coloniale qui a maintenu intacts, et quelquefois renforcés, des circuits commerciaux de type colonialiste accepte par petites injections d'alimenter le budget de la nation indépendante [...][14] ».

L'anti-occidentalisme africain se nourrit de la radicalité des discours néo-panafricanistes qui vilipendent toute présence militaire européenne sur le continent, sans une analyse objective des défaillances internes. La présence militaire de toute nation européenne sur le continent passe désormais pour inacceptable alors que les crises diplomatiques s'enchaînent entre la France et ses anciennes colonies. Le rejet de l'interventionnisme occidental au nom de la souveraineté nationale s'accommode toutefois de l'intervention de troupes non occidentales et du rapprochement de certains pays africains de puissances émergentes comme l'Iran, la Russie ou la Turquie.

La forte survivance des logiques néocolonialistes a empêché la diplomatie occidentale de cerner au plus tôt les mutations actuelles. Loin d'anticiper le rétrécissement de son influence géopolitique en Afrique, l'Europe est restée ancrée dans son imaginaire

14. Frantz Fanon, *Les damnés de la terre*, *op. cit.*, p. 56.

classique d'une Afrique perçue comme un espace figé, resté en marge des différentes mutations traversant la société globale. Le discours de l'ancien chef d'État français Nicolas Sarkozy à Dakar en 2006 illustre cet état d'esprit :

> Le paysan africain, qui, depuis des millénaires, vit avec les saisons, dont l'idéal de vie est d'être en harmonie avec la nature, ne connaît que l'éternel recommencement du temps rythmé par la répétition sans fin des mêmes gestes et des mêmes paroles. [...] Jamais l'homme ne s'élance vers l'avenir. Jamais il ne lui vient l'idée de sortir de sa répétition pour s'inventer un destin. [...] Le problème de l'Afrique, c'est qu'elle vit trop le présent dans la nostalgie du paradis perdu de l'enfance[15].

De cet imaginaire participe également aussi la rhétorique médiatique occidentale qui ressasse l'idée d'une manipulation des sociétés africaines par les nouvelles puissances émergentes. L'omniprésence et le monopole des organes de média européen dans l'espace africain avaient disposé les opinions publiques locales à lire les imbrications géopolitiques internationales à partir de grilles d'analyse européennes. Or, la constellation médiatique actuelle à l'échelle globale produit une polarisation des sources, alignant les discours médiatiques sur les convictions politiques, économiques et idéologiques de l'émetteur. La perte du monopole médiatique de l'Europe en Afrique détermine la réceptivité du discours européen dans les communautés africaines, car les interprétations européennes de l'actualité entrent en concurrence avec celles des médias chinois, turcs, arabes, russes et d'autres médias locaux indépendants. La mise en minorité des médias européens comme RFI, BBC, la Deutsche Welle offre aux populations d'Afrique des grilles d'analyses pluridimensionnelles permettant de déceler les biais et les mécanismes de prédation. Le chamboulement de l'espace médiatique global est conforté par les possibilités médiales de l'ère digitale :

> À travers les médias numériques, les mensonges et autres types de fausses informations ont pris de nouvelles dimensions. Ils sont faciles à produire et à reproduire, durent en principe éternellement et ne se limitent plus simplement à l'environnement personnel, mais se propagent rapidement et, surtout, de manière exponentielle. Les médias numériques ont également rendu le mensonge séduisant. Sous le couvert de la distance et de l'anonymat, la répugnance à générer ou à répandre de fausses informations diminue, parce que les auteurs ont rarement à craindre des conséquences immédiates ou durables[16].

Influencée par une historicité asymétrique, l'action européenne sur le continent africain résonne dans la continuité mémorielle de l'esclavage et de la colonisation. Ce passif historique dessert les nouvelles puissances émergentes qui se prévalent de leur posture prétendument anticolonialiste pour se positionner comme des défenseurs de l'Afrique contre la prédation néocoloniale. En évitant de conditionner leur action en Afrique à des diktats diplomatiques, économiques ou financiers, ces pays émergents parviennent à se faire passer pour des partenaires moins hégémoniques et plus flexibles. Une telle articulation de leur politique étrangère en Afrique stigmatise l'Europe comme mauvais partenaire et les positionne comme alternative efficace pour les pays africains en délicatesse avec la France, l'Allemagne ou l'Union européenne. Toutefois, l'hypothèse d'un décentrement hégémonique vers l'Orient, loin d'être une

15. Nicolas Sarkozy, *Le discours de Dakar*, sur http://www.lemonde.fr/afrique/article/2007/11/09/le-discoursdedakar_976786_3212.html (Consulté le 10 février 2024).
16. Philipp Hübl, *Bullshit-Resistenz*, Berlin (Nicolai Publishing & Intelligence) 2018, p. 44 s.

revanche historique pour le narratif anti-occidental, comporte des risques avérés d'une nouvelle déprédation de l'Afrique. Avec une élite politique souvent apathique et peu proactive, il est à craindre que l'histoire du pillage des ressources minières africaines continue avec de nouvelles puissances étrangères après une éventuelle éviction stratégique de l'Occident.

Anamnèse d'un malentendu

Les fondements historiques des relations afro-européennes remontent aux âges du capitalisme mercantile avant de s'inscrire au final dans un projet de coopération postcoloniale. Au fil de l'histoire récente, l'Union européenne, la France et l'Allemagne se trouvent partagées entre l'impératif d'assurer leur hégémonie sur le continent tout en aidant à endiguer les crises économiques, politiques et humanitaires qui ravagent cet espace. À ce titre, l'Union européenne constitue un des principaux financiers du continent africain. En contrepartie, elle maintient un certain regard sur les mutations politiques et institutionnelles tout en s'accommodant, au besoin, de régimes autocrates :

> La lutte pour les zones d'influence a servi de prétexte aux grandes puissances pour soutenir des dictateurs cruels qui se sont positionnés dans l'un ou l'autre bloc pendant la guerre froide, parfois dans les deux blocs en même temps. La devise cynique « C'est un scélérat, mais c'est notre scélérat » était toujours d'actualité à la fin de la guerre froide : des dinosaures politiques comme Paul Biya au Cameroun et Omar Bongo au Gabon ont évité leur éviction du pouvoir avec l'aide de la France, et au Togo ou au Congo, il y a une sorte de monarchie anticonstitutionnelle [...][17].

La forte présence de la France, de l'Allemagne et de l'Union européenne alimente une rhétorique anti-occidentale qui occulte autant les dérives des décideurs locaux que les investissements de la coopération européenne. L'image de l'Union européenne, de la France et de l'Allemagne en Afrique est moins déterminée par les décaissements de fonds successifs que par celle de leur rôle hégémonique dans le sud global. Le discours anti-européen se trouve investi d'un capital politique dirigé contre l'attitude parfois tutélaire des anciennes puissances coloniales française ou britannique. Particulièrement, la France devient la cible privilégiée de l'europhobie africaine, pour avoir assuré, pour l'intérêt de tout l'espace européen, des tâches sécuritaires, géostratégiques et diplomatiques. En dépit de relations historiques avec l'Afrique, elle finit par réaliser son éviction géopolitique avec une désillusion poignante :

> Aujourd'hui, la France se réveille avec la gueule de bois. Elle pensait avoir profondément marqué l'Afrique de son empreinte civilisatrice. Elle réalise que, pendant tout ce temps, elle n'a représenté que le sucre du millefeuille africain. Par arrogance, la France dirigeante ne s'est jamais véritablement intéressée à l'histoire du continent ni à sa complexité sociale. Elle semble surprise par la résurgence des royaumes ou des sultanats, comme celui du Kanem-Bornou, dans le bassin du lac Tchad[18].

À la faveur des reconfigurations géostratégiques dérivant de la guerre russo-ukrainienne, le monopole géopolitique de l'Europe souffre d'une rude concurrence. Le narratif anti-occidental dénie aux relations afro-européennes toute dimension constructive

17. Hans Christoph Buch, *Black Box Afrika. Ein Kontinent driftet ab*, Springe (Zu Klampen) 2006, p. 8.
18. Antoine Glaser, *Arrogant comme un français en Afrique*, *op. cit.*, p. 16.

et attribue systématiquement tous les problèmes du continent à l'action prédatrice de l'Occident. Malheureusement, ce narratif qui dédouane implicitement les élites locales, est conforté par de graves incohérences marquant certains positionnements de la diplomatie européenne sur le continent africain. La crise politique de l'été 2023 au Niger et les prises de position ahurissantes de la France dans le conflit diplomatique subséquent révèlent la propension des anciennes puissances coloniales à empiéter sur la souveraineté de leurs anciennes colonies. En raison du passif colonial, les incohérences éthiques et diplomatiques de l'Union européenne et de la France en Afrique sont perçues comme une manœuvre tutélaire, lorsque l'Occident s'érige contre les pratiques prédatrices des nations émergentes en Afrique. La coopération militaire entre la Russie et les États africains est assimilée dans les médias occidentaux aux massacres et exactions du groupe Wagner, alors que les militaires européens détiendraient le monopole de la coopération et de l'intervention militaires sans bavure. L'horreur et l'indignation suscitées par les dérives du groupe « Wagner » font les gros titres des journaux occidentaux qui passent sous silence les exactions et crimes commis par des autocrates africains conseillés par les coopérants militaires européens. Pour ces médias, le potentiel déstabilisateur du prétendu groupe « Wagner » ne semble nullement rappeler les actions déstabilisatrices menées dans le passé par des mercenaires occidentaux en Centrafrique, au Nigeria, aux îles Comores, au Bénin ou encore en République Démocratique du Congo. D'un point de vue économique, les exploitations des ressources minières africaines par des firmes européennes passent pour un deal moralement acceptable alors que les contrats miniers avec la Russie, la Chine et la Turquie sont qualifiés de pillage ou de bradage par les médias européens. Du reste, l'expansionnisme de ces nouveaux acteurs axé sur le ressort économique paraît plus acceptable pour de nombreux Africains que l'interventionnisme militaro-économique européen dans les contextes colonial et postcolonial. De nombreux acteurs africains se félicitent des investissements massifs des pays émergents sans réaliser que des secteurs hautement stratégiques de leurs économies nationales passent progressivement sous le contrôle d'investisseurs chinois, russes, indiens, turcs ou iraniens. Ainsi la menace d'un colonialisme du capital basé sur le diktat des investisseurs chinois, russes, indiens ou turcs est manifeste, mais l'attitude historiquement condescendante et prédatrice de l'Europe ruine la crédibilité des avertissements européens contre la prédation des puissances émergentes en Afrique. En effet, le dispositif lexical déployé par la rhétorique européenne aboutit à un blindage médiatique qui polarise les perceptions entre le bon occidental, le méchant Russe, le pillard Chinois, l'Africain immature.

La contestation de l'ordre politique mondial axé sur les systèmes de valeurs occidentales cherche sa légitimité dans l'application sélective de ces valeurs fondatrices du système international des États. Les guerres menées par une partie de l'Occident en Irak et en Libye sur des bases juridiques contestables ont remis en cause la partialité de l'arbitrage occidental dans les situations conflictuelles. Dans les discours néo-panafricanistes, les mises en garde de l'Occident contre la prédation de nouvelles puissances émergentes sur les matières premières africaines sont interprétées comme une stratégie de l'Occident visant à perpétuer son monopole sur ces ressources. Le discours panafricaniste tend à imputer à l'Europe tous les échecs enregistrés depuis les indépendances en oubliant les contingences politiques, économiques et sociales internes aux États africains. En dépit d'une évidente propension de la France l'Allemagne et de l'UE à profiter de la faiblesse des États africains, les échecs économiques et politiques de l'Afrique relèvent essentiellement de la responsabilité de ses élites.

La présence des coopérants occidentaux se perçoit de plus en plus comme une emprise directe des pays d'Europe sur les nations africaines alors que les activistes panafricanistes semblent ne pas percevoir le risque d'une nouvelle vassalisation des pays du continent par les nouveaux pays émergents. De fait, le discours néo-panafricaniste vilipende la présence des coopérants européens, mais passe sous silence l'invasion massive de travailleurs chinois et indiens dans des pays africains confrontés déjà à un chômage presque endémique.

Conclusion

Les nouvelles rivalités géopolitiques au niveau mondial projettent le continent africain au cœur des divergences entre un ordre politique mondial inspiré de l'hégémonie occidentale et des puissances émergentes telles que la Chine, la Russie, la Turquie, l'Iran ou l'Inde. Dans leur quête hautement agressive de nouvelles zones d'influences, ces nouvelles puissances ont fait du continent africain un enjeu géostratégique avec des relents d'expansion économique et militaro-stratégique. Or pour la France, l'Allemagne et l'UE de manière générale, le continent africain est demeuré avant tout une zone d'influence occidentale presque exclusive, avec des interrelations historiques articulées sur le principe d'asymétries coloniales et néocoloniales. Dans un dispositif diplomatique séculaire, où l'Allemagne et surtout la France opèrent comme avant-gardes de la présence européenne en Afrique, les récents déboires de la France et de ses autres alliés au Sahel et en Centrafrique se situent dans un contexte régional de remodelage des différentes sphères d'influence sur le continent africain. L'issue finale de la concurrence géopolitique en Afrique dépendra de la capacité de la France, de l'Allemagne et de l'Union européenne à endiguer le délitement des relations afro-européennes en se servant de leur position hégémonique pour poser les bases d'une coopération équilibrée. La rupture de toute relation tutélaire avec l'Afrique permettra à l'Europe de se défaire des connivences coupables, tout en mettant les élites africaines en face de leurs responsabilités. Pour Savoy, « Ce n'est que par ce moyen qu'il sera possible de rompre avec les schémas institutionnels utilisés en Europe pendant des décennies, dans l'optique d'une nouvelle éthique des relations avec l'Afrique[19] ».

À défaut, il est indéniable que les pôles des relations extérieures africaines se déplacent au cours des prochaines décennies vers l'Orient, privilégiant les pays comme la Chine, l'Inde, la Turquie, la Russie, l'Iran ou les monarchies arabes du golfe Persique. Du reste, la percée russe sur le continent africain pourrait déboucher sur un poker géostratégique avec la délocalisation des armes intercontinentales russes vers le continent africain. La problématique des flux migratoires se doublerait d'une dimension militaro-stratégique avec des mégapoles européennes désormais à portée de missiles en provenance d'Afrique.

19. Bénédicte Savoy, *Afrikas Kampf um seine Kunst*, *op. cit.*, p. 200.

Jean-Marc Trouille*

L'Europe, la France et l'Allemagne face au défi de l'Afrique au XXIe siècle

Parmi les multiples enjeux géostratégiques majeurs des prochaines décennies se pose, pour l'Europe comme pour la France et l'Allemagne, le défi que représente l'Afrique et son devenir. Car toute évolution, positive comme négative, survenant en Afrique, se répercutera en premier lieu en Europe, et dans des proportions qui l'affecteront davantage que toute autre région du globe. L'interdépendance entre les deux rives de la Méditerranée ne saurait être sous-estimée. Celle-ci est telle que, sans en avoir véritablement pris conscience, l'Europe et l'Afrique, telles d'ailleurs la France et l'Allemagne dont le rapprochement fut la clef de l'intégration européenne, ont le potentiel de former, au 21e siècle, deux larges communautés de destin. Liés par de fortes complémentarités, sur le plan économique comme démographique, linguistique et même culturel, partageant le plus souvent des intérêts et des valeurs communes, alignés sur les mêmes fuseaux horaires, ces deux continents, le plus vieux et le plus jeune de tous, auraient tout à gagner à développer un étroit partenariat stratégique et à multiplier les coopérations dans de vastes domaines, tant les points faibles de l'un correspondent aux points forts de l'autre. De même, ils auraient beaucoup à perdre s'ils manquaient d'œuvrer pour ce rapprochement et de se façonner un avenir commun.

Pourtant, une multitude d'obstacles s'opposent à l'établissement d'une coopération intercontinentale d'envergure. Alors que les plaques tectoniques de la géopolitique mondiale s'entrechoquent de plus en plus violemment et redessinent un ordre global chaque jour plus incertain, tandis que les conflits régionaux et planétaires et leur gravité semblent *s'accroître* exponentiellement, l'Afrique se présente comme un terrain de luttes d'influence *où* s'opposent de plus en plus d'intérêts divergents. Des puissances toujours plus nombreuses la courtisent, le plus souvent sans s'embarrasser de considérations sur les principes démocratiques, le respect des droits humains, la recherche d'un commerce équitable, la protection de son environnement, ou l'application des règles sur lesquelles se fonde le droit international L'Union européenne, tout comme ses deux principaux acteurs en Afrique, France et Allemagne, fait face

* Professeur Jean Monnet en intégration économique européenne a l'École de Management de l'Université de Bradford au Royaume-Uni, où il dirige le Centre d'excellence « Jean Monnet in Africa », et co-Directeur du réseau Jean Monnet Policy Debate *AfriquEurope* à l'Université du Péloponnèse en Grèce.

à une intense concurrence de pays dont les motivations sont souvent fort éloignées des intérêts africains et européens. Qu'il s'agisse de l'obtention de contrats de marchés publics, de l'accès à des minéraux rares et de leur contrôle, de s'assurer du support de votes africains au Conseil de Sécurité des Nations Unies, ou d'influencer l'évolution de certains conflits régionaux, voire de se positionner sur l'échiquier militaire du deuxième continent en taille, la nouvelle « ruée vers l'Afrique » prend des formes très diverses, souvent loin d'être respectueuses à l'égard des pays et populations concernées.

Certaines situations tragiques avaient ainsi amené le pape François, en février 2022, lors de sa visite à Kinshasa, à haranguer les dirigeants du monde en termes sans équivoque : « Ne touchez pas à la République Démocratique du Congo, ne touchez pas à l'Afrique ! Ce n'est pas une mine à exploiter ni un terrain à piller », en référence à la richesse des ressources minières qui suscitent tant d'avidité et causent tant de dévastation, notamment dans l'est du pays.

Dans un contexte aussi difficile, et sur une scène africaine de plus en plus dominée par ce que d'aucuns nomment la *Chinafrique*[1], voire la *Chindiafrique*[2], de nombreuses questions se posent. Quel rôle la France et l'Allemagne peuvent-elles jouer, de concert avec l'Union européenne, pour esquisser un partenariat plus équilibré avec l'Afrique et définir les conditions d'une prospérité commune ? Quels sont leurs handicaps dans cette véritable course à l'Afrique à laquelle nous assistons depuis quelque temps et qui semble s'accélérer[3] ? De quels atouts disposent-elles pour ne pas se laisser dépasser face aux multiples défis d'une Afrique en pleine mutation ? Quelles actions pourraient atténuer le poids de l'histoire dans les relations Europe-Afrique ? La France pourra-t-elle surmonter le lourd handicap de la *Françafrique* ? Peut-on concevoir une vision géopolitique franco-allemande commune qui puisse soutenir une approche volontariste au niveau européen ?

Le projet de *Global Gateway* d'investissements en infrastructures, lancé en 2021 par la Commission européenne, peut-il constituer une sorte de nouveau Plan Marshall européen qui soit à même d'accélérer le développement du continent africain ? Offre-t-il une option crédible face aux nouvelles routes de la soie chinoises et aux investissements substantiels en infrastructures opérés par Pékin ces dernières décennies ? Comment lancer une dynamique qui puisse convaincre les Africains des intérêts communs qu'ils partagent avec l'Europe dans un monde de plus en plus imprévisible et chaotique ? Et, en fin de compte, peut-on reconceptualiser l'idée historique des années 1920, initialement allemande, de l'*Eurafrique*, rebaptisée, pourquoi pas, *AfriquEurope*, qui place l'Afrique en première place, en vue d'établir un véritable partenariat entre égaux, enfin libéré des contraintes du passé ?

Le contexte géopolitique de l'Afrique

L'Afrique se trouve à la croisée des chemins. Six décennies après les indépendances obtenues dans les années soixante, bien peu de pays africains ont percé sur le plan économique[4]. Trop souvent touchés de plein fouet par une corruption endémique,

1. Serge Michel et Michel Beuret (2009) *La Chinafrique. Pékin à la conquête du continent noir.* Grasset, Paris.
2. Jean-Joseph Boillot et Stanislas Dembinski (2013) *La Chindiafrique. La Chine, l'Inde et l'Afrique feront le monde de demain.* Odile Jacob, Paris.
3. Pádraig Carmody (2016) *The New Scramble for Africa*, Polity Press, Cambridge.
4. Kako Nubukpo (2019) *L'Urgence africaine. Changeons le modèle de croissance !* Odile Jacob, Paris.

des problèmes sécuritaires, des épidémies dévastatrices, confrontés aux conséquences du réchauffement climatique, et à une croissance économique trop faible pour tirer les dividendes potentiels de l'explosion démographique en cours, leur vaste majorité demeure sous la perfusion d'aides extérieures à leur développement, dont l'efficacité est, à juste titre, contestée[5]. Dans un même temps, alors que les défis globaux s'accumulent, les règles sur lesquelles a été fondé l'ordre international d'après-guerre sont chaque jour davantage bafouées par des régimes autocratiques désireux de les remettre en question. La recomposition actuelle vers un monde multipolaire est engagée. Toutefois, si la forme et les contours de cette multipolarité demeurent imprécis, les effets de la remise en cause de l'ordre international se font durement sentir. Tueries de masse de populations civiles de l'Ukraine à Gaza, du Soudan à la RDC[6], du Sahel au Mozambique, migrations, sans oublier les effets de plus en plus dévastateurs des changements climatiques ou s'enchaînent vagues de chaleur, sécheresses et inondations... Aucun de ces défis globaux ne peut être résolu sans étroite coopération entre ce que l'on tend à nommer, improprement, le « nord global » et le « sud global ». De nouvelles alliances s'imposent pour aborder ces questions et y trouver conjointement les réponses appropriées.

L'un de ces grands défis globaux est celui du développement de l'Afrique[7] et de sa démographie galopante. Sachant que le deuxième continent par sa taille abritera 25 % de la population mondiale vers 2050, voire jusqu'à 40 % d'ici la fin du siècle, soit une population qui sera alors égale à celles de l'Inde, de la Chine, des USA et de l'Europe réunis, et que de ces quatre géants, les populations de la Chine et de l'Europe vont se réduire massivement, il est clair que la place et l'influence de l'Afrique dans le monde seront appelées à prendre de l'importance. D'ici 30 ans, son marché, consolidé par la Zone de Libre-Échange Continental Africaine (ZLECA), sera le plus grand au monde par sa taille. Son poids grandissant s'imposera pour en faire l'un des grands pôles du 21e siècle. Il sera toutefois modéré par un développement économique qui, selon les projections les plus optimistes, verra certes l'Afrique progresser, mais ne suffira pas pour combler son retard vis-à-vis des pays industriels[8], lequel est appelé à s'accentuer toujours davantage. Dans ce contexte critique d'une explosion démographique qui s'avérerait ingérable sans une croissance économique à la fois forte et soutenue, en mesure de créer les vingt à vingt-cinq millions d'emplois annuels nécessaires pour offrir des perspectives à l'immense jeunesse africaine, l'évolution de l'Afrique dans les dix à vingt prochaines années représente un défi majeur, non seulement pour la stabilité de l'Afrique, mais aussi pour celle de l'Europe, dont l'avenir immédiat se joue aussi de l'autre côté de la Méditerranée.

La nouvelle ruée vers l'Afrique

Mais en dépit des multiples difficultés auxquelles l'Afrique est confrontée, celle-ci est devenue le terrain privilégié de luttes d'influences géopolitiques et fait l'objet de nombreuses convoitises. Pour reprendre la terminologie des médias sociaux, l'Afrique est aujourd'hui une « tendance », elle est « virale ». Une nouvelle ruée vers l'Afrique

5. Volker Seitz (2009; 2021) *Africa wird armregiert, oder wie man Africa wirklich helfen kann*, dtv, München.
6. République Démocratique du Congo.
7. Bartholomäus Grill (2021) *Afrika ! Rückblicke in die Zukunft eines Kontinents*. Siedler Verlag, Munich.
8. Voir sur ces questions les travaux de *l'Institute for Security Studies* de Pretoria, notamment les recherches menées dans le cadre du projet *African Futures* : https://futures.issafrica.org/events/2024/The-Futures-of-Africa-Institute-for-Security-Studies.

se déroule sous nos yeux. Toutefois, cette nouvelle vague n'est pas la même que la précédente ruée qu'avait connue l'Afrique au cours d'une centaine d'années de domination coloniale, marquée alors par le partage du « gâteau » africain, effectué par les différentes parties prenantes lors de la Conférence de Berlin de 1884-85. Cette fois, le regain d'intérêt se manifeste davantage sous le couvert de *soft power*. Pour les 54 États africains, qui constituent le champ de bataille d'une rude compétition économique, géopolitique et militaire entre puissances mondiales et régionales aux ambitions africaines, l'enjeu est de taille[9].

Il est nécessaire de bien cerner le rôle des acteurs extérieurs, nouveaux comme relativement anciens, en Afrique et leurs motivations, tantôt économiques et commerciales, tantôt politiques et stratégiques, visant à être présents et influents sur ce vaste continent, souvent d'y apposer leur empreinte militaire, de s'assurer l'accès à des territoires, et surtout à des minerais stratégiques, indispensables à l'industrie électronique, comme le sont le précieux coltan, ou le lithium des batteries de voitures électriques, ou encore l'étain, le tungstène et le tantale indispensables à nos ordinateurs et smartphones. Ainsi la Chine, en moins de deux décennies, a acquis une influence considérable en Afrique, dépassant toutes les anciennes puissances coloniales dans ce qu'elles considéraient jusqu'alors comme leur pré-carré. Son initiative « Ceinture et Route » des nouvelles routes de la soie, conçue pour renforcer ses liens commerciaux avec le reste du monde par un vaste programme d'investissements en infrastructures, vise, entre autres, à s'étendre au plus profond de l'Afrique. Deuxième partenaire commercial, deuxième investisseur et fournisseur d'aide au développement en Afrique après l'Union européenne, la Chine est aujourd'hui un acteur majeur, établi dans quasiment chaque pays du continent, à l'exception notable d'Eswatini, seul en Afrique à reconna*ître l'indépendance de* Taïwan. L'UE devrait-elle envisager une coopération avec la Chine, basée davantage sur une coordination de leurs avantages comparatifs complémentaires que sur une compétition Europe-Chine en Afrique ? Un tel débat mériterait réflexion.

De nombreux autres pays sont impliqués dans cette nouvelle ruée vers l'Afrique. Grandes puissances, comme les États-Unis et le Japon, et puissances régionales moyennes s'y côtoient. L'Inde, nouvelle superpuissance émergente, dont les connexions commerciales avec l'Afrique australe et de l'Est ont été forgées sous l'Empire britannique, a également l'ambition d'*accroître* son influence sur les affaires africaines. La Turquie, active militairement en Libye et économiquement dans plusieurs pays, et qui envisage d'implanter une base d'essais de missiles balistiques et de lancement de fusées en Somalie. La Russie, dont le groupe de mercenaires Wagner, rebaptisé « Afrika Corps » après la mort en avion de son dirigeant Yevgeny Prigogyne, a étendu sa présence dans la ceinture de pays sahéliens au détriment de la France. Cette présence militaire russe est d'ailleurs suivie avec attentisme par la Turquie, qui compte consolider son influence au détriment de la Russie affaiblie par la perte de ses bases syriennes. De nombreux autres acteurs sont arrivés plus récemment : les États du Golfe, l'Arabie Saoudite, le Qatar, le Brésil attiré par des contrats avec les pays africains lusophones, mais aussi l'Iran, Israël, l'Australie, la Corée du Sud, et même la Hongrie, qui a envoyé en automne 2024 200 soldats au Tchad, sans doute en étroite collaboration avec le Kremlin, alors que les 1 000 militaires français présents dans ce

9. Le Rubicon (2023) *Les défis sécuritaires en Afrique*, Équateur, Paris.

pays venaient d'en être expulsés. Les acteurs géopolitiques qui comptent, imités par ceux qui souhaitent compter, organisent désormais des sommets réguliers avec les dirigeants africains. Le Forum pour la Coopération Chine-Afrique (FOCAC), en est un exemple. Son plus récent Sommet, au cours duquel la Chine s'est engagée à apporter 50 milliards de dollars de support financier à l'Afrique dans les trois prochaines années, a eu lieu en septembre 2024 à Pékin. D'autres sommets similaires révèlent ce véritable regain d'activité en matière de politique africaine : sommets Inde-Afrique, Russie-Afrique, Turquie-Afrique, Forum Brésil-Afrique, s'ajoutent aux sommets afro-arabes déjà établis depuis 1977, tandis que ce que l'on nomme le « nord global », notamment l'UE, mais aussi les États-Unis et le Japon, organisent eux aussi régulièrement leurs propres sommets avec les dirigeants africains. En dépit de ses problèmes inhérents, pour beaucoup, le continent est devenu incontournable.

L'Union européenne, ainsi que le Royaume-Uni, se voient donc confrontés à une concurrence intense de la part de pays dont les motivations sont peu regardantes des intérêts africains ni européens. L'époque où l'Afrique semblait avoir été oubliée par la mondialisation est désormais révolue. L'Afrique aujourd'hui n'est plus le « continent oublié ». Le continent s'adapte à une évolution vers un monde multipolaire caractérisé par des relations internationales transactionnelles, où de nombreuses puissances se disputent leur influence. Il existe désormais un intérêt massif pour l'Afrique, avec davantage d'investissements, d'opportunités commerciales et de garanties de sécurité. La prolifération d'acteurs extérieurs sur le sol africain présente à la fois des opportunités significatives et des risques considérables pour les Africains et leurs partenaires traditionnels, notamment l'Union européenne. D'une part, cela confère aux gouvernements africains une plus grande autonomie dans la gestion de leurs affaires, notamment par un choix plus large d'offres de coopérations. Cependant, l'intensification de la concurrence entre puissances rivales menace d'exacerber l'insécurité et d'éroder les principes démocratiques. En outre, l'élargissement du fossé qui divise l'Occident et la Chine risque d'avoir un impact disproportionné sur les économies africaines par rapport aux autres régions du globe.

Une Europe moins audible

L'UE n'a pris conscience que tardivement du changement de paradigme qui s'est opéré chez ses partenaires africains, désormais en quête de multi-alignement. Ce n'est que récemment que l'UE reçut un signal d'alarme qui eut l'effet d'une onde de choc : lors d'un vote, en mars 2022, de l'Assemblée générale de l'ONU contre l'invasion russe de l'Ukraine, puis lors d'un second vote en octobre 2022 contre l'annexion de quatre provinces ukrainiennes. Même si seule l'Érythrée a voté en faveur du Kremlin, de nombreux pays africains ont choisi l'abstentionnisme. Ces pays ont refusé de condamner l'agression russe, bien qu'elle constitue une violation de la Charte des Nations Unies et du droit international, conduisant à une catastrophe humanitaire et des droits de l'homme qui a accéléré les crises alimentaire et énergétique mondiales au détriment de l'Afrique. L'Europe a été prise par surprise par la préférence de nombreux Africains de ne pas s'engager dans un conflit très médiatisé, se déroulant sur le sol européen, entre Européens, perçu comme une guerre « entre blancs », alors que nombre de conflits sur le sol africain n'attiraient que peu l'attention des médias occidentaux[10]. Les attentes de l'Europe de voir l'agression russe contre l'Ukraine être unanimement condamnée au nom du droit international ne se sont pas concrétisées. Il est devenu évident que l'Occident, et l'Europe en particulier, pensaient à tort qu'ils pouvaient tenir pour acquis le soutien des nations africaines.

Les Occidentaux ont tout d'abord réagi avec incompréhension. Le Président Macron, de la Tribune de l'Assemblée générale de l'ONU, tenta de signifier aux pays du Sud qu'ils faisaient fausse route, et se mettaient eux-mêmes en danger en cautionnant l'agression du « gros » sur le « petit ». D'intenses échanges diplomatiques menés par les Délégations de l'UE dans les pays africains concernés ont mis en évidence le gouffre qui divise Européens et Africains, déterminés à ne plus se laisser dicter leurs choix. L'émancipation de l'Afrique à l'égard du « nord global », véritable révolte du sud, semble désormais consommée, et la perte d'influence de l'Europe sera difficilement réversible.

Un élément cardinal qui explique la perte d'influence occidentale en Afrique est le « deux poids – deux mesures » adopté par la plupart des pays européens et par l'UE de soutien à Israël face au génocide perpétré à Gaza par le gouvernement de Netanyahou. Peu convaincus de la sincérité des Européens sur les questions de droit international, les opinions publiques africaines ont pris fait et cause pour les habitants de Gaza et considèrent les positions occidentales sur le droit international comme hypocrites.

Pour ne prendre qu'un exemple de cette perte d'influence, le Congrès National Africain, parti d'Afrique du Sud dont Nelson Mandela fut le président de 1991 à 1997, se souvient que sous le régime de l'apartheid, le soutien à sa résistance venait bien davantage de l'URSS que de l'Ouest. En février 2023, les flottes chinoise et russe effectuèrent des manœuvres navales conjointes facilitées par Pretoria dans les eaux territoriales sud-africaines au large de Durban. Les puissances occidentales, dont le comportement passé fut loin d'être irréprochable, n'ont pas réussi à convaincre les Africains que l'enjeu était de sauver le droit et les institutions internationales. De l'Afrique du Sud au Mali et au Burkina Faso, et plus récemment du Niger au Sénégal et au Tchad, malgré l'agression russe en Ukraine, les régimes africains deviennent de plus en plus réceptifs aux sirènes du Kremlin.

Cependant, la guerre informationnelle que mène la Russie en Afrique, et au-delà, ne suffit pas à expliquer pourquoi la voix de l'Europe est devenue moins audible, aussi bien sur la scène mondiale que chez nos voisins au sud de la Méditerranée, pourtant géographiquement et linguistiquement si proches. Face à la ruée à grande échelle vers l'Afrique de concurrents de tous bords, l'Europe, Royaume-Uni inclus, est handicapée par le lourd héritage esclavagiste, puis colonialiste, de plusieurs de ses pays[11]. Pendant plusieurs décennies, l'Europe a sous-estimé le poids géopolitique croissant du « continent oublié » et n'a commencé à se réveiller qu'avec la vague migratoire de 2 015 vers l'Europe[12]. Cependant, l'UE s'est vu reprocher, non sans raison, une approche des questions africaines trop centrée sur son potentiel migratoire

10. Johannes Plagemann et Henrik Maihack (2023) *Wir sind nicht alle. Der Globale Süden und die Ignoranz des Westens*. Beck Verlag, Munich.
11. Felwine Sarr (2016) *Afrotopia*. Philippe Rey Ed., Paris.
12. Steven Smith (2018) *La ruée vers l'Europe. La jeune Afrique en route pour le vieux continent*. Grasset, Paris.

et ses répercussions éventuelles pour l'Europe[13]. Des déclarations de bonnes intentions ont certes été formulées à maintes reprises par la Commission européenne. De temps à autre, des appels ont été lancés en faveur d'un « Plan Marshall pour l'Afrique », émanant le plus souvent du ministère fédéral allemand de la Coopération économique et du Développement, mais sans être relayées par l'UE ou la France, et sans que des mesures concrètes soient prises. Dans un même temps, les Accords de partenariat économique (APE) ont suscité des soupçons de traitement injuste parmi de nombreux États africains dont les marchés se sentent mal équipés pour affronter la concurrence internationale[14].

Enfin, lors du Sommet Union européenne – Union africaine de 2022 à Bruxelles, l'UE a lancé un ambitieux programme, le *Global Gateway Afrique-Europe*, visant à stimuler les investissements dans des secteurs clés, et qui prévoit un budget de 300 milliards d'euros pour la période de 2021 à 2027. Cependant, ce fonds est certes destiné en premier lieu, mais pas exclusivement, à l'Afrique. Déjà critiquée pour bénéficier essentiellement aux grandes corporations européennes comme Siemens ou Suez, cette stratégie semble plutôt inadaptée si son objectif inavoué est de concurrencer l'initiative chinoise « Ceinture et Route ».

Dans la lignée de ces changements, la politique de la *Françafrique*, reposant sur le contrôle d'anciennes colonies, longtemps poursuivie par la France, a terni son image dans les pays francophones d'Afrique et mené à son éviction de la bande sahélienne. Le rôle joué en Afrique par la France ces dernières années a été bien davantage militaire qu'économique, après le retrait de nombreux pays africains de grands groupes industriels et notamment du secteur bancaire. Elle n'a pas su anticiper l'aspiration africaine à s'émanciper de la tutelle de l'ancien colonisateur[15]. L'hostilité des Africains au système de la *Françafrique* a mené l'un après l'autre les pays du Sahel à rejeter toute présence militaire française sur leur territoire, ce en dépit des efforts déployés par Emmanuel Macron pour normaliser les relations franco-africaines[16], et malgré le risque pour ces pays de voir leur souveraineté nationale entravée par de nouvelles dépendances. La faillite des structures étatiques sahéliennes et la guerre informationnelle menée par la Russie ont fait le reste. La France a certes préservé des relations dépassionnées avec plusieurs pays non-francophones, comme le Kenya et le Nigeria. Mais il lui faut revisiter de fond en comble son rapport à l'Afrique francophone.

Que peuvent faire la France, l'Allemagne et l'Europe ?

Après cet état des lieux loin d'être favorable à l'Europe, la question se pose de savoir ce que la France et l'Allemagne peuvent faire, de concert avec l'Union européenne, pour esquisser un partenariat eurafricain plus équilibré et définir les conditions d'une prospérité commune. Celles-ci disposent d'atouts certains pour ne pas se laisser dépasser face aux multiples défis d'une Afrique en pleine mutation et peu encline à se laisser dicter ses choix.

13. Olaf Bernau (2022) *Brennpunkt Westafrika. Die Fluchtursachen und was Europa tun sollte.* Beck Verlag, Munich.
14. Kako Nubukpo (2022) *Une solution pour l'Afrique. Du néoprotectionnisme aux biens communs.* Odile Jacob, Paris.
15. Antoine Glaser (2016) *Arrogant comme un Français en Afrique*, Fayard, Paris.
16. Antoine Glaser et Pascal Airault (2021) *Le piège africain de Macron. Du continent à l'Hexagone*, Série Pluriel, Fayard, Paris.

Tout d'abord, la forte diaspora africaine en Europe, et notamment en France, est riche en talents qui peuvent contribuer, tout comme la jeunesse et les femmes, comme acteurs potentiels du développement durable et inclusif[17]. Cette diaspora peut servir de pont entre les deux continents : « *Il faut assumer la part d'africanité de la France* », déclarait Emmanuel Macron. Le deuxième atout est l'européanisation de la politique africaine, qui permet d'atténuer l'hostilité vis-à-vis de la France et d'envisager des projets d'infrastructure à plus grande échelle. En effet, l'UE consiste en une grande diversité d'États-membres dont les trois-quarts n'ont pas été impliqués dans l'époque coloniale, et dont certains ont eux-mêmes été colonisés durant la guerre froide. Un autre atout consisterait à réinvestir la société française en Afrique, ses entreprises qui se sont trop désengagées, sa société civile, ses cercles culturels, afin de multiplier les points de rencontre qui échappent au contrôle de l'État, trop discrédité. Un autre atout important pour la France est culturel et linguistique. La Francophonie, dont l'avenir est en Afrique francophone bien davantage qu'en France, est une institution que la France peut instrumentaliser au profit d'un rayonnement culturel par définition *soft*. Toutefois, les Français en Afrique doivent se garder du moindre signe d'arrogance, se rappeler qu'ils marchent sur des coquilles d'œuf, et se doivent de redoubler de diplomatie.

Pour l'Allemagne, la question ne se pose pas avec la même acuité. Le passé colonial allemand est plus lointain et a concerné moins de pays. Certes, en 2021 l'Allemagne a demandé pardon à la Namibie et aux descendants des victimes du génocide commis entre 1884 et 1915 à l'encontre des tribus Herero et Nama, s'engageant à fournir à la Namibie 1,1 milliard d'euros de compensation au titre de l'aide au développement. L'Allemagne, puissance coloniale tardive, n'avait pas été en mesure de se tailler une part de lion sur l'échiquier africain comme le Royaume-Uni et la France et, de surcroît, ses colonies furent moins nombreuses. L'Allemagne a vu sa période coloniale écourtée par l'issue de la Première Guerre mondiale, mais a su préserver des liens avec ses anciennes colonies par le biais de l'aide qu'elle fournit à leur développement et le travail de la Société pour la Coopération Internationale (GIZ). Moins compromise que la France, pour qui le poids de l'histoire crée un profond malaise, l'Allemagne a pu préserver une meilleure image, du moins dans les pays où elle a été traditionnellement implantée.

Concevoir une vision géopolitique franco-allemande commune qui puisse soutenir une approche volontariste au niveau européen semble être un sérieux défi, tant la France apparaît aujourd'hui comme le maillon faible de l'Europe en Afrique. Il est donc particulièrement important que les initiatives de coopération et de rapprochement des deux continents se préparent conjointement au niveau européen et qu'elles soient mises en application par l'Europe. En d'autres termes, l'Europe doit, pour être crédible, pouvoir parler d'une seule voix aux Africains. *Là où* la Politique européenne de sécurité et de défense commune peine à s'affirmer face aux divergences d'intérêts nationaux, l'Afrique peut, et doit, devenir un lieu privilégié d'entente entre Européens. Cela présuppose une Europe véritablement géopolitique comme l'avait souhaité Ursula von der Leyen, au moins sur les questions africaines.

17. Khaled Igué (2020) *L'heure de l'Afrique. Pour un développement durable et inclusif.* Hermann, Paris.

Comment recalibrer les relations Europe-Afrique ?

Comment lancer une dynamique qui puisse convaincre les Africains des intérêts communs qu'ils partagent avec l'Europe dans un monde de plus en plus imprévisible ? La stratégie européenne *Global Gateway*, lancée en 2021 par la Commission européenne en vue de financer des infrastructures durables de pays partenaires de l'UE, constitue un grand pas dans la bonne direction, et un signal clair destiné à l'Afrique de l'importance que l'Europe attache au devenir de leur continent. Toutefois, si l'ambition de l'Europe est avant tout d'investir massivement dans des infrastructures modernes en vue de promouvoir en Afrique un développement durable et créateur d'emplois, alors l'Europe peut et doit faire mieux. Un *Global Gateway* plus ambitieux, plus ancré dans la durée au-delà de 2027, spécifiquement modelé pour l'Afrique et non, comme c'est actuellement le cas, pour tous les continents, constituerait un pas de géant nécessaire pour convaincre les Africains que nous pouvons façonner ensemble un avenir commun. Il n'est pas trop tard, mais le temps presse. Faudrait-il pour autant donner à un tel projet le nom de Plan Marshall, certes évocateur en Allemagne et en Europe de la relance économique d'après-guerre et du miracle économique allemand qui s'ensuivit ? Le contexte aujourd'hui est bien différent, et il n'est pas sûr que l'Afrique trouve ce nom adapté à ses propres circonstances. Mieux vaudrait trouver un nom plus évocateur pour les Africains.

Devrait-on, par exemple, reconceptualiser l'idée historique des années 1920, initialement allemande, de l'*Eurafrique*, rebaptisée, pourquoi pas, *AfriquEurope* dans le contexte d'un véritable partenariat entre égaux libéré des contraintes du passé ? Le concept d'*Eurafrique* demeure trop ancré dans la période coloniale et pourrait être mal compris, tandis que celui d'*AfriquEurope* présente l'avantage, diplomatique et psychologique, de placer l'Afrique en premier, et de lier symboliquement les deux continents par la lettre E, laquelle signifie ici « Entente », ou « Ensemble ». Au regard du nombre de pays francophones en Afrique, il serait bon d'utiliser le nom en français, d'autant que l'équivalent anglais, *Africa-Europe*, ne permettrait pas de mettre en avant ce lien symbolique. Alors, au lieu de donner à un *Global Gateway* requinqué le nom d'un ancien officier et secrétaire d'État américain, pourquoi ne pas lancer un message clair aux Africains en le nommant simplement *AfriquEurope* ?

Épilogue

Les évolutions récentes ont mis en évidence la nécessité fondamentale de renforcer les relations UE-Afrique et d'améliorer la compréhension entre les deux rives de la Méditerranée. Cela devient encore plus urgent à l'heure où les pays africains sont courtisés comme jamais auparavant par diverses puissances dont le bilan en termes de démocratie et de droits de l'homme laisse souvent à désirer. Face à tous les concurrents désireux d'influencer les affaires africaines, et compte tenu de la proximité géographique des deux continents et de leurs complémentarités économiques, l'Union européenne doit recalibrer son partenariat avec l'Afrique. Les deux rives de la Méditerranée doivent prendre conscience à quel point elles sont inexorablement liées l'une à l'autre. Le grand défi est d'assurer en Afrique un développement durable par un partenariat qualitatif et pérenne. Il reste cependant un très long chemin à parcourir avant que l'Afrique ne considère effectivement l'Europe comme son partenaire naturel. Mais les développements les plus récents ne laissent aucun doute sur l'urgence de recalibrer leur partenariat. Il existe un besoin impérieux de créer une plateforme bicontinentale où le nord et le sud de la Méditerranée puissent débattre, échanger des points de vue, partager leurs expériences et offrir de nouvelles perspectives fructueuses.

Les initiatives que l'Europe, la France et l'Allemagne ont à prendre aujourd'hui détermineront la qualité de notre relation avec le continent sur notre flanc sud. En fin de compte, il est bon de se remémorer l'analyse de Joseph Rovan (1945) dans son article « L'Allemagne de nos mérites », paru dans la revue « Esprits ». Dans son article, rédigé au sortir de la Seconde Guerre mondiale, et à peine libéré du camp de Dachau, Rovan expliquait que l'Allemagne serait le résultat de la manière dont elle allait être traitée par les forces d'occupation alliées. Dans un contexte bien différent aujourd'hui, l'on peut affirmer qu'en fin de compte nous aurons, ni plus ni moins, l'Afrique de nos mérites. La façon dont l'Europe [va] traitera l'Afrique nous donnera l'Afrique que nous aurons méritée.

Christian Jacques*

Un glissement géopolitique vers l'Est ? Les pays d'« Europe centrale et baltique » face à la France et l'Allemagne dans le contexte de la guerre en Ukraine

Introduction

S'il est des moments « charnières » dans l'histoire, le début de l'agression de l'Ukraine par la Fédération de Russie le 22 février 2022 en fait incontestablement partie. Relations internationales, politiques, énergétiques, économiques, politiques migratoires, politiques de défense sont autant de domaines qui ont dû être reconsidérés par les États à un niveau mondial et européen. Certaines initiatives prises par divers gouvernements d'Europe centrale et orientale – surtout dans les premières semaines du conflit – semblent avoir parfois « forcé la main » à Berlin et Paris quant à la nécessité d'une remise en cause radicale dans le rapport des membres de l'Union européenne avec la Fédération de Russie. Ainsi, à l'automne 2022, la journaliste française Laure Mandeville écrivait dans un article pour *Le Figaro* :

> Une véritable redéfinition géopolitique de l'Europe et de ses équilibres est en cours depuis le début de la guerre d'Ukraine, entraînant un glissement assez spectaculaire de son centre de gravité politique et moral vers l'Est[1].

Il nous semble utile de nous arrêter sur cette représentation d'un déplacement supposé du barycentre géopolitique de l'Union européenne dans la mesure où on la retrouve dans bon nombre d'articles d'observateurs français et étrangers. Si l'Allemagne et la France souhaitaient préserver leur position au sein de l'Union européenne, leurs gouvernements devaient, selon elle, s'intéresser à nouveau aux pays de l'Europe centrale et orientale. Cette métaphore du déplacement ou d'un basculement avait manifestement pour but que les sociétés civiles prennent conscience du changement d'ère en matière géopolitique et de la portée ou des conséquences de ce que, dans son célèbre discours du 27 février 2022, le Chancelier Olaf Scholz nommait un « *Zeitenwende* » (changement d'époque)[2].

---

* Maître de conférences à l'Université de Strasbourg et membre de l'UR 1341 Mondes germaniques et nord-européens.

1. Laure Mandeville, « Où sera le nouveau centre de gravité de l'Europe ? », in *Le Figaro*, 01.09.2022.
2. Cf. Olaf Scholz Scholz, Regierungserklärung vom 27.02.2022, https://www.bundesregierung.de/breg-de/suche/regierungserklaerung-von-bundeskanzler-olaf-scholz-am-27-februar-2022-2008356 (Consulté le 26.06.2024).

Mais, peut-on pour autant parler dans ce contexte de la guerre en Ukraine d'un véritable « déplacement vers l'Est » du centre décisionnel en matière de défense européenne et où situer ce dernier ? Peut-on réellement parler d'une remise en question du « leadership » français ou allemand ? Ou bien est-il finalement possible de considérer ces divergences ou différences de perception de la situation géopolitique comme le signe de l'intégration réussie des pays d'Europe centrale et orientale au sein de l'UE ? On fera par ailleurs observer que d'importantes divergences existent entre les différents États de cette Europe dite centrale, baltique ou orientale. Cette vision affirmant l'existence d'un bloc oriental en marge de l'Europe ne serait-elle que l'indice révélateur de la persistance des cartes mentales « occidentales » ? Nous nous proposons ainsi de revenir sur l'évolution au sein de l'UE des relations entre les sociétés postcommunistes des États d'Europe centrale et orientale et celles d'Europe occidentale et notamment avec la France et l'Allemagne. Les politiques de défense seront au centre de notre questionnement, même s'il ne sera évidemment pas possible d'y revenir en détail. De même, il n'était pas possible – combien cela eût été utile et intéressant – de s'intéresser à l'ensemble des pays ou États que cette notion d'Europe centrale et orientale recouvre.

Des difficultés de l'intégration européenne

Lors des premières semaines, voire des premiers mois qui suivirent l'agression russe de février, les responsables politiques français et allemands furent au centre des critiques des sociétés civiles et de différents gouvernements de pays d'Europe centrale et orientale (PECO). Il leur était principalement reproché leur naïveté, voire leur complicité avec l'agresseur russe et une hypocrisie fondamentale qui participait de la persistance voire d'un renforcement du clivage est-ouest au sein de l'Europe ou de l'Union européenne. N'avait-on pas, il est vrai, mis en garde depuis des années et ce même avant 2014 quant à la nature impériale et revanchiste du régime de Moscou [3]? Pour comprendre ces réactions qui ont pu parfois surprendre par leur virulence, il convient de revenir sur l'évolution des relations politiques des PECO avec les pays d'Europe occidentale et tout particulièrement en matière de défense.

En effet, pour la quasi-majorité des PECO, les deux principales étapes de ce que Vaclav Havel désignait comme « Retour à l'Ouest » passaient par leur intégration dans l'Union européenne certes, mais avant toute chose par leur entrée dans l'OTAN. Seuls les États-Unis étaient alors considérés comme susceptibles d'assurer la défense et la protection face aux agressions de la Fédération de Russie qui ne manqueraient de se produire bientôt[4]. Les atermoiements et l'incapacité des pays de l'Union européenne à fournir l'armement demandé par et promis à l'Ukraine depuis le début de l'invasion russe le confirment.

Recouvrer la souveraineté nationale et une indépendance étatique réelle, c'était d'abord garantir sa sécurité. Les tensions lors des négociations qui mèneront au Traité de Nice en 2001 – et notamment celles avec le gouvernement polonais – dénotent

3. Michel Foucher rappelle les propos tenus en 2005 par le Président tchèque Vaclav Havel : « [...] Je n'ai pas l'impression que les Occidentaux aient réalisé la portée de la "révolution orange". Le président Kwasniewski en a vraiment saisi l'importance, mais je ne suis pas sûr que ce soit le cas pour les institutions européennes » Vaclav Havel, *Le Monde*, 23 février 2005, cité par Michel Foucher, *Ukraine Russie. La carte mentale du duel*, Paris, Gallimard, 2022, p. 8.

4. Lors des cérémonies du 20e anniversaire de l'entrée de l'Estonie dans l'Otan, le ministre des Affaires étrangères Margus Tsahkna rappelait l'importance de cette décision.

cette volonté de préserver une marge de manœuvre politique et économique au sein de l'entité que les PECO devaient intégrer à partir de 2004. Dans une réaction critique aux propos du Premier ministre italien Silvio Berlusconi concernant l'« identité européenne occidentale », Vaclav Havel affirmait que ce « retour à l'Ouest » serait justifié par une histoire politique, économique et culturelle commune. Néanmoins, après le changement de paradigme géopolitique advenu dès la fin des années 1980, les notions d'« Europe de l'Ouest » voire d'« Occident » – ainsi que les représentations qu'elles impliquaient – nécessitaient une redéfinition[5]. Loin des visions essentialistes, le président tchèque rappelait que ces représentations géopolitiques n'existaient pas en soi, mais qu'elles traçaient les contours d'un projet commun[6]. C'est à mon avis en ce sens également qu'il convient d'interpréter une partie des critiques d'hégémonie adressées depuis l'Europe centrale à une Union européenne « définie comme marché et non comme union de pays[7] » et le refus de renoncer à une certaine part de l'autonomie nationale récemment recouvrée. Ainsi « le couple franco-allemand » a souvent été perçu avec grand scepticisme, et pas seulement par les courants populistes nationalistes. Ceci explique notamment le succès plus que modeste d'initiatives telles que celle du « Triangle de Weimar[8] ».

Il est également intéressant de constater que si les relations germano-polonaises semblaient s'annoncer sous les meilleurs auspices durant les années 1990, celles-ci traversèrent dans les années qui suivirent de fortes turbulences. Du côté polonais, les partis populistes – le PiS/parti Droit et Justice en tête – surent parfaitement faire vibrer la corde germanophobe pour s'assurer un succès électoral. Il est vrai qu'après l'intégration européenne, ce registre était également prisé par le discours nationaliste tchèque par exemple. Ce spectre d'un retour hégémonique de l'Allemagne s'estompera néanmoins progressivement, même si des hommes politiques comme Miloš Zeman ou Václav Klaus surent en jouer aux moments opportuns. La mémoire des déplacements forcés des populations germanophones à l'issue de la Seconde Guerre mondiale et le « passé allemand » des régions d'Europe centrale et orientale ont longtemps fait l'objet d'un vif débat au sein des espaces publics concernés. Cette thématique a ainsi constitué un véritable enjeu politique tant en Pologne qu'en République tchèque et ces débats ont exercé une influence certaine sur les relations que l'Allemagne entretenait avec ses voisins orientaux[9]. En ce qui concerne la France, la mémoire de l'épisode des Accords de Munich constitue également une des ressources mémorielles auxquelles il est fait allusion de manière récurrente[10]. Dans le contexte de la guerre en Ukraine, il y est fait régulièrement allusion pour dénoncer le manque d'implication

5. Václav Havel, « Redifining the West", in: Project Syndicate: the world opinion page, 02/10/2001, https://www.project-syndicate.org/commentary/redefining-the-west (Consulté le 30.04.2024).
6. Idée que l'historien Karel Bartošek avait également formulée en son temps : « En ce qui concerne l'identité culturelle européenne, je pense, et je ne suis pas le seul, qu'elle n'existe pas en tant que réalité mais seulement en tant que programme, très beau d'ailleurs », Karel Bartošek, « Les représentations de l'Europe centrale », in *Les Europes des Européens,* Publications de la Sorbonne, 1993, p. 124.
7. Cf. Michel Foucher, *L'Union européenne un demi-siècle plus tard : État des lieux et scénarios de relance,* Fondation Robert Schumann, Bruxelles, 2 006 p. 25.
8. Paul Maurice, « Le Triangle de Weimar après son trentième anniversaire : bilan et perspectives », in *Allemagne d'aujourd'hui*, 2 022/No239, p. 28-38.
9. Cf. par exemple Christian Jacques, « Le *centre contre les expulsions* de Berlin. Un débat centre-européen autour de la culture mémorielle », in *Revue d'Allemagne*, 2008, 40-3, p. 421-436.
10. Cf. Antoine Mares, « Les accords de Munich de septembre 1938 au cœur des émotions internationales », in *Mémoires et émotions au cœur des relations internationales*, Paris, Éditions de la Sorbonne, 2014, p. 193-204.

des gouvernements[11]. S'il n'est pas possible d'y revenir en détail, on constate ici combien le rapport émotionnel au passé et ses représentations convoquées dans les espaces publics au niveau national ou international peuvent influer sur les interprétations géopolitiques[12].

Quoi qu'il en soit, si bon nombre des critiques adressées tant à la France qu'à l'Allemagne peuvent relever d'un usage politique du passé, il semble bien que les diplomaties d'Europe occidentale aient sous-estimé cette sensibilité nationale liée au caractère prioritaire de la quête de sécurité que nous évoquions plus haut. Quitter une fois pour toutes l'orbite russe en s'assurant un ancrage définitif à l'Ouest et en insistant sur des politiques atlantistes est une constante que l'on retrouve dans bon nombre des anciens pays membres du pacte de Varsovie et des Pays baltes (Estonie, Lettonie et Lituanie)[13]. Le fait que, en matière de défense, les PECO donnent la primauté à l'axe atlantiste pro-américain a particulièrement irrité certains gouvernements d'Europe occidentale et notamment la France. Ceci fut particulièrement visible lors de la seconde guerre en Irak où le président Jacques Chirac déclarait avec agacement au sujet des PECO :

> « Ces pays ont été à la fois, disons le mot, pas très bien élevés et un peu inconscients des dangers que comportait un trop rapide alignement sur la position américaine [...] Ces pays ont perdu une bonne occasion de se taire[14] ».

Cette petite phrase devenue célèbre du président Jacques Chirac est emblématique de ces tensions et reste largement représentative des divergences quant à la compréhension des politiques de sécurité. On rappellera ici la propension du président Emmanuel Macron en septembre 2022 à dénoncer la politique des gouvernements des PECO, qu'il qualifiait alors de *« va-t-en-guerre »,* et qui venait en quelque sorte faire écho aux propos de 2003 de son prédécesseur. Pour Paris, les postures des gouvernements concernés faisaient alors courir à l'Europe le risque d'une extension du conflit ukrainien et d'une escalade irrémédiable.

Au-delà de l'épisode de la seconde guerre d'Irak, on peut également évoquer celui de l'installation d'un bouclier antimissile en Europe centrale à la fin des années 2000. Le projet prévoyait l'installation de systèmes antimissiles américains en Pologne ainsi que celle d'un radar sur la base militaire de Brdy en République tchèque. Les discussions auxquelles elle donna lieu révèlent également les clivages dans le domaine quant à la politique de défense entre les gouvernements occidentaux et ceux des PECO[15]. Le président français Jacques Chirac affirmait ainsi en 2007 que « le projet américain de bouclier anti-missiles, qui inquiète la Russie, risque de créer de nouvelles lignes de divisions en Europe[16] ». Ces craintes étaient alors largement partagées par Berlin qui, par la voix de son ministre des Affaires étrangères Frank-Walter Steinmeier, appelait Washington et Moscou à ne pas revenir aux logiques de course aux armements de

11. Pour exemple : Jérôme Pellistrandi, « Éditorial – Munich 1938, Kiev 2024 » T 1582, in Revue Défense nationale, mars 2024, p. 1-3.
12. Cf. Michel Foucher, *Fragments d'Europe. Atlas de l'Europe médiane et orientale*, Paris, Fayard, 1993.
13. Mathieu Chillaud, *Les Pays baltes en quête de sécurité*, Paris, Economica, 2009.
14. Cité d'après l'article de Jean Quatremer et Nathalie Dubois, « Jacques Chirac jette un froid à l'Est » in : *Libération*, 19.02.2003.
15. J. Mongrenier, « L'Europe et le bouclier antimissile américain : impolitique et désillusions du projet européen », in *Hérodote*, 128, 2018, p. 35-42.
16. Elysee.fr. « Bouclier anti-missiles : Chirac met en garde contre « de nouvelles divisions ». 09/0302007. [en ligne]. http://www.elysee.fr/elysee/elysee.fr/francais/afp.

l'époque de la Guerre froide[17]. Quoi qu'il en soit, les débats furent particulièrement âpres au sein des espaces publics français et allemands. Washington abandonna finalement ce projet, mais la mémoire de ces débats devait réapparaître à la faveur de l'invasion russe en Ukraine. Les gouvernements et la presse des différents pays concernés ne manquèrent pas après le 24 février de rappeler à l'Allemagne et à la France leur responsabilité et la condescendance avec laquelle ils avaient été traités jusque lors par Paris et Berlin. Mais, on notera que le reproche que l'on fait à l'occident d'avoir été indifférent aux mises en garde des voisins d'Europe centrale et orientale vis-à-vis de la Fédération de Russie semble quelque peu injuste si on considère le long terme. En effet, l'Allemagne assure depuis 2004 dans le cadre du NATO Baltic Air Policing la sécurité ou la surveillance dans l'espace baltique. De plus, les relations privilégiées des gouvernements tchèques sous la direction de Miloš Zeman ou de Václav Klaus avec la Fédération de Russie, les politiques menées par la Hongrie de Viktor Orbán ou celles de la Slovaquie de Robert Fico montrent bien que, malgré un passé ou des expériences traumatiques communes, les sociétés civiles des PECO ne constituent en aucune manière un bloc monolithique. Au-delà d'une désignation géographique que représentent les termes d'Europe de l'Est ou Europe centrale, il est évidemment nécessaire d'adopter pour toute analyse une approche différenciée tenant compte des particularités nationales et des débats internes aux différentes sociétés civiles. Il ne s'agit pas ici de nier l'existence et l'importance d'un rapport au passé ou d'expériences sinon communes du moins similaires. Néanmoins, il convient de ne pas en faire l'unique focale d'analyse sociopolitique ou historique. Mobiliser le terme d'« Europe de l'Est » est ainsi parfois une manière un peu simpliste de renvoyer à l'ordre géopolitique que Winston Churchill décrivait par le biais de la métaphore du « Rideau de fer » et « de ne pas y regarder de plus près […] ou de détourner le regard[18] ». Or, les pays que l'on renvoie habituellement à cette Europe dite centrale ou orientale ont à présent intégré l'OTAN ou l'Union européenne depuis deux décennies et ont évidemment fortement évolué.

De l'OTAN : ou d'une mort cérébrale annoncée un peu trop rapidement

Parmi les épisodes symptomatiques du désaccord de l'Allemagne ou de la France avec bon nombre des pays d'Europe centrale », on peut encore évoquer l'interview donnée par Emmanuel Macron à *The Economist* en septembre 2019 où il considérait que l'OTAN était en état de mort cérébrale[19]. Les échos furent plus que négatifs dans la partie orientale de l'Europe, mais également en Allemagne qui reste jusqu'à aujourd'hui pour le moins prudente quant à l'option d'une défense européenne au sens d'une « Europe grande puissance ».

Alors que la chancelière Angela Merkel se désolidarisait prudemment des propos de M. Macron, le Premier ministre polonais Mateusz Morawiecki qualifiait, lui, ses

17. Cf. « Steinmeier warnt Amerika. Wir wollen kein neues Wettrüsten » (« Steinmeier alerte. Nous ne voulons pas de nouvelle course aux armements », in *Frankfurter Allgemeine Zeitung*, 18 mars 2003, https://www.faz.net/aktuell/politik/ausland/steinmeier-warnt-amerika-wir-wollen-kein-neues-wettruesten-in-europa-1409146.html (Consulté le 04.06.2024).
18. Larry Wolff, *Inventing Eastern Europe. The map of civilization on the Mind of the Enlightment*, Stanford, Stanford University Press, 1994, p. 1 : « In the shadow it was possible to imagine vaguely whatever was unhappy or unpleasant, unsettling alarming, and yet it was also possible not to look too closely, permitted even to look away […] ».
19. Cf. « Emmanuel Macron warns Europe: NATO is brain-dead », in: *The Economist*, 7 novembre 2019.

affirmations d'irresponsables[20]. Pour Morawiecki, il serait « dangereux » de remettre en question le fait que les membres puissent compter les uns sur les autres en matière de défense, ce qui devrait constituer la position de l'architecture européenne de sécurité. La remise en cause de l'automaticité du principe de solidarité décrit dans l'article 5 du Traité de l'OTAN heurtait visiblement tout autant le président de Lituanie, qui rappelait lors d'une rencontre bilatérale avec son homologue polonais Andrzej Duda l'attachement de son pays à l'OTAN[21]. Les positions du président français s'inscriraient dans une longue tradition française de contestation de la position des États-Unis en tant que puissance hégémonique mondiale. L'offensive diplomatique de la France découlerait également d'une volonté d'occulter ses problèmes intérieurs. Mais dans le même temps, interrogé sur le sujet, le Premier ministre *Andrej Babiš* – chef du parti populiste tchèque *ANO*[22] – déclarait : « Je me réjouis de voir qu'Emmanuel Macron a enfin réalisé ce que je lui avais déjà dit personnellement[23] ». Une fois encore, la vision d'un bloc oriental opposé à un bloc occidental dans les questions de défense ne rend pas compte de toutes les nuances et de la complexité du débat politique au sein des différents espaces publics européens.

Quoi qu'il en soit, l'invasion du 24 février 2022 par la Fédération de Russie n'avait été véritablement anticipée ni par Paris ni par Berlin, alors même que les États-Unis n'avaient de cesse depuis plusieurs semaines de mettre en garde contre l'imminence du danger. Cependant, le gouvernement américain n'avait-il pas aussi affirmé à la suite des attentats de 2001 que l'Irak représentait le danger optimal alors même que les preuves apportées par la suite se révélèrent fausses ? Pourtant, avec le recul, le conflit en Géorgie de 2008 puis l'invasion de la Crimée et du Donbass en 2014 auraient dû inquiéter les gouvernements occidentaux. Angela Merkel se refusait jusque dernièrement à considérer l'opposition de son gouvernement à l'adhésion de l'Ukraine et de la Géorgie à l'OTAN comme une faute grave.

C'est donc dans une volonté d'apaisement et de recherche de consensus ou de dialogue que Paris et Berlin vont aborder les premières semaines suivant l'agression russe de février. L'appel d'Olaf Scholz à Vladimir Poutine en juin 2022 ne manqua pas de provoquer une vive réaction de la part du président polonais par ailleurs toujours prompt – suivant des logiques aux accents nationalistes et populistes – à user de tout élément propre à faire vibrer la corde germanophobe chère à une grande partie de son électorat. Emmanuel Macron, qui semblait en matière de diplomatie rester fidèle au principe du « en même temps », a dû faire face à une totale incompréhension de la plupart des sociétés civiles de la partie orientale de l'Union européenne. Encore fêté quelques semaines auparavant comme le symbole d'un renouveau politique français, la presse tchèque ne cessait à présent de rappeler que « l'Ukraine a pris goût au mot

20. Cf. Reuters « Poland says France's Macron comments on NATO 'dangerous' », 11 novembre 2019, https://www.reuters.com/article/idUSKBN1XL136/ [page consultée le 4 mai 2024].

21. Cf. « Prezydenci Polski i Litwy odpowiadają Macronowi na jego słowa o "śmierci mózgowej NATO" », (*Les présidents polonais et lituanien répondent à Macron à propos de ses propos sur la « mort cérébrale » de l'OTAN*) in ONET, 21 novembre 2019, https://wiadomosci.onet.pl/swiat/prezydenci-polski-i-litwy-odpowiadaja-macronowi-na-jego-slowa-o-smierci-mozgowej-nato/pjkesxz (Consulté le 4 mai 2024).

22. ANO (oui en tchèque) est aussi l'acronyme de *akce nespokojených občanů* (action des citoyens mécontents).

23. Cf. CTK, NATO je ve stavu mozkové smrti, uvedl Macron a vyzval k posílení obrany (L'OTAN est en état de mort cérébrale, a déclaré M. Macron, qui appelle à une défense plus forte),in : *Idnes.cz*, https://www.idnes.cz/zpravy/zahranicni/nato-severoatlanticka-aliance-mozkova-smrt-francie-prezident-emmanuel-macron-evropska-unie-obranysch.A191107_121742_zahranicni_dtt (Consulté le 04.05.2024).

"macroner", c'est-à-dire se lamenter, parler, ne rien faire[24] ». Cette critique ouverte des positions de la présidence française reflétait tout à fait les opinions exprimées au sein de l'espace public tchèque depuis l'agression russe.

Les reproches formulés alors ont pu paraître, à l'aune de l'infléchissement politique déjà engagé à cette époque par Berlin, injustes ou exagérés. Le discours gouvernemental d'Olaf Scholz « Résolument engagés pour la paix et la sécurité » du 27 février 2022 marquait un véritable changement de paradigme pour la politique étrangère de la République fédérale[25]. De plus, Berlin avait annoncé quelques jours auparavant, c'est-à-dire avant même l'invasion du 24 février, l'abandon ou la suspension du projet *Nordstream 2* comme conséquence de la reconnaissance par la Russie de l'indépendance des deux républiques autoproclamées en Ukraine. Pourtant, comme le fait remarquer Pierre-Frédéric Weber dans un article consacré à la perception polonaise et balte des réactions allemandes au conflit en Ukraine, le gouvernement polonais ne se priva pas d'insister sur le caractère tardif de ce revirement[26]. Il dénonçait la persistance de certaines formes de tergiversations avec la Russie et l'ambivalence de la redéfinition annoncée du cap géopolitique allemand. Pour Varsovie, il s'agissait de toute évidence de légitimer les positions pour le moins eurosceptiques prônées par le parti conservateur et eurosceptique *Droit et Justice* (PiS). Ainsi, le gouvernement polonais, qui avait été régulièrement rappelé à l'ordre par Bruxelles pour ses politiques jugées xénophobes, rétorquait alors que son pays accueillait à bras ouverts les réfugiés ukrainiens. Du côté de Prague, la rhétorique aux accents germanophobes était beaucoup moins présente dans l'espace public et dans les discours politiques, le traumatisme ukrainien appelait néanmoins à reprendre l'initiative en matière de politique étrangère européenne. En effet, la République tchèque s'apprêtait en juillet 2022 à succéder à la France à la tête du Conseil de l'Union européenne[27] et ce passage de relais suscitait certaines craintes à Paris et Berlin. En effet, le chef du parti conservateur ODS Petr Fiala, connu pour ses positions critiques envers Bruxelles, avait remplacé depuis novembre 2021 Andrej Babiš.

Ainsi, dans les premiers jours qui suivirent l'agression russe en Ukraine, le vice-premier ministre Jaroslaw Kaczyński, chef inofficiel du gouvernement, et le Premier ministre polonais Mateusz Morawiecki, le Premier ministre tchèque Petr Fiala ainsi que le président du gouvernement slovène Janez Janša prenaient conjointement la décision de rencontrer le président ukrainien Wolodimir Zelensky à Kyiv. La rencontre eut lieu le 15 mars 2022 – alors même que la région de Kyiv était encore bombardée – et prit de court une très grande partie des sociétés civiles et des gouvernements européens.

24. Daniela Pešková et Rémy Vlachos, « Ukrajina si oblíbila slovo „makronovat", tedy litovat, žvanit, nic nedělat », in *iDnes.cz*, 15 avril 2022, https://www.idnes.cz/zpravy/zahranicni/macron-ukrajina-valka-makronit-neologismus-vyraz-jazyk-zvanil-obavy-telefonovani.A220414_085610_zahranicni_remy (Consulté le 04.06.2024).

25. Déclaration gouvernementale du Chancelier fédéral de la République fédérale d'Allemagne Olaf Scholz, membre du Bundestag allemand, « Résolument engagés pour la paix et la sécurité » le 27 février 2022, in https://www.bundesregierung.de/breg-fr/recherche/d%C3%A9claration-gouvernementale-du-chancelier-f%C3%A9d%C3%A9ral-2009510 (Consulté le 04.06.2024).

26. Pierre Frédéric Weber, « Les perceptions polonaise et balte de la politique allemande dans le conflit russo-ukrainien depuis février 2022 », in Hans Stark, Jérôme Vaillant, *Changement d'époque (Zeitenwende) : qu'est-ce-que l'agression russe de l'Ukraine fait à l'Allemagne, Allemagne d'aujourd'hui*, no 243/janvier-mars 2023, p. 118-129.

27. Il s'agissait pour la République tchèque de la seconde présidence du Conseil depuis l'intégration de l'Union européenne en 2004. La première présidence fut en large partie assurée par un gouvernement intérimaire car le gouvernement de Mirek Topolánek avait été contraint de démissionner.

Ce message politique, quelque peu provocateur à l'encontre de Berlin et Paris, fut largement salué par une grande partie des sociétés civiles des PECO. Elle répondait visiblement à une attente et venait faire écho au sentiment de révolte et d'indignation que les foules avaient exprimé lors des protestations plus ou moins spontanées contre l'invasion russe en Ukraine.

Au-delà de ces actions symboliques, bon nombre de gouvernements décidèrent alors de soutenir militairement et financièrement l'Ukraine et participèrent à son effort de guerre. Les chiffres – même s'ils diffèrent et ne sont pas toujours fiables – le montrent clairement. Si les observateurs ont souvent relevé l'importance de l'effort de guerre polonais, des pays aux dimensions beaucoup plus modestes y ont également participé activement. En ce qui concerne les livraisons d'armes, les pays d'Europe centrale et orientale ainsi que les pays baltes se sont souvent montrés particulièrement prodigues. L'hebdomadaire allemand *Der Spiegel* notait fin mars 2022 que, tandis que l'Allemagne n'avait dépensé que 37 millions d'euros, la contribution de l'Estonie s'élevait à la même époque à plus de 220 millions. Les chiffres et les données dont nous disposons aujourd'hui, qu'il convient d'interroger avec un regard critique, semblent indiquer que ce retard accumulé par l'Allemagne et par la France est aujourd'hui largement rattrapé[28]. Début novembre 2023, Berlin annonçait vouloir doubler le budget militaire consacré à l'Ukraine pour 2024 et dépenser ainsi plus de 8 milliards d'euros. En ce qui concerne la France, les chiffres restent jusqu'à ce jour bien plus modestes et beaucoup moins flatteurs. Selon l'IFW (*Kiel Institut für Weltwirtschaft*), l'aide militaire du gouvernement français à l'Ukraine jusqu'en septembre 2023 s'élevait à 533 millions d'euros, ne plaçant la France qu'à la 15e place du classement des donateurs. Devant ces chiffres qui semblaient contredire le discours officiel français se réclamant d'une ligne de soutien inconditionnel à l'Ukraine, des députés français ont présenté quelques jours plus tard devant la commission de la Défense et des forces armées de l'Assemblée nationale un rapport parlementaire estimant la contribution de Paris à 3,2 milliards d'euros[29]. Si ces écarts peuvent étonner, ils prouvent du moins que le montant de l'aide militaire est devenu pour les différents gouvernements un enjeu politique important au niveau national ou international. Certains observateurs parlent à ce sujet d'une véritable compétition entre les États pour une certaine forme de *leadership*[30].

L'augmentation des budgets militaires tant en Allemagne qu'en France, acté par la loi de programmation militaire pour 2024-2030, dénote de fait une réelle prise de conscience. « L'Europe retrouve des dépenses militaires dignes de la Guerre froide », déclarait le journaliste politique Thomas Romanacce[31]. En ce qui concerne les pays d'Europe centrale comme la Pologne ou la République tchèque, la volonté d'aider l'Ukraine reste entière bien que certaines limites semblent être à présent

28. Cf. le site *Statista* qui publie régulièrement les chiffres établis par l'IFW (Kiel Institut für Weltwirtschaft). Les dernières statistiques recensent les dépenses respectives jusqu'à la date du 29.02.2024 : https://de.statista.com/statistik/daten/studie/1367150/umfrage/ukraine-krieg-ranking-groesste-unterstuetzer/ (Consulté le 05.06.2024).

29. Cf. Rapport d'information no 1840 (Bilan du soutien militaire à l'Ukraine) publié le 8 novembre 2023 sur le site de l'Assemblée nationale : https://www.assemblee-nationale.fr/dyn/16/rapports/cion_def/l16b1840_rapport-information# (Consulté le 05.06.2024).

30. USA a EU spolu soupeří v dodávkách zbraní na Ukrajinu? (Compétition entre les États-Unis et l'UE dans la fourniture d'armes à l'Ukraine ?), in *iportaL24.cz*, 6 mars 2023 (page consultée le 05.06.2024).

31. Thomas Romanacce, « L'Europe retrouve des dépenses militaires dignes de la Guerre froide », in *Capital*, 26 avril 2023, https://www.capital.fr/economie-politique/leurope-retrouve-des-depenses-militaires-dignes-de-la-guerre-froide-1466811 (Consulté le 05.06.2024).

atteintes. Le Premier ministre tchèque Petr Fiala déclarait que la République tchèque arrivait au bout de ses moyens en matière de livraisons directes d'armement, mais que de nouvelles modalités de soutien à Kyiv allaient être mises en place. Il ne manque pas depuis quelques semaines de rappeler que cette aide ne se fait d'ailleurs pas aux dépens des citoyens tchèques, ce qui suggère que l'enthousiasme des premiers mois de l'opinion publique commence à fléchir. En mars 2023, le président Petr Pavel dévoilait un plan permettant de fournir à l'Ukraine les munitions lui faisant défaut. Face aux atermoiements du Sénat américain qui, en bloquant les aides promises par le gouvernement de Joe Biden, avait placé les troupes de Kyiv dans une situation particulièrement difficile, cette nouvelle fut particulièrement bienvenue.

Bien que la Slovaquie ait participé jusqu'alors à l'effort européen – et ce malgré une opinion publique beaucoup moins unanime quant au conflit en Ukraine – le nouveau Premier ministre Robert Fico est réélu en septembre 2023 sur un programme stipulant sinon l'arrêt, du moins la diminution sensible des livraisons d'armes et de son soutien au pays agressé. La décision de la Pologne de suspendre les livraisons militaires a pu aussi étonner. Le Premier ministre Mateusz Morawiecki entendait par là protester contre l'importation selon lui déloyale des céréales ukrainiennes. En réalité, cette annonce intervenait dans un contexte électoral particulièrement tendu et défavorable au *PiS* qui, de toute évidence, voulait ainsi s'assurer les faveurs de l'électorat paysan. D'autres observateurs quelque peu critiques ont d'ailleurs fait remarquer que la Pologne était également arrivée à la limite de ses capacités de livraison d'armement. Le blocage de la frontière ukrainienne par des chauffeurs routiers polonais montre de plus une certaine lassitude ou un mécontentement au sein de la société polonaise en matière de solidarité avec l'Ukraine.

Dans ces conditions, il paraît justifié d'interroger le constat d'un « glissement » ou du déplacement du centre de gravité géopolitique de l'Europe ». En dépit des atermoiements et annonces perçues comme contradictoires, le soutien des gouvernements et sociétés d'Europe occidentale n'a pas véritablement failli. Le résultat des élections en Pologne, favorable à l'alliance pro-européenne autour de Donald Tusk, donne à penser que l'Union européenne conservait finalement une véritable force d'attractivité. Malgré une cohabitation difficile avec le président Andrzej Duda (PiS), la coopération avec Berlin et Paris devrait en être grandement facilitée. L'arrivée au pouvoir de Donald Tusk, à la tête d'un gouvernement de coalition, donne ainsi de nouvelles perspectives aux politiques pro-européennes.

La décision de Berlin de prolonger jusque fin 2023 le déploiement des systèmes de protection de défense antiaérienne *Patriot* en Pologne et de l'installation durable de près de 4 000 soldats en Lituanie sont des signes évidents de l'existence d'une solidarité européenne. Dans une interview accordée à la revue géopolitique *Le Grand Continent*, la Première ministre estonienne Kaja Kallas, qui relevait une évolution positive en la matière, déclarait :

> L'Europe a pris ses responsabilités, ce qui est une bonne chose. Et pour l'Estonie, le fait d'être consultée est très important, car il n'en a pas toujours été ainsi. Nous sommes petits. L'Estonie est essentiellement une banlieue de Paris si l'on considère sa taille[32].

32. « Nous savons que nous avons désormais la même menace », une conversation avec Kaja Kallas, Première ministre estonienne, in *Le grand continent*, 10 mars 2022, https://legrandcontinent.eu/fr/2022/03/10/conversation-avec-kaja-kallas-premiere-ministre-estonienne/ (Consulté le 04.06. 2024).

Puis, citant Francis Fukuyama, la Première ministre constatait que contrairement aux États-Unis :

> nous n'avons pas une identité commune. Ou si nous en avons une, elle n'est pas très forte. J'ai l'impression que cela change aussi en ce moment. Je suis fière d'être Européenne. L'ensemble de la population se mobilise pour soutenir l'Ukraine de toutes les manières possibles. C'est quelque chose qui participe à la construction de notre identité[33].

Le discours de Bratislava prononcé le 31 mai 2023 par le président français Emmanuel Macron dans le cadre du *Forum Globsec*[34] est venu conforter ce sentiment d'appartenance à ce que l'on pourrait appeler une « communauté d'intérêts ». La forme de *mea culpa* formulé au nom de la France par Emmanuel Macron reçut un accueil plus que favorable dans un grand nombre de capitales centre-européennes. Il déclarait ainsi :

> J'avais en décembre 2019 une phrase sévère à l'égard de l'OTAN, soulignant à l'époque, je vous le rappelle, les divisions qui existaient en son sein entre la Turquie et plusieurs autres puissances en parlant de mort cérébrale. Je pourrais dire aujourd'hui que Vladimir Poutine l'a réveillée avec le pire des électrochocs. [...] nous n'avons pas toujours assez entendu cette voix que vous portiez qui exhortait à reconnaître votre histoire et vos mémoires douloureuses. D'aucuns vous disaient alors que vous perdiez des occasions de garder le silence. Je crois aussi que nous avons parfois perdu des occasions d'écouter. Ce temps est révolu et aujourd'hui, cette voix doit être notre voix à tous.

Le chef de l'État français annonçait ce jour-là un changement de cap fondamental et semblait indiquer un ralliement aux nouveaux courants ou visions géopolitiques que le politiste allemand Benjamin Tallis désigne et qualifie de « néo-idéalisme[35] ». Parmi les principaux acteurs de ce courant, Tallis compte les Premières ministres estonienne et finlandaise Kaja Kallas et Sanna Marin, le vice-premier ministre letton Artis Pabriks, mais aussi les ministres des Affaires étrangères Edgars Rinkēvičs en Lettonie, Gabrielius Landsbergis en Lituanie et Jan Lipavský en République tchèque ainsi que la Présidente de la Commission européenne Ursula von der Leyen. Par « néo-idéalisme », Tallis entend :

> [...] une approche morale de la poursuite géopolitique des intérêts. Il met l'accent sur le droit à l'autodétermination de tous les États démocratiques, y compris les plus petits. [...] Ils peuvent ainsi chercher à rejoindre volontairement des « sphères d'intégration » telles que l'Otan ou l'Union européenne plutôt que de se voir imposer des « sphères d'influence » autoritaires – comme la Russie a cherché à le faire avec l'Ukraine. Le néo-idéalisme est « fondé sur le pouvoir des valeurs conçues comme des idéaux à atteindre » : les droits de l'homme et les libertés fondamentales, la gouvernance démocratique, les sociétés socialement et culturellement libérales et

33. *Ibid.*
34. GLOBSEC : organisation non partisane et non gouvernementale basée à Bratislava (Slovaquie) fondée en 2005.
35. Benjamin Tallis, « Qui soutient Zelensky ? Naissance et doctrine du néo-idéalisme », in *Le Grand Continent*, éd. Fractures de la guerre étendue. De l'Ukraine au métavers, 2023, p. 82-95. Le politiste Thomas Lindemann avait – dans une acception légèrement différente – déjà recours à ce terme au début des années 2000. Cf. Lindemann Thomas, « Les "néo-idéalistes" et l'étude de la guerre », in *Revue française de science politique*, 50e année, no 3, 2000, p. 515-530.

– point sans doute le plus important – le droit des citoyens de ces sociétés à un avenir meilleur.

Ainsi, l'approche néo-idéaliste s'opposerait-elle aux visions pragmatiques ou réalistes largement en vigueur au niveau international, approches défendues par John Mearsheimer et Charles Kupchan[36]. S'il n'est pas certain que la diplomatie française ait entièrement adopté cette démarche et ses représentations connexes, ce que l'on peut qualifier de revirement dans son approche du conflit en Ukraine a permis à Paris de prendre ou (de) reprendre sinon le *leadership* du moins une certaine initiative en matière de défense européenne[37].

Conclusion

Le principe d'une défense européenne indépendante prônée en son temps par Paris et tout particulièrement par Emmanuel Macron ne semble toujours pas envisageable à court terme. Néanmoins, le rapprochement des positions soutenues par les différents pays membres de l'OTAN paraît aujourd'hui effectif. Le président Frank-Walter Steinmeier déclarait, lui aussi, avoir commis des erreurs, notamment pour le projet *Nord Stream 2,* mais il assurait avoir changé. « Nous nous sommes accrochés à des passerelles auxquelles la Russie ne croyait plus et contre lesquels nos partenaires nous avaient mis en garde », affirma-t-il à la presse en avril 2022[38]. Mais au-delà de l'évident rapprochement des positions de Paris et Berlin avec celles de différentes capitales des PECO, certains pays comme la Slovaquie, la Hongrie campent sur des postures que l'on peut qualifier de pro-russes.

Il est en tout cas difficile de parler d'un « glissement ou d'un déplacement du centre de gravité géopolitique » de l'Europe. Dans le contexte des atermoiements au Sénat américain concernant le vote de l'aide à l'Ukraine ces derniers mois, le rôle de Berlin ou de Paris fut crucial. Il convient évidemment de rappeler l'initiative de la République tchèque pour la mise en place d'une plateforme d'achats de munitions destinées à l'Ukraine, initiative placée sous la houlette de l'ancien général et actuel président Petr Pavel. Toutefois, la France et l'Allemagne restent en matière d'aide et de livraison, au niveau européen, les contributeurs les plus importants et ont réaffirmé leur volonté d'en augmenter le volume[39]. Les partisans de la ligne géopolitique « néo-idéaliste » ont finalement convaincu nombre de dirigeants en Europe. Il est néanmoins encore trop tôt pour parler d'une véritable politique unitaire européenne concernant la défense et l'issue de la guerre en Ukraine sera de toute évidence décisive en la matière.

36. Cf. D. Battistella, J. Cornut et É. Baranets, *Références : Théorie des relations internationales*, Presses de Sciences Po, 2019, p. 121-168.
37. Thomas Gomart, « Emmanuel Macron sur la voie du néo-libéralisme », in *Études*, No4306, Juillet 2023, p. 12.
38. Cf. Fabian Albrecht, « Frank-Walter Steinmeier räumt Fehler in seiner Russland-Politik ein »in: Zeit-Online, 04.04.2022, https://www.zeit.de/politik/deutschland/2022-04/frank-walter-steinmeier-fehler-russland-ukraine (Consulté le 05.06.2024).
39. Cf. par exemple le discours d'Olaf Scholz du 11 juin 2024 à l'occasion de la visite de Volodymyr Zelenski à Berlin, consultable depuis le site du gouvernement fédéral, https://www.bundesregierung.de/breg-de/suche/ukraine-recovery-conference-2024-pk-scholz-selenskyj-2291828 (Consulté le 13.06.2024).

L'élargissement de l'UE aux Balkans occidentaux : une vision commune franco-allemande de l'« Europe géopolitique » ?

Julien Thorel*

Le concept d'« Europe géopolitique » a (re-)surgi après la prise de fonctions d'Ursula von der Leyen à la tête de la Commission européenne à l'automne 2019. Il conjuguait peu ou prou l'ambition française, alors tombée en désuétude, de bâtir une « Europe-puissance », et l'aspiration allemande à consolider la zone de prospérité européenne en élargissant le périmètre d'action de l'Union européenne (UE) aux pays partageant un socle de valeurs commun. L'« Europe géopolitique » est, comme l'écrit l'ancienne ambassadrice de France à Moscou, Sylvie Bermann, le signe d'une « maturation des esprits et la prise de conscience d'une certaine vulnérabilité[1] ». Concrètement, l'Europe géopolitique doit remédier aux faiblesses de ce que l'ancien président de la Conférence annuelle de Munich sur la politique de sécurité, Wolfgang Ischinger, avait désigné comme une UE « végétarienne » dans un monde de « carnivores[2] » pour mettre « fin à la naïveté européenne[3] ». Il s'agit par conséquent de poser les cadres qui permettront à l'UE de défendre ses intérêts communs sur la scène internationale, que ce soit sur le plan commercial face aux géants américain et chinois, ou sur le plan politique, face aux tentatives extérieures de déstabilisation « impérialistes » ou « néocolonialistes[4] » de la Russie. En d'autres termes, il convient de se prémunir au mieux contre toute tentative de mettre en péril le modèle politique, économique et social bâti progressivement depuis les débuts de la construction européenne, ce même modèle qui a garanti la paix au sein de l'Europe communautaire. Formulé ainsi, la

* Maître de conférences à CY Cergy Paris Université, Doyen de la Faculté des Études Internationales et Interculturelles. Auteur notamment d'une thèse de doctorat portant sur « la France, la République fédérale d'Allemagne et la politique européenne de sécurité à l'épreuve de la question yougoslave (1949-1995) » ou encore de « La politique de stabilisation de l'espace yougoslave post-titiste (1980-1991), in *Relations internationales*, Paris/Genève, 184/2021, p. 85-98.

1. S. Bermann, « Europe géopolitique ou géopolitique de l'Europe : quelle place pour l'Union européenne dans le jeu des grandes puissances », *Revue internationale et stratégique*, Éditions IRIS, 2/2021 (n° 122), p. 75-82.
2. Propos de W. Ischinger tirés de son ouvrage Welt in Gefahr : Deutschland und Europa in unsicheren Zeiten, cités dans « Ischingers Mahnung für mehr Strategie- und Handlungsfähigkeit Europas », *The European – Das Debatten-Magazin*, 12.10.2018.
3. Expression utilisée par la plupart des responsables politiques européens pour défendre leur action ou par les eurosceptiques pour dénoncer l'inefficacité de l'organisation bruxelloise.
4. Cf. le discours des responsables politiques allemands consécutivement aux événements du 24 février 2022 en Ukraine, p. ex. O. Scholz, « Nach der Zeitenwende. Putins Angriff auf die Ukraine hat eine neue Wirkichkeit geschaffen », Frankfurter Allgemeine Zeitung, 18 juillet 2022, https://www.bundesregierung.de/breg-de/aktuelles/faz-bk-ukraine-2063006.

France et l'Allemagne ont donc toujours partagé cet objectif commun, ce qui reviendrait finalement à penser que l'objectif d'une « Europe géopolitique » a toujours été partagé par les deux pays. Les vagues d'élargissement successives de la CE/UE, au Nord, au Sud ou à l'Est, procèdent de cette même logique.

Dans ce sens, l'élargissement aux Balkans occidentaux en tant que « projet géopolitique » est acté depuis la fin des guerres de l'ex-Yougoslavie. Toutefois, Paris et Berlin n'ont pas toujours été au diapason l'une de l'autre quant aux rythmes et aux moyens à mettre en place pour y parvenir.

Les « Balkans occidentaux », victime collatérale des antagonismes franco-allemands sur les desseins de l'intégration européenne durant les années 1990 ?

« Compte tenu de l'histoire du vingtième siècle, il est difficile d'imaginer un sujet moins favorable que les Balkans à l'élaboration d'une position commune d'emblée aux Français, aux Allemands et aux autres Européens [face aux conflits de l'ex-Yougoslavie][5] » : ces propos tirés des Mondes de François Mitterrand d'Hubert Védrine, en dit long sur la relation qu'ont entretenu la France et l'Allemagne avec l'espace sud-est européen de la fin de Première Guerre mondiale à la fin de l'affrontement Est-Ouest au tournant des années 1980/1990. Les conflits menant à la dislocation de la République socialiste fédérative de Yougoslavie ont mis fin à la rivalité bilatérale dans cet espace européen, instrumentalisé durant la Guerre froide par les Occidentaux qui le considéraient comme un maillon – potentiellement faible – du communisme en Europe de l'Est, et qui, avec la chute de l'Empire soviétique, a perdu la signification géopolitique de contrepoids communiste à Moscou susceptible de servir les intérêts occidentaux dans les Balkans. L'intérêt insuffisant, ou du moins extrêmement tardif[6], des Européens – et des Occidentaux de manière générale – pour la Yougoslavie post-titiste a conduit à la dislocation sanglante des années 1990 et à la redéfinition du rôle géostratégique/géopolitique de la région du point de vue de Paris, Berlin ou encore de Bruxelles. À l'heure où l'intérêt commun de l'Union européenne prescrit l'intégration des derniers États successeurs de la défunte Yougoslavie, les antagonismes passés de Paris et Berlin sur l'avenir géopolitique de cette région ont laissé la place à un pragmatisme commun, minimaliste, au nom des intérêts de l'UE.

Le premier élargissement de la Communauté européenne à l'Europe du Sud-Est remonte à l'adhésion de la Grèce. Un premier accord d'association[7], signé le 9 juillet 1961, mais remis en question par la « dictature des colonels » (1967-1974), avait précédé le dépôt de la demande d'adhésion le 12 juin 1975. L'adhésion au 1er janvier 1981 ne fut pas scellée sans réserve[8] : si la Commission européenne

5. H. Védrine, *Les mondes de François Mitterrand*, Paris, Fayard, 1996, p 618.
6. J. Thorel, « La politique de stabilisation de l'espace yougoslave post-titiste », *Relations internationales*, Paris, 4/2020.
7. Cet accord d'association prévoyait une union douanière, une harmonisation politique (finance, agriculture, fiscalité, etc.), la libre-circulation ainsi que la possibilité d'adhérer, à terme, à la Communauté européenne. Il avait servi d'instrument de guerre froide à la Commission qui jugeait ainsi prendre « sa part du fardeau de la défense de l'Occident. » Cité par Ludwig Roger, « La Commission européenne face aux tensions gréco-turques : de la crise de Chypre au début des négociations d'adhésion de la Grèce. Une tentative de pacification inaboutie ? », *Matériaux pour l'Histoire de notre temps*, La Contemporaine, 2012/4 (nᵒ 108), p. 52 à 57.
8. Avis de la Commission sur la demande d'adhésion de la Grèce aux Communautés européennes (29 janvier 1976), Centre virtuel de la connaissance sur l'Europe (CVCE), Université du Luxembourg, https://www.cvce.eu/obj/avis_de_la_commission_sur_la_demande_d_adhesion_de_la_grece_aux_communautes_europeennes_29_janvier_1976-fr-add5c5dd-118f-412d-bf8a-277a9fc1f239.html.

s'inquiétait des retards économiques et agricoles de la Grèce par rapport à l'Europe des Neuf ou encore du différend gréco-turc à propos de Chypre, elle n'en soulignait pas moins l'importance politique que constituerait l'adhésion de la Grèce à la CEE. Dans le contexte de Guerre froide, il s'agissait de soutenir le retour à la démocratie dans un État où les courants anticommunistes avaient déjà manifesté leur force. L'intérêt aujourd'hui ostentatoire de Bruxelles, et par conséquent de la France et de la République fédérale d'Allemagne, pour les Balkans n'est donc pas nouveau. D'ailleurs, si l'on retient aujourd'hui encore majoritairement les atermoiements des institutions communautaires lors de l'éclatement de la guerre en Yougoslavie au début des années 1980, on oublie bien souvent que le gouvernement Kohl-Genscher, titulaire de la présidence tournante de la Communauté européenne au premier semestre 1988, avait favorisé à l'époque la signature d'un accord d'aide économique, financière et de coopération commerciale pour soutenir une République socialiste fédérative de Yougoslavie en grande difficulté et déjà en proie aux revendications nationalistes. À cette occasion, un dialogue politique avait également été établi entre Bruxelles et Belgrade, ancienne capitale de la Yougoslavie unitaire[9]. Pour autant, en dépit des réformes déjà engagées par la Fédération yougoslave sur la voie de l'économie de marché, le retard de développement économique ne permettait pas d'envisager un rapprochement plus étroit. Dans le contexte politique de l'époque, marqué au sein de la CEE par la recherche d'un consensus favorable à l'émergence d'une union plus politique, la priorité des Douze était l'approfondissement de l'intégration – qui conduira à la signature du Traité sur l'Union européenne de Maastricht le 7 février 1992. La question de l'élargissement de l'ensemble communautaire n'était envisageable que dans la mesure où le(s) pays candidat(s) présentaient un niveau de développement économique lui permettant de contribuer au développement de la zone de prospérité de l'Europe occidentale : l'adhésion simultanée de l'Autriche, de la Finlande et de la Suède par le Traité de Corfou le 1er janvier 1995 le confirme. Partant, les dirigeants européens ne laisseront à aucun moment l'escalade de la crise en Yougoslavie perturber les négociations sur le futur traité, y compris au paroxysme des dissensions franco-allemandes sur la question polémique de la reconnaissance prématurée des indépendances slovène et croate par le gouvernement allemand le 23 décembre 1991[10].

Le changement de paradigme sur l'élargissement est intervenu progressivement, au tournant des années 1990, alors que l'on a craint l'éclatement d'une guerre civile généralisée en Europe de l'Est dans le sillage de la vague de libéralisme consécutive à la chute de l'Union soviétique et à l'effondrement des régimes communistes des États satellites de Moscou. Les conflits qui éclatent à la fin de l'été 1991 en Slovénie et en Croatie puis en Bosnie-Herzégovine début 1992 ont en effet favorisé la prise de conscience chez les Européens que la perspective d'une adhésion future à la zone de liberté et de prospérité de l'Europe communautaire était susceptible de contrecarrer une dérive nationaliste aux conséquences politiques, économiques et sociales désastreuses pour la stabilité de l'Europe de l'Ouest[11]. Les pays de l'UE se sont alors

9. « Communiqué conjoint du Conseil de coopération CEE – Yougoslavie, en date du 19 décembre 1988, sur la coopération entre la CEE et la Yougoslavie », prononcé le 19 décembre 1988, https://www.vie-publique.fr/discours/128297-communique-conjoint-du-conseil-de-cooperation-cee-yougoslavie-en-date.

10. Cf. J. Thorel, « Le couple franco-allemand, moteur ou acteur de la sécurité européenne lors de la crise yougoslave (1991 à 1995) ? », in *Allemagne d'aujourd'hui*, Paris/Lille, 153/2000, p. 52-71.

11. *Ibid.*

employés à exporter la stabilité pour ne pas importer l'instabilité[12]. Une politique de soutien financier aux réformes dans les pays en transition fera suite à la formulation des « critères d'adhésion[13] », dits de Copenhague, lors du sommet européen des 21 et 22 juin 1993.

Le consensus affiché par la France et l'Allemagne, au nom de l'intégration européenne, sur le principe de l'élargissement de l'UE ne saurait masquer la réalité d'un antagonisme bilatéral qui a sillonné la décennie 1990 : l'intérêt géopolitique de l'Allemagne unie à stabiliser sa périphérie orientale était supérieur à celui de la France, qui s'inquiétait davantage de ses relations avec les pays du pourtour méditerranéen. L'opposition frontale franco-allemande entre 2007 et 2009 sur la genèse d'une Union pour la Méditerranée[14] – dont le président Nicolas Sarkozy avait fait l'un des grands projets européens de son mandat – avait illustré l'opposition des deux ambitions géopolitiques française et allemande.

Mais revenons sur les attitudes française et allemande face aux guerres de sécession en Slovénie et en Croatie au deuxième semestre 1991[15] : la position allemande, d'emblée favorable à l'indépendance de Ljubljana et Zagreb, était notamment motivée par le niveau des réformes engagées par les deux républiques du Nord de la Yougoslavie en direction de l'économie de marché. Les liens politiques, économiques et sociétaux des deux républiques de Slovénie et de Croatie avec l'Autriche et l'Allemagne étaient susceptibles de favoriser leur intégration progressive dans le marché européen sur la base d'une culture politique et économique sinon commune, du moins convergente. À l'inverse, la France du président socialiste François Mitterrand privilégiait aussi le maintien de l'intégrité territoriale d'une République yougoslave parce qu'elle était séduite par le système d'autogestion socialiste hérité de la période titiste, ce qui, du point de vue de Bonn à l'époque, paraissait illusoire. Au-delà de la réalité des tensions politiques et des conflits armés face auxquels les deux pays étaient impuissants, l'opposition franco-allemande résultait d'un antagonisme non sur le dessein des Balkans occidentaux à rejoindre à terme l'Europe communautaire, mais sur les conceptions particulières de la France et de l'Allemagne unie du développement futur de la politique d'intégration.

L'immaturité européenne des Balkans occidentaux en question

Durant les années 1990, les nombreuses tergiversations ont, sinon catalysé la marche vers la guerre, du moins favorisé l'échec d'une hypothétique recherche de paix sur le théâtre de l'ex-Yougoslavie entre 1991 et 1999. Si les deux pays se sont rapprochés à plusieurs reprises pour formuler des propositions conjointes de résolution des conflits[16], leur intérêt commun pour la région avait pour but essentiel de contribuer aux tentatives occidentales de pacification de la région et de défendre les

12. Cf. Johannes Varwick, « EU-Erweiterung: Stabilitätsexport oder Instabilitätsimport? », *Aus Politik und Zeitgeschichte*, 22.05.2002, https://www.bpb.de/shop/zeitschriften/apuz/27179/eu-erweiterung-stabilitaetsexport-oder-instabilitaetsimport/.

13. Cf. https://neighbourhood-enlargement.ec.europa.eu/enlargement-policy/glossary/accession-criteria_en.

14. Cf. S. Martens et J. Thorel, « Dissonances sur l'Union pour la Méditerranée. Conflits politiques et solutions diplomatiques », *L'atelier du consensus. Processus franco-allemands de communication et de décision*, Éditions du CIRAC, Cergy-Pontoise, 2013, p. 85-98.

15. H. Stark, « Dissonances franco-allemandes sur fond de guerre serbo-croate », *Politique étrangère*, Paris, 2/1992, p. 339-347.

16. Mentionnons ici en particulier du Plan franco-allemand (dit Juppé-Kinkel du nom des deux ministres des Affaires étrangères) de novembre 1993 pour la Bosnie-Herzégovine et la Conférence de Rambouillet initiée

intérêts de leurs politiques étrangères respectives dans un contexte multilatéral inefficace face aux conflits interethniques. Leurs priorités stratégiques nationales étaient bien éloignées des problèmes posés par l'héritage titiste et les querelles nationalistes qui en résultaient.

On peut considérer que les guerres de Bosnie-Herzégovine (1992-1995), puis du Kosovo (1998-1999) ont mis fin à l'antagonisme franco-allemand sur l'avenir des Balkans. Depuis, beaucoup de chemin a été parcouru, avec en point d'orgue les adhésions de la Slovénie dans la vague d'élargissement historique de 2004[17] puis de la Croatie en 2013.

Mais avant cela, le Pacte de stabilité pour l'Europe du Sud-Est, présenté lors du Conseil européen de Cologne de juin 1999 sous présidence allemande, constitue la première pierre d'une approche ou d'une stratégie commune de l'Union européenne face à cette région après une décennie de politiques infructueuses[18]. D'autant plus qu'il fut couplé d'un Processus de stabilisation et d'Association (PSA), régissant les relations entre l'UE, d'une part, et les pays candidats ou candidats potentiels, d'autre part. De sorte qu'en 2003, la vocation européenne des pays partenaires des Balkans occidentaux du PSA, déclarés « candidats potentiels à l'adhésion », a été soulignée pour la première fois lors du Conseil européen de Thessalonique[19]. La Macédoine du Nord a d'ailleurs obtenu le statut de pays candidats dès le mois de décembre 2005. Les PSA ont conduit à la conclusion d'accords (de stabilisation et d'Association – ASA) qui régissaient les rapports entre l'UE et les 6 pays candidats ou candidats potentiels. Si la décennie qui a suivi le PSA a permis de parachever la stabilisation de la zone, force est de constater que le rythme de coopération s'est accéléré avec l'entrée de la Croatie le 1er juillet 2013. En effet, l'ouverture des négociations d'adhésion a été scellée avec le Monténégro en juin 2012, avec la Serbie en janvier 2014, avec la Macédoine du Nord en mars 2020, avec l'Albanie en juillet 2022. Enfin, la Bosnie-Herzégovine a reçu le statut de pays candidat en décembre 2022, en même temps que le Kosovo a déposé sa demande d'adhésion[20].

Force est de constater qu'au-delà des Sommets annuels UE-Balkans occidentaux qui se tiennent depuis 2013, le rythme des déclarations mutuelles d'intention s'est considérablement intensifié au cours des deux dernières décennies. Toutefois, les résultats mitigés n'ont pas produit d'avancées diplomatiques significatives. Par ailleurs, les Européens restent partagés : certes, les pays comme l'Allemagne, l'Autriche, l'Italie ou la Hongrie ont plaidé de longue date pour l'accélération du processus ; d'autres ont montré davantage de réserves, à l'instar de la France du président Macron.

En outre, de nombreux obstacles ont entravé ce processus, à commencer par la survivance de problèmes politiques anciens. À ce jour, les désaccords entre Skopje et Sofia sur la reconnaissance des droits de la minorité bulgare en Macédoine ne

conjointement Klaus Kinkel et Hubert Védrine pour tenter de résoudre le conflit entre la Serbie et le Kosovo en décembre 1998.

17. Le 1er janvier 2004 sont entrés dans l'Union européenne dix nouveaux États d'Europe centrale, orientale et du sud-est méditerranéen : Hongrie, Tchéquie, Pologne, Slovaquie et Slovénie, Estonie, Lettonie, Lituanie, Chypre et Malte.
18. Jean-Arnault Dérens, Catherine Samary, « Pacte de stabilité pour l'Europe du Sud-Est », *Les 100 Portes des Conflits Yougoslaves,* 2000, p. 252 à 256.
19. « Le sommet de Thésalonique : un jalon dans les relations entre l'Union européenne et les Balkans occidentaux », Bruxelles, 18 juin 2023, https://ec.europa.eu/commission/presscorner/detail/fr/IP_03_860.
20. Pour plus de détails, cf. https://www.consilium.europa.eu/fr/policies/enlargement/.

sont toujours pas résolus malgré la médiation française. Héritage des périodes les plus sombres de l'histoire récente des Balkans occidentaux, la Serbie, comme cinq pays membres de l'UE d'ailleurs[21], refuse toujours de reconnaître l'indépendance du Kosovo, vingt-cinq ans après la fin de la crise de 1999. La Serbie, encore, a refusé fin mai dernier de reconnaître le massacre de Srebrenica de juillet 1995 comme un « génocide » perpétré par les Serbes de Bosnie, ce qui constitue une nouvelle prise de distance du gouvernement de Belgrade à l'égard des « valeurs européennes[22] ». Dernier exemple notoire : la gouvernance tripartite en Bosnie-Herzégovine, héritées des accords de paix négociés à Dayton en décembre 1995[23], continue d'être une source de tensions interethniques ; la menace du président des Serbes de Bosnie, Milorad Dodik[24], de faire sécession pour rattacher la Republika Srpska à la Serbie a livré une nouvelle preuve de l'instabilité latente en Bosnie-Herzégovine. Cette situation a d'ailleurs conduit au renforcement de la mission de la force militaire européenne EUFOR Althea en mars 2022, reconduite re novembre 2023[25] et dont on peut supposer que le Conseil de sécurité des Nations unies prorogera le mandat en fin d'année 2024 au regard de l'évolution préoccupante des relations entre les différentes communautés constitutives du pays[26]. Et ce ne sont que quelques exemples de l'inadéquation entre les critères d'adhésion et la réalité politique, économique et sociale dans cette partie de l'Europe. Mais peut-on refuser la candidature à l'adhésion à des pays qui, certes, connaissent encore quelques troubles interethniques, mais semblent largement stabilisés politiquement lorsqu'on octroie le statut de candidat à un pays en guerre[27] ?

Autre problème de taille, même s'il ne semble pas occuper les esprits des capitales européennes au premier plan : le rythme inquiétant du développement économique de l'ensemble de la zone. Si l'UE est le premier partenaire commercial de la Serbie, de la République serbe de Bosnie ou encore du Monténégro[28] – que l'UE avait déjà sauvé de la cessation de paiement en 2021[29] – les réformes économiques tardent toutefois à élever le niveau de ces pays à un niveau satisfaisant les standards exigés par Bruxelles. L'aide de 6 milliards d'euros accordée aux pays des Balkans du Sud-Est en mars dernier pour la période 2024-2027 doit ainsi constituer un « nouveau plan de croissance pour les Balkans occidentaux ». Elle a justement pour objectif d'aider « à entreprendre un ensemble complet de réformes socio-économiques et fondamentales, y compris en matière d'État de droit et de droits fondamentaux ». Ce plan de

21. L'Espagne, la Grèce, la Roumanie, la Slovaquie et Chypre.
22. « Ceux qui nient le génocide de Srebrenica "n'ont pas leur place en Europe", dit l'UE », *Euractiv*, 14.05.2024, https://www.euractiv.fr/section/elargissement/news/ceux-qui-nient-le-genocide-de-srebrenica-nont-pas-leur-place-en-europe-dit-lue/.
23. R. Holbrooke, *To End a War*, New York, Random House, 1998.
24. Milorad Dodik est membre et président de l'Alliance des sociaux-démocrates indépendants (SNSD). Il a été président de la République serbe de Bosnie de 2010 à 2 018 puis de nouveau depuis le 15 novembre 2022.
25. « Bosnie-Herzégovine : le Conseil de sécurité autorise le renouvellement pour un an du mandat de l'EUFOR ALTHEA », Conseil de sécurité des Nations unies, CS/15479, 2 novembre 2023.
26. « Bosnie-Herzégovine – Développements préoccupants dans l'entité de Republika Srpska », Communiqué du ministère français des Affaires étrangères et européennes, Paris, 22 avril 2024 Cf. https://www.diplomatie.gouv.fr/fr/dossiers-pays/bosnie-herzegovine/evenements/article/bosnie-herzegovine-developpements-preoccupants-dans-l-entite-de-republika.
27. L'Ukraine a introduit une demande d'adhésion à l'UE en février 2022 et s'est vu accorder le statut de candidat à l'adhésion en juin 2022. L'UE a tenu sa première conférence intergouvernementale avec l'Ukraine en juin 2024. Cf. https://www.consilium.europa.eu/fr/policies/enlargement/ukraine/
28. J.-A. Dérens et L. Geslin, *Les Balkans sous influence. En 100 questions*, Paris, Tallandier, 2023, p. 73.
29. J.-A. Dérens et L. Geslin, *op. cit.*, p. 244.

croissance « soutiendra le processus d'élargissement et accélérera la convergence économique des partenaires avec l'UE[30] ».

En tout état de cause, il s'agit de favoriser autant que possible le rapprochement des pays de l'ensemble des pays de la zone des critères d'adhésion de Copenhague. Car avec les élargissements qui pourraient intervenir au cours de la décennie à venir[31], il s'agit d'abord de parachever la réunion des États constitutifs de l'Europe géographique en fonction de leur appartenance à la communauté de valeurs européennes, c'est-à-dire politique, autant que de leur capacité à s'intégrer au marché unique. Paris et Berlin s'accordent sur ce principe comme sur la nécessité, face au regain de tensions politiques avec la Russie depuis le début de la guerre en Ukraine en 2014, de renforcer l'influence de l'UE dans la région.

Le réveil tardif de l'« Europe géopolitique »

Notons cependant que la communauté de valeurs affichée dans les compte-rendu des sommets bilatéraux UE-Balkans ressemble à une langue de bois qui masque à peine des objectifs et intérêt (géo)politiques : la cécité bienveillante de l'UE comme des États membres montre qu'avec l'élargissement aux Balkans occidentaux, il s'agit bel et bien d'un pari risqué ressemblant sous certains angles à un mariage forcé ou du moins « arrangé » !

Au cours de la dernière décennie, les Balkans de l'Ouest ont été incités à renforcer le dialogue entre eux, à l'initiative des États membres comme des instances communautaires. Fidèle à son rôle traditionnel de fer de lance de l'élargissement, l'Allemagne d'Angela Merkel a ainsi inauguré en 2014 le « Processus de Berlin ». Ce forum de dialogue, qui rassemblait les six aspirants des Balkans occidentaux, l'UE ainsi que l'Allemagne, l'Autriche, la Croatie, la France et l'Italie, a permis quelques progrès : conçu comme un forum de facilitation de projets communs, le processus de Berlin a permis, par exemple, d'avancer dans le domaine des projets d'infrastructures de connectivité en matière de transport ou encore dans le domaine des « investissements verts[32] ». Les six États des Balkans occidentaux se sont aussi accordés sur un marché unique de l'énergie[33]. On notera en particulier la création, à l'occasion du sommet UE-Balkans de Paris le 4 juillet 2016, par les six pays de la zone d'un Office régional de coopération pour la Jeunesse (RYCO) sur le modèle franco-allemand de l'Ofaj/DfJW, basé à Tirana. La France a aussi apporté un soutien actif en finançant à hauteur d'un demi-million d'euros pour la période 2019-2022 des projets d'entrepreneuriat social par l'intermédiaire de l'Agence française pour le Développement (Afd)[34]. Toutefois, le processus de Berlin n'a pas tenu toutes ses promesses[35] quant à de réels progrès en matière d'État de droit, de liberté de la presse ou encore de lutte contre la corruption.

30. Communiqué de presse, « Facilité pour les réformes et la croissance en faveur des Balkans occidentaux : le Conseil arrête son mandat de négociation », 06.03.2024.
31. En 2022, le ministre grec des Affaires étrangères… a avancé la date de 2033. D'autres évoquent 2035.
32. Sommet Paris-Balkans, 4/7/2016, https://ba.ambafrance.org/Sommet-Paris-Balkans-4-juillet-2016.
33. *Idem*.
34. Pour plus de détails sur ces projets, cf. la page « Projets » du site internet de l'Afd : https://www.afd.fr/fr/page-region-pays/balkans-occidentaux.
35. « Balkan-Reise : Angela Merkel will die EU-Osterweiterung », *Euronews* (avec le concours de l'Agence allemande de presse [dpa]), 14.09.2021.

D'un côté, l'échec en 2023 de la zone de libre-échange *Open Balkans* – une sorte de mini-Schengen entre l'Albanie, la Macédoine du Nord et la Serbie fondé en 2018[36] – ou encore la réaction épidermique quasi unanime à la très polémique « CPE » (Coopération politique européenne) proposée par Emmanuel Macron en 2022 témoignent de ce que les pays de la zone sont las de rester dans l'antichambre de l'UE, à laquelle les sociétés des Balkans occidentaux continuent d'aspirer avec véhémence.

De l'autre, en revanche, les pouvoirs en place adoptent souvent à l'égard de l'UE une attitude ambivalente, tiraillés qu'ils sont entre la recherche de prospérité économique, d'une part, et, d'autre part, des relents nationalistes non dissimulés, qui bénéficient du soutien russe. Moscou appuie par exemple la non-reconnaissance du Kosovo, que les gouvernements successifs à Belgrade ont toujours considéré comme une partie de son territoire. Pour sa part, le président Aleksandar Vučic, a voté la résolution de l'ONU selon laquelle elle s'oppose à l'effondrement de l'intégrité territoriale de tout État membre de l'ONU – donc de l'Ukraine ! – mais n'a pas adopté les sanctions européennes contre la Russie depuis 2022. Si les intérêts économiques des Russes en Serbie sont « modestes », les oligarques russes ont toutefois la main sur l'industrie pétrolière serbe depuis 2009. Au Monténégro voisin – et ancienne province de la République de Serbie au temps de la Yougoslavie –, les partis politiques proserbes (Front démocratique) et l'Église orthodoxe serbe sont des « relais de Moscou[37] ». Certes, la Chine exploite des gisements pétroliers et gaziers offshore dans les mers Ionienne et Adriatique. Pékin a également fait l'acquisition ces dernières années des centrales thermiques en Bosnie-Herzégovine et en Serbie, mais comme le soulignent Jean-Arnault Dérens et Catherine Samary, l'UE « semble rester inerte face à l'activisme chinois[38]. »

Par conséquent, la précipitation manifestée en mars dernier par Ursula von der Leyen[39] puis par le Conseil en faveur l'ouverture de négociations d'adhésion avec la Bosnie-Herzégovine – quelques jours seulement après que le Haut Représentant international pour la Bosnie-Herzégovine, Christian Schmidt, eut demandé au président Dodik de clarifier ses relations avec la Russie[40] – traduit l'obsession russe de Bruxelles, motif majeur de l'accélération de la marche vers l'élargissement après une décennie de tergiversations et de contradictions, y compris sur des sujets d'intérêt commun tel que la politique migratoire, alors que les flux en provenance de la Méditerranée empruntaient quotidiennement la « route des Balkans » pour rejoindre l'UE.

En dépit des nombreux appels du pied des pays candidats, le sursaut récent des États membres pourrait avoir de lourdes conséquences sur les suites du processus d'élargissement, qui arriverait bien tardivement pour endiguer la déferlante nationaliste potentielle ou effective dans les Balkans occidentaux, alors que l'UE est elle-même minée par des régimes illibéraux, notamment en Hongrie et en Slovaquie, sans oublier

36. E. Destani, « Coopération régionale : Open Balkans, la grande coquille vide », *Le Courrier des Balkans*, 8.02.2024.
37. J.-A. Dérens et C. Samary, *op. cit.*, p. 238 et s.
38. *Ibid.*, p. 245.
39. A. Brzozowski, « La Commission recommande l'ouverture des négociations d'adhésion avec la Bosnie », *Euractiv*, 12/3/2024.
40. « Sur la voie de l'UE, la Bosnie doit clarifier ses liens avec Moscou, selon le Haut représentant international », *Euractiv*, 5/3/2024.

qu'en France et en Allemagne même, ou encore en Italie, en Autriche ou aux Pays-Bas, les forces de droite et d'extrême-droite ont le vent en poupe depuis quelques années.

Une communauté de vues conditionnelle ?

Dans son discours de la Sorbonne de septembre 2017, le président Emmanuel Macron avait souligné la nécessaire ouverture de l'« Union du marché et du droit » aux pays des Balkans, « lorsqu'ils respecteront pleinement l'acquis et les exigences démocratiques[41] ». Car, poursuivait-il, « les arrimer à l'Union européenne (...) est une condition pour qu'ils ne tournent pas le dos à l'Europe pour aller [...] vers des puissances autoritaires qui ne défendent pas aujourd'hui nos valeurs[42]. » Dans le même esprit, Angela Merkel s'était rendue en voyage officiel à Belgrade et Tirana quelques jours avant la fin de son dernier mandat pour exhorter les chefs d'États et de gouvernement des six candidats à se concentrer sur le processus d'adhésion. Conjurant l'« intérêt géostratégique[43] » pour l'UE d'accueillir les six États, elle insistait auprès de ses homologues de l'UE pour qu'« une fois que les conditions auront été remplies, l'UE doit tenir parole et ne pas continuer à inventer de nouvelles conditions, parce qu'elle ne veut pas – pour des raisons de politique intérieure – faire avancer le processus d'adhésion. Lorsqu'elle fait cela, elle crée de la déception[44] ». Deux ans plus tard, le 9 mai 2023, devant le Parlement européen, son successeur Olaf Scholz a à nouveau plaidé pour que les Européens tiennent la promesse engagée. Car la crédibilité de l'UE, et par conséquent de l'« Europe géopolitique », est en jeu dans les Balkans occidentaux. Et les liens de pays comme la Hongrie ou la Slovaquie avec les six États ne jouent pas en faveur de Bruxelles. Sans doute est-ce la raison pour laquelle, en dépit de l'évolution différenciée des six pays sur la voie de l'UE, aucune voix sérieuse ne s'est prononcée en faveur d'une intégration échelonnée dans le temps[45], alors que, par exemple, l'adhésion des anciennes démocraties populaires à l'UE s'est déroulée en deux temps[46].

Paris et Berlin – et les vingt-cinq autres États membres puisque l'unanimité prévaut à ce type de décision – ont dorénavant consenti à l'entame des négociations avec les six pays candidats des Balkans occidentaux. La communauté de vues bilatérale affichée, fondée sur l'objectif d'y contrer les visées subversives russes, repose sur un consensus d'une nature nouvelle, c'est-à-dire d'une convergence plus naturelle, qui relève d'un intérêt véritablement commun. Affranchi des courants de pensée traditionnels français, de gauche comme de droite, Emmanuel Macron n'observe pas le volontarisme allemand, de Merkel à Scholz, en matière d'élargissement à l'Est comme une volonté allemande de défendre ses intérêts nationaux, au besoin au détriment de

41. « Discours d'Emmanuel Macron pour une Europe souveraine, unie, démocratique », 26 septembre 2017, www.elysee.fr.
42. *Ibid.*
43. Propos d'Angela Merkel tenus à Belgrade à l'occasion de son dernier voyage officiel dans les Balkans occidentaux.
44. Cité par « Angela Merkel exhorte les Balkans occidentaux à se concentrer sur l'adhésion à l'UE », *Euronews*, 14.09.2021.
45. Le Haut-Représentant de l'UE Josep Borell a même catégoriquement réfuté cette option en 2021. Cf. E. Koutsokosta, « Borrell gegen getrennte EU-Erweiterungsgespräche mit dem Balkan », *EuroNews*, 10.05.2021.
46. La Roumanie et la Bulgarie – comme les six pays du Sud-Est européen en retard, entre autres, en matière de réformes et de développement économiques comme dans le domaine de la lutte anti-corruption – ont rejoint l'Union en 2007, soit trois ans après la Pologne, la Hongrie ou les Républiques tchèque et slovaque.

ceux de ses voisins. Sa proposition de créer une Communauté politique européenne, soutenue par le chancelier social-démocrate, marque une volonté de la diplomatie française d'être aux avant-postes européens sur un champ politique où elle souvent été en retrait, à défaut de s'y opposer, comme ce fut encore le cas en 2019, lorsque Paris avait bloqué l'ouverture des négociations avec la Macédoine du Nord et l'Albanie, arguant de ce qu'un élargissement devait s'accompagner d'une refonte préalable des règles du jeu.

Les prises de position de la France et de l'Allemagne n'étaient donc pas sur la même longueur d'onde concernant les modalités de réalisation de cet élargissement. Certes, dans le contrat gouvernemental signé par la coalition « feu tricolore » en 2021, le gouvernement fédéral a bien formulé la proposition de faciliter la prise de décision sur les questions de politique étrangère et de sécurité en introduisant une majorité des deux tiers au Conseil. Mais les réticences françaises, à la fois pour des raisons doctrinales en termes de souveraineté et de politique intérieure, sont connues sur ce point. En tout état de cause, une modification des traités correspondante impliquerait un vote à l'unanimité auquel la Hongrie de Viktor Orban ou la Slovaquie de Robert Fico opposerait leur veto. Sans compter qu'à l'heure où nous livrons ces lignes, la fragilité de l'équilibre politique en France après les élections européennes et législatives anticipées de mai/juin 2024 a remis aux calendes grecques toute avancée dans ce sens.

Conclusion

Quoi qu'il en soit, depuis février 2022, ce débat élargissement/approfondissement semble avoir fait long feu, au gré de l'évolution du contexte géopolitique européen. On comprend d'autant mieux la volte-face opérée par Emmanuel Macron avec le projet de CPE, formulé lors de la présidence française du Conseil européen en juin 2022 : que cette proposition fut pensée comme une manière de gagner du temps face à Moscou, à l'époque où le dialogue avec le Kremlin était encore possible, ou comme une manière constructive de faire patienter les candidats notamment des Balkans occidentaux, elle avait le mérite et constituait l'unique moyen de contourner les réticences des uns (à commencer par les Français), de lancer un signal positif aux traditionnels avocats de l'élargissement (telles l'Allemagne ou l'Autriche) tout en rassemblant le plus grand nombre (quarante-quatre) d'États dans une opposition commune à la Russie de Vladimir Poutine, autour d'un projet géopolitique d'avenir commun.

Nicolas Téterchen*

Convictions fondamentales. Facteurs de la future politique européenne de sécurité et de défense

L'invasion de l'Ukraine par la Russie le 24 février 2022 a provoqué des changements majeurs en France comme en Allemagne : une hausse des dépenses militaires, des projets de modernisation des armées et des évolutions dans les doctrines de défense. Ainsi, lors de sa déclaration gouvernementale au Bundestag, trois jours après le début de l'invasion, le chancelier Olaf Scholz, en évoquant une « *Zeitenwende* » (changement d'époque), a annoncé le déblocage d'un fonds spécial de 100 milliards d'euros pour moderniser la Bundeswehr et sa volonté de faire de l'Allemagne une puissance leader dans la défense conventionnelle du continent. Depuis, le pays a livré des armes à un État en guerre (une première) et a entamé une réflexion sérieuse sur le retour du service national. En France, la période coïncide avec une modernisation de l'armée de terre (notamment par le programme Titan, qui succède au programme Scorpion). Le pays met aujourd'hui l'accent sur des exercices sur le sol européen avec les partenaires de l'OTAN.

Des différences stratégiques substantielles, issues d'éléments réalistes, d'usages et de convictions fondamentales, persistent entre les deux partenaires. Si l'Allemagne maintient jusqu'au début de l'année 2025 un discours privilégiant la clarté des intentions, la crainte d'une escalade de la violence et le risque que l'aide allemande à destination de l'Ukraine soit considérée comme une « cobéligérence » par Moscou, la France voit l'ambiguïté stratégique comme garante de sa dissuasion nucléaire : aucune option n'est écartée et les « intérêts vitaux » du pays sont volontairement flous.

La priorité de la nouvelle politique européenne de sécurité et de défense (PESD) est l'autonomie stratégique européenne mue par le risque d'une prise de distance des États-Unis face à la menace russe (la question chinoise gagnant en importance relative pour les Américains[1]) et cette vision se traduit par une recherche d'une indépendance industrielle européenne. La nouvelle Commission européenne, dont le centre de gravité penche à l'Est en ce qui concerne la politique de défense, semble, par

---

* Doctorant en études germaniques à CY Cergy Paris Université (sous la direction de Stephan Martens) et assistant de recherche au programme « France et relations franco-allemandes » à la *Deutsche Gesellschaft für Auswärtige Politik* (DGAP) à Berlin.

1. Brugier, Camille et Haroche, Pierre, *2027 : l'année de l'autonomie stratégique européenne*, Paris (Le Grand Continent) 2023 (11 avril). Lien : https://legrandcontinent.eu/fr/2023/04/11/2027-lannee-de-lautonomie-strategique-europeenne/.

certains aspects, constituer un *momentum* pour un rapprochement stratégique franco-allemand. Elle peut aussi être vue comme une première phase d'un ralentissement du moteur franco-allemand. Comment les Français et les Allemands voient-ils leur rôle dans la défense européenne ? Quels sont les défis franco-allemands engendrés par une nécessaire réponse européenne à la menace russe, sur le long terme ? Dans ce cadre, quelle est la place des convictions fondamentales dans la perception de l'opinion publique et dans les décisions politiques ?

Pour mieux cerner ces enjeux, nous dresserons dans un premier temps un bilan des piliers des pensées stratégiques allemande et française, puis nous nous intéresserons aux enjeux générationnels comme facteurs d'évolution de ces convictions. Dans une deuxième partie, nous nous focaliserons sur les perceptions des Français et des Allemands face aux effets de la guerre en Ukraine, notamment sur l'économie de défense, sur la place du pacifisme dans les décisions des politiciens et sur les liens entre l'armée et la société civile. Enfin, nous nous intéresserons aux dynamiques de la nouvelle PESD face aux convictions des Français et des Allemands.

Convictions fondamentales

La culture stratégique allemande

Les réflexes identifiables chez les acteurs de la politique de défense allemande trouvent leur origine dans l'idée d'une scission profonde entre la période de la Seconde Guerre mondiale et celle qui lui succède : la *Stunde Null* (l'*heure zéro)*, correspondant au 8 mai 1945. Les jalons de la pensée stratégique allemande contemporaine sont posés dès l'après-guerre, dans le cadre des premières réflexions entre la République fédérale d'Allemagne (RFA) et les alliés occidentaux sur la création d'un contingent allemand, pour protéger le flanc est de l'OTAN du danger soviétique, en s'appuyant sur les connaissances qu'en avaient les anciens officiers de la Wehrmacht. Le « Mémorandum d'Himmerod », un document rédigé en octobre 1950, à la suite d'une réunion confidentielle rassemblant une quinzaine d'officiers allemands, est un témoin particulièrement intéressant de la première idée que se sont faite les dirigeants allemands des nouvelles valeurs pour ce qui deviendra la Bundeswehr. Le texte détaille ainsi le nouveau cadre conceptuel de la nouvelle armée pour la paix, composée de citoyens en uniformes, mus par leur leadership intérieur, soit par leur réflexion personnelle constante sur le lien entre leurs valeurs et leurs missions[2]. Ces éléments proviennent en grande partie des réflexions du Comte Wolf von Baudissin (1907-1993)[3]. Dès 1957, la Bundeswehr publie un guide pour détailler au soldat l'application du leadership intérieur : le *Handbuch Innere Führung*[4]. Notons qu'il faudra attendre le choc face à la guerre en Ukraine, en 2022, pour que la Bundeswehr mette à jour l'ouvrage (soit 66 ans après la première version). La culture stratégique allemande repose donc essentiellement sur trois tendances.

D'abord, une recherche du consensus, non seulement par une forte tradition du multilatéralisme (via l'OTAN, via les structures européennes, via le partenariat franco-allemand et, aujourd'hui, via d'autres formats, comme le Triangle de Weimar) mais aussi par la conviction que l'interdépendance, même avec des puissances

2. Voir la section V du document : *Das innere Gefüge*.
3. Sa pensée est résumée dans Baudissin, Wolf Graf von, *Soldat für den Frieden.* Entwürfe für eine zeitgemäße Bundeswehr, Munich (Piper) 1970.
4. Titre que l'on peut traduire par « Guide du leadership intérieur ».

potentiellement hostiles, favorise la paix et la démocratie[5]. Cette recherche du consensus apparaît souvent comme la conviction inconsciente, chez les décideurs allemands, selon laquelle toute action unilatérale de la part de l'Allemagne serait considérée par les alliés comme une potentielle menace pour la paix. De cette posture découle une *Kultur der militärischen Zurückhaltung* (culture de la retenue militaire)[6].

Ensuite, un discours politique mettant l'accent sur la défense des droits de l'homme et de valeurs universelles (surtout la paix et la démocratie libérale) plutôt que sur celle d'intérêts réalistes ; une responsabilité dont l'Allemagne se voit comme garante depuis la fin de la Seconde Guerre mondiale. Cette tendance se reflète largement dans l'idée que les Allemands se font du rôle de leur propre pays dans le monde, une *Zivilmacht* (puissance civile)[7], et notamment lors des manifestations, dont la paix est un des deux sujets traditionnels avec les revendications liées au travail.

Enfin, une vision singulière de la chose militaire, à savoir une armée *sui generis*, parlementaire, avec des valeurs qui, si comparées à celles d'autres armées occidentales, n'auraient pas de sens, une utilisation de cette armée essentiellement dans le cadre de missions de maintien de la paix et d'aide humanitaire, et une place particulière du soldat dans la société. La Loi sur le statut des militaires ne restreint pas la liberté d'association du soldat, lui permettant de se syndiquer (65 % d'entre eux le seraient auprès du Deutscher Bundeswehrverband ; la proportion pouvant aller jusqu'à 90 % pour les officiers généraux[8]) et lui autorise l'activité politique en dehors de son service[9]. Notons également la multitude d'associations de militaires travaillant avec des partis politiques, comme BundeswehrGrün chez les Verts, les Liberale Soldaten und Veteranen chez les Libéraux ou encore Charlie Delta Uniform chez les Chrétiens-démocrates.

La culture stratégique française

La pensée stratégique française se fonde surtout sur les pensées de théoriciens et officiers qui se sont illustrés lors de la Seconde Guerre mondiale ou juste après, comme Jean de Lattre de Tassigny (1889-1952) « inspirateur de la pensée stratégique française de la seconde moitié du XXe siècle » d'après François Géré[10], Charles Ailleret (1907-1968), Pierre Marie Gallois (1911-2010), Lucien Poirier (1918-2013)

---

5. Le concept basé sur cette idée est celui du « *Wandel durch Handel* » (changement par le commerce), selon lequel des relations économiques favorables avec des pays autoritaires contribuent, par l'amélioration du niveau de vie local, à la « paix démocratique » : la baisse du risque de conflits par la création d'un terrain de plus en plus favorable au développement de la démocratie.
6. Cf. Jéronimo L. S. Barbin et Torsten Konopka, « Militärische Zurückhaltung oder militärisches Engagement? Entstehung und Entwicklung der strategischen Kultur der Bundesrepublik Deutschland bis 1990 im Lichte von Archivquellen », in *SIRIUS – Zeitschrift für Strategische Analysen* Berlin, N° 04/2023, p. 327-353. Lien : https://doi.org/10.15sirius-2023-4002.
7. Au début des années 1990, des chercheurs développent un intérêt spécifique pour la théorie des rôles, selon laquelle les États agissent plus en fonction de la perception qu'ils ont de leur rôle dans le monde qu'en fonction de la perception de leurs intérêts. L'Allemagne et le Japon sont particulièrement étudiés via cette théorie. Les travaux de Hans Maull font ici référence. Voir notamment Hanns W. Maull, « Germany and Japan. The New Civilian Powers », in *Foreign Affairs* New York, N° 05/1990, p. 91-106. Lien : https://doi.org/10.2307/20044603.
8. Service des Affaires européennes, *Les droits politiques et syndicaux des personnels militaires,* Paris (Sénat, Étude de législation comparée, N° 105/2002) Lien : https://www.senat.fr/lc/lc105/lc105_mono.html.
9. § 15 SG.
10. Géré, François, *Au Commencement était de Lattre*. La pensée stratégique française contemporaine, Vincennes (Diploweb.com) 2023 (11 juillet). Lien : https://www.diploweb.com/Au-Commencement-etait-de-Lattre.html.

et André Beaufre (1902-1975), qui ont théorisé la doctrine de dissuasion nucléaire[11], ou encore David Galula (1919-1967), théoricien de la contre-insurrection. La pensée du Général de Gaulle (1890-1970) fait figure de mythe. Concernant l'organisation moderne de l'armée, la période napoléonienne est fondamentale. La période révolutionnaire est également évoquée, notamment la bataille de Valmy, comme précédent dans le sentiment d'unité nationale républicaine[12]. Les dernières inflexions d'ampleur dans la pensée stratégique française contemporaine datent ainsi des années 1950 et 1960 avec notamment la défaite de Diên Biên Phu (1954), la crise du canal de Suez (1956), la décolonisation de l'Algérie (1962) et surtout la mise au point de la doctrine de dissuasion nucléaire (dès 1954, avec la création du Commissariat à l'énergie atomique, CEA), clé de voûte de la stratégie de défense. Le décideur français a pour réflexes la recherche de l'indépendance, de l'autonomie et de la capacité d'intervention à l'échelle mondiale. Avec la dissuasion nucléaire comme garante, ces trois dimensions constituent ce que le chef d'état-major des armées, Thierry Burkhard, qualifie de « modèle français » de la défense[13].

Ces tendances, souvent inconscientes, largement partagées par les décideurs, favorisées par le temps long, peuvent, selon l'angle adopté, constituer un contexte donnant du sens à la prise de décision[14], ou expliquer cette dernière en agissant comme une variable dont elle dépend[15]. Elles sont partagées par les populations et s'observent dans leurs perceptions.

La dynamique générationnelle

Nous vivons, en ce moment, l'accès progressif de nouvelles générations aux postes stratégiques. Les *millennials* ou la génération Y, nés entre le début des années 1980 et la fin des années 1990, occupent de plus en plus de postes à responsabilités. Leurs perceptions en termes de politique ne se fondent pas sur les mêmes références que celles de leurs aînés : on note globalement une remise en question des modèles précédents, un manque de doctrine politique et idéologique claire et une confiance moindre en les institutions[16]. En Allemagne comme en France, des décalages différents entre les générations s'observent : la question du facteur générationnel dans les évolutions des pensées stratégiques des deux pays se pose.

En Allemagne, les *millennials*, qui ont grandi lors d'une période marquée d'idéalisme, peinent à développer une pensée stratégique réaliste et à voir leur pays en

11. Concernant la pensée de ces cinq théoriciens du XXe siècle, voir la série de François Géré, directeur de l'Institut français d'analyse stratégique (IFAS), sur les grands stratèges français, sur https://www.diploweb.com/.
12. Bruno Colson, « La culture stratégique française », in *Stratégique* Paris, N° 53/1992, p. 27-60.
13. Propos tenus lors du discours de clôture de la première édition du *Paris Defence and Strategy Forum*, à l'École militaire, le 13 mars 2024. Le CEMA a insisté, lors de sa prise de parole, sur la dimension européenne de l'autonomie stratégique française.
14. Voir les travaux de la première génération de chercheurs ayant travaillé sur le concept de « culture stratégique » (années 1970-1980), notamment ceux de Colin S. Gray. La vision de la culture stratégique se fonde ici sur l'idée d'indivisibilité entre culture et comportement : la culture stratégique est donc vue comme un contexte global donnant du sens à la prise de décision.
15. Voir les travaux de la troisième génération de chercheurs ayant travaillé sur le concept de « culture stratégique » (années 1990), notamment ceux d'Alastair I. Johnston. La notion est vue ici comme une variable explicative, isolable du « comportement stratégique », via un angle post-positiviste.
16. Jean-Louis Lavallard, « Génération Y : les millenials », in *Raison présente* Paris, N° 211(3)/2 019, p. 107-115. Lien : https://doi.org/10.3917/rpre.211.0107.

termes d'intérêts, de pouvoir et d'usage de la force[17]. Accède ainsi au pouvoir une génération qui n'a pas connu ou qui était trop jeune pour comprendre la chute du mur de Berlin et qui a grandi dans une période dont « le maître-mot de la culture politique étrangère [...] est clairement la continuité[18] ». C'est également la première génération qui n'a pas connu le service militaire obligatoire, suspendu en 2011.

Les convictions des *millennials* français s'inscrivent globalement en continuité de celles de leurs aînés. Même si elle constitue la fin d'une époque, la chute du bloc soviétique n'est pas un facteur particulier d'idéalisme chez les jeunes Français. Le service national a pris fin en 1997 et leurs « grands frères » ne l'ont probablement pas fait. Les *millennials* français ont cependant vécu le retour de leur armée dans le commandement intégré de l'OTAN sous Nicolas Sarkozy (annoncé en 2007 et effectif en 2009) et la hausse des déploiements à des fins d'endiguement du terrorisme islamiste, notamment les opérations Serval au Mali (2013), puis Barkhane (2014) au Sahel. L'armée a également, dans ce cadre, été déployée, à plusieurs reprises, sur le sol français, pour assurer la protection des populations (déploiements du plan « Vigipirate » et opération « Sentinelle » notamment). Ces déploiements sur le territoire national ont participé à normaliser le soldat dans le paysage urbain. L'effet semble être particulièrement notoire auprès des jeunes, qui sont nettement moins antimilitaristes que leurs aînés[19]. En Allemagne, les déploiements de la Bundeswehr sur le sol national ne sont autorisés que dans des « cas de défense et dans des cas de tension[20] ». Il en résulte un sentiment de proximité moindre entre le soldat et la société civile.

Quelles potentielles inflexions dans la pensée stratégique française et allemande peut apporter cette dynamique générationnelle ? D'un point de vue allemand, on peut penser non seulement à une augmentation de la difficulté des citoyens de raisonner en termes d'intérêts, mais aussi à une difficulté accrue des dirigeants d'obtenir l'adhésion de l'opinion publique face à une potentielle nécessité d'usage de la force à des fins d'influence. En France, il serait idéaliste de conclure à des inflexions profondes de la pensée stratégique uniquement par les changements de générations. Les déploiements récents face au terrorisme s'inscrivent parfaitement dans la culture stratégique : indépendance, autonomie, échelle mondiale, défense d'intérêts. En revanche, la conjoncture, c'est-à-dire un rapprochement avec les alliés de l'OTAN et un recentrage sur l'Europe, peut faire penser à des changements dans la culture stratégique, s'ils s'inscrivent sur le temps long : avec les événements récents en Afrique, la place de la direction traditionnelle Nord-Sud de l'armée française pourrait changer.

Les perspectives de développement d'une « culture stratégique franco-allemande », évoquée par le président Macron, en 2018, dans sa « Déclaration de Meseberg[21] » et inscrite dans le Traité d'Aix-la-Chapelle de 2019[22], restent ainsi faibles ; l'Alle-

17. Ulrike Franke, « Betrachtungen einer Millennial über das „Neue Deutsche Problem" nach 30 Jahren Frieden », in *SIRIUS – Zeitschrift für Strategische Analysen* Berlin, N° 03/2021, p. 272-277. Lien : https://doi.org/10.1515/sirius-2021-3007.
18. Hanns W. Maull, « La culture de politique étrangère de l'Allemagne », in C. Demesmay et H. Stark (éds), *Qui sont les Allemands ?*, Villeneuve d'Ascq (Presses universitaires du Septentrion) 2006, p. 242.
19. Anne Muxel, « Les jeunes et la guerre. Représentations et dispositions à l'engagement », in *Étude* Paris (IRSEM), N° 116/2024, p. 39.
20. Art. 87a (3) GG. « *im Verteidigungsfalle und im Spannungsfalle* » dans le texte.
21. « Au vu de ce qui précède, la France et l'Allemagne ont convenu aujourd'hui à Meseberg de ce qui suit : [...] Souligner la nécessité de développer l'émergence d'une culture stratégique commune [...] ».
22. Art. 4 (3) « Les deux États s'engagent à renforcer encore leurs forces armées en vue d'instaurer une culture commune [...] ».

magne restant en dehors du « système de coordonnées français[23] ». Elle est pourtant nécessaire à l'émergence d'une « culture stratégique européenne », que le président français évoque depuis son discours de la Sorbonne I sur une « Europe souveraine, unie, démocratique[24] ».

Les perceptions françaises et allemandes face à la guerre en Ukraine

L'armement et l'économie de défense

On constate une hausse, côté français, de la perception d'une Allemagne qui s'enlise dans une logique de « diplomatie du carnet de chèques ». Le gouvernement français a haussé le ton face aux chiffres publiés par le *Ukraine Support Tracker*, mis à jour par le Kiel Institut für Weltwirtschaft depuis février 2022 pour quantifier l'aide financière, militaire et humanitaire apportée à l'Ukraine par 41 pays[25], et largement relayés par le gouvernement allemand. Sébastien Lecornu, ministre français des Armées, dénonce des chiffres trop focalisés sur les annonces au lieu des dons réels, ne comprenant pas la Facilité européenne pour la paix, ignorant non seulement l'aspect qualitatif du soutien (la France insiste sur le caractère de *game changer* de son aide militaire) mais aussi des différences de contexte entre États[26].

Les réflexions autour des possibilités d'émissions d'obligations européennes (eurobonds), permettant de s'endetter en Européens pour faire face aux questions de défense, gagnent en importance. Les enjeux actuels de défense sont mis en avant par le gouvernement français comme une problématique globale à traiter en Européens ; une problématique comparable à la crise du COVID-19, souvent citée par le président Macron comme exemple démontrant l'efficacité d'une telle mesure. Les recommandations du rapport d'Enrico Letta d'avril 2024 sur le marché européen, intitulé « Much more than a market », qui vont dans le sens de la pensée d'Emmanuel Macron, font face au manque de considération des dirigeants allemands (peu de députés allemands semblent prendre la question au sérieux) et surtout à la *Schuldenbremse* (frein à l'endettement), qui limite constitutionnellement les possibilités d'endettement à 0,35 % du PIB nominal depuis 2011. Des perspectives d'allègement de la mesure existent néanmoins : le débat portant sur cette question a fait partie des éléments à l'origine de l'implosion de la coalition Feu tricolore, en novembre 2024, et si les sociaux-démocrates du SPD et les Verts sont favorables à une certaine souplesse, les libéraux du FDP défendent une application stricte de la règle.

La perception allemande de la situation française se caractérise par une impression de paradoxe entre une *grande nation* qui, d'une part, cherche toujours à mettre en avant la priorité qu'elle accorde à l'indépendance, à l'autonomie et à l'échelle mondiale et qui, d'autre part, se trouve dans une situation économique fragile, avec des effets directs sur l'économie de ses partenaires et des effets indirects via des

---

23. Barbara Kunz, « Doch so verschieden », in *Internationale Politik* Berlin, N° 03/2019, p. 54-58.
24. « Ce qui manque le plus à l'Europe aujourd'hui, cette Europe de la Défense, c'est une culture stratégique commune ». Macron, Emmanuel, *Initiative pour l'Europe*. Discours d'Emmanuel Macron pour une Europe souveraine, unie, démocratique, Paris 2017.
25. Kiel Institute für Weltwirtschaft, *Ukraine Support Tracker* . A Database of Military, Financial and Humanitarian Aid to Ukraine, Kiel (Institut für Weltwirtschaft) 2022-2024. Lien : https://www.ifw-kiel.de/topics/war-against-ukraine/ukraine-support-tracker/.
26. Lecornu, Sébastien, *Interview de M. Sébastien Lecornu, ministre des armées, à France Inter le 18 janvier 2024, sur la situation internationale et la politique de la défense*, Paris (France Inter) 2024 (18 janvier). Lien : https://www.vie-publique.fr/discours/292711-sebastien-lecornu-18012024-france-inter-politique-de-la-defense.

changements politiques à domicile. Si, surtout depuis le premier mandat de Donald Trump, la France fait traditionnellement figure, pour l'Allemagne, de pôle de stabilité politique en Europe[27], force est de constater que ce paradigme est révolu depuis la dissolution de l'Assemblée nationale du 9 juin 2024. En découle un sentiment d'une mauvaise appréciation, par la France, de ses priorités et de la place de ses alliés en matière de politique de défense.

D'un côté comme l'autre du Rhin, le sentiment de dilapider les deniers nationaux au profit d'un pays non-allié, l'Ukraine, ou de pays européens alliés, qui refusent d'assumer leurs responsabilités, progresse dangereusement. La retenue du gouvernement Scholz alimente des voix, côté français, selon lesquelles l'Allemagne fuit les responsabilités financières de sa propre défense, en profitant des efforts français ; une rhétorique particulièrement observable au sein des partis populistes. L'inverse s'observe avec, côté allemand, des critiques envers des projets communs comme le Système de combat aérien du futur (SCAF) et le Main Ground Combat System (MGCS), parfois vus comme trop orientés sur les intérêts français plutôt que sur les intérêts allemands.

La question du pacifisme dans les partis allemands

Le discours d'Olaf Scholz du 27 février 2024 constitue un changement radical de la rhétorique du SPD sur la politique de défense. Traditionnellement ancré dans une approche « pacifiste[28] », le plus vieux parti d'Allemagne (le seul encore existant s'étant directement opposé au NSDAP) semble avoir subi un changement brutal de discours : le chancelier Scholz, dont le discours est en rupture totale avec son héritage social-démocrate[29], accompagne les annonces de modernisation de l'armée d'une description de l'Allemagne comme une future puissance, avec un rôle de leader dans la défense européenne[30]. C'est un discours qui rompt profondément avec la rhétorique habituelle du parti. Certains considèrent aujourd'hui la *Zeitenwende* comme un échec, en raison du retour du chancelier Scholz à un discours centré sur la clarté des lignes rouges (qui s'oppose à l'ambiguïté stratégique à la française), sur la crainte d'une escalade de la violence et sur celle d'une « cobéligérence », plutôt que sur un changement durable de *mindset*.

Bien plus que le SPD, les Verts ont entamé, à la suite de l'invasion de l'Ukraine, un tournant durable dans leur perception de la politique de défense en général et du pacifisme en particulier. La « clairvoyance » des Verts, « qui avaient mis en garde sur les projets impérialistes du Kremlin[31] », tranche avec l'*Ostpolitik* des autres partis. Des cadres des Verts figurent parmi les responsables politiques qui défendent le plus le

27. Cyrille Schott, « Une analyse de la relation franco-allemande dans le contexte politique né des dernières élections », in *Question d'Europe* Paris (Fondation Robert Schuman), N° 464/2018. Lien : https://www.robert-schuman.eu/questions-d-europe/464-une-analyse-de-la-relation-franco-allemande-dans-le-contexte-politique-ne-des-dernieres-elections.
28. Plutôt devrait-on parler d'antimilitarisme. L'utilisation du vocable « pacifisme » s'inscrit dans un usage de la traduction de l'allemand « *Pazifismus* », ce dernier renvoyant à une réalité plus proche d'une opposition à la chose militaire que d'une promotion de la paix.
29. Voir Bernard Chappedelaine, « Les métamorphoses du pacifisme en Allemagne – le SPD et les Verts face à la guerre en Ukraine », in *Allemagne d'aujourd'hui* Paris, N° 248/2024, p. 122-131. Lien : https://doi.org/10.3917/all.248.0122.
30. La question du « rôle de leader » pour l'Allemagne via le « changement d'époque » est abordée notamment par Harnisch, Sebastian, *Deutsche Zivilmacht in der Zeitenwende.* Zu wenig Macht, zu wenig Zivilcourage, Bonn (Friedrich Ebert Stiftung) 2023.
31. Bernard Chappedelaine, « Les métamorphoses du pacifisme en Allemagne – le SPD et les Verts face à la guerre en Ukraine », in *Allemagne d'aujourd'hui* Paris, N° 248/2024, p. 126. Lien : https://doi.org/10.3917/all.248.0122.

soutien militaire à Kiev : Robert Habeck, co-président du parti et Vice-chancelier, a par exemple été le premier responsable à proposer la livraison d'armes défensives à Kiev ; une décision justifiée par Annalena Baerbock, ministre verte des Affaires étrangères. Anton Hofreiter, président de la commission des affaires européennes du Bundestag, s'est fréquemment opposé à la vision d'Olaf Scholz concernant la retenue dans les livraisons d'armes. La vision des Verts est ainsi portée essentiellement sur la logique du « Plus jamais Auschwitz » : l'impératif moral de la défense des droits de l'Homme s'oppose à la retenue militaire (« Plus jamais la guerre »). La logique rappelle des débats internes au parti sur la place de l'Allemagne dans les guerres de Yougoslavie, à la fin des années 1990. À l'époque, le parti était particulièrement divisé[32] ; ses cadres sont aujourd'hui bien plus unis sur les questions de défense et on peut donc y décrypter une inflexion de long terme.

Le politique, l'armée et la société civile

En Allemagne, le service national obligatoire, suspendu depuis 2011, est originellement pensé comme le lien entre l'armée et la société civile. Le 6 novembre 2024, Boris Pistorius, ministre fédéral de la Défense, donnait des détails sur le retour du service national en Allemagne. Outre-Rhin s'observèrent également des réflexions sur une potentielle ouverture de la Bundeswehr aux étrangers, opposant la logique d'une armée protégeant des valeurs universelles à celle d'une armée vue comme ciment de la société allemande[33].

En France, le Service national universel (SNU) a terminé son cycle : de la promesse de campagne du candidat Macron en 2017, il est arrivé à sa mort, actée le 30 octobre 2024, par décision de l'Assemblée nationale et du Sénat, pour cause d'incompatibilité avec les impératifs budgétaires. Le projet s'inscrivait dans une vision de la défense associée à la cohésion nationale, à l'engagement personnel et à l'éducationnel des jeunes. Le ministre de la Défense Lecornu réfléchit désormais à étendre le format de la Journée défense et citoyenneté (JDC) pour l'adapter à ces enjeux. En Allemagne se développe également une vision plus large des enjeux de défense : des problématiques qui doivent concerner tous les citoyens, pas uniquement « ceux en uniforme ». Des notions comme « *kriegstüchtig* » und « *wehrhafte Demokratie*[34] » gagnent en popularité dans les bouches des décideurs, notamment dans celle du ministre Pistorius, marquant une différence profonde de rhétorique entre ce dernier et le chancelier Scholz, beaucoup plus frileux dans l'usage de ces vocables. Les questions de défense civile et de sécurité intégrée[35] sont mises en avant et, dans ce cadre, l'attention est particulièrement portée sur les mesures prises par les pays baltes et nordiques, comme les brochures conçues à destination des populations[36] ou les créations de ministères dédiés (comme le ministère suédois de la Défense civile).

32. Voir notamment le discours du ministre des Affaires étrangères et Vice-chancelier de l'époque, Joschka Fischer, prononcé lors du congrès extraordinaire des Verts à Bielefeld, le 13 mai 1999.
33. Voir Téterchen, Nicolas, *L'uniforme sans la citoyenneté ?*, Lohmar (dokdoc.eu) 2024 (26 juillet). Lien : https://dokdoc.eu/fr/politique/23640/luniforme-sans-la-citoyennete/.
34. Que l'on peut traduire par « en état de combattre » et « démocratie combative ».
35. Le titre de la première stratégie nationale de sécurité allemande, publiée en juin 2023, étant « Integrierte Sicherheit für Deutschland » (Sécurité intégrée pour l'Allemagne). Cf. Deutsche Bundesregierung, *Integrierte Sicherheit für Deutschland.* Nationale Sicherheitsstrategie, Berlin (Publikationsversand der Bundesregierung) 2023. Lien : https://www.nationalesicherheitsstrategie.de/Sicherheitsstrategie-DE.pdf.
36. Notamment la brochure suédoise « In Case of Crisis or War », Cf. The Swedish Civil Contingencies Agency, *In Case of Crisis and War,* Karlstad (The Swedish Civil Contingencies Agency) 2024. Lien : https://rib.msb.se/filer/pdf/30874.pdf.

L'opinion publique allemande semble cependant nettement moins favorable à l'idée d'approfondissement des liens entre l'armée et la jeunesse, comme le démontrent les récentes polémiques autour des interventions d'officiers sur le temps scolaire pour présenter la Bundeswehr aux élèves.

Les différences de vision des rapports entre l'armée et le politique se maintiennent. En Allemagne, les chrétiens-démocrates de la CDU soutiennent la rhétorique de « parti de la Bundeswehr », face aux efforts de l'Alternative pour l'Allemagne (AfD) pour se positionner sur une logique similaire. En France, le Rassemblement national (RN) se fait largement rappeler à l'ordre lorsqu'il publie des communications faisant le lien entre son programme de sécurité nationale et l'engagement militaire, notamment via des affiches faisant figurer le slogan « Je suis gendarme/militaire, le 9 juin, je vote Bardella ! ».

Les convictions françaises et allemandes face à la nouvelle politique européenne de sécurité et de défense

Deux mouvements caractérisent la dynamique actuelle de la politique européenne de sécurité et de défense. L'universitaire Pierre Haroche parle d'un tournant européen auquel s'ajoute un tournant capacitaire[37]. Premièrement, ce tournant européen, qui est de plus en plus vu comme un déplacement du centre de gravité de la politique de défense de l'UE vers l'Est, est particulièrement visible dans la composition de la nouvelle Commission (2024-2029). L'ancienne première ministre estonienne Kaja Kallas est la nouvelle Haute représentante de l'UE pour les Affaires étrangères et la politique de sécurité, l'ancien premier ministre lituanien Andrius Kubilius est chargé des questions de défense et le polonais Piotr Serafin est nommé au budget. D'un point de vue français, la période s'accompagne, pour l'armée de terre, d'un retour aux exercices de haute intensité dans des formats OTAN (notamment les exercices ORION) et d'un programme de modernisation centré sur les innovations franco-allemandes (le MGCS étant au centre du programme Titan). Pour l'Allemagne, dont l'armée fédérale est depuis sa création tournée vers l'Est[38] et astreinte à des conditions territoriales strictes, la période implique une hausse des réflexions sur la coordination avec les alliés d'Europe centrale et de l'Est.

Si le centre de gravité des décisions en matière de défense de la Commission penche à l'Est, c'est Stéphane Séjourné, l'ancien ministre français des Affaires étrangères, qui a été nommé pour les questions de stratégie industrielle de défense. Cette nomination va de pair avec les efforts la Commission pour favoriser le développement de technologies militaires entre Européens, ou, à défaut d'une production commune, des achats conjoints, pour favoriser l'interopérabilité (et baisser les coûts). Dans cette optique, la Commission a présenté le 24 juin 2024 la nouvelle « Stratégie Industrielle de Défense européenne » (EDIS) et le « Programme européen d'investissement dans le domaine de la défense » (EDIP). En septembre 2024, Mario Draghi a mis en avant la nécessité d'autonomie industrielle pour la défense européenne, dans son

37. Haroche, Pierre, *La politique européenne de défense : quel bilan ?*, Paris (vie-publique.fr) 2024 (3 mai). Lien : https://www.vie-publique.fr/parole-dexpert/294009-la-politique-europeenne-de-defense-quel-bilan-par-pierre-haroche.
38. La mission première de la Bundeswehr étant la « défense de l'avant » : constituer la première ligne du flanc est de l'OTAN face à la menace soviétique.

rapport sur « Le futur de la compétitivité européenne[39] ». À bien des égards, le premier tournant semble donner du poids à la pensée stratégique allemande par une défense européenne otanisée, ancrée sur le continent, pour faire face à une menace venant de l'Est. D'un autre point de vue, le « tournant capacitaire » semble démontrer une convergence entre la vision de la Commission et celle de la France en ce qui concerne l'idée d'autonomie stratégique européenne et la nécessité de produire des technologies militaires en Européens. La place du moteur franco-allemand dans cette dualité des tournants de la PESD est incertaine : doit-on y voir une opportunité pour un tournant franco-allemand de la PESD ou un premier signal d'une perte de puissance du moteur franco-allemand[40] ? Cette interrogation pose la question de la compatibilité entre les nouvelles priorités de la PESD et les convictions des Français et des Allemands sur la nature de leur défense.

La différence fondamentale de perception de la PESD entre Allemands et Français se situe probablement dans l'opinion relative à la place de la relation transatlantique dans la défense européenne. Dans ce cadre, les spécificités nationales françaises et allemandes semblent constantes. L'Allemagne, bénéficiaire de garanties de sécurités américaines et dont l'armée est profondément ancrée dans la structure de l'OTAN, place la relation avec les États-Unis au centre de sa stratégie de défense. Elle semble percevoir un lien direct entre un effort effectué en dehors de l'Alliance transatlantique et un affaiblissement de cette dernière. Cette tendance s'observe dans la vision que porte Berlin sur de nombreux outils européens : l'Allemagne y voit bien souvent des outils à utiliser dans le cadre de projets de soutien de la paix, de formation, ou de soutien économique plutôt que comme des instruments servant en soi l'autonomie stratégique européenne, à utiliser à des fins d'influence. Au contraire, la France semble souvent détecter un jeu à somme nulle entre une nécessité qui lui serait imposée de maintenir *a priori* un lien transatlantique fort et la protection de son indépendance et de son autonomie stratégique. D'un point de vue franco-allemand, la nouvelle PESD s'accompagne ainsi d'un danger de friction entre d'une part la tendance française de la recherche d'autonomie et d'indépendance et d'autre part le culte allemand du multilatéralisme ; un obstacle que seuls une volonté politique bilatérale de long terme, une réelle recherche de la compréhension du partenaire et un succès des projets conjoints de développement de technologies militaires pourront surmonter.

39. Voir chapitre 4 : « Strengthening industrial capacity for defence and space », p. 55. Draghi, Mario, *The future of European competitiveness*, Brussels 2024.

40. Voir Meister, Martina, *Le gong a-t-il déjà sonné ?*, Lohmar (dokdoc.eu) 2024 (31 octobre). Lien : https://dokdoc.eu/fr/politique/24168/le-gong-a-t-il-deja-sonne/.

Hans Stark*

Revue nationale stratégique *versus* Stratégie de sécurité nationale

Perspectives françaises et allemandes face aux défis géopolitiques dans le contexte de l'agression russe contre l'Ukraine

Les politiques étrangères, de défense et de sécurité de la France et l'Allemagne évoluent dans un contexte très tendu, marqué par le retour de conflits à haute intensité. Impensable au lendemain de la chute du Mur de Berlin qui symbolise la fin du conflit Est-Ouest, la guerre est aujourd'hui de retour en Europe, alors que les espaces terrestres et maritimes qui entourent le continent européen, de l'Arctique à l'Afrique en passant par le Moyen-Orient, sont devenus des théâtres de rivalité géopolitique, de guerres civiles et de conflits aussi bien hybrides que militaires. Le temps où les Européens ont cru pouvoir toucher les dividendes de la paix est révolu. Ainsi que sans doute aussi le temps où la garantie de sécurité américaine fut considérée comme immuable. Ces défis touchent les pays du Vieux Continent à un moment de grande vulnérabilité. En proie à la montée des populismes d'extrême-droite et d'extrême-gauche, à la pression migratoire, à la désindustrialisation, à une dépendance accrue envers l'approvisionnement en matières premières critiques, à l'inflation, à l'appauvrissement d'une partie de sa population, ainsi qu'à son vieillissement sur fond de déclin démographique, les Européens doivent effectuer des choix budgétaires douloureux afin d'assurer leur résilience dans un contexte géopolitique qui leur est défavorable. Principales puissances économiques et démographiques au sein de l'UE, la France et l'Allemagne ont à cet égard un rôle de leadership à jouer, rôle dont l'importance s'accentue en raison de la priorité que les États-Unis accordent dorénavant à l'Asie et à l'Océan Pacifique. Aussi est-il primordial de suivre le débat stratégique des deux pays, notamment à travers la lecture des documents officiels que les exécutifs français et allemands adoptent pour définir les priorités en matière de défense et de sécurité. D'où l'intérêt que suscitent la Revue nationale stratégique (RNS) de la France[1] et la Stratégie de sécurité nationale (SSN) de l'Allemagne[2], adoptée après le début de l'agression russe contre l'Ukraine en 2022. La lecture de ces deux documents, qui fait apparaître des approches très différentes en matière de politique étrangère et de sécurité, doit toutefois tenir compte du positionnement de chacun des deux pays à l'échelle internationale.

---

* Professeur de civilisation allemande à Sorbonne Université.

1. https://www.sgdsn.gouv.fr/publications/revue-nationale-strategique-2022
2. https://www.nationalesicherheitsstrategie.de/Sicherheitsstrategie-DE.pdf

Deux pays ayant des cultures stratégiques très différentes

Force est de constater que la France et l'Allemagne ont effectué depuis 1945 des choix très différents en matière de défense – en dépit du fait que toutes les deux sont des pays alliés au sein de l'OTAN. La France n'a pas la même attitude vis-à-vis de son armée – en témoigne notamment le symbole et l'importance du défilé militaire du 14 juillet sur les Champs-Élysées, dont l'équivalent serait impensable en Allemagne. La France est sortie victorieuse des deux Guerres mondiales et les forces armées françaises ont joué un rôle essentiel lors de la libération en 1944. Le chef de la Résistance et futur Président de la République fut un général de l'armée française, alors qu'il est inenvisageable de voir un militaire haut gradé allemand occuper la chancellerie ou devenir Président de la République fédérale. L'armée s'inscrit dans une totale continuité, alors que l'Allemagne, vaincue lors des deux Guerres mondiales, a subi des césures, voyant son armée fortement réduite en 1919, puis dissoute en 1945. Pendant dix ans, entre 1945 et 1955, l'ancien Reich, puis les deux Allemagnes qui émergent en 1949, ont été privés de forces militaires.

Pendant la Guerre froide, la France, membre permanent du Conseil de sécurité des Nations-Unies depuis 1945, va se doter d'un armement nucléaire autonome par rapport à l'OTAN dont elle quitte les structures du système militaire intégré en 1966[3]. Ce n'est qu'en 2009 que la France reprend sa place au sein de l'OTAN (sans intégrer toutes ses instances, comme le groupe de planification nucléaire par exemple). L'Allemagne, qui n'a pas de siège de membre permanent au Conseil de sécurité de l'ONU, s'est au contraire engagée, dans le cadre de traités internationaux de ne pas produire, ni de posséder des armes de destruction massive, qu'elles soient nucléaires, chimiques ou bactériologiques. Quant à l'OTAN, elle s'y est pleinement intégrée au point de ne pas se doter en 1955 d'état-major général. L'état-major de la Bundeswehr ne constitue pas un état-major classique en raison de la subordination de la Bundeswehr à l'OTAN. Le règlement intérieur de l'armée allemande (*Innere Führung*) oblige son personnel à suivre des cours d'instruction civique suivant les règles d'une démocratie moderne qui font du soldat allemand un « citoyen en uniforme ». Rien de semblable n'existe au niveau français. La Bundeswehr a été créée sur une base parfaitement légale et constitutionnelle, qui prévoit que ses forces, son budget annuel et le nombre de ses effectifs soient contrôlés par le parlement allemand. Côté français, l'Assemblée nationale et le Sénat ont eux aussi des pouvoirs de contrôle sur les forces armées françaises, mais la constitution de la Ve République confère au Président de la République un pouvoir décisionnel beaucoup plus grand en matière de défense que celui dont dispose le chancelier fédéral par rapport à la Bundeswehr[4].

La fin de la Guerre froide en 1989/1990 a encore accentué les différences entre les cultures stratégiques françaises et allemandes. Dès 1990, la France s'est pleinement engagée dans des opérations extérieures. Dans les Balkans, en Afghanistan, Irak, Syrie, Centrafrique, Sahel, etc., les opérations militaires extérieures sont devenues une composante structurelle de l'activité opérationnelle des armées françaises, en particulier de l'armée de terre. On entend par « opérations extérieures » (OPEX) des interventions des forces militaires françaises en dehors du territoire national, sur des théâtres

3. Frédéric Bozo, *La France et l'OTAN*, Masson, Paris, 1991.
4. Voir sur cette thématique : « La Bundeswehr entre géopolitique et débats de société », dossier codirigé par Jean-Louis Georget, Hans Stark, Jérémie Thérond et Jérôme Vaillant, *Allemagne d'aujourd'hui* n° 235, janvier-mars 2021.

non couverts par l'Alliance atlantique. Depuis le milieu des années 1990, les armées françaises ont été engagées dans quelque 106 opérations menées à l'extérieur des frontières nationales. À ces opérations, il convient d'ajouter cinq opérations lancées antérieurement à cette date mais toujours en cours : en Israël (depuis mai 1948), au Liban (1978), au Sinaï (1982), dans le golfe de Guinée (1990) et au Sahara occidental (1991). Les OPEX françaises se déroulent dans le cadre de l'ONU[5], de l'Union européenne[6], de forces multinationales[7], et dans un cadre national. La plus connue de ces missions fut l'opération Barkhane (impliquant 4 600 militaires). L'opération Barkhane a été lancée le 1er août 2014 en partenariat avec le G5 Sahel (Burkina Faso, Mali, Mauritanie, Niger et Tchad). Elle était destinée à soutenir les États sahéliens dans leur lutte contre les groupes terroristes armés par la coopération (formation et conseil des armées partenaires), le partenariat (task force Takuba, un détachement européen en soutient des partenaires africains) et la réassurance (interventions par voie aérienne au profit des forces alliées). Cette opération a pris fin en 2003 quand le Burkina Faso, le Mali et le Niger avaient demandé d'y mettre un terme et aux militaires français de quitter leurs pays.

La décision d'engagement des forces armées françaises est une prérogative régalienne, qui relève des pouvoirs du président de la République conformément à l'article 15 de la Constitution du 4 octobre 1958 et à l'article 5, alinéa 2, qui fait de lui le « garant de l'indépendance nationale, de l'intégrité du territoire et du respect des traités ». La réforme constitutionnelle du 23 juillet 2008 a en revanche renforcé le contrôle parlementaire sur les OPEX. Si le gouvernement français décide, à l'initiative du président de la République, d'engager une intervention armée, il doit informer le Parlement dans les trois jours. Un débat parlementaire sans vote peut être organisé. Si l'intervention extérieure se prolonge au-delà de quatre mois, le gouvernement soumet cette prolongation à l'autorisation du Parlement. Il peut demander à l'Assemblée nationale de décider en dernier ressort. Mais dans les deux cas, le président français, en tant que chef des armées, a clairement le contrôle des opérations extérieures, tant au niveau du lancement qu'au niveau du déroulement.

En Allemagne, la situation se présente très différemment[8]. Pendant la Guerre froide, et durant les premières années qui suivent la chute du Mur de Berlin, la priorité absolue est accordée à la défense territoriale, dans le cadre de l'OTAN, avec une Bundeswehr pleinement intégrée dans les structures du commandement suprême de l'Alliance atlantique. Les choses évoluent lentement cependant dans les années 1990 dans la direction du début d'une implication de l'Allemagne dans les opérations extérieures[9]. Car d'un côté, la Russie des années 90, très affaiblie, n'est plus considérée à Berlin comme une menace pour l'Europe. De l'autre, les principaux conflits des années 1990 se déroulent au Moyen-Orient et dans les Balkans, rendant nécessaire

5. Liban (opération Daman menée dans le cadre de la Finul), Côte d'Ivoire (Onuci), Sahara occidental (Minurso), Liberia (Minufil), République démocratique du Congo (Monusco).
6. EUFOR Tchad/RCA est une force opérationnelle multinationale dirigée par l'Union européenne au Tchad et en République centrafricaine décidée en 2007 ; mission de sécurité européenne pour l'assistance à réforme de la sécurité en République démocratique du Congo (EUSEC) achevé en juin 2016 ; opération Atalanta (2008) de lutte contre la piraterie maritime au large de la Corne de l'Afrique.
7. Exemple : la Force multinationale d'observation (FMO) dans le Sinaï.
8. Dominique Herbet, Hélène Miard-Delacroix et Hans Stark (dir.), *L'Allemagne entre rayonnement et retenue*, Villeneuve-d'Ascq, Presses du Septentrion, 2016.
9. Marco Overhaus, *Die deutsche NATO-Politik. Vom Ende des Kalten Krieges bis zum Kampf gegen den Terrorismus*, Nomos-Verlag, Baden-Baden, 2009.

une participation de l'Allemagne aux opérations de maintien de la paix. Une évolution encore accentuée par les attentats du 11 septembre et le début de l'opération militaire américaine en Afghanistan à partir de la fin 2001. Mais surtout, le 12 juillet 1994, la Cour constitutionnelle de Karlsruhe a rendu un jugement célèbre en estimant que l'article 24 de la Loi fondamentale constituait un cadre légal permettant à la RFA de participer à des engagements militaires « hors zone », donc au-delà des frontières des pays couverts par le Traité de l'Atlantique Nord. Toutefois, cela ne signifiait pas que l'Allemagne avait dorénavant la même marge de manœuvre que la France en matière d'opération extérieure. Ce n'est que sous réserve d'une approbation à la majorité simple au Bundestag, le gouvernement fédéral pouvait décider de l'envoi des troupes afin d'effectuer des missions de maintien ou de rétablissement de la paix. En plus, ces opérations devaient être précédées d'un vote du Conseil de sécurité des Nations Unies et être strictement encadrées par une mission multilatérale placée sous les auspices de l'ONU, de l'OTAN ou de l'UE. Cette triple restriction a abouti à une forme d'auto-restriction que l'Allemagne s'est imposée à partir de 1994 : si la Bundeswehr avait la possibilité légale de participer à des opérations extérieures, elle n'avait de facto pas le droit de combattre. Ses opérations devaient se limiter à des missions de formation et de maintien de la paix. Et elle s'est tenue à l'écart des missions de combat les plus dures des années 2000 : celles d'Irak et de Libye[10]. C'est ainsi qu'émerge une « culture de la retenue » qui a marqué la participation allemande aux opérations extérieures, même si l'armée allemande a été présente sur de nombreux théâtres de guerre, comme le Kosovo et la Bosnie-Herzégovine, l'Afghanistan, le Congo, le Niger ou le Mali[11]. Cette orientation de la Bundeswehr a été remise en question par la guerre russe contre l'Ukraine en 2022. La *Zeitenwende* (« changement d'époque ») proclamée par le chancelier Scholz[12] n'implique pas seulement une augmentation des moyens mis à la disposition du ministère allemand de la Défense, mais aussi une réorientation sur les priorités stratégiques de la Guerre froide : la défense territoriale[13]. Cette réorientation s'exprime clairement dans Stratégie nationale allemande, adoptée en 2023.

Les pensées stratégiques françaises et allemandes après la *Zeitenwende*

Comparer la Revue nationale stratégique (RNS) de la France et la Stratégie de sécurité nationale (SSN) de l'Allemagne face aux bouleversements géopolitiques actuels, même en tenant compte des traditions différentes des deux pays rapidement rappelées dans les pages qui précèdent, n'est pas une chose aisée. Car même si elles ont été publiées à seulement huit mois d'intervalle (la première le 9 novembre 2022 et la seconde le 14 juin 2023), elles répondent à des objectifs et des exercices de style différents. La première, élaborée dans le cadre du Secrétariat général de la défense et de la sécurité nationale (SGDSN) sous l'autorité du Premier ministre français, dresse le panorama de l'environnement de défense et de sécurité de la France

10. Jean-Sylvestre Montgrenier, « La refondation de la Bundeswehr : affirmation nationale et culture de la retenue », *Hérodote*, n° 1, 2005, p. 101-110.
11. Michel Drain, « L'Allemagne et les Opérations militaires extérieures (OPEX), quelle coopération avec la France ? », *Allemagne d'aujourd'hui*, n° 226, octobre-décembre 2018, p. 85-99.
12. Hans Stark, « Le changement de paradigme de la politique de sécurité et de défense de l'Allemagne après l'invasion russe de l'Ukraine », *Allemagne d'aujourd'hui*, n° 239, janvier-mars 2022, p. 3-16.
13. Hans Stark, « La politique de défense de l'Allemagne. Un tournant historique ? », *Politique étrangère*, n° 3, 2022, p. 89-102.

aussi bien national qu'international, puis identifie les enjeux stratégiques, opérationnels et capacitaires auxquels la France sera confrontée dans les prochaines années. Elle analyse le contexte stratégique de la France et définit son niveau d'ambition en matière de politique de défense et de sécurité nationale, à l'instar des *Livres blancs* qui l'ont précédée. Enfin et surtout, elle prépare l'élaboration de la prochaine Loi de programmation militaire.

La seconde, côté allemand, n'a pas la même vocation. Elle ne remplace pas le *Weissbuch* allemand (bien que le dernier Livre blanc allemand date de 2016) et n'a pour objectif de remplacer les documents officiels que la Bundeswehr a publiés depuis cette date. La Stratégie de sécurité nationale, quant à elle, vise à adopter une approche politique et intersectorielle plus large, ce dont témoigne le fait que son élaboration a été confiée au Auswärtige Amt. La SSN donne des indications claires sur le devenir et les orientations de la Bundeswehr, mais pas au même niveau qu'un Livre blanc. On trouve cependant des similitudes dans les deux documents, qui, chacun de son côté, insistent sur la dégradation du contexte international en raison notamment de la deuxième vague de l'invasion de l'Ukraine par la Russie en 2022 et de l'alliance de fait entre cette dernière et une Chine qui se montre de plus en plus agressive.

Orientations et perspectives de la Revue nationale stratégique

Ce « glissement stratégique » en cours, déploré par le Président de la République lors de la présentation de la RNS le 9 novembre 2022, est marqué par une progressive « désinhibition de puissances globales et régionales ». Ce terme est au cœur de la première partie de la RNS, consacrée à une analyse stratégique. Cette dernière souligne que le révisionnisme de la Russie et l'affirmation de la Chine sont portés par des stratégies hybrides, qui s'étendent de la lutte d'influence et de la contestation dans le cyber-espace à la préparation intensive à l'affrontement de haute intensité et le recours à la menace nucléaire. Paris considère par conséquent que cette diversité des menaces oblige à renforcer à la fois l'outil de défense français, dans le cadre de l'autonomie stratégique européenne, des alliances nouées par la France et de partenariats renouvelés, dans le but d'accroître la résilience de la France.

La deuxième partie du document est consacré aux défis à relever. Trois d'entre eux semblent prioritaires : la protection du territoire national, y compris ultramarin (donc on sort du cadre de la métropole ce qui est important dans le contexte des enjeux de l'Indopacifique), de même que la protection des ressortissants français contre les menaces extérieures et les tentatives de déstabilisation intérieure, dont la menace terroriste ; deuxièmement, la défense des intérêts français qui repose sur trois piliers : l'autonomie stratégique, la souveraineté européenne et la consolidation des alliances ; puis la préservation d'un ordre international stable ; enfin, la RNS souligne que l'autonomie stratégique repose également sur d'autres facteurs dont la cohésion nationale (élément essentiel dans le contexte de la menace islamiste en France).

Deux éléments complémentaires sont à mettre en exergue dans l'analyse de la seconde partie de la RNS. Le paragraphe 69 souligne que : « L'influence, dans toutes ses dimensions – diplomatique, militaire, économique, culturelle, sportive, linguistique, informationnelle – est un domaine de contestation, qui nous impose une réponse coordonnée. Elle constitue une nouvelle fonction stratégique à part entière. »

Cette fonction nouvelle stratégique est détaillée dans les paragraphes 89 à 94 de la RNS. Elle a vocation à s'incarner dans une « stratégie nationale d'influence » (paragraphe 92). Cette stratégie doit « répondre [...] à des manœuvres [...] dans le champ informationnel ». La RNS appelle donc à un renforcement de l'Éducation, du rôle des médias et de l'information. À cela s'ajoute la transformation de la fonction « Protection » qui se mue en « Protection – Résilience », nuance qui n'est pas anodine : avec notamment les risques naturels, climatiques, sanitaires, industriels et technologiques, ainsi que la manipulation de l'information. Ces deux éléments nouveaux – influence et protection/résilience – répondent à un besoin impératif alors que se développent la guerre informationnelle, les « *Fake News* » instrumentalisés, les usines à Trolls et à Bots[14], les débats faussés ou biaisés et les pièges médiatiques notamment dans le contexte du développement de l'intelligence artificielle, voire l'utilisation de cette dernière à des fins militaires[15]. La mise en avant du rôle de l'influence – enjeu dont la France a subi l'impact dans le Sahel en 2022 et 2023 – pourrait donc être l'annonce du déploiement d'une *Soft Power* à la française qui devrait dépasser le cadre étriqué de la « *French Touch* » dans le domaine de la culture, de la mode et de la gastronomie.

Dans la troisième partie suivent une série de neuf « objectifs stratégiques » (OS) à la fois militaires et diplomatiques qui s'inscrivent dans la continuité de la politique de sécurité et de défense de la France. Elles reflètent une volonté d'équilibre entre le souci d'autonomie de décision et d'indépendance connu depuis l'ère de Gaulle, l'engagement européen auquel la France demeure fidèle, la volonté de jouer un rôle au sein de l'Otan qui reflète le sens des réalités, et la volonté de maintenir, voire de renforcer les capacités militaires aussi bien face aux conflits de haute intensité que dans les champs des conflits hybrides, dont le cyber et l'Espace :

- OS n° 1 : Une France unie et résiliente » (p. 33) ;
- OS n° 2 : Une économie concourant à l'esprit de défense » (p. 35) ;
- OS n° 3 : Une résilience cyber de premier rang » (p. 37) ;
- OS n° 4 : La France, allié exemplaire dans l'espace euro-atlantique » (p. 39) ;
- OS n° 5 : La France, un des moteurs de l'autonomie stratégique européenne (p. 41) ;
- OS n° 6 : La France, partenaire de souveraineté fiable et pourvoyeuse de sécurité crédible » (p. 43) ;
- OS n° 7 : Une autonomie d'appréciation et une souveraineté décisionnelle garanties (p. 46) ;
- OS n° 8 : Une capacité à se défendre et à agir dans les champs hybrides » (p. 48) ;
- OS n° 9 : Une liberté d'action et une capacité à conduire des opérations militaires y compris de haute intensité en autonomie ou en coalition, dans tous les champs (p. 50).

Pour conclure sur ce premier volet, ce qui est le plus nouveau dans la Revue nationale stratégique c'est la mise en exergue des préoccupations concernant la résilience (y compris sur le plan politique et au niveau de l'état d'esprit de l'opinion face aux

14. Jessika Aro, *Putins Armee der Trolle. Der Informationskrieg des Kreml gegen die demokratische Welt*, München, 2022.
15. Sébastien Fagart, « L'intelligence artificielle, onde de choc géopolitique et diplomatique », *Politique étrangère*, n° 3, 20 224, p. 27-37.

conflits et aux crises) et l'influence. Vaste ambition, car le document spécifie qu'elle doit être appréhendée sous toutes ses formes « militaire, économique, culturelle, sportive, linguistique, informationnelle »... Cette stratégie axée sur l'influence a pour ambition, selon le document, de « défendre les intérêts de la France sur le temps long ainsi que les valeurs universelles, l'application du droit international, le multilatéralisme et la préservation des biens communs ; il s'agit d'un souci bien compréhensible, les récentes déconvenues subies en Afrique, sans qu'elles soient explicitement nommées, paraissent avoir joué un rôle dans cette promotion de la fonction « influence ». Mais l'affichage d'une priorité pour une nouvelle stratégie d'influence est sans doute condamné à l'échec en l'absence de financements adéquats. Tout comme l'est une stratégie d'influence qui ne s'attache d'abord qu'aux effets visibles du « désamour » pour la France ou des recettes de succès russe plutôt qu'aux causes profondes.

Origine et perspectives de la Stratégie de sécurité nationale de l'Allemagne

Le projet de l'élaboration d'une stratégie globale de sécurité nationale a été retenu dans l'accord de coalition entre sociaux-démocrates, libéraux et Verts en fin 2021. La SSN devait voir jour fin 2022, délai qui n'a pas pu être respecté. Le document a été présenté en juin 2023, soit 16 mois après le début de la seconde vague de l'invasion russe en Ukraine et la proclamation par le chancelier allemand Olaf Scholz de la *Zeitenwende* de l'Allemagne. Il s'agit d'un document très précis au vu des normes allemandes habituelles. Et on remarque avant tout que les atermoiements allemands et les prises de position pro-russes du passé ne sont plus de mise.

L'élaboration de la SSN s'est déroulée parallèlement à la transformation de la politique de sécurité allemande au cours de la guerre Russie-Ukraine, qui a commencé par l'offre étonnante de fournir 5 000 casques à l'Ukraine avant le déclenchement de la guerre et qui prend fin au moment où l'Allemagne se hisse au deuxième rang de fournisseur – après les États-Unis – d'aide militaire et civile à l'Ukraine. La SSN reflète le fait que la *Zeitenwende* – même si elle n'a pas encore tenu toutes ses promesses au niveau du financement et de l'équipement de la Bundeswehr, a bien eu lieu dans l'esprit des décideurs politiques et de la société allemande. Ce qui semble indiquer que les alliés de Berlin au sein de l'OTAN peuvent espérer une Allemagne militairement plus forte et politiquement plus robuste à l'avenir.

C'est sans doute la première fois depuis la fin de la Guerre froide qu'un gouvernement allemand se concentre autant sur son rôle stratégique. La phase de consultation a inclus non seulement les plus proches alliés de l'Allemagne au sein de l'OTAN, tels que les États-Unis, la France et le Royaume-Uni, et les autres membres de l'Union européenne, mais aussi des pays comme Israël. L'objectif était à la fois de les informer des projets de l'Allemagne, de comprendre ce qu'ils attendaient de l'Allemagne et de profiter de l'expérience de ces partenaires dans l'élaboration de leurs propres stratégies de sécurité. Le résultat de ces concertations fut mitigé. En substance, Washington souhaitait, entre autres, une rupture visible avec la politique d'inclinaison vers la Russie du passé et un engagement stratégique clair de l'Allemagne en faveur de l'OTAN et de la région indo-pacifique. Autre son de cloche, Paris souhaitait notamment une clarification de la position allemande sur les exportations d'armes et un engagement plus ferme de l'Allemagne en faveur de la souveraineté stratégique européenne. Comme on pouvait s'y attendre, les conseils de Londres allaient dans la direction opposée :

L'Allemagne devrait réduire ses dépendances économiques vis-à-vis de la Chine sans se laisser entraîner à faire avancer le projet d'une UE autonome ou souveraine. Bref, les trois principaux alliés de l'OTAN n'avaient pas les mêmes attentes. Quant au quatrième allié en termes d'influence au sein de l'OTAN, la Pologne, il n'est guère nécessaire de rappeler que les relations entre Berlin et Varsovie étaient pendant cette période extrêmement dégradées. Impossible dans ces conditions d'élaborer une stratégie de sécurité nationale qui satisfasse les alliés les plus proches.

Sur 74 pages, la SSN se décline en trois parties (et 7 chapitres) intitulées « L'Allemagne en Europe et dans le monde ; Un concept de sécurité intégrée pour l'Allemagne et Agir en commun dans le cadre d'un concept de sécurité intégré ». Les menaces et les défis sont clairement identifiés : la SSN souligne l'agressivité de la Russie, rendue évidente par sa guerre contre l'Ukraine et relève la rivalité systémique avec la Chine – des mises au point qui méritent d'être soulignées, puisque Berlin a jusqu'ici soigneusement évité de mettre en cause la Russie et la Chine. La SSN analyse la fragilité des États du Sud et met en exergue la crise climatique. Enfin, le document décrit les concepts et les instruments de la politique de sécurité allemande, notamment la défense nationale et la défense au sein de l'OTAN, mais aussi de l'UE, la gestion des catastrophes naturelles et la prévention des crises. La SSN reconnaît la nécessité d'une plus grande souplesse en matière de politique d'exportation d'armes, mais se fait aussi l'avocat d'une politique de contrôle des armements. Dans l'ensemble, le document analyse avec une grande clarté la nature de la menace de la Russie et celles de la Chine, du terrorisme international et du changement climatique. Sans surprise, la SSN confirme les fondements de la politique étrangère allemande, telle que la conception d'un ordre mondial basé sur des règles, le respect du droit international et de la Charte des Nations Unies, le droit des peuples à l'autodétermination et les droits de l'homme. La politique étrangère de l'Allemagne est donc à la fois basée sur des valeurs et des intérêts et s'efforce de poursuivre la réconciliation et d'une coopération étroite avec la France, ainsi qu'avec les États membres de l'Union européenne et les « voisins européens », ainsi que l'approfondissement de la coopération des deux rives de l'océan Atlantique, donc avec les États-Unis. Le droit d'exister d'Israël est confirmé comme relevant de la raison d'État de l'Allemagne.

La SSN s'inscrit également dans la logique des documents précédents relatifs à la sécurité de l'Allemagne lorsqu'elle rappelle que l'OTAN est garante de la sécurité de l'Allemagne et que Berlin défend l'obligation de défense de l'alliance découlant de l'article 5 du traité de l'Atlantique Nord. Dans le même temps, le gouvernement fédéral s'engage à respecter la clause d'assistance mutuelle conformément à l'article 42, paragraphe 7, du traité sur l'Union européenne et à l'article 4 du traité d'Aix-la-Chapelle. Le Gouvernement fédéral appuie également la mise en œuvre du concept stratégique de l'OTAN, qui a été adopté lors du sommet de Madrid 2022. Une Bundeswehr puissante – l'armée allemande doit être l'une des premières d'Europe et non pas la première comme le chancelier l'avait proclamé dans son discours consacré au changement d'époque le 27 février 2022 – et une industrie de l'armement appropriée sont considérées comme essentielles. La Bundeswehr doit continuer à participer au partage nucléaire conformément au principe de dissuasion – ce qui veut dire que ce principe, un temps contesté outre-Rhin – repose aujourd'hui sur un large consensus. Des points de discorde – notamment entre la ministre des Affaires étrangères et le chancelier, mais aussi au sein du SPD entre pacifistes et réalistes subsistaient. Il s'agit notamment de l'objectif de 2 % pour les dépenses de défense par rapport au PIB, l'exigence que les dépenses d'aide au développement augmentent toujours proportionnellement aux dépenses de défense, et la question de la création d'un Conseil national de sécurité. Les deux dernières questions ont été renvoyées aux calendes grecques, faute d'accord. Mais le souhait du ministère de la Défense d'ancrer l'engagement de 2 % dans la stratégie a toutefois été exaucé, bien qu'adouci par la condition qu'il soit appliqué sur la base d'une moyenne pluriannuelle. Et surtout, il est fort probable qu'il contiendra des dépenses qui ne seront que marginalement accordées à l'effort de défense, comme les pensions des militaires à la retraite par exemple.

Conclusion

Pour conclure, la SSN a dans l'ensemble tenu ses promesses. En tout cas elle engage le gouvernement fédéral par toute une série de déclarations sans ambiguïté. La protection de l'Allemagne et de ses alliés est la priorité absolue des intérêts en matière de politique de sécurité. Tout en haut de l'agenda géopolitique allemande figurent le renforcement des partenariats avec l'UE et l'OTAN, ainsi que les partenariats bilatéraux avec la France et les États-Unis. La Russie est considérée comme une menace imminente – ce qui n'était plus le cas depuis 1989 – et la rivalité de l'Occident avec la Chine est présentée comme un défi majeur. La Bundeswehr est clairement positionnée comme l'outil prioritaire et central de la politique de sécurité, à la fois pour contrer les menaces et comme le garant des capacités de dissuasion et de défense de l'Allemagne. Cette dernière annonce son intention d'assumer une plus grande responsabilité en matière de leadership en ce qui concerne les frontières extérieures de l'OTAN – son intention de stationner une brigade permanente et pleinement équipée de 5 000 soldats en Lituanie en témoigne – et elle se présente comme le centre géostratégique de l'OTAN et de l'UE en cas de conflit.

Un proverbe allemand dit : « Papier ist geduldig ». Ce que l'on pourrait traduire par « Le papier souffre tout et ne rougit de rien ». Ce qui n'est certes pas faux. Il n'en demeure pas moins que la France et l'Allemagne ont réagi à la dégradation de l'environnement sécuritaire et géopolitique en élaborant deux documents qui donnent des indications pour le présent et le futur. Avec bien sûr des nuances et des différences. La Revue nationale stratégique semble plus offensive que son pendant allemand. Paris s'inquiète davantage des prises d'influences et de la perte de résilience. D'où sa volonté de reprendre de l'initiative et d'exercer une influence géopolitique aujourd'hui amoindrie. Rien de plus normal pour un pays membre permanent du conseil de sécurité des Nations-Unies et militairement présent sur les cinq continents. L'Allemagne investit davantage dans sa défense, sans doute également normal pour un pays dépourvu d'armement nucléaire et davantage exposé à la menace des missiles nucléaires russes en mer Baltique, en Biélorussie et à Kaliningrad.

Eva Zimmermann*

La géopolitique féministe en Europe : analyse comparative des approches françaises et allemandes

Introduction

Depuis plusieurs années, le *backlash* lié au genre gagne du terrain dans les sociétés et parmi certains gouvernements en Europe, ainsi qu'aux États-Unis et ailleurs dans le monde. Il se manifeste par une « tendance permanente au retour des inégalités » et « conduit à ce que le plaidoyer en faveur des droits des femmes adopte une posture de plus en plus défensive[1] ». Cette tendance est alimentée par la montée des partis populistes de droite et nationalistes dans les assemblées nationales, régionales et locales, ainsi qu'au sein du Parlement européen, où leurs succès électoraux en 2019 et 2024 ont renforcé notamment les groupes Identité et Démocratie (ID) et Conservateurs et Réformistes Européens (ECR). Depuis lors, le mouvement anti-genre, déjà fortement connecté au niveau transnational depuis longtemps, se fait entendre de plus en plus distinctement dans les débats sur les questions de genre, cherchant activement à démanteler le consensus européen existant.

Ses partisans considèrent la prétendue « idéologie du genre » comme une menace contre les valeurs traditionnelles, mettant en péril la cohésion sociale et la démocratie. Ils promeuvent des points de vue rétrogrades sur les droits sexuels et reproductifs et s'opposent à l'usage d'un langage inclusif et au mariage entre personnes de même sexe. Malgré sa ratification par l'UE en 2023, la Convention d'Istanbul, établie par le Conseil de l'Europe en 2011 pour lutter contre la violence à l'égard des femmes, continue de rencontrer une forte résistance dans certains États membres, comme la République tchèque ou la Hongrie[2], où le mouvement anti-genre exerce une influence significative sur les discours sociaux et les décisions politiques. Ses opposants affirment qu'elle soutient des « idéologies de genre destructrices » et qu'elle encourage

* Docteure ès lettres, chercheure au Centre d'études germaniques interculturelles de Lorraine (CEGIL).

1. Haut Conseil à l'Égalité entre les femmes et les hommes (HCE), *Diplomatie féministe : passer aux actes. Rapport final d'évaluation de la Stratégie internationale de la France pour l'égalité entre les femmes et les hommes (2018-2022)*, 3 juillet 2023, pp. 14, 19-21.
2. Au total, six États membres de l'UE n'ont pas encore ratifié la Convention à la date de juillet 2024) : la Bulgarie, la Lettonie, la Lituanie, la République tchèque et la Slovaquie.

la migration illégale en offrant le droit d'asile aux victimes de violences basées sur le genre[3].

Une intensification accrue du mouvement anti-genre au sein des institutions européennes entraînerait également des répercussions sur la Politique étrangère et de sécurité commune (PESC), ainsi que sur la politique de développement de l'UE. Actuellement, l'Union continue de résister à ces régressions. Elle s'efforce d'intégrer une perspective de genre dans toutes ses actions extérieures et de placer les droits humains ainsi que l'autonomisation des femmes et des filles au premier plan de son agenda[4]. Cependant, l'ascension des factions ultraconservatrices – pour qui le terme même de *Gender Action Plan* est une provocation – au sein de ses institutions, risque de compliquer significativement cette intégration, voire de la bloquer complètement. Cela aurait des implications sur des secteurs vitaux de la politique extérieure de l'UE, incluant la défense des droits humains, la promotion de la démocratie, la prévention des conflits, la gestion des crises et les efforts de consolidation de la paix.

Un moyen efficace de contrer les forces ultraconservatrices dans les relations internationales et la gouvernance mondiale pourrait être la formulation et la mise en œuvre systématiques d'une politique étrangère féministe commune au sein de l'UE[5]. Ce concept, qui poursuit une approche transformative et guidée par les valeurs, a été déclaré politique officielle pour la première fois en 2014 en Suède et s'est depuis lors implanté dans plusieurs pays du monde, dont la France et l'Allemagne. Cependant, depuis le début de l'invasion russe contre l'Ukraine en février 2022 et dans le contexte de la guerre menée par Israël contre le Hamas depuis octobre 2023, des voix de plus en plus nombreuses, sans être fondamentalement antiféministes, remettent en question la pertinence d'une telle approche, voire la considèrent comme obsolète[6].

Dans ce contexte de pression simultanée exercée par le *backlash* antiféministe et les paradigmes d'une realpolitik traditionnelle, une position ferme et coordonnée du moteur franco-allemand en matière de politique étrangère féministe au niveau de l'UE pourrait être décisive[7]. Cependant, une ligne commune nécessite un concept partagé, ce qui n'est pas évident compte tenu des différentes définitions et priorités des politiques étrangères féministes jusqu'à présent. Une comparaison entre les concepts de diplomatie féministe de la France, officiellement lancée en 2019, et de politique étrangère féministe de l'Allemagne, dévoilée en 2023, offrira un éclairage sur les perspectives des impulsions franco-allemandes visant à intégrer une approche

3. « Parlament lehnt Konvention zum Schutz von Frauen ab », *Zeit online*, 5 mai 2020, https://www.zeit.de/politik/ausland/2020-05/ungarn-parlament-istanbul-konvention-europarat-gewalt-gegen-frauen (consulté le 20 octobre 2024), [notre traduction] ; Daniela Straka « Istanbul Convention as a Hostage of Populism. Discussion Report », Institute of International Relations Prague, 27 mars 2019, https://www.iir.cz/en/attachment?page_id=37&p=1&type=document_group_en (consulté le 20 octobre 2024) ; Marie Wittenius « Einführung: Die transnationale Anti-Gender-Bewegung in Europa », in *No to Gender – Yes to what exactly? Einblicke in die europäische Anti-Gender-Bewegung*. Newsletter der Beobachtungsstelle für gesellschaftspolitische Entwicklungen in Europa, N° 2/2021, p. 2-8.
4. Commission européenne, *Joint Report to the European Parliament and the Council. Joint mid-term report on the implementation of th EU Gender Action Plan* (GAP III), 20 novembre 2023, p. 1.
5. Voir sur cette thématique Aline Burni et Laeticia Thissen, *Vers une politique étrangère féministe européenne ? Pour une approche progressiste et transformatrice*, Fondation Jean Jaurès, Foundation for European Progressive Studies, Friedrich-Ebert Stiftung, Feminist Foreign Policy Progressive Voices Collective, mars 2024.
6. Voir p. ex. Sara J. Chehab, « Feminist Foreign Policy and the War in Ukraine: Hollow Framework or Rallying Force? », *Journal for International Women's Studies* 25, N° 6/2023, Article 4, n.p.
7. Cette opinion est également partagée par le Haut Conseil à l'Égalité entre les femmes et les hommes (HCE), voir HCE, *Diplomatie féministe : passer aux actes*, *op. cit.*, p. 22.

féministe au sein de la politique extérieure de l'UE et au-delà, en se concentrant uniquement sur les fondements théoriques, sans aborder les mesures concrètes ni leur mise en œuvre. Afin de fournir une base analytique solide à cette comparaison, un aperçu de l'origine du concept de politique étrangère féministe ainsi qu'une présentation de ses principes centraux, fondés sur l'approche de la « géopolitique féministe », seront d'abord proposés.

Origines de la politique étrangère féministe

Contrairement à ce qu'on lit parfois, une politique étrangère féministe n'est pas un concept récent[8]. Ce qui est nouveau, c'est l'introduction et la mise en œuvre de cette approche en tant que politique d'État dans plusieurs pays du monde. C'est ainsi que, dès 1915, plus de 1 200 femmes de divers pays se sont réunies à La Haye pour protester contre les atrocités de la Première Guerre mondiale et explorer des solutions pour une paix durable, marquant ainsi les prémices de la politique étrangère féministe. Leurs revendications principales incluaient la cessation des hostilités, le droit à l'autodétermination des peuples, la création de tribunaux d'arbitrage internationaux et la promotion de la démocratie. Elles ont également affirmé que les femmes devraient jouer un rôle crucial dans la diplomatie internationale[9].

Malgré des avancées limitées, la Ligue internationale des femmes pour la paix et la liberté (WILPF), créée à La Haye[10], est restée une voix importante durant l'entre-deux-guerres. Après avoir été l'une des premières organisations à critiquer le traité de Versailles en 1919, elle a surveillé les actions de la Société des Nations et a participé aux débats sur les relations internationales et la sécurité collective[11]. Dans les années 1930, elle a mis en garde contre l'ascension des idéologies totalitaires et a critiqué la politique d'apaisement envers l'Allemagne nazie. Sa posture antiimpérialiste et antiraciste, ainsi que son soutien à la classe ouvrière socialiste, ont anticipé le concept de *race-class-gender* de l'approche intersectionnelle, qui est à la base de nombreuses politiques étrangères féministes mises en place depuis 2014. En 1945, la WILPF a participé à la conférence fondatrice des Nations Unies, dont la charte a intégré de nombreuses revendications de leurs propositions de 1915. En 1948, l'organisation a obtenu un statut consultatif.

Le pacifisme féministe a connu un regain d'activité à partir des années 1960, marqué par une coopération transnationale accrue, ensuite encouragée par la « Décennie des Nations Unies pour les femmes » lancée en 1975. Les conférences et accords qui ont suivi ont progressivement établi le cadre multilatéral des politiques étrangères féministes actuelles[12]. La Déclaration de Pékin en 1995, les Objectifs du

8. Voir p. ex. « Diplomatie féministe », Archives de la plateforme Genre et développement, s.d., https://www.genre-developpement.org/politique-francaise/diplomatie-feministe/ ; et Claudia Zille, « Einleitung : Feministische Außenpolitik als work in progress », in Claudia Zille (dir.), *Feministische Außen- und Entwicklungspolitik konkret. Anforderungen und Potenziale*, SWP-Studie 7, Berlin, Stiftung Wissenschaft und Politik, 2024, p. 7-17, ici p. 10.
9. Birte Förster, « Friedensmacherinnen. Der Frauenfriedenskongress in Zürich 1919 », *Aus Politik und Zeitgeschichte* 69, N° 15/2019, p. 12-17.
10. Nom donné lors du congrès suivant à Zurich en 1919.
11. Lucian M. Ashworth, « Women of the Twenty Years' Crisis: The Women's International League for Peace and Freedom and the Problem of Collective Security », in Patricia Owens et Katharina Rietzler (éd.), *Women's international thought: a new history*, New York (Cambridge University Press) 2021, p. 136-57.
12. Parmi ces événements, on peut citer la Conférence mondiale sur l'Année internationale de la femme à Mexico en 1975, la conférence de suivi à Copenhague en 1980, la création du Fonds de développement des Nations

Millénaire pour le Développement de 2000 et les Objectifs de Développement Durable de 2015 – objectif 3, puis 5 sur l'égalité des sexes et l'autonomisation des toutes les femmes et les filles – ont continué à renforcer cette dynamique[13]. L'agenda « Femmes, paix et sécurité » (FPS) de 2000, issue de la résolution 1325 du Conseil de sécurité des Nations unies[14], a officiellement reconnu le rôle indispensable des femmes dans la prévention et la résolution des conflits, ainsi que dans la construction de la paix. Il demande en outre leur participation égale à tous les efforts déployés pour maintenir et promouvoir la paix et la sécurité. Avec la mise en œuvre du troisième Plan d'action pour l'égalité des genres (PAC III)[15], l'UE poursuit son engagement en faveur de la réalisation de cet agenda.

Le lien avec la recherche est profondément enraciné dans l'histoire de l'activisme féministe et du mouvement pour la paix. Dès 1915, les participantes au Congrès de La Haye ont proposé « la création de commissions nationales et la convocation de conférences internationales pour l'étude scientifique et l'élaboration des principes d'une paix durable[16]. » Cependant, bien que les femmes, et en particulier les féministes, aient joué un rôle essentiel dans l'établissement des relations internationales en tant que discipline académique depuis les années 1920 et pendant la guerre froide, leurs contributions sont restées longtemps méconnues[17]. Les sous-disciplines telles que les relations internationales féministes et la géographie féministe n'ont gagné en reconnaissance qu'à partir des années 2000, et ce, seulement progressivement, dans des domaines dominés par les hommes comme les sciences politiques et la géographie.

En France, malgré le travail pionnier d'Yves Lacoste et de ses collaborateurs dans le renouveau de la géopolitique depuis les années 1970, l'approche de genre a été longtemps négligée. En Allemagne, la question d'une perspective féministe en géopolitique ne s'est même pas posée, étant donné que ce champ d'études a été largement abandonné après 1945 en raison de son association avec l'idéologie nazie. Un environnement plus propice au développement d'une perspective de recherche féministe a émergé à partir des années 1980 dans la recherche anglo-américaine, marqué par le tournant culturel dans les sciences humaines et sociales ainsi que par l'émergence des études postcoloniales. Ces développements ont notamment permis de réévaluer les concepts traditionnels des relations internationales et de la géographie politique. Certes, malgré des liens évidents avec de nouveaux courants de recherche tels que la *New Political Geography* et la *Critical Geopolitics*, les approches féministes ont été initialement peu reconnues[18]. Néanmoins, elles se sont développées parallèlement

Unies pour la femme en 1976, la « Convention sur l'élimination de toutes les formes de discrimination à l'égard des femmes » en 1979, et la troisième Conférence mondiale sur les femmes à Nairobi en 1985.

13. Nations unies, *Report of the Fourth World Conference on Women, Beijing, 4-15 September 1995*, New York 1996 ; Nations Unies – Assemblée générale, *Déclaration du Millénaire*, 2000 ; Nations unies – Assemblée générale, *Transformer notre monde : le Programme de développement durable à l'horizon 2030*, 2015.
14. Nations unies – Conseil de sécurité, *Résolution 1325 (2000)*, 2000.
15. Union européenne – Commission européenne, *Joint Communication to the European Parliament and the Council : EU Gender Action Plan (GAP) III – an Ambitious Agenda for Gender Equality and Women's Empowerment in EU External Action*, 2020.
16. Women's International League for Peace and Freedom (WILPF), *WILPF Resolutions: 1st Congress, The Hague, Netherlands 1915*, La Haye s.d., p. 4.
17. Voir Patricia Owens et Katharina Rietzler, « Introduction : Toward a History of Women's International Thought », in Owens et Rietzler (éd.), *Women's international thought*, *op. cit.*, p. 1-26, ici p. 1.
18. Voir Joanne Sharp et Lorraine Dowler, « A Feminist Geopolitics? », in *Space and Polity* 5, N° 3/2001, p. 165-176, ici p. 167 ; Steve Pickering, *Understanding Geography and the War: Misperceptions, Foundations, and Prospects*, New York (Palgrave Macmillan) 2017, p. 80-81.

au discours académique dominant avec notamment une plus grande prise en compte du genre dans les sciences humaines et sociales à partir des années 2000, ce qui a accéléré leur progression. Ainsi, elles peuvent aujourd'hui être considérées comme le fondement scientifique du concept de la politique étrangère féministe.

Principes et objectifs de la géopolitique féministe

La géopolitique féministe, développée depuis le milieu des années 1990 à la croisée de la géopolitique critique et de la géographie féministe, critique les structures et dynamiques patriarcales de pouvoir ainsi que les récits géopolitiques traditionnels qui négligent ou ignorent les contributions et les expériences des femmes et d'autres personnes marginalisées[19]. Elle ne constitue pas une nouvelle théorie, mais une approche transformatrice qui remet en question les modèles de savoir et de théorie politique existants et qui appelle à une reconstruction en profondeur de la pensée géopolitique. Elle défie ainsi le regard centré sur la sécurité de l'État au lieu de la sécurité humaine dans la géopolitique traditionnelle et la production de savoir souvent déconnectée des réalités quotidiennes et des corps humains[20]. La géopolitique féministe « ne concerne pas "seulement" les femmes[21] » : elle adopte une approche inclusive et intersectionnelle qui reconnaît la complexité des identités et des expériences influençant les dynamiques de pouvoir et de marginalisation, en intégrant, en plus du genre, des facteurs multiples et souvent liés tels que la classe, l'ethnicité, la nationalité, etc.[22].

Dans la perspective de la géopolitique féministe, la politique étrangère féministe doit constituer une approche véritablement transformatrice, reposant sur une nouvelle vision de la géopolitique. Cela implique de redéfinir le discours en abandonnant notamment la primauté de la sécurité étatique au profit de la sécurité humaine. Son objectif ultime serait de changer les dynamiques de pouvoir patriarcales afin de lever les barrières structurelles à l'égalité des femmes et d'autres groupes marginalisés[23]. Pour atteindre cet objectif, la politique étrangère féministe doit être transversale, intégrant cette approche non seulement dans les domaines de développement et des droits humains, mais aussi en « infus[ant] la politique de défense et de sécurité, la politique commerciale, l'action internationale pour l'environnement, la diplomatie économique, le numérique, l'enseignement et la culture, ainsi que le droit et la justice, car l'ensemble de ces enjeux doit être traité de manière interconnectée[24] ». Cette politique doit également s'appuyer sur une analyse intersectionnelle, qui prend en compte les différentes formes de discrimination et d'inégalité auxquelles les femmes et autres groupes marginalisés sont confrontés.

Le début d'une orientation explicitement féministe de la politique étrangère menée par un État a été marqué en 2014 par une initiative de Margot Wallström, alors ministre

19. Voir Eleonore Kofman et Gillian Youngs (éd.), *Globalization : theory and practice*, 2e éd., Londres, New York (Continuum) 2003, p. 18.
20. Voir Jennifer Hyndman, « Feminist Geopolitics Revisited: Body Counts in Iraq », in *The Professional Geographer* 59, N° 1/2007, p. 35-46, ici p. 36.
21. Suzanne Mackenzie, « Restructuring the Relations of Work and Life: Women as Environmental Actors, Feminism as Geographic Analysis », in *Gender, Place & Culture* 6, N° 4/1999, p. 417-430, ici p. 419.
22. Voir Jennifer Hyndman, « Towards a Feminist Geopolitics », in *Canadian Geographies / Géographies Canadiennes* 45, N° 2/2001), p. 210-222, ici p. 211 et 217.
23. Sharp et Dowler, « A Feminist Geopolitics? », *op. cit.*, p. 169 ; Sophie Domres et Lena Wittenfeld, *Below its potential – Navigating the complexity of Feminist Foreign Policy,* Polis 180 – Polis Paper, N° 23/2023.
24. HCE, *Diplomatie féministe : passer aux actes, op. cit.*, p. 17.

social-démocrate des Affaires étrangères de la Suède. Cette approche reposait sur le modèle des 3R (droits [angl. *rights*], représentation, ressources), élargi en pratique par un quatrième « R » pour recherche, à laquelle une place importante était accordée pour assurer une base de données solide et une évaluation continue. Son objectif était d'intégrer les perspectives féministes dans les politiques de développement, de sécurité nationale et de promotion commerciale, et elle reste, selon des études comparatives, jusqu'à présent la démarche la plus globale[25]. Cependant, après les élections de 2022, le gouvernement conservateur a partiellement abandonné cette approche, notamment en supprimant le terme « féministe » de l'agenda de la politique étrangère.

Ainsi, l'exemple suédois montre d'une part la volatilité d'une politique étrangère féministe, qui dépend fortement des partis politiques ainsi que des constellations gouvernementales et parlementaires. D'autre part, ce modèle a servi de véritable phare pour la communauté internationale et est devenu une référence. En juillet 2024, 17 pays ont officiellement adopté une politique étrangère féministe, tandis que plusieurs autres « ont des valeurs féministes dans leur politique étrangère sans employer ce concept[26] ». Toutefois, à l'instar de la Suède, ces pays risquent d'abandonner cette orientation en cas de changement de gouvernement, soulignant ainsi l'importance de la durabilité dans la formulation et la mise en œuvre d'une telle politique. Pour les États européens, cette durabilité pourrait être considérablement renforcée par l'élaboration d'une approche commune au niveau supranational. Cependant, comme le démontrera la comparaison franco-allemande, une vision unifiée de politique étrangère féministe n'a pas encore vu le jour.

La diplomatie féministe de la France

En France, déjà sous la présidence de François Hollande (PS), une volonté accrue de prendre en compte « la cause des femmes et des droits des femmes » dans tous les aspects de sa politique internationale s'était manifestée[27]. Emmanuel Macron (LREM) a suivi cette ligne en affirmant dès le début de son premier mandat en 2017 que l'égalité entre les femmes et les hommes serait une mission centrale de son gouvernement, y compris en matière de politique extérieure. Ce n'est toutefois qu'à partir de mars 2019, après une déclaration de Jean-Yves Le Drian, alors ministre des Affaires étrangères, et de la secrétaire d'État Marlène Schiappa (LREM) dans *Libération*, suivie d'un discours du président en mai, que la stratégie internationale de la France est officiellement qualifiée de féministe[28]. Ce lancement a coïncidé avec la présidence française du G7, ce qui souligne un des axes principaux de sa diplomatie féministe : la coopération multilatérale et son rôle de leader dans le domaine de l'égalité des genres.

25. Voir p. ex. Foteini Papagioti, *The Feminist Foreign Policy Index: A Quantitative Evaluation of Feminist Commitments,* Washington, DC: International Center for Research on Women, 2023, p. 49.
26. Déborah Rouach et Alice Apostoly (dir.), *Pérenniser l'effort pour l'égalité : tout savoir sur la politique étrangère féministe*, L'Institut du Genre en Géopolitique, 2024, p. 6.
27. François Hollande, « Déclaration de M. François Hollande, Président de la République, sur l'action de la France en faveur des droits des femmes, à Paris le 8 mars 2017 », https://www.vie-publique.fr/discours/202379-declaration-de-m-francois-hollande-president-de-la-republique-sur-la (consulté le 20 octobre 2024).
28. Jean-Yves Le Drian et Marlène Schiappa, « Pour une diplomatie féministe », in *Libération*, 7 mars 2019, https://www.liberation.fr/debats/2019/03/07/pour-une-diplomatie-feministe_1713657/ (consulté le 20 octobre 2024).

Le souci d'ancrer son approche au niveau international se manifeste également dans la « Stratégie internationale de la France pour l'égalité entre les femmes et les hommes (2018-2022)[29] », qui met en avant la cohérence avec les accords et directives internationaux, allant de la Déclaration universelle des droits de l'homme à la PAC II de l'UE. Ce document définit par ailleurs les lignes directrices de la « diplomatie féministe » de la France, bien que cette qualification lui ait été attribuée a posteriori, ce qui n'est pas sans conséquences pour l'interprétation du concept, comme il sera démontré par la suite.

Conceptuellement, la Stratégie internationale, qui couvrait initialement les années 2018-2022 mais reste de facto en vigueur en attendant la publication d'une nouvelle version, repose sur une « approche élargie », intégrant dans tous les domaines de l'action extérieure l'approche de genre, laquelle « repose sur l'analyse et la remise en cause des processus qui différencient et hiérarchisent les individus en fonction de leur sexe[30] ». Les axes thématiques incluent les droits et la santé sexuels et reproductifs, la prévention et la lutte contre la violence à l'égard des femmes ainsi que l'éducation des filles. Elle se concentre ainsi principalement sur les domaines « classiques » de l'engagement pour l'égalité des genres, à savoir l'aide publique au développement et les droits humains. Le thème de la paix et de la sécurité reste relativement peu abordé, se limitant à souligner l'importance de la participation des femmes aux négociations, aux processus décisionnels, aux missions de paix et aux projets de reconstruction, en référence notamment à l'agenda FPS du Conseil de sécurité de l'ONU. Dans son évaluation, le Haut Conseil à l'Égalité entre les femmes et les hommes (HCE) constate que « [l]a perspective féministe reste notamment très insuffisante dans les enjeux de sécurité[31] ».

En effet, l'approche française n'adopte pas dans ce contexte une perspective véritablement transformatrice qui abandonne, ou du moins remet en question, la primauté de la sécurité étatique au profit de la sécurité humaine[32]. En outre, le faible traitement du thème de la sécurité en général ainsi que l'angle mort de la politique commerciale, qui n'est pas encore intégrée dans la diplomatie féministe française, nuisent à l'ambition de suivre une approche vraiment transversale.

Une autre lacune évidente du point de vue de la géopolitique féministe est l'absence d'un engagement clair en faveur d'une approche intersectionnelle. Certes, le document stratégique revendique théoriquement une telle approche en soulignant que la perspective de genre « met en évidence les liens entre les inégalités de genre et les autres formes d'inégalités et de clivages économiques, sociaux, générationnels, culturels[33] ». Toutefois, en dehors de cette référence, il n'est question que de femmes, de filles et d'hommes. D'autres groupes et personnes vulnérables et marginalisés, ainsi que des droits des personnes LGBTQ+, abordés explicitement dans les politiques étrangères féministes d'autres pays comme la Suède, le Canada ou l'Allemagne, ne sont pas pris en compte. Un autre aspect lié à l'approche intersectionnelle et omis dans l'approche française, est le risque « d'une diplomatie féministe dite "des pays

29. Ministère de l'Europe et des Affaires étrangères (MEAE)– DGM, *Stratégie internationale de la France pour l'égalité entre les femmes et les hommes (2018-2022)*, 2018.
30. *Ibid.*, p. 15.
31. HCE, *Diplomatie féministe : passer aux actes*, *op. cit.*, p. 17.
32. Dans ce contexte, il est révélateur que la *Revue nationale stratégique 2022*, exposant l'environnement de défense et de sécurité de la France, ne mentionne pas le terme ou le concept de « diplomatie féministe ».
33. MEAE – DGM, *Stratégie internationale*, *op. cit.*, p. 15.

du Nord" voire néocolonialiste[34] ». Bien que François Hollande ait évoqué en 2017 la nécessité de ne pas imposer un modèle culturel ni une vision supérieure tout en défendant les droits des femmes, ce sujet n'est désormais plus mentionné[35].

Les faiblesses en question reposent sur une déficience fondamentale dans la conceptualisation de la « diplomatie féministe », qui manque de définition et de vision claires, comme le soulignent également le HCE ainsi que le *think tank* L'Institut du Genre en Géopolitique (IGG) dans leurs évaluations[36]. Une hypothèse est que ce manque est en partie dû à la désignation *a posteriori* de la Stratégie internationale comme « féministe », ainsi qu'à l'accent mis sur la continuité et la cohérence avec des accords multilatéraux et le cadre législatif national. Cela renforce certes la durabilité de la stratégie, car elle la rend moins vulnérable aux changements gouvernementaux, mais empêche également une approche véritablement transformatrice, capable de dépasser les discours géopolitiques traditionnels et de provoquer des changements structurels dans les rapports de pouvoir.

Dans l'ensemble, il apparaît que la France, engagée depuis de nombreuses années en faveur de l'égalité des genres au niveau international et revendiquant un rôle de modèle et de leader, a envoyé un signal important avec l'introduction d'une « diplomatie féministe », mais l'utilisation de ce qualificatif demeure, d'un point de vue analytique, relativement superficielle et vague. Cela conduit à « une appropriation insuffisante ou à des interprétations variables selon les acteurs et actrices[37] », selon le HCE, ce qui peut avoir des conséquences sur la légitimité et l'impact de l'engagement français en tant que moteur international. En ce qui concerne une ligne commune franco-allemande, il existe, en dépit de certaines similitudes, des divergences conceptuelles majeures, qui seront mises en lumière par la suite.

La politique étrangère féministe de l'Allemagne

En Allemagne, le début d'une politique étrangère féministe officielle coïncide avec l'arrivée au pouvoir de la coalition tricolore en 2021, qui a formulé dans son accord l'objectif de « renforcer, avec nos partenaires [...] les droits, les ressources et la représentation des femmes et des filles dans le monde entier et promouvoir la diversité sociale, dans l'esprit d'une politique étrangère féministe[38] ». Comme en France, l'idée n'était toutefois pas totalement nouvelle. Ainsi, dès 2019, alors que l'Allemagne co-accueillait une conférence internationale d'engagement de haut niveau sur les femmes, la paix et la sécurité à l'occasion de l'anniversaire de la résolution 1325 du Conseil de sécurité, le ministre des Affaires étrangères de l'époque, Heiko Maas (SPD), s'était engagé pour « moins de patriarcat et plus de féminisme » dans toute action extérieure[39].

34. HCE, *Diplomatie féministe : passer aux actes*, *op. cit.*, p. 16.
35. Hollande, François, « Déclaration de M. François Hollande », *op. cit.*
36. HCE, *Diplomatie féministe : passer aux actes*, *op. cit.*, p. 14 ; Rouach et Apostoly, *Pérenniser l'effort*, *op. cit.* p. 124.
37. HCE, *Diplomatie féministe : passer aux actes*, *op. cit.*, p. 14.
38. *Mehr Fortschritt wagen. Bündnis für Freiheit, Gerechtigkeit und Nachhaltigkeit.* Koalitionsvertrag 2021-2025 zwischen der Sozialdemokratischen Partei Deutschlands (SPD), Bündnis 90/Die Grünen und den Freien Demokraten (FDP), p. 114.
39. Cité d'après Luisa Latella, « The Pressure on Feminist Foreign Policy », American-German Institute, 12 décembre 2023, https://americangerman.institute/2023/12/the-pressure-on-feminist-foreign-policy/ (consulté le 20 octobre 2024).

Les lignes directrices de la politique étrangère féministe allemande ont été présentées en mars 2023 par la ministre fédérale des Affaires étrangères, Annalena Baerbock (Bündnis 90/Die Grünen), dans un contexte marqué par la guerre en Ukraine, très différent de celui de la France en 2019. Elles sont le fruit d'un processus d'élaboration approfondi, mené dans le cadre d'échanges avec la Suède et le Canada, ainsi qu'avec une implication importante de la société civile et de la recherche[40].

L'approche allemande, tout comme celle de la France, vise à développer une politique transversale intégrant la perspective féministe dans tous les champs d'action du ministère des Affaires étrangères[41]. En théorie du moins, la stratégie allemande répond à cette exigence de manière plus complète que la stratégie française. En plus de priorités thématiques similaires, telles que la lutte contre les violences sexistes et sexuelles ou le soutien aux droits sexuels et reproductifs, l'Allemagne met un accent particulier sur des domaines comme le commerce extérieur, la politique climatique ainsi que l'intégration de l'avenir numérique et de l'intelligence artificielle dans une perspective féministe, où elle se distingue comme pionnière[42].

En ce qui concerne le thème de la sécurité, il existe également des parallèles avec la stratégie française, notamment l'accent mis sur l'importance d'impliquer les femmes dans les processus de paix et la référence à l'agenda FPS de l'ONU, considéré comme « le fondement de la politique étrangère féministe dans le domaine de la paix et de la sécurité[43] ». Toutefois, ce thème occupe une place plus centrale dans la stratégie allemande, étant intégré dès la première ligne directrice. Surtout, contrairement à la France, un engagement clair en faveur d'une approche féministe est affirmé, avec la promotion d'une « compréhension globale de la sécurité » qui met notamment l'accent sur « la sécurité humaine et la protection des populations civiles, en particulier des groupes les plus vulnérables, contre la violence indiscriminée et la protection de tous les êtres humains contre les systèmes d'armes inhumains[44] ».

En revanche, il est admis dès la préface que « face à la violence brutale, les vies humaines doivent aussi être protégées par des moyens militaires[45] », ce qui distingue la conceptualisation allemande de l'approche académique de la géopolitique féministe, laquelle, plus rigoureuse sur ce point, prône un concept de paix positive par la démilitarisation[46]. Ce qui est présenté positivement dans ce cadre comme une combinaison « de fermeté sur les principes et de pragmatisme[47] » reflète au fond le dilemme décrit en introduction, causé par les tensions entre, d'une part, les impératifs sécuritaires croissants et une interprétation traditionnelle de la realpolitik,

40. Voir p. ex. l'appel à contributions publié par le ministère des Affaires étrangères en été 2022 qui a permis de recueillir les contributions de plus de 40 experts indépendants, issus de domaines variés tels que la recherche académique, les ONG et les *thinks tanks* : « Call for Papers: Was bedeutet eine feministische Außenpolitik », Auswärtiges Amt, 10 mars 2023, https://www.auswaertiges-amt.de/de/aussenpolitik/-/2586914. En outre, la fondation Heinrich Böll, proche de Bündnis 90/Die Grünen, avait présenté en novembre 2021 un guide pour la mise en œuvre d'une politique étrangère féministe, voir Victoria Scheyer, Dilek Gürsel, Marie Jelenka Kirchner et Jessica Cheung, *Practicing Feminist Foreign Policy in Everyday : A Toolkit,* Heinrich Böll Stiftung, 2021.

41. Auswärtiges Amt, *Feministische Außenpolitik gestalten. Leitlinien des Auswärtigen Amtes*, 2023, p. 7.

42. Rouach et Apostoly, *Pérenniser l'effort, op. cit.*, p. 14.

43. Auswärtiges Amt, *Feministische Außenpolitik gestalten, op. cit.*, p. 15 [notre traduction].

44. *Ibid.*, p. 19.

45. *Ibid.*, p. 9.

46. Cf. Latella, « The Pressure on Feminist Foreign Policy »., https://americangerman.institute/2023/12/the-pressure-on-feminist-foreign-policy/.

47. Auswärtiges Amt, *Feministische Außenpolitik gestalten, op. cit.*, p. 9.

et, d'autre part, les valeurs d'une politique étrangère axée sur l'égalité et les droits humains. Ce dilemme reste finalement non résolu sur le plan pratique de la politique étrangère féministe allemande. Ainsi, le HCE, qui évoque le modèle du pays voisin dans son rapport sur la diplomatie féministe française, constate qu'il n'y a pas non plus ici « [d']engagement spécifique sur la politique de défense et de sécurité alors que la sécurité est actuellement au centre de la politique étrangère allemande[48] ». Cependant, contrairement au cas français, où la « diplomatie féministe » n'a pas été intégrée dans la « Revue nationale stratégique[49] », la « Stratégie de sécurité nationale » de l'Allemagne fait à plusieurs reprises référence à sa compatibilité avec la politique étrangère féministe[50].

La différence la plus marquante avec la diplomatie féministe française réside dans le fait que le concept allemand bénéficie d'une définition claire et intègre une doctrine à sa politique étrangère féministe, qui met l'accent sur la transformation et l'intersectionnalité, en accord avec les principes de la géopolitique féministe. Cette approche, telle qu'elle est programmatiquement formulée dans les directives, s'efforce de dépasser les structures de pouvoir historiques pour promouvoir une participation équitable et l'égalité des chances pour tous, indépendamment de l'identité de genre, de l'origine, de la religion, de la situation de handicap ou de l'orientation sexuelle[51]. En conséquence, les lignes directrices mentionnent systématiquement « femmes et groupes marginalisés » et font référence à plusieurs reprises aux personnes LGBTQ+. Alors que la stratégie française met l'accent sur « l'égalité entre les femmes et les hommes », l'approche allemande accorde également une importance particulière à « l'inclusion » et « la diversité » en tant que valeurs centrales et facteurs essentiels pour garantir une paix stable, un développement social durable et une économie écologiquement responsable. De plus, le document intègre des réflexions sur les responsabilités découlant de l'histoire allemande ainsi que sur les réalités postcoloniales[52].

Conclusion

En résumé, la politique étrangère féministe de l'Allemagne, analysée sous l'angle de la géopolitique féministe, présente un cadre plus complet et mieux défini que celui de la France. Tandis que l'approche française demeure floue dans sa définition et hésite à s'engager clairement en faveur d'une orientation véritablement féministe, risquant ainsi de réduire ce concept, sinon à un simple label, du moins à un accessoire, les lignes directrices allemandes, quant à elles, sont plus explicites et adoptent une perspective intersectionnelle. Le caractère plus global et transformateur de la politique étrangère féministe allemande, combiné au contexte de son introduction, conduit à ce qu'elle soit plus polarisante que la diplomatie féministe française, qui s'inscrit davantage dans la continuité des principes traditionnels de la politique étrangère de la France et évite les connotations disruptives que peut susciter le terme « féministe ».

Par conséquent, le comparatif franco-allemand met en lumière l'absence d'une vision commune, un véritable obstacle à l'élaboration d'une politique européenne

48. HCE, *Diplomatie féministe : passer aux actes*, *op. cit.*, p. 16.
49. Secrétariat général de la défense et de la sécurité nationale, *Revue nationale stratégique 2022*, 7 novembre 2022.
50. Bundesregierung, *Wehrhaft. Resilient. Nachhaltig. Integrierte Sicherheit für Deutschland. Nationale Sicherheitsstrategie*, 2023, p. 29, entre autres.
51. Auswärtiges Amt, *Feministische Außenpolitik gestalten*, *op. cit.*, p. 7, 39, entre autres.
52. *Ibid.*, p. 56.

cohérente et plus fermement orientée vers une approche féministe dans la politique étrangère, sous l'impulsion des deux pays. Ce défi s'inscrit dans un contexte plus large, où les impératifs de sécurité croissants et la montée des forces anti-genre compliquent l'ancrage durable d'une telle politique. Alors que la nouvelle Stratégie internationale de la France pour l'égalité entre les femmes et les hommes est en préparation, il sera crucial d'observer si, en suivant les recommandations du HCE, elle parviendra à développer une stratégie plus en phase avec les principes de la géopolitique féministe, permettant ainsi une meilleure compatibilité avec le concept allemand. Parallèlement, la durabilité de ces stratégies dépendra de leur capacité, tant en France qu'en Allemagne et aussi ailleurs, à résister aux pressions internes et externes ainsi qu'aux conjonctures politiques susceptibles de compromettre ces efforts, d'autant plus que ces stratégies seront explicites et ambitieuses.

La Géopolitique dans la présidentielle de 2022. Analyser les campagnes électorales avec le Blended Reading

Florence Ertel*

Introduction

Une semaine après le début de l'invasion de l'Ukraine par la Russie, le 24 février 2022, la campagne présidentielle française a été lancée par l'annonce de la candidature d'Emmanuel Macron. Les défis induits par la guerre, notamment en raison du changement radical de la situation de sécurité en Europe ainsi que les défis géopolitiques qui en découlent pour l'Union européenne (UE) ont conduit à ce que le retour du terme *géopolitique* dans le discours politique européen soit de plus en plus souvent usité. Dans ce contexte, l'ancien haut représentant de l'UE pour les affaires étrangères et la politique de sécurité, Josep Borrell, a déclaré en mars 2022 le « réveil géopolitique[1] » de l'Europe. En conséquence, l'Europe géopolitique est considérée comme une nouvelle norme dans la politique étrangère de l'UE, qui attribue à l'UE une responsabilité en matière de sécurité mondiale et qui a pour mission de protéger ses citoyens et de soutenir ses partenaires[2]. L'analyse se concentre sur la manière dont ce retour ou réveil géopolitique s'est manifesté dans la communication lors de la campagne électorale de la présidentielle de 2022. Au total, 12 candidats se sont présentés à l'élection. Emmanuel Macron (La République en marche) et Marine Le Pen (Rassemblement national), sont sortis vainqueurs du premier tour, le 10 avril 2022. Ils se sont affrontés au second tour le 24 avril 2022. Macron a remporté l'élection avec 58,5 % des suffrages exprimés, Le Pen a obtenu 41,5 %.

Le discours est analysé au regard de la notion européenne dans les campagnes électorales nationales. Cela se fait en prenant en compte le débat sur le post-fonctionnalisme qui existe dans la recherche sur l'intégration européenne[3]. En effet, la montée en puissance des partis populistes de droite dans les États membres de l'UE met en évidence une division progressive des camps politiques, suivant la thèse *GAL/TAN* de

* M.A., chercheuse à la chaire Jean Monnet de Politique européenne et directrice du Science Hub for Europe de l'Université de Passau.

1. Borrell Fontelles, Josep, « L'Europe dans l'interrègne : notre réveil géopolitique après l'Ukraine », in *Groupe d'études géopolitiques, War Issue,* N° 5/2022.
2. *Ibid.*
3. Liesbet Hooghe et Gary Marks, « A Postfunctionalist Theory of European Integration: From Permissive Consensus to Constraining Dissensus », in *British Journal of Political Science,* N° 39(1)/2009.

Hooghe et Marks, entre les partis verts, alternatifs, libéraux, cosmopolites et favorables à l'intégration européenne, et les partis traditionalistes, autoritaires, nationalistes et eurosceptiques[4]. Knapp le décrit comme un clivage sur plusieurs niveaux : premièrement entre les supporters et les opposants au libéralisme économique et deuxièmement entre les supporters et les opposants à la mondialisation, à l'européanisation et au libéralisme culturel[5]. En conséquence, comme le constate Schön-Quinlivan, le clivage classique gauche – droite dans le système des partis peut être considéré comme dépassé et remplacé par un clivage ouvert – fermé, pro- ou anti-mondialisation avec l'Europe comme principal clivage structurel[6].

Les élections nationales en France constituent toutefois un cas particulier car les questions européennes ont été peu présentes, notamment dans les campagnes pour la présidentielle. Cela peut s'expliquer par le fait que le mandat présidentiel est « [...] fondamentalement lié à l'idée de souveraineté française[7] ». Ceci est illustré par exemple par la puissance nucléaire. Les candidats ont donc des difficultés à expliquer que la France est liée à une construction supranationale comme l'UE dont l'influence se manifeste également dans les domaines de la politique intérieure et que la France doit agir en fonction des décisions des institutions européennes, même si elle a une position différente[8]. Des thèmes liés à l'UE sont plutôt évoqués dans les campagnes de référendum. Le plus récent est ainsi le référendum échoué sur la proposition de traité sur la Constitution européenne en 2005[9]. La présidentielle de 2017 constitue un tournant à cet égard. Comme le décrit Costa, elle est devenue un « référendum sur l'appartenance à l'Union[10] ». Même si la majorité des candidats a mené une campagne eurosceptique, le vainqueur Macron ainsi que les candidats de la droite François Fillon (Les Républicains) et de la gauche, Benoît Hamon (Parti Socialiste) étaient plutôt pro-européens[11].

Ainsi, les questions de recherche suivantes se posent : *Le retour ou le réveil de la géopolitique, est-il thématisé dans la présidentielle de 2022 ? (Q1) Les programmes des candidats des partis pro-européens et des candidats des partis anti-européens se distinguent-ils par leur compréhension de la géopolitique ? (Q2)* Pour cela, les programmes électoraux des 12 candidats sont analysés à l'aide du Blended Reading avec l'application Leipzig Corpus Miner (iLCM)[12]. Cette méthode combine l'analyse de données assistée et basée sur des algorithmes (Distant Reading) pour structurer les données textuelles avec des méthodes d'analyse manuelles comme l'analyse de contenu (Close Reading). Au-delà de l'intérêt de recherche sur le fond, l'analyse permet également de tester les opportunités et les défis du Blended Reading. À l'aide d'un ensemble de données volontairement limitées, il s'agit de montrer le potentiel que recèle la méthode pour examiner des questions très concrètes dans l'analyse de

4. *Ibid.*
5. Andrew Knapp, « France's party system in 2022 », in *Modern & Contemporary France*, N° 30(4)/2022, p. 495-515, p. 511.
6. Schön-Quinlivan, Emmanuelle, « The elephant in the room' no more: Europe as a structuring line of political cleavage in the 2017 presidential election », in *French Politics* 15, Springer, 2017, p. 290-302, p. 295.
7. Olivier Costa, « L'élection présidentielle française : un référendum sur l'appartenance à l'Union ? », in *CEPOB Collège d'Europe Policy Brief*, N° 3/2007, p. 1.
8. *Ibid.*, p. 1.
9. *Ibid.*, p. 1.
10. *Ibid.*, p. 1.
11. *Ibid.*, p. 2.
12. Le iLCM est accessible à travers le lien https://ilcm.informatik.uni-leipzig.de.

la communication électorale. Dans ce but, les réflexions méthodologiques ainsi que la conception de la méthode utilisée sont d'abord présentées. Ensuite, les résultats sont exposés et une conclusion est tirée.

Considérations méthodologiques et conception de la méthode appliquée

Conceptualisation de « géopolitique » pour l'analyse

Il apparaît important de spécifier et de préciser la notion de géopolitique afin de pouvoir la saisir de manière algorithmique et manuelle avec le Blended Reading. Jopp et Pollak donnent une définition approfondie qui stipule que la géopolitique n'est pas une discipline académique ou une théorie en soi. Selon eux, la géopolitique consiste à « décrire ou à analyser les politiques de puissance dans les relations internationales liées à des facteurs géographiques, à des territoires terrestres ou maritimes et au contrôle politique exercé sur ceux-ci[13] ». Cela inclut la prise en compte des ressources naturelles, de la démographie, de la topographie ou du climat et, si nécessaire, du pouvoir militaire et de son emploi[14]. Au niveau de la politique européenne, le terme est de plus en plus présent, que ce soit dans les déclarations de Borrell en 2022 citées ci-dessus ou par celles de la Présidente de la Commission, Ursula von der Leyen, qui a annoncé la création d'une commission géopolitique en 2019[15]. La géopolitique est aussi perçue dans les documents officiels de l'UE comme la Boussole stratégique[16] qui a été publiée pendant la présidence française du Conseil de l'UE. D'après Borrell le réveil géopolitique devrait devenir une « permanence stratégique[17] » de l'UE et fortifier davantage son hard power par rapport à son soft power. Il définit celle-ci comme étant bien plus que des moyens militaires, en utilisant l'ensemble des instruments de l'UE et « de penser et d'agir comme une puissance[18] ». Cela peut être interprété comme la volonté de façonner une UE forte et indépendante agissant comme une actrice géopolitique qui garantit la sécurité de ses États membres[19]. Par conséquent, l'UE devrait se doter d'une capacité de défense effective avec des moyens civils et militaires pour faire face aux défis géopolitiques actuels et futurs[20]. La question de savoir si l'UE doit agir ainsi, fait l'objet d'un débat controversé, car la structure intergouvernementale de la politique de sécurité et de défense commune (PSDC) soulève des doutes quant à la capacité de l'UE à assumer cette fonction. Ceci est aussi lié à la discussion sur son rôle dans l'OTAN et sur l'autonomie stratégique[21]. Depuis son discours à la Sorbonne

13. Mathias Jopp et Johannes Pollak, « The EU's Geopolitics: Where Ambition Exceeds Ability », in M. Jopp et J. Pollak (éds), *The Lackluster Worldpower : The European Union's Geopolitics*, Cham (Springer), en cours de publication (2025), p. 1-29. (Traduction de l'anglais)
14. *Ibid.*, p. 1-29.
15. Commission européenne, *Discours prononcé par a Présidente élue von der Leyen à la séance plénière du Parlement européen à l'occasion de la présentation de son Collège des Commissaires et leur programme*, 27.11.2019.
16. Council of the European Union, « A Strategic Compass for a stronger EU security and defence in the next decade », in *Press release 301/22*, 2022.
17. Borrell Fontelles, Josep, « L'Europe dans l'interrègne : notre réveil géopolitique après l'Ukraine », in *Groupe d'études géopolitiques, War Issue*, N° 5/2022.
18. *Ibid.*
19. Florence Ertel et Daniel Göler, « European Defence: Developments, Challenges and Gaps in Institutions, Instruments and Strategies », in M. Jopp et J. Pollak (éds), *The Lackluster Worldpower : The European Union's Geopolitics*, Cham (Springer), en cours de publication (2025), p. 53-77.
20. *Ibid.*, p. 53-77.
21. Markus Kaim, « Die Gemeinsame Sicherheits- und Verteidigungspolitik der EU », in R. Bossong, N. von Ondarza (éds), *Stand der Integration. Zehn zentrale politische Projekte der EU und wie sie die Union verändern*, Berlin 2024, p. 93-102 et Tuomas Iso-Markku, « Die Polykrise und das Potenzial der Sicherheits- und

en 2017, Macron n'a cessé de relancer le débat[22]. L'autonomie stratégique peut être décrite comme la quête de l'UE pour agir stratégiquement sur la scène internationale, dans le but de peser davantage dans le cours des relations internationales et d'assurer ses moyens d'agir en tant qu'actrice mondiale autonome[23]. La guerre d'agression russe contre l'Ukraine a particulièrement renforcé cette conviction. Cela ouvre donc plusieurs points de départ pour l'analyse des campagnes électorales, permettant de différencier les positions des partis. Sur la base de ces réflexions, le discours géopolitique est appréhendé avec les catégories suivantes *Géographie* (S'adresse-t-on à certaines régions ?), *Hard Power* (S'adresse-t-on au pouvoir militaire ?), *Soft Power* (S'adresse-t-on au pouvoir civil ?) et *Rôle de la France et l'UE* (Dans quel contexte pense-t-on ? Autonomie stratégique ? France souveraine ? OTAN ? etc.).

Sélection et collecte des données

En limitant le matériel de données aux 12 programmes électoraux, les défis méthodologiques qui découlent de la soi-disant révolution numérique dans les sciences politiques sont mis de côté, car la collecte et l'archivage de données basées sur le web posent des problèmes en termes de reproductibilité intersubjective et de validité, qui sont des critères clés du travail scientifique. Cela est notamment dû à la grande fluidité de ces données[24]. Comme les défis méthodologiques sont limités, cette analyse va bien au-delà des études précédentes comme Reiter[25] et Ertel *et al.*[26] (pour lesquelles l'intérêt méthodologique de l'applicabilité du Blended Reading a été plus au centre) en termes de complexité du contenu. Ainsi, la question du discours géopolitique dans les campagnes électorales est clairement plus large et plus difficile à appréhender de manière algorithmique que la question de la salliance des thèmes de politique européenne ou du positionnement des élections européennes en *first* ou *second order election*[27] en général. Enfin, l'étude présente peut servir de point de départ pour des analyses automatisées des programmes électoraux à long terme. Il serait par exemple possible de réaliser des Blended Reading des campagnes électorales européennes sur la base des données Euromanifesto[28], qui fournissent les programmes électoraux européens de tous les États membres entre 1979 et 2019.

La période d'analyse commence avec l'annonce de la candidature d'Emmanuel Macron dans sa lettre aux Français dans le journal *Libération* le 3 mars 2022[29], suivie de la publication des programmes électoraux sur les sites web des candidats[30]. Les programmes des 12 candidats ont été téléchargés des sites de campagne pendant le

Verteidigungspolitik der EU: Viele Reformen, kein grundlegender Wandel », in P. Gieg *et al.* (éds), *Jenseits der Krisen: Potenziale der europäischen Integration im 21. Jahrhundert*, Wiesbaden 2023, p. 197-227.

22. Macron, Emmanuel, *Initiative pour l'Europe – Discours d'Emmanuel Macron pour une Europe souveraine, unie, démocratique*, 26.09.2017, Emmanuel Macron et Olaf Scholz, « Macron and Scholz : We must strengthen European sovereignty », in *www.ft.com*, 27.05.2024.
23. Charlotte Beaucillon, « Strategic autonomy: A new identity for the EU as global actor », in *EU European Papers Insight Strategic Autonomy and Technological Sovereignty*, N° 8(2)/2023 p. 417-238, p. 421.
24. Florence Reiter, « Die Rolle der Europawahl 2019 in der Online-Medienberichterstattung. Eine Blended Reading Analyse am Beispiel von Spiegel-Online », in *Zeitschrift für Politikwissenschaft*, N° 32/2022, p. 839-864, p 841.
25. *Ibid.*, p. 839-864.
26. Florence Ertel *et al.*, « Using web archives for an explorative study of the web presence of German parties during the European election 2019 », in *Quality and Quantity*, N° 58/2024, p. 603-625.
27. *Ibid.*, p. 603-625.
28. Carteny, Giuseppe *et al.*, *European Parliament Election Study 1979-2019 Euromanifesto Study*, 2023.
29. Emmanuel Macron, « Lettre d'officialisation de candidature », in *Libération*, 02.03.2022.
30. Un tableau avec les liens se trouve dans l'annexe.

29 mars 2022 et le 4 avril 2022 et enregistrés au format PDF. En outre, les métadonnées comme l'adresse du site web (lien) et la classification générale dans le spectre des partis ont été relevées.

Blended Reading avec iLCM

Le Blended Reading est une combinaison de Distant Reading et de Close Reading et représente ainsi un pont entre l'analyse de textes quantitative et qualitative. L'objectif de cette méthode proposée par Stulpe et Lemke[31] est de combiner les avantages de l'analyse de données basée sur des algorithmes (Text Mining) et de l'analyse manuelle de textes, par exemple avec une analyse de contenu. Le Blended Reading offre l'avantage de préstructurer des données textuelles de manière exploratoire au moyen de procédés basés sur des algorithmes. Pour le Blended Reading, le iLCM est utilisé. Il s'agit d'une application serveur pour l'analyse de données textuelles, qui effectue des calculs côté serveur. Elle est fournie à l'utilisateur par l'intermédiaire d'un navigateur web[32]. Pour cette analyse, les programmes électoraux PDF sont d'abord convertis en fichier texte à l'aide d'un script automatisé, avant d'être chargés dans l'application iLCM avec les méta-informations. Tous les PDF sont stockés dans une collection.

Le Distant Reading, qui constitue la première phase de l'analyse Blended Reading, est une méthode exploratoire. L'ensemble du discours de campagne est examiné et aucune distinction n'est faite entre les candidats. Avec le iLCM, l'analyse de cooccurrence est effectuée pour calculer les *tokens* qui apparaissent le plus souvent ensemble. Dans le domaine du Text Mining, le terme *token* fait référence à des occurrences individuelles de mots – contrairement aux types qui définissent des classes universelles de mots[33]. Sur la base des graphes de cooccurrence, qui donnent également des informations sur la fréquence des différents *tokens*, il est possible de tirer les premières conclusions sur le contexte dans lequel les termes sont utilisés.

NO.	CATEGORIE	DESCRIPTION
1	Attitudes envers l'UE	Peut-on identifier un soutien ou un rejet de l'UE et du processus d'intégration ?
2	Géographie	S'adresse-t-on à certaines régions/zones géographiques?
3	Hard Power	S'adresse-t-on au pouvoir militaire?
4	Soft Power	S'adresse-t-on au pouvoir civil/la diplomatie ?
5	Rôle de la France et l'UE	Dans quel contexte pense-t-on/communique-t-on la géopolitique ? Trouve-t-on l'UE en tant qu'acteur mondial au centre de l'attention (*Autonomie stratégique, Europe Puissance*) ou considère-t-on la France souveraine comme un acteur géopolitique central, en dehors de toutes structures multilatérales ?

Tableau 1. Catégories de l'annotation manuelle

Le Close Reading, qui représente la deuxième phase du Blended Reading, est effectué par annotation manuelle sur la base d'un *Codebook* qui se fonde sur les

31. Alexander Stulpe et Matthias Lemke, « Blended Reading. Theoretische und praktische Dimensionen der Analyse von Text und sozialer Wirklichkeit im Zeitalter der Digitalisierung », in M. Lemke, G. Wiedemann (éds), *Text Mining in den Sozialwissenschaften*, Wiesbaden (Springer), 2016, p. 17-61.
32. Gregor Wiedemann et Andreas Niekler, « Analyse qualitativer Daten mit dem „Leipzig Corpus Miner », in M. Lemke, G. Wiedemann (éds), *Text Mining in den Sozialwissenschaften*, Wiesbaden (Springer), 2016, p. 63-89, p. 72.
33. Florence Ertel *et al.*, « Using web archives for an explorative study of the web presence of German parties during the European election 2019 », in *Quality and Quantity*, N° 58/2024, p. 603-625, p. 612.

constatations faites ci-dessus. Le iLCM offre à cet effet la possibilité de créer des systèmes de catégories hiérarchiques et de les appliquer aux documents de la collection[34]. Dans cette étape de l'analyse, les 12 programmes électoraux sont codés individuellement. Tableau 1 présente les 5 catégories.

Présentation et discussion des résultats

Dans la première phase de l'analyse Blended Reading, le graphe de cooccurrences du *token* le plus fréquent *france* (figure 1) donne les premières indications sur un discours orienté vers la géopolitique. Les termes *france* et *europe* sont utilisés conjointement de manière particulièrement fréquente. Il s'agit de l'Europe *forte, construite* et *fédérale* et du lien *europe – nations. France* est associée à *pays, monde* ainsi qu'*histoire, avenir, politique* et *sud*. Il y a également un nœud *politique – france – europe. France* et *français* montrent des liens avec *système, peuple* et – ici, la géopolitique devient évidente – avec *pouvoir, étranger* et *influence* ainsi qu'avec *monde* et *entier* par *pouvoir* et, au nœud suivant, à nouveau avec *europe*. Ces cooccurrences donnent l'image d'une France dans une Europe forte, qui exerce une influence sur le monde entier par sa politique et sa puissance. Bien qu'il soit relativement probable que le pays dans lequel se déroulent des élections nationales apparaisse fréquemment dans les programmes électoraux, il est ici remarquable qu'un contexte géopolitique puisse être postulé. En ce sens, on peut considérer, sur la base de cette première pré-structuration que le retour ou réveil de géopolitique s'est manifesté dans la communication lors de la campagne électorale pour la présidentielle de 2022 (Q1).

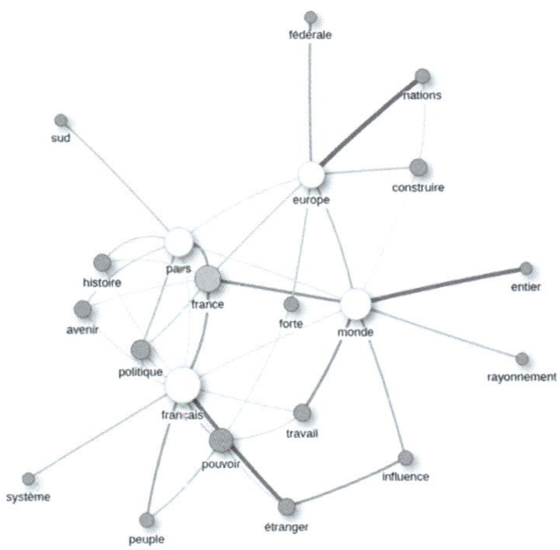

Figure 1. iLCM-Cooccurrence « france »

Le *token politique* (top 4 des fréquences) fournit, dans le contexte de Q1, un graphe de cooccurrences également intéressant (figure 2). Le lien avec *nouvelle* offre, entre autres, le nœud *calédonie*, qui laisse conclure que le territoire d'outre-mer de Nouvelle-Calédonie est particulièrement souvent mentionné dans les programmes électoraux. Ceci peut être lié au référendum sur l'autodétermination qui a eu lieu en

34. Florence Reiter, « Die Rolle der Europawahl 2019 in der Online-Medienberichterstattung. Eine Blended Reading Analyse am Beispiel von Spiegel-Online », in *Zeitschrift für Politikwissenschaft*, N° 32/2022, p. 839-864, p. 848.

décembre 2021[35]. Depuis plus de 170 ans, la Nouvelle-Calédonie fait partie de la France comme « collectivité d'outre-mer à statut particulier[36] ». Elle a une importance géopolitique en raison des gisements de nickel et de la présence de la France dans le Pacifique Sud. Les habitants de la Nouvelle-Calédonie se sont prononcés en 2021 contre la sécession de la France, comme lors des référendums de 2018 et 2020[37]. Cependant, la situation politique reste à ce jour plus que tendue. Le nœud *politique – étrangère* présente à son tour des liens avec *sert* – donc utilité, *indépendante* et des références aux procédures de décision, peut-être dans la politique étrangère intergouvernementale de l'UE, avec *bloquées*, *unanimité* et *majorité*. Ceci permet également de tracer l'image d'une France indépendante en matière de politique étrangère.

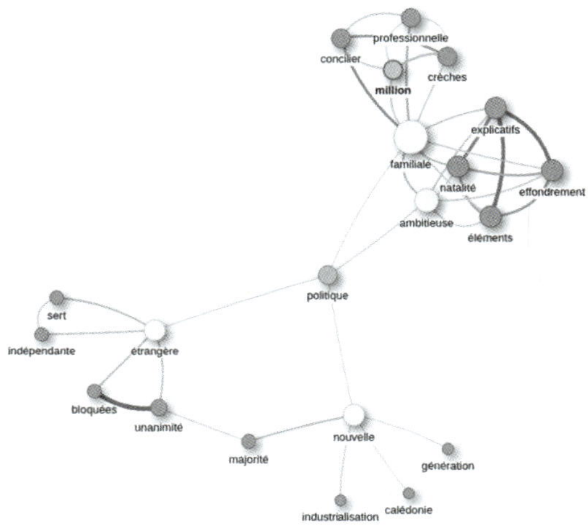

Figure 2. iLCM-cooccurrence « politique »

Cette analyse par Distant Reading est ensuite approfondie par l'annotation manuelle sur la base du *Codebook* dans la phase 2 du Blended Reading. Il est alors possible de mettre en évidence les différences entre les programmes électoraux. Au total, 626 passages ont été codés. L'unité de codage est le sens d'au moins une phrase.

En ce qui concerne le positionnement des candidats envers l'UE, les programmes électoraux (catégorie 1) se répartissent comme anticipés suivant la thèse *GAL/TAN* autour de ces deux spectres, plus précisément entre supporters et opposants au libéralisme économique et entre supporters et opposants à la mondialisation, à l'européanisation et au libéralisme culturel. Les programmes électoraux de Macron (La République En Marche, LREM), Jadot (Europe-Écologie – Les Verts, ELLV) et Hidalgo (Parti Socialiste, PS) contiennent des segments qui indiquent le soutien du processus d'intégration de l'UE. Les partis de ces candidats peuvent être considérés comme partis libéraux, cosmopolites et favorables à l'intégration européenne. Ils se distinguent pourtant par positionnement entre le centre néolibéral (LREM), les verts (ELLV) et les socialistes (PS). Il est remarquable que le programme électoral d'Hidalgo ait dépassé

35. République Française, Ministre de l'Intérieur, *3e référendum d'autodétermination en Nouvelle-Calédonie*, 10.12.2021.
36. Haut-Commissariat de la République en Nouvelle-Calédonie, *Le statut de la Nouvelle-Calédonie*, 2024.
37. Deutsche Welle, *Neukaledonien bleibt bei Frankreich*, 12.12.2021.

le clivage classique du PS sur le thème de l'UE. Certes, l'ancien président François Mitterrand avait introduit en 1982 une politique socialiste pro-européenne, mais à l'occasion de la ratification du traité de Maastricht 1992, une division importante est apparue, qui s'est manifestée lors du référendum du traité constitutionnel de l'UE en 2005 et qui persiste depuis[38].

En revanche, les programmes électoraux de Le Pen (Rassemblement National, RN), Mélenchon (La France Insoumise, LFI), Zemmour (Reconquête, REC), Roussel (Parti Communiste français, PCF), Dupont-Aignan (Debout la France, DLF) et Poutou (Nouveau Parti Anticapitaliste, NPA) comprennent des passages de texte qui indiquent le rejet de l'UE. Le Pen, Zemmour et Dupont-Aignan peuvent être classés dans le spectre des partis populistes de l'extrême-droite, nationalistes et eurosceptiques. Mélenchon se situe à l'extrême-gauche radicale, Roussel à l'extrême-gauche communiste et Poutou à l'extrême-gauche trotskiste. Ils mettent en cause le libéralisme économique. Ces partis sont également considérés anti-européens. Le programme électoral d'Arthaud (Lutte Ouvrière, LO), qui peut être considéré d'extrême-gauche trotskiste, ne contient pas de passages sur l'UE. Pécresse (Les Républicains, LR) et Lassalle (Résistons, RS), dont les partis peuvent être classés de droite (LR) et de centre-droit (RS), sont positionnés dans le centre entre *GAL* et *TAN*, représentant des cas particuliers. Il n'y a pas de rejet clair de l'UE. Par exemple, la critique de l'UE dans le programme électoral de Pécresse se limite à l'exigence de stopper l'adhésion de la Turquie à l'UE. Les segments à connotation européenne négative de Lassalle se réfèrent aux processus de décision au sein de l'UE et à la répartition des compétences. Ces cas s'inscrivent dans la logique des constatations de Costa. Selon lui, les partis de droite « ont toujours été divisés entre une aile souverainiste, attachée à une conception gaullienne – et donc intergouvernementale – de la construction européenne, et une aile plus libérale, s'accommodant de la méthode communautaire[39] ». Comme pour le PS, ce clivage a pris des différentes formes au fil des années, notamment lors de la ratification du traité de Maastricht et lors de l'échec du référendum constitutionnel en 2005. Par conséquent, l'UE est moins thématisée. Les partis des extrêmes ne sont pas concernés par ce clivage interne pro- et anti-européen. Ils se positionnent ouvertement eurosceptiques[40]. Les résultats du Blended Reading montrent clairement que le clivage classique gauche – droite a été élargi par un clivage ouvert – fermé, pro- ou anti-mondialisation avec l'UE comme principal clivage structurel[41].

La région géographique la plus souvent évoquée (catégorie 2) est l'Outre-mer. Macron souligne que la France reste unie même en temps de crise (comme par exemple des divisions entre territoires). Ceci peut se référer indirectement à la situation politique en Nouvelle-Calédonie. Jadot parle du soutien à la population d'outre-mer et de la protection de l'environnement. Hidalgo fait référence à l'Outre-mer d'une perspective géopolitique et le décrit comme « atout » pour la France dans le monde. Mais son programme fait aussi référence à la promotion des conditions de vie dans la région. Cependant, la mention des collectivités d'outre-mer peut être aussi placée dans une

38. Costa, Olivier, « L'élection présidentielle française : un référendum sur l'appartenance à l'Union ? », in *CEPOB Collège d'Europe Policy Brief*, N° 3(17)/2017, p. 2.
39. Olivier Costa, « L'élection présidentielle française : un référendum sur l'appartenance à l'Union ? », in *CEPOB Collège d'Europe Policy Brief*, N° 3/2017, p. 2.
40. *Ibid.*, p. 2.
41. Emmanuelle Schön-Quinlivan, « The elephant in the room' no more: Europe as a structuring line of political cleavage in the 2017 presidential election », in *French Politics*, N° 15/2017, p. 290-302, p. 295.

perspective purement géopolitique : Le Pen, par exemple met l'accent sur les ambitions géopolitiques, comme en témoigne le passage « l'Outre-mer un atout formidable pour redonner à la France sa grandeur ». Zemmour s'inscrit dans la même ligne d'argumentation et parle de « l'atout l'Outre-mer » pour « assumer la vocation mondiale de la France ». Dupont-Aignan mentionne la nécessité d'une « continuité territoriale ». Pécresse s'appuie également sur l'Outre-mer pour des intentions géopolitiques pour renforcer la « puissance maritime ». Poutou, dans une logique marxiste critique le « néocolonialisme » et revendique la fin de la « politique française de maintien des colonies ». En relativisant les résultats du Distant Reading, le Close Reading ne révèle la mention de Nouvelle-Calédonie que dans un quart des programmes électoraux. On peut constater que les trois candidats d'extrême-droite font directement référence au référendum et se prononcent clairement contre l'autodétermination. En revanche, Roussel, de l'extrême-gauche, se réfère indirectement au référendum et demande que la France cesse de regarder la Nouvelle-Calédonie « comme une colonie nécessaire à son influence dans la zone indopacifique » et impose un « processus d'autodétermination ». Cet exemple illustre la dichotomie entre les positions géopolitiques de l'extrême-droite et de l'extrême-gauche.

La deuxième région la plus souvent citée est l'Europe de l'Est. Tous les candidats, à l'exception de Mélenchon et Poutou, ainsi que Lassalle, s'adressent à la région – en général sous la forme de la guerre d'agression russe contre l'Ukraine et de la menace qu'elle représente. Le programme électoral de Macron est celui qui condamne le plus clairement la guerre d'agression russe. D'après lui, elle met en question les « valeurs de liberté, de démocratie et de souveraineté » et menace « la sécurité de la France et de l'Europe ». Cette attitude n'est pas surprenante compte tenu de son rôle de président de la République et de la présidence française du Conseil de l'UE à l'époque. Pécresse condamne également « l'invasion brutale de l'Ukraine par la Russie ». Hidalgo se réfère de la même manière à la « brutalisation des relations internationales ». D'après ces résultats, les partis du centre néolibéral, de droite et socialiste qui se situent entre le centre et le pôle *GAL*, sont ceux qui condamnent le plus fort l'attaque russe. Le programme électoral de Jadot fait ici figure d'exception. La « politique agressive de la Russie [...], en raison de laquelle la sécurité des Européens » doit être protégée, est condamnée. Mais, la stabilisation des relations avec la Russie est également fortement mise en valeur, ainsi que la prise en compte des craintes de la Russie. Les formulations dans les programmes électoraux des candidats du spectre *TAN* sont aussi plutôt modérées. Le Pen condamne la guerre sans se référer explicitement à la Russie. Zemmour demande « un dialogue de fond avec tous les acteurs, dont la Russie » pour établir une nouvelle sécurité européenne. Dupont-Aignan critique la « politique étrangère risquée » à l'égard de la Russie et souhaite mettre en place un « partenariat équilibré » avec ce pays. Roussel demande lui aussi un « cadre commun de coopération et de sécurité collective [...] jusqu'à la Russie ».

Conformément à la tradition de la politique étrangère et de défense française ainsi qu'à l'image classique d'une puissance militaire majeure au sein de la structure mondiale des pouvoirs, on trouve dans 8 des 12 programmes électoraux des passages sur une géopolitique en combinaison avec du hard power (catégorie 3). En particulier, en ce qui concerne le renforcement de l'armée. Que ce soit un thème abordé dans les programmes électoraux est peu surprenant compte tenu de l'article 15 de la

Constitution française, le président étant le « chef des armées[42] ». Les quatre candidats d'extrême-gauche constituent des exceptions. Ainsi, Mélenchon veut « refuser toute intervention militaire sans mandat de l'ONU ». Roussel demande un retrait des troupes françaises du Sahel. Poutou est favorable au désarmement, à la destruction des armes nucléaires françaises et est contre les « interventions militaires ». Arthaud ne mentionne pas le hard power. En revanche, dans le programme électoral de Macron, on trouve des déclarations claires sur le fait que la défense de l'UE est pensée de manière française – en utilisant le hard power. Par exemple au travers d'un renforcement des armées pour « la défense européenne ». Plus précisément, il demande à renforcer la défense française ainsi que poursuivre l'objectif des 2 % de dépenses militaires de l'OTAN. On retrouve ici l'idée classique de Macron d'une France forte qui assume un rôle de leader dans la défense européenne, notamment aussi comme puissance nucléaire. Le programme électoral de Pécresse s'y réfère également, appelant à une « France forte dans une Europe puissante pour assurer [la] sécurité » entre autres par le soutien financier aux armées. Elle se réfère à « l'idéal gaulliste », notamment en ce qui concerne une souveraineté militaire française. L'Europe est également au centre des préoccupations de Jadot, qui l'associe à une « Europe de la défense ». De plus, Jadot est précis quant aux mesures concrètes à prendre – au niveau européen et national. Par exemple, la politique étrangère et de sécurité commune (PESC) est abordée et sa problématique intergouvernementale dans la prise de décision est expliquée. De plus, une nouvelle version du Livre blanc sur la défense et la sécurité nationale ainsi qu'une nouvelle Loi de programmation militaire sont demandées. Hidalgo voit aussi la France dans un rôle de leader pour la défense européenne. Elle aborde également la nécessité de renforcer la capacité de défense de la France. Il s'agit entre autres d'une révision de la Loi de programmation militaire. Comme Jadot, elle demande plus de contrôle démocratique des opérations militaires extérieures par l'Assemblée nationale, ce qui toucherait au pouvoir du président. Contrairement à cela, on trouve chez Le Pen des critiques sur la capacité de défense de l'UE, tout en soulignant l'importance de la France. Elle considère les armées des États membres « déclassées » et constate que la France fait exception. Elle évoque le fait que la France est « confrontée à un retour des politiques de puissance dans un contexte de réarmement général des nations ». De cette perspective géopolitique, elle déduit la nécessité de défendre les « intérêts français globalement » puis améliorer la défense. Le programme électoral de Zemmour considère que les armées garantissent la souveraineté ainsi que la puissance française et demande une augmentation du budget de la défense. Un accent particulier est mis sur la dissuasion nucléaire, comme aussi dans le programme de Dupont-Aignan. Son programme est le plus détaillé en ce qui concerne la capacité de défense de la France et le renforcement de l'armée, qualifiée comme « assurance-vie de la nation ». L'image de la France est qualifiée de grande et indépendante. La géopolitique en tant que soft power (catégorie 4) au sens de la diplomatie française est abordée par tous les programmes électoraux. Par exemple, on lit dans le programme de Mélenchon de « promouvoir une politique de paix et de coopération », le programme électoral de Pécresse mentionne le réseau diplomatique pour renforcer l'influence française dans le monde et Zemmour demande de « conserver un corps diplomatique professionnel de haut niveau ».

42. République Française, *Constitution du 4 octobre 1958, Titre II, Article 15.*

Catégorie 5 précise dans quel contexte les candidats communiquent la géopolitique. La position de Macron se situe dans un contexte européen. La raison principale de sa candidature serait de défendre les valeurs dans une « Europe souveraine ». Macron fait ici campagne en France en tant que leader européen. Il se réfère en outre au concept d'autonomie stratégique qu'il a régulièrement mis en avant. Il est favorable à un renforcement du hard power des armées européennes et de la coordination de celles-ci. Un lien clair est établi avec le développement de la PSDC. Pécresse réclame une « Europe puissante » dans les structures de l'OTAN qui possède une « capacité autonome » de défense. Dans le programme électoral de Jadot, l'autonomie stratégique de l'UE est notamment explicitement mentionnée dans l'indépendance vis-à-vis des États-Unis dans le domaine de la défense. Dans le programme électoral d'Hidalgo, l'UE est considérée comme un instrument de souveraineté française. Là aussi, un rôle de leadership français en Europe est proclamé. Cependant, Le Pen, Zemmour et Dupont-Aignan souhaitent renforcer l'autonomie stratégique de la France ainsi que la défense nationale. Mélenchon voit la France indépendante « au service de la paix ». Pour lui, la souveraineté française consiste également au rejet de l'UE. Dupont-Aignan demande même que la France « se retire du projet européen Euromale ». Ces résultats montrent que l'on peut observer chez les candidats une distinction de leur compréhension de la géopolitique le long du clivage politique pro- et anti-européen (Q2). Les candidats des partis plutôt pro-européens mettent en avant l'autonomie stratégique de l'UE sous un leadership français fort, tandis que les candidats des partis plutôt anti-européens se concentrent sur la souveraineté de la France en dehors des structures comme l'UE.

Conclusion

Le Blended Reading fournit des résultats qui contribuent à répondre à Q1 et Q2. La première pré-structuration avec le Distant Reading montre que le retour ou réveil de géopolitique s'est manifesté dans la communication lors de la campagne électorale pour la présidentielle de 2022 en France (Q1). Les résultats donnent l'image d'une communication électorale sur une France en Europe qui exerce une influence sur le monde entier par sa politique et sa puissance. Cette image générale peut être confirmée par le Close Reading, dont Tableau 2 montre une synthèse des résultats. Tous les programmes électoraux évoquent certaines régions d'intérêt géopolitique pour la France. Les deux les plus souvent cités sont la France d'outre-mer (Nouvelle-Calédonie) ainsi que l'Europe de l'Est (l'attaque russe contre l'Ukraine). En outre, la géopolitique est associée au soft et au hard power. Seuls les candidats des partis d'extrême-gauche se distinguent ici au niveau du hard power, conformément aux anticipations grâce à leur orientation plutôt pacifiste et antimilitariste. L'ensemble des autres candidats présentent une communication électorale qui donne l'image de la France comme puissance militaire avec une culture stratégique d'après laquelle les électeurs s'attendent à ce que des conséquences soient tirées dans le domaine de la capacité de défense de la France face au retour de la guerre aux frontières de l'UE.

Positionnement envers l'UE	Positionnement du parti	Candidat	Géopolitique Région : Outre-mer	Géopolitique Région Europe de l'est (Ukraine, Russie)	Géopolitique hard power	Géopolitique soft power	Géopolitique France dans le contexte de l'autonomie stratégique de l'UE	Géopolitique France souveraine en dehors des structures comme l'UE
pro-européen (orientée vers le spectre GAL)	centre néolibéral	Macron (La République en Marche, LREM)	x	x	x	x	x	-
	vert	Jadot (Europe-Écologie – Les Verts, ELLV)	x	x	x	x	x	-
	socialiste	Hidalgo (Partie Socialiste, PS)	x	x	x	x	x	-
Ni pro- ni anti-européen	centre droit	Lassalle (Résistons, RES) centre droit)	x	-	x	x	-	-
Ni pro- ni anti-européen	droite	Pécresse (Les Républicains, LR ; droite)	x	x	x	x	x	-
Anti-européen (orientée vers le spectre TAN)	droite patriote	Dupont-Aignan (Debout la France, DLF)	x	x	x	x	-	x
	extrême-droite	Le Pen (Rassemblement National, RN)	x	x	x	x	-	x
	extrême-droite	Zemmour (Reconquête, REC)	x	x	x	x	-	x
Anti-européen	extrême-gauche radical	Mélenchon (La France insoumise, FI)	x	-	-	x	-	x
	extrême-gauche communiste	Roussel (Parti Communiste Français, PCF)	x	x	-	x	-	-
	extrême-gauche trotskiste	Arthaud (Lutte Ouvrière, LO)	-	-	-	x	-	-
	extrême-gauche trotskiste	Poutou (Nouveau parti Anticapitaliste, NPA)	x	-	-	x	-	-

Tableau 2. Synthèse des résultats du Close Reading

En ce qui concerne la compréhension de la géopolitique, on peut constater une différenciation de celle-ci le long du clivage politique pro- et anti-européen (Q2). Les candidats des partis du spectre pro-européen mettent l'accent sur l'autonomie stratégique de l'UE sous un leadership français puissant. Ils parviennent à surmonter la difficulté d'expliquer que la France doit agir en fonction des décisions des institutions de l'UE, même si elle a une position différente, puisqu'en menant et en marquant le débat au sein de l'UE, la France met automatiquement en œuvre ses intérêts. En revanche, les candidats des partis anti-européens soulignent la souveraineté de la France en dehors des structures multilatérales. L'extrême-droite le précise par la demande d'une France militairement forte. Enfin, les faiblesses de la capacité de défense de l'UE sont également exploitées. La France est présentée comme un exemple positif parmi les États membres de l'UE. Ce qui est argumenté avec le fait que la France soit souveraine grâce à sa dissuasion nucléaire. On applique comme en 2017 une politique de la peur sur le déclassement international dans un monde multipolaire, en ligne avec la tradition gaulliste pendant la guerre froide, qui est centrée sur la perte de souveraineté de la France, qu'elle soit économique, monétaire ou identitaire[43]. Les partis d'extrême-gauche eurosceptiques argumentent davantage en faveur du soft power d'une France souveraine, visant la paix. Cela ce manifeste entre autres par l'intégration de la Russie dans des structures de coopération, par la démilitarisation et de l'abolition des armes nucléaires. L'argumentation des partis eurosceptiques évite tout débat sur les éventuelles positions opposées de la France par rapport aux autres États membres de l'UE et simplifie la communication – comme le fait le populisme. De plus, l'UE sert d'image idéale d'ennemi pour étayer la lutte pour la restauration de la puissance de la France face à la peur sur le déclin international de la France dans un monde multipolaire.

L'analyse montre que le Blended Reading dispose d'un grand potentiel pour analyser le discours géopolitique dans les campagnes électorales. La conceptualisation de la géopolitique ainsi que la classification des positions géopolitiques dans le spectre pro- ou anti-européen offrent une base pour des analyses plus complexes sur des ensembles de données plus larges. Les méthodes basées sur des algorithmes peuvent par exemple être alimentées de manière à ce qu'elles trouvent de façon autonome des clusters sémantiques dans le corpus de données textuelles et qu'elles regroupent les passages de texte correspondants en *topics*.

Annexe 1. Programmes électoraux

CANDIDAT	PARTIE	LIEN
EMMANUEL MACRON	La République en Marche	https://avecvous.fr
MARINE LE PEN	Rassemblement National	https://mlafrance.fr
JEAN-LUC MÉLENCHON	La France insoumise	https://melenchon2022.fr
VALÉRIE PÉCRESSE	Les Républicains	https://valeriepecress.fr
ÉRIC ZEMMOUR	Reconquête	https://zemmour2022.fr
YANNICK JADOT	Europe-Écologie – Les Verts (EELV)	https://jadot2022.fr
JEAN LASSALLE	Résistons!	https://jl2022.fr
FABIEN ROUSSEL	Parti Communiste Francais	https://fabienroussel2022.fr
ANNE HIDALGO	Parti Socialiste	https://2022avecHidalgo.fr
NATHALIE ARTHAUD	Lutte Ouvrière	https://nathalie-arthaud.inof
NICOLAS DUPONT-AIGNAN	Debout la France	https://2022nda.fr
PHILIPPE POUTOU	Nouveau Parti anticapitaliste	https://poutou2022.org

43. Emmanuelle Schön-Quinlivan, « The elephant in the room' no more: Europe as a structuring line of political cleavage in the 2017 presidential election », in *French Politics,* N° 15/2017, p. 290-302, p. 291.

Dominique Herbet*

Le positionnement des extrêmes droites et gauches françaises et allemandes face à la Russie depuis le déclenchement de la guerre en Ukraine

Prolégomènes autour d'un tropisme

Depuis le déclenchement de la guerre en Ukraine, que l'ONU condamne comme une guerre d'agression, un mandat d'arrêt a été lancé contre Vladimir Poutine en application du traité de Rome qui permet de citer les responsables de crimes de guerre, crimes contre l'humanité devant la Cour Pénale internationale de La Haye[1] ; or les prises de position des partis d'extrême gauche et d'extrême droite face à la Russie font polémique. Il convient néanmoins d'esquisser en préambule le cadre géopolitique des États eux-mêmes et de questionner la notion de tropisme pro-russe.

Le président Macron a certes condamné clairement l'agression, mais a aussi longtemps tenté de trouver un terrain d'entente avec V. Poutine ce que *Le Figaro* expliquait par une profonde rupture : « Depuis le 24 février (2022), les Français voient s'effondrer l'un des éléments clés de leur matrice de politique étrangère. La politique d'équilibre de Paris a perdu… l'équilibre et ne sait plus très bien à quel saint géopolitique se vouer[2] ». La journaliste évoquait un tropisme russe existant depuis le règne des tsars, soulignant une irrésistible attraction chez les intellectuels de Voltaire jusqu'à Mitterrand, en passant par les communistes de l'après-guerre. Emmanuel Macron aurait ainsi « affiché son désir persistant de dialogue russe, court-circuitant l'avis majoritaire du corps diplomatique français » alors que l'opinion publique française se rangeait « à près de 79 % du côté de l'Ukraine, dont le patriotisme et l'héroïsme les inspirent plus que les "orques" du Kremlin ». Cette géopolitique engendra des divergences entre les partenaires français et allemand, le revirement du président français ayant par exemple pris de court l'allié allemand en 2023[3].

En Allemagne les difficultés d'approvisionnement énergétique ont précipité l'agenda. Malgré une longue tradition en géopolitique de préserver l'équilibre entre

---

* Professeure de civilisation allemande à l'Université de Lille et membre de l'UMR IRHiS.

1. https://www.icc-cpi.int/fr/news/situation-en-ukraine-les-juges-de-la-cpi-delivrent-des-mandats-darret-contre-vladimir
2. Laure Mandeville, « Débats autour du monde. Quand le rêve russe de la France vire au tourment stratégique », *Le Figaro*, 27 janvier 2023, p. 16.
3. Philippe Ricard, Thomas Wieder, « Nouvelles frictions entre Paris et Berlin sur l'Ukraine et l'OTAN », *Le Monde*, 2/3 juillet 2023, p. 8.

l'URSS et les USA (Accord « tubes contre gaz » dans les années 80[4]), le chancelier Scholz a dû acter six mois après le déclenchement de la guerre un « changement d'époque[5] ». La *Tagesschau* signala une forte solidarité de l'opinion publique allemande avec les Ukrainiens, le pays ayant accueilli environ un million de réfugiés, mais souligna la déception de ceux qui attendaient un nouvel élan pour la géopolitique du gouvernement, « une redéfinition du rôle de l'Allemagne dans le monde », « un nouveau départ », qui n'aurait pas eu lieu par « peur d'une douche froide ». Après l'attribution d'une somme de 100 milliards d'euros à la Bundeswehr, la coalition gouvernementale a en effet recentré son action sur les questions économiques. Les observateurs n'ont pas manqué de souligner que la dépendance au gaz russe datait de la période où Angela Merkel était au pouvoir et qu'elle avait permis de fournir une énergie bon marché aux industries énergivores[6].

Le cadre géostratégique franco-allemand se caractérisait donc en partie par une volonté d'entente avec la Russie, soit héritée de l'Histoire, soit de la fin de la Guerre froide et de la partition de l'Europe, visant à établir ou rétablir un équilibre mondial. Les choix et les difficiles négociations de Minsk en 2014-2015 sous l'égide d'Angela Merkel et de François Hollande constituaient également des précédents incontournables par la contractualisation des annexions territoriales[7]. Comment se situaient l'extrême droite et l'extrême gauche allemandes et françaises dans ce contexte et face à la guerre en Ukraine ?

Le tropisme russe des extrêmes gauches et droites

L'année 2022 fut en France l'année des présidentielles et législatives. Le front de gauche créé dans la perspective de ces dernières en juin 2022, la NUPES (Nouvelle union populaire, écologique et sociale), rassemblait les sociaux-démocrates (PS), les écologistes (EELV), les communistes (PC) et la France insoumise (LFI), et elle s'est fissurée en particulier autour de la question du soutien à l'Ukraine[8]. Pour *Le Figaro*, l'extrême gauche mélenchoniste axait en effet son argumentation autour des concepts d'antiaméricanisme et anticapitalisme, d'autant plus que des « officines grassement payées par le Kremlin et des usines à trolls aliment(ai)ent cet enthousiasme ». En 2019, entre 30 % et 40 % des Français, en plein spleen démocratique, se disaient tentés par une main forte « comme Poutine[9] ». Le journal rappela qu'en 2020, Jean-Luc Mélenchon voyait en la Russie un « partenaire plus fiable que les États-Unis ». Nathalie Loiseau décrivait du reste ce dernier comme « un adversaire acharné de l'Ukraine depuis de longues années[10] ». Elle se fondait sur une de ses déclarations qui taclait la « vision puérile » de E. Macron sur les relations avec la Chine et la Russie :

4. https://www.lemonde.fr/archives/article/1970/02/03/l-important-accord-germano-sovietique-tubes-contre-gaz-va-entrer-en-vigueur_2669246_1819218.html
5. Michael Stempfle, *ARD*, 24 août 2022 : https://www.tagesschau.de/inland/innenpolitik/ukraine-krieg-195.html. « Zeitenwende ».
6. https://www.nzz.ch/meinung/deutschland-und-russland-merkel-sorgte-fuer-billiges-gas-ld.1676022
7. Dominique Herbet, « Émergence d'une politique étrangère transnationale et opinion publique germanophone ou européenne ? Le couple franco-allemand au prisme des médias européens pendant la crise en Ukraine », in *Revue d'Allemagne et des pays de langue allemande*, Strasbourg, SEA, 2016, p. 305-316.
8. Thomas Wieder (*et al.*), « UE : les gauches fracturées par la guerre en Ukraine », *Le Monde*, 3 avril 2023.
9. Laure Mondeville, art. cit.
10. Nathalie Loiseau, 23 juin 2022 : https://www.lexpress.fr/monde/europe/jean-luc-melenchon-adversaire-acharne-de-l-ukraine-les-verites-de-nathalie-loiseau_2175232.html. N. Loiseau, *La guerre invisible*, Paris, L'Observatoire, 2022. Elle fut ministre chargée des Affaires européennes et députée européenne.

« Cultiver une telle tension à l'égard de ces deux puissances est absurde ». Suite à l'invasion de l'Ukraine, en février 2022, le *Huff'Post* a donc mis en doute son récent positionnement face à la Russie, jugeant que « Mélenchon multiplie les efforts pour relativiser son tropisme russe[11] », sans être convaincant de ce fait.

Dès 2015 l'historien Rudolf van Hüllen a qualifié le tropisme de Die Linke, héritier direct du SED, de « poutinisme », un néologisme qui renvoie directement au léninisme ou au stalinisme[12]. Pour lui les normes « de gauche » auraient plutôt imposé à l'extrême gauche de « se placer en tête des détracteurs de Poutine ». Le poutinisme n'aurait pourtant rien de commun avec ces régimes par manque de fondement idéologique, il s'appuierait sur l'omniprésence du FSB (successeur du KGB) avec pour objectif de « ressusciter le rôle de grande puissance de la Russie », ce qui impliquerait « la ré-annexion de l'Ukraine ». Culte du Führer, de la virilité (du sexisme pour l'extrême gauche *a priori*), répression par les services secrets, enrichissement d'une oligarchie, mais aussi militarisme, homophobie, xénophobie, antisémitisme compléteraient le tableau, ce qui aurait pour conséquence que Die Linke ne cautionne pas la politique intérieure de Poutine, mais « justifie la politique étrangère de la Russie » et se ferait son « porte-parole » avec une « maîtrise dialectique » des « doubles standards » par exemple au Bundestag, où les députés, Wolfgang Gehrke, un ancien secrétaire régional du DKP, formé pendant deux ans à Moscou à l'École internationale Lénine, à l'époque porte-parole du groupe parlementaire pour les Affaires étrangères, Andrej Hunko, initiateur d'un soutien financier de 130 000 € pour les pro-russes du Dombass en lien avec ses racines ukrainiennes, Sevim Dagdelem, considérée comme une « marxiste-léniniste orthdoxe » (actuellement BSW), Christine Buchholz, anciennement une importante cadre de la fédération internationale trotzkyste (IST – Londres), forment une « fraction russe » et relayent les narratifs de la propagande russe[13].

Si la symbiose entre Russie (ex-URSS) et extrême gauche, qu'elle soit allemande ou française, renvoie à l'histoire de l'après-guerre, à l'existence d'un monde bipolaire avec des États communistes dont la raison d'exister était l'antifascisme et l'anticapitalisme, donc un antiaméricanisme forgé autour d'une rhétorique antiimpérialiste, le soutien de l'extrême droite à la politique de V. Poutine ne peut se fonder sur cette tradition ; il est en contradiction avec l'anticommunisme inhérent aux formations d'extrême droite ce qui remet en question la démarcation traditionnelle entre extrême gauche et extrême droite, en Allemagne comme en France : comment expliquer cette évolution du RN (Rassemblement national) et de l'AfD (Alternative pour l'Allemagne) ? Ce revirement est directement en lien avec l'arrivée de V. Poutine au pouvoir en 2000 et aussi par la montée du populisme en Europe et dans le monde. Dans la mesure où le communisme ne représente plus une force politique en Europe ou une menace directe, ce récent tropisme russe des extrêmes droites AfD et RN se justifie par l'adhésion à un régime fort, dictatorial, si l'on considère l'absence d'élections libres et la répression violente de toute tentative d'opposition, et son nationalisme exacerbé. L'étude doit permettre de dégager les causes et les principaux éléments, notamment de discours, qui sous-tendent ce soutien non déguisé.

11. Jade Toussay, « Guerre en Ukraine : Mélenchon multiplie les efforts pour relativiser son tropisme russe », *Huffpost*, 25 février 2022 : https://www.huffingtonpost.fr/politique/article/guerre-en-ukraine-melenchon-multiplie-les-efforts-pour-relativiser-son-tropisme-russe_192677.html.
12. Rudolf van Hüllen, « Wieviel Putinismus ist bei der Linken? Ursachen und Hintergründe », HSS *Argumente und Materialien zum Zeitgeschehen* 104: https://www.hss.de/download/publications/AMZ_104_DDR_06.pdf.
13. *Ibid.*

Une géostratégie issue de la guerre froide : théorie du complot et diabolisation de l'OTAN

Le tropisme des extrêmes se nourrit de la rhétorique anti-OTAN, alors même que l'OTAN ne compte aucun membre parmi les belligérants. La nostalgie d'un bloc de l'Est fort autour de l'URSS fait consensus et amène à relativiser la guerre d'agression en érigeant en ennemi l'alliance militaire occidentale sous l'égide des États-Unis. Dans son programme, Die Linke définit l'OTAN comme une alliance offensive et non défensive et le parti prône une sortie de l'Alliance dans la continuité de la ligne du SED-PDS. Le quotidien *TAZ* proche du parti des Verts a repris l'argument du tropisme politique pour mieux tacler les positions du parti de gauche : il évoqua « un romantisme prorusse », « des leçons théoriques données à la place de la solidarité » attendue, et se référa même à une auteure qui fustigeait « l'antiimpérialisme des imbéciles[14] ». Rares seraient ceux qui osent dire que « L'Ukraine doit gagner ! ». La majorité dit « Non à l'OTAN ! » Le quotidien marxiste *Junge Welt* placé sous surveillance par l'Office de protection de la constitution offre un forum à l'aile gauche de Die Linke[15]. L'ancien rédacteur en chef et ancien « IM », Arnold Schölzel évoqua la rupture civilisationnelle de 1991, l'effondrement de l'URSS et le capitalisme triomphant[16]. Pour défendre le régime de Poutine, il a réactivé la théorie du complot dans la rubrique « Schwarzer Kanal » (une émission télévisée de RDA qui instrumentalisait les informations sur la RFA) et fustigea Dirk Kurbjuweit (*Der Spiegel* 11/09/2021) qui avait fait un bilan en demi-teinte de la politique étrangère d'Angela Merkel, laquelle n'aurait pas assez pris ses distances par rapport à la Russie. Schölzel reprit les arguments du *Spiegel* : « le régime russe a manifestement fait empoisonner ou tuer de soi-disant opposants, parmi eux un Géorgien à Tiergarten. Il a mené des guerres et en mène en Géorgie et en Syrie, dont une larvée en Ukraine. Il a annexé la Crimée. Il submerge le monde de cyberattaques, dont une visant le Bundestag et même le bureau de Merkel », pour mieux vilipender par un retournement rhétorique, les démocrates qui ne seraient pas des démocrates car le « *Spiegel* n'a(vait) pas besoin de tribunal pour déclarer le Russe coupable ». Schölzel ne voyait qu'un tissu de mensonges et fit une comparaison avec la propagande nazie : « les mensonges habituels sur le responsable des guerres en Géorgie et en Syrie ou la transformation de la sécession de la Crimée en annexion sont usuelles. Quand il s'agit de la Russie, le principe est celui même dont usait Goebbels il y a 80 ans, (calomniez !) il en reste toujours quelque chose ». Par la comparaison avec le régime nazi, il mobilisait et instrumentalisait le concept d'antifascisme qui se traduisait chez les groupuscules d'extrême gauche par l'anticapitalisme et l'anti-américanisme.

À l'extrême gauche française, le candidat de LFI à la présidentielle, J.-L. Mélenchon, a fait un discours sur la géopolitique de la France, exigeant une « France indépendante, souveraine et non-alignée » et prônant une sortie du commandement intégré de l'OTAN dans un premier temps[17]. En février 2022, *Radiofrance* a listé ses positions

14. Anastasia Tikhomirova, « Die deutsche Linke und Russland. Verlust der politischen Heimat », 24 février 2023, https://taz.de/Die-deutsche-Linke-und-Russland/!5913842/.
15. Verfassungsschutzbericht 2020, p. 175: https://www.bmi.bund.de/SharedDocs/downloads/DE/publikationen/themen/sicherheit/vsb-2020-gesamt.pdf?__blob=publicationFile&v=5.
16. Arnold Schölzel, « Grenzloser Staatsterror », *junge Welt*, 11.09.2021, p. 12.
17. https://lafranceinsoumise.fr/2021/12/08/pour-une-france-independante-conference-geopolitique-de-jean-luc-melenchon-melenchoninternational/

avant la volte-face de février 2022[18]. Pour lui, « l'Europe de la défense ne peut pas exister, c'est un pilier de l'OTAN, avec un allié aussi discutable que la Turquie ». Interrogé sur l'absence de la Russie et de la Chine en 2022 au Forum de Paris sur la Paix, il a condamné dans un entretien accordé au *Figaro* » (novembre 2021), les « sanctions contre la Russie (qui) n'ont aucun sens », car il ne croyait pas à « une attitude agressive de la Russie (envers l'Ukraine ndlr) ni de la Chine (envers Taïwan)[19] » : il sous-entendait donc une politique agressive des Occidentaux, de l'OTAN, une théorie du complot qui fut un des Leitmotive de son discours. Sur *France Inter*[20], il confirma : « ce n'est pas à nous de faire les shérifs du monde. Les Russes ne sont pas des adversaires. C'est la première fois dans l'histoire qu'un empire s'effondre, sans que l'on négocie les frontières qui s'ensuivent[21], et en plus nous avons menti à cet empire. Nous lui avons dit que l'on ne ferait pas avancer les frontières de notre alliance militaire et on les a fait avancer ». Or l'argument est controversé parmi les historiens[22]. La thèse d'une promesse faite à Michael Gorbatchev en 1990, de ne pas étendre les frontières de l'OTAN à l'Est, ne repose sur aucun écrit ; le traité de Moscou signé le 12 septembre 1990 stipule qu'aucune troupe de l'OTAN ne pourra être stationnée en ex-RDA tant que l'URSS n'aura pas retiré ses propres troupes, soit jusqu'en 1994[23]. Les historiens rappellent que l'URSS existait encore, que le Pacte de Varsovie n'a été dissout qu'en mars 1991 et que ces frontières n'étaient donc pas remises en question. Sur *France 5,* Mélenchon déclara le 30 janvier 2022 que « ce sont les États-Unis qui sont dans la position agressive et non pas la Russie, j'admets que cela puisse choquer » et se référa à un autre traité dont on voit difficilement le lien avec les questions géostratégiques évoquées : « La Russie a des intérêts comme pays et ne peut pas accepter que l'OTAN arrive à sa porte et on peut le comprendre, tout cela était dans le pacte de Varsovie ». Edwy Plenel, co-fondateur et président de *Médiapart*, un virulent média d'investigation, a alors évoqué « l'aveuglement campiste de Mélenchon[24] » auquel il opposait une approche trotskiste de l'impérialisme, le poutinisme étant bien une forme d'impérialisme qu'il fallait combattre par l'internationalisme.

Pour l'extrême gauche, il s'agirait donc de rétablir un équilibre mondial menacé, en réalité celui de la guerre froide dont elle négligeait les aspects dramatiques ainsi que les aspirations des peuples d'Europe de l'Est à se libérer du joug soviétique. De plus l'agression russe contre l'Ukraine, enlisée dans une guerre de tranchée meurtrière des deux côtés, a conduit Finlande et Suède à devenir membres de l'OTAN ce qui infirme la géostratégie de Poutine tout comme les accusations des extrêmes gauches françaises et allemandes. *Junge Welt* a pourtant analysé la candidature à l'entrée dans l'Alliance de ces États « neutres » en adhérant pleinement au point de vue russe : ces pays n'auraient « aucune raison de craindre pour leur sécurité », l'auteure

18. Cité dans « Revue de presse » : https://www.radiofrance.fr/franceinter/de-la-menace-n-existe-pas-a-la-russie-agresse-l-ukraine-sur-la-russie-melenchon-vcrie-3565552, 24 février 2022.
19. *Ibid.*
20. *Ibid.*, 12 décembre 2021. Cf. également .. Mondeville, art. cit.
21. Il s'agit d'une assertion « facile » car non fondée. L'URSS n'était pas un empire et les frontières sont l'objet de négociations lorsque les États négocient des traités de paix suite à une guerre. L'URSS était une union de républiques, dont certaines ont déclaré leur indépendance.
22. https://www.swr.de/wissen/1000-antworten/gab-es-zusagen-an-moskau-die-nato-nicht-nach-osten-zu-erweitern-102.html
23. http://www.documentarchiv.de
24. Edwy Plenel, 26 septembre 2022 : https://www.lepoint.fr/editos-du-point/sebastien-le-fol/edwy-plenel-en-russie-je-serais-aujourd-hui-en-exil-en-prison-ou-assassine-26-09-2022-2491361_1913.php. Campisme est à comprendre au sens de « logique de camp ».

se référant à Sergueï Lawrow, ministre russe des Affaires étrangères, qui ne discernait là « aucune logique[25] ». Il estimait que cela ne changerait rien au fond, car la démarche n'était que l'aboutissement d'un processus engagé de longue date avec des manœuvres communes : développant une nouvelle version de la théorie du complot, il expliqua que la Russie allait quitter le Conseil de la mer Baltique, « instrument d'une politique antirusse », où se prenaient des « mesures illégales et discriminatoires » « au mépris de la politique du consensus ».

Le multilatéralisme dont le Traité de l'Atlantique nord est l'incarnation va à l'encontre du nationalisme professé traditionnellement à l'extrême droite, alors que V. Poutine est l'incarnation de l'homme fort et d'une politique nationale de grandeur retrouvée. Par contre, sa politique intérieure, qui est à l'opposé des positions d'une extrême gauche occidentale, car elle se décline en militarisme, censure, antisémitisme, homophobie par exemple, a pu trouver un écho chez les militants traditionnels d'extrême droite. Marine Le Pen ne mobilise pas une rhétorique anti-OTAN aussi marquée que l'extrême gauche française ou allemande (suppression de l'OTAN ou sortie), mais elle avait inscrit la sortie du commandement intégré de l'OTAN dans son programme pour la présidentielle depuis 2012[26]. Le RN sous Jordan Bardella pourrait ne plus revendiquer ce désengagement pour se rapprocher des positions de Georgia Meloni (la présidente du Conseil des ministres italien), mais le parti s'oppose à l'entrée de l'Ukraine dans l'Alliance atlantique. Si une partie des membres de l'AfD ne revendique pas la sortie de l'OTAN car le traité est gage de sécurité[27], le parti a débattu de cette question autour d'une proposition de Björn Höcke en juillet 2023.

L'ordre mondial menacé : réactions face à l'invasion de l'Ukraine (24 février 2022)[28]

Les positions de l'extrême gauche française sont en fait proches de celles de l'aile gauche de Die Linke. En effet, sur son site Internet Die Linke a rappelé « la responsabilité historique de l'Allemagne, de s'investir en faveur de la sécurité, l'indépendance et le progrès social et économique en Ukraine » et ce en raison de « la guerre d'agression allemande qui a détruit l'Ukraine » et des « millions de morts », alors même que l'Ukraine a contribué comme l'URSS à la « libération » de l'Europe du joug national-socialiste[29]. Il serait donc inacceptable « d'instrumentaliser l'héritage historique de la Seconde Guerre mondiale ». Et le courant principal a clairement pris position contre la guerre.

25. Ina Sembner, « Kriegsbündnis gen Osten. NATO-Ausweitung besiegelt », 18.05.2022, p. 2.
26. Clément Guillou, « Entre Bardella et le Pen, une différence de ton vis-à-vis du Kremlin », *Le Monde*, 13 mars 2024, p. 8. Cf. également https://www.vie-publique.fr/discours/184668-programme-de-mme-marine-le-pen-candidate-du-front-national-lelection : « Recentrer notre stratégie et assurer notre indépendance. Il faut que la France soit en mesure de défendre par elle-même ses intérêts et de garantir sa sécurité. Pour cela, il faut dénoncer la participation de la France au commandement intégré de l'OTAN ». Cf. également https://www.saechsische.de/politik/parteien/afd/afd-spitzenkandidat-krah-derzeit-kein-nato-oder-eu-austritt-5892540.html.
27. https://www.welt.de/politik/deutschland/article246388446/Hoecke-Antrag-AfD-diskutiert-ueber-Nato-Abkehr.html
28. https://www.cnews.fr/monde/2021-11-15/ukraine-la-russie-mobilise-son-armee-la-frontiere-et-inquiete-les-occidentaux/ ; https://fr.euronews.com/my-europe/2021/11/29/la-russie-rassemble-a-nouveau-des-troupes-le-long-de-sa-frontiere-avec-l-ukraine.
29. www.dielinke.de

LFI a condamné l'invasion[30], mais le *Huff'Post* estimait aussi que « Mélenchon multipli(ait) les efforts pour relativiser son tropisme russe[31] » et n'était pas crédible : en novembre 2022, l'Assemblée nationale a affirmé son « soutien le plus total » à Kiev et condamné « le crime d'agression » de la Russie envers l'Ukraine, dans une résolution adoptée à une forte majorité. 95 députés se sont abstenus, principalement des élus LFI (et RN), dont Mathilde Panot, présidente du groupe parlementaire LFI et très audible dans les médias, un a voté contre, Jérôme Legavre du « parti ouvrier indépendant » (POI) au nom du pacifisme. Les raisons étaient similaires entre LFI et le RN : cela irait à l'encontre des « intérêts de la France[32] ». Cette posture est récurrente lors des différents votes : en mars 2023, l'Assemblée nationale a adopté une résolution reconnaissant comme un génocide l'Holodomor, cette grande famine orchestrée par les autorités soviétiques en Ukraine, en 1932 et en 1933[33]. Les députés de LFI ont refusé de prendre part au vote, car l'intention génocidaire ne pouvait être établie, et deux élus communistes ont voté contre afin d'éviter « une politisation des enjeux de mémoire et d'histoire[34] » : pour Bastien Lachaud (LFI) le « crime est établi » mais il n'est pas prouvé que Staline ait voulu « exterminer le peuple ukrainien ».

Malgré leurs réseaux européens, les extrêmes droites allemandes et françaises n'ont pas adopté le même positionnement. L'optique de l'AfD était surtout anti-système, antigouvernementale afin de déstabiliser la coalition « feu tricolore » peu unie sur la question du soutien à l'Ukraine. En campagne pour les élections présidentielles, puis législatives, le RN a condamné « l'agression russe contre l'Ukraine depuis le 24 février 2022[35] », mais le parti a voté contre la décision de citer V. Poutine devant le Tribunal pénal international. Il ne s'agirait pas d'un positionnement stratégique dans une logique de bloc, « afficher son soutien à la Russie ou son admiration à l'égard de Vladimir Poutine permet(trait) de renforcer l'image de marque du parti ou du leader, et incarne(rait) la résistance à "l'establishment", au "mainstream", aux "élites"[36] ». Les médias ont alors documenté l'inféodation du FN, puis RN à la Russie car « deux prêts (... ont été) accordés au parti en 2014 (2 millions d'euros au micro-parti de Jean-Marie Le Pen, Cotelec, et 9 millions d'une banque tchéco-russe pour le FN)[37] ». En 2011, Marine Le Pen est devenue présidente du parti et a entretenu ces relations. Elle a effectué « quatre voyages officiels en Russie, accueillie chaque fois par Sergueï Narychkine, président de la Douma de 2011 à 2016, proche conseiller de Poutine et aujourd'hui chef du SVR, le service de renseignement

30. https://lafranceinsoumise.fr/2022/02/24/la-france-insoumise-condamne-linvasion-militaire-de-lukraine-avec-la-plus-grande-fermete/
31. Jade Toussay, « Guerre en Ukraine : Mélenchon multiplie les efforts pour relativiser son tropisme russe », *Huffpost,* 25 février 2022 : https://www.huffingtonpost.fr/politique/article/guerre-en-ukraine-melenchon-multiplie-les-efforts-pour-relativiser-son-tropisme-russe_192677.html.
32. Yovan Simovic, 01 décembre 2022 : https://www.marianne.net/politique/melenchon/pourquoi-les-insoumis-et-le-rn-se-sont-abstenus-au-vote-de-la-resolution-soutenant-lukraine.
33. Julie Carriat, « En France, LFI et communistes pour une négociation avec la Russie », *Le Monde,* 3 avril 2023, p. 6. Louis Lampérière, 17 juillet 2023 : https://www.lemonde.fr/politique/article/2023/07/17/a-la-nupes-de-la-reforme-des-retraites-a-l-ukraine-un-an-de-discorde_6182274_823448.html.
34. https://www.lemonde.fr/politique/article/2023/03/29/l-assemblee-nationale-qualifie-de-genocide-l-holodomor-la-famine-meurtriere-des-annees-1930-en-ukraine_6167419_823448.html
35. Site du RN, 24 février 2022 : https://rassemblementnational.fr/communiques/guerre-en-ukraine-marine-le-pen-en-appelle-a-larret-des-operations-militaires.
36. 2 janvier 2024 : https://www.francetvinfo.fr/politique/front-national/de-nouveau-accuse-de-liens-avec-la-russie-le-rn-denonce-une-cabale_6278616.html.
37. Virgine Le Coat, 8 mars 2023 : https //www.lexpress.fr/politique/marine-le-pen-et-lukraine-un-soutien-de-facade-ce-que-revelent-les-votes-rn-3MH5RSBKWZCQTPYJRWJHLHWJJQ/.

extérieur russe », elle a rencontré le président russe en mars 2017, peu avant la présidentielle française[38], a autorisé les déplacements d'élus en Russie et même dans les territoires annexés, ce que *L'Express* a rappelé pour mieux dénoncer le revirement de 2023 : « Évanouis, les voyages d'élus dans le Donbass pour soutenir les séparatistes pro-russes… ». La condamnation de l'agression russe relèverait d'un opportunisme de façade dans la perspective des élections européennes, alors même que l'allié italien, le parti de Georgia Meloni, s'était rangé aux côtés des États-Unis sur la question de l'Ukraine. Pour les chercheuses, Marlene Laruelle, professeure à l'IERES de la George Washington University, et Périne Schir, doctorante en philosophie politique à l'université de Rouen Normandie, les votes du RN au Parlement européen restaient en outre favorables à la Russie car défavorables à l'Ukraine et elles mettaient surtout en garde contre « la progression des idées de la démocratie illibérale en Europe », dont les liens entre Russie et RN étaient l'illustration.

Jusqu'au 24 février 2022, les bonnes relations avec la Russie représentaient « aux yeux de bon nombre de partis d'extrême droite, des marques idéologiques symbolisant la rébellion et la révolte contre l'ordre établi – intérieur comme international ». Mais cela mettait une hypothèque sur leur aptitude à gouverner et à définir la géostratégie d'une France voulue souveraine.

Les médias français et les convergences entre extrême gauche et extrême droite allemandes

En France, les médias ont donc souligné la proximité des positions pro-russes des partis de Marine Le Pen et de J.-L. Mélenchon, voire leur compromission avec le régime de V. Poutine qui aurait fait aboutir des demandes de prêts pour le RN. À l'aide de ces financements, V. Poutine se garantirait la bienveillance des partis dans les démocraties européennes, une tradition dans la ligne des agissements de la Stasi ou du KGB : on peut citer le soutien au média allemand d'extrême gauche *Konkret* dans les années soixante[39]. Pour illustrer une proximité peu cohérente, ils ont mis l'accent sur le débat outre-Rhin autour de Sahra Wagenknecht, la députée de l'aile gauche de Die Linke qui avait déjà choqué en s'opposant à l'arrivée en masse de migrants en 2015 et qui est souvent comparée à J.-L. Mélenchon par les médias français pour avoir lancé un mouvement « Aufstehen » en 2018[40] et pour des positions provocantes notamment pro-russes. Lors du congrès du parti en juin 2022[41], les délégués devaient débattre à la fois d'une motion du courant principal sur la guerre en Ukraine et à la fois d'une proposition de cette aile gauche de supprimer – dans la motion du comité directeur – les passages critiques envers la Russie, telle la phrase « nous condamnons la guerre d'agression criminelle de la Russie » ou les termes de « politique impérialiste russe » ou d'« idéologie de grande puissance nationaliste, militaire et autocratique ». Leur contre-proposition fut rejetée à une large majorité et le parti a pris ses distances face à

38. Marielle Laruelle et Périne Schir, 20 juin 2023 : https://www.lejdd.fr/politique/ce-que-les-liens-entre-le-rn-et-la-russie-disent-de-la-progression-de-la-democratie-illiberale-en-europe-136988.
39. Dominique Herbet, « *Konkret* et *Junge Welt*, clivage Est/Ouest dans la presse d'extrême gauche ou émergence d'une nouvelle identité allemande », *Allemagne d'aujourd'hui*, Paris, ACAA, 179/2007, p. 16-32.
40. Dieter Rucht, « Aufstehen, un nouveau parti pour la gauche allemande ? » (Interview de Thomas Wieder), *Le Monde*, 01.09.2018, p. 5/Thomas Wieder, « Allemagne : une gauche anti-migrants émerge », *Le Monde*, 04.09.2018, p. 1-2/Eckard Jesse, « Aufstehen prend modèle sur la France insoumise », *Le Monde*, 23-24.09.2018.
41. « Linkspartei wirft Russland "imperialistische Politik" vor » : https://www.zeit.de/politik/2022-06/linke-russland-krieg-imperialistisch-bundesparteitag?utm_referrer=https%3A%2F%2Fwww.google.com%2F.

une position jugée proche de l'extrême droite[42]. Peu auparavant, Wagenknecht avait publié un « manifeste pour la paix » que *Le Monde* mit en exergue pour documenter « un violent débat chez Die Linke » ainsi que la « fracture au sein des gauches » européennes[43]. En effet le journaliste constatait un mépris de la revendication des Ukrainiens d'un retrait préalable des troupes russes pour ouvrir des négociations. Wagenknecht ajoutait même que l'Occident devrait renoncer à l'extension de la zone de l'OTAN et l'Ukraine aux territoires perdus. Si l'on consulte son site, il apparaît clairement que ses dernières interviews ont été publiées dans des quotidiens conservateurs tels *Die Welt* ou *Focus*[44]. Die Linke renvoya Wagenknecht et ses cosignataires à des positions faisaient d'elle « une référence pour l'AfD », si bien que le nouveau co-président Martin Schirdewan a même dû tenter d'infirmer ce jugement[45].

Celle-ci a ensuite annoncé la création d'un nouveau parti l'« Alliance Sahra Wagenknecht » (BSW) le 23 octobre 2023, soulignant que son électorat cible était précisément les sympathisants de l'AfD, pro-Poutine : à l'Est, le régime russe semble proche pour ceux qui ont été sociabilisés en RDA[46]. Comme les médias allemands, les médias français ont largement commenté la scission du parti et *Le Parisien* titra ainsi : « Antivax, anti-migrants, pro-Poutine. Qui est Sahra Wagenknecht qui lance son parti populiste en Allemagne ?[47] ». L'article soulignait le tropisme propre aux partis populistes français, en reprenant la comparaison de « la Mélenchon allemande » : « Cette pro-Poutine dénonce notamment les livraisons d'armes à l'Ukraine et les sanctions économiques contre Moscou qui privent l'Allemagne, pays industriel exportateur pauvre en matières premières, de l'énergie bon marché dont elle a besoin ». Cette comparaison, que l'on retrouve aussi dans les articles de *Ouest-France* ou de *La Croix*[48], permettait de situer les gauches extrêmes en France et en Allemagne à la fois dans une proximité dogmatique entre elles-mêmes et avec les droites extrêmes. Dans cet esprit, une enquête du *Washington Post*, qui s'est appuyée sur une série de documents russes et européens et a été très bien relayée dans les médias, tels *L'Express*[49], démontra que « l'idée de réunir les extrêmes en l'Allemagne aurait émergé chez les hauts responsables moscovites », que le Kremlin avait en effet décidé de se concentrer sur l'Allemagne pour renforcer le sentiment antiguerre en Europe et couper Kiev de tout soutien ».

Les extrêmes et l'aide occidentale pour une guerre longue : au nom du peuple !

Pour *Le Figaro* (sondage IFOP de février 2023), il s'avérait que le degré d'empathie avec l'Ukraine des opinions publiques européennes était corrélé à l'activisme

42. https://www.spiegel.de/politik/deutschland/die-linke-sahra-wagenknechts-antrag-zu-russland-wird-deutlich-abgelehnt-a-51da0cb7-d60a-4b8a-9144-698967d143d9
43. Thomas Wieder (*et al.*), art. cit.
44. www.sahra-wagenknecht.de
45. https://www.spiegel.de/politik/deutschland/die-linke-martin-schirdewan-nimmt-sahra-wagenknecht-vor-afd-vergleich-in-schutz-a-a41ed66d-e51b-45fe-a888-b3c58f188635
46. https://www.zeit.de/politik/deutschland/2023-10/wagenknecht-afd-waehler-linke-bundestag#comments
47. Maxime Poul, 24 octobre 2023 : https://www.leparisien.fr/international/antivax-anti-migrants-sahra-wagenknecht-la-melenchon-allemande-controversee-qui-lance-son-parti-populiste-24-10-2023-62WO-7CYYAFCX3BKYL6M7NQZURE.php.
48. https://www.la-croix.com/international/Sahra-Wagenknecht-Melenchon-allemande-prend-independance-politique-2023-10-23-1201287958
49. 23 avril 2023 : https://www.lexpress.fr/monde/europe/ukraine-en-allemagne-le-kremlin-manoeuvrerait-pour-creer-une-coalition-antiguerre-6ICU6S7U75DXVDJ6LFDQAS7H4E/.

diplomatique et à l'intensité du soutien des gouvernements des États respectifs[50]. Dans la plupart des pays, les électeurs de la droite extrême et de la gauche radicale affichaient en outre un moindre soutien à la livraison d'armes à l'Ukraine en comparaison de ceux des formations centristes. En France, seulement 39 % des électeurs d'Éric Zemmour, 44 % de ceux de Marine Le Pen et 48 % de ceux de Jean-Luc Mélenchon approuveraient les livraisons d'armes, contre pas moins de 77 % parmi les électeurs macronistes. Même constat en Allemagne : deux sympathisants sur trois du SPD, des Verts, du FDP et de la CDU/CSU adhéraient à l'envoi d'armes aux troupes ukrainiennes, contre seulement 42 % des sympathisants de Die Linke et 20 % dans les rangs de l'AfD ou du NPD ». Mais en 2024 *Le Monde* a constaté un moindre soutien des Européens en faveur de l'Ukraine : 41 % des Allemands souhaitaient que l'UE pousse l'Ukraine à négocier contre 30 % des Français, alors que 35 % des Français estimaient qu'il fallait soutenir l'Ukraine dans sa reconquête, contre 32 % des Allemands[51]. En cas de défection des États-Unis, 36 % des Allemands contre 27 % des Français voudraient que leur pays réduise également son aide, mais seuls 18 % des Français contre 22 % des Allemands se disaient favorable à un renforcement de l'aide à l'Ukraine.

Pour l'extrême gauche il est important de légitimer un argumentaire qui renvoie dos à dos les États-Unis et la Russie : sur son site Die Linke a donc justifié son refus des livraisons d'armes à l'Ukraine au nom d'un pacifisme assumé[52] et se revendiqua même d'une initiative de la Chine, mais aussi l'Inde ou le Mexique, qui prônaient des négociations avec mandat de l'ONU et contrôle de l'OCDE afin de parvenir à un cessez-le-feu ; or ces États n'ont pas condamné la Russie. Le parti envisageait préalablement une « démilitarisation » des « deux républiques populaires », Donezk et Louhansk, dont la sécession est contraire au droit international, mais négligeait le fait que Poutine n'accepterait jamais de retirer ses troupes et imposerait des conditions inacceptables pour l'Ukraine, telles l'annexion de zones terrestres et maritimes (en mer Noire) ce qui impacterait l'économie de l'Ukraine et sa capacité à se reconstruire. Il prônait aussi un plan « Marshall ». *ZDF* a interviewé Klaus Ernst[53], président de la commission sur le climat et proche de Wagenknecht, qui a critiqué le « manque d'unité » au sein du parti et exigé la fin des sanctions contre la Russie, car elles seraient « néfastes à notre population et notre industrie ». Il justifiait les échanges commerciaux avec la Russie, car « les alternatives, gaz exporté du Koweït ou des Émirats arabes unis ou d'Arabie saoudite » posaient le même problème de non-respect des droits humains, par exemple des droits des femmes. Sur le site de Die Linke ou de son groupe parlementaire, on constate aussi l'usage de ce même narratif dialectique[54] : la paix devrait prendre en compte « le besoin de sécurité de la Russie ». L'Ukraine porterait même « une responsabilité car les erreurs de politique intérieure, qui ont permis des privatisations dans les secteurs clefs de l'économie et la prise de pouvoir par une oligarchie », auraient nui à l'intérêt du pays. La défaite de la Russie ne serait pas un

50. Jerôme Fourquet, « Regards européens sur la guerre en Ukraine – Un an après. Principaux enseignements », *Le Figaro*, 20 février 2023 : sondage IFOP.
51. Cécile Ducourtieux, Thomas Wieder (*et al.*), « Face à la Russie un niveau d'alerte variable en Europe », *Le Monde*, 24 février 2024, p. 2-3, tableau p. 3. Sondage ECFR du 21 février.
52. https://www.die-linke.de/themen/frieden/ukraine-krieg/
53. Klaus Ernst, « Wieder handeln mit Putin? Linken-Politiker Ernst fordert Sanktionsende » (*ZDF* Interview von Andrea Maurer), 13 janvier 2023 : https://www.zdf.de/nachrichten/politik/linke-partei-ernst-sanktionen-russland-100.html.
54. Bundestagsfraktion Die Linke, https://www.linksfraktion.de/themen/a-z/detailansicht/ukraine/.

objectif utile, une annulation de la dette ukrainienne serait préférable, ainsi qu'un plan Marshall, et le rétablissement des relations commerciales avec la Russie, bien préférable aux investissements étrangers. Die Linke considérait donc qu'une dépendance économique de la Russie serait compatible avec l'avènement d'un système démocratique en Ukraine.

Renvoyer les deux États dos à dos est un argument que l'on retrouve chez LFI. Aurélien Saintoul reconnaissait certes le caractère de « guerre d'agression », le bris de tous les « tabous du droit international », mais niait que le « poutinisme » puisse être comparé au « stalinisme ». Il arguait du caractère « belliqueux » du texte présenté à l'Assemblée nationale qui serait empreint d'une « espèce de jusqu'au-boutisme dans lequel [...] il n'y a qu'un scénario qui est retenu, c'est la victoire totale de l'Ukraine[55] ». « Victoire totale » est bien sûr connoté négativement et relativise clairement le caractère d'une guerre d'agression russe. Au Parlement européen, le 24 novembre, les eurodéputés LFI se sont également abstenus sur une résolution définissant la Russie comme « État soutenant le terrorisme », Manon Aubry arguant que le « concept » n'avait aucune valeur juridique en droit international ». Manuel Bompard doutait même de la légitimité de la Cour pénale internationale[56] et relativisait l'intérêt du mandat d'arrêt pour « crime de guerre », y opposant « l'intéressante initiative prise par la Chine de proposer un plan de paix », alors que l'enquête en cours visait la déportation d'enfants ukrainiens. Arnaud Le Gall a développé un argumentaire que l'on pourrait presque qualifier de révisionniste, la non-ratification par la Russie, les États-Unis et même l'Ukraine du traité de Rome de 1998 qui a créé la CPI, bien que ces États aient signé le traité.

L'AfD a articulé très tôt son argumentation autour d'un slogan forgé à partir de « America first » de Donald Trump « L'Allemagne d'abord » : Alice Weidel a évoqué « une guerre économique contre l'Allemagne », qui ferait du pays la première victime de la guerre en Ukraine[57]. Mettant en garde face à un risque de faillites dans des secteurs énergivores comme la chimie, elle plaida pour la mise en service du gazoduc Nord Stream 2, l'exploitation des trois dernières centrales nucléaires et vilipenda l'action de la coalition « feu tricolore » qui n'avait aucune vision géostratégique ». En outre l'AfD exigeait l'ouverture de négociations lors desquelles il ne pouvait être question de soutenir « les exigences maximales de l'Ukraine » et de ne demander des comptes qu'à la Russie, qu'il était du reste inutile de citer devant un Tribunal car l'issue des négociations ne pouvait intéresser l'Allemagne. Quelques mois plus tard, le groupe parlementaire de l'AfD a pris soin de valider un document précisant sa ligne, afin de ne pas être assimilé aux pacifistes ou gauchistes, réfutant tout reproche d'antiaméricanisme primaire ou de pacifisme[58], dans la mesure où les soldats de la Bundeswehr constituent potentiellement un réservoir de voix. Sur son site[59], le groupe parlementaire appelait en février 2024 à ce que le soutien à l'Ukraine dépende de

55. « La France insoumise ne dissipe toujours pas les doutes sur son inclination pro-russe », *La Montagne*, 17 décembre 2022, p. 32.
56. https://lemonde.fr/politique/article/2023/03/21/guerre-en-ukraine-lfi-doute-de-l-efficacite-du-mandat-d-arret-internationl-visant-vladimir-poutine_6166432_823448.html
57. Alice Weidel (Entretien avec Volker Finthammer), 16 octobre 2022 : https://www.deutschlandfunk.de/alice-weidel-afd-ukraine-krieg-100.html.
58. Maximilian Beer, 30 mars 2023: https://www.berliner-zeitung.de/politik-gesellschaft/krieg-afd-will-ukraine-politik-neu-verpacken-keine-plumpen-antiamerikanischen-reflexe-ein-positionspapier-soll-es-richten-kritik-an-parteichef-tino-chrupalla-li.333210.
59. https://afdbundestag.de/friedensinitiative-ukraine/

sa volonté de négocier la paix, que l'Ukraine renonce à entrer dans l'OTAN et l'UE, mais puisse alors bénéficier d'une relation privilégiée avec l'UE, que les deux camps désarment en parallèle (avec retrait russe sur les frontières de 2022 et suspension des sanctions) et qu'un règlement de la question de la Crimée puisse enfin aussi aboutir avant une quinzaine d'années, ce qui revenait à entériner une défaite de l'Ukraine.

Conclusion

Il faut un cadre temporel à une étude : celle-ci ne peut prendre en compte les évolutions de l'année 2024, qui du reste confirment pleinement les conclusions tirées. En matière de géopolitique, l'extrême gauche réactive la logique de blocs, de camps, issue de la guerre froide au nom de la triade anticapitalisme, antiimpérialisme, anti-américanisme. En Allemagne, seule l'aile gauche de Die Linke rompt même avec le pacifisme inconditionnel du programme du parti, puisqu'elle soutient la Russie de Poutine, par rejet de l'OTAN, telle S. Wagenknecht icône d'une extrême gauche nationaliste, qui se justifie en évoquant les intérêts des Allemands (maintenant BSW) ; en France, LFI renie également ses propres valeurs « de gauche » en justifiant l'impérialisme d'un dictateur responsable d'une guerre d'agression par l'élargissement de la zone de l'OTAN. L'argument du pacifisme est retourné pour faire accepter des négociations de paix à l'Ukraine qui équivaudraient à une défaite, voire une mise sous tutelle. L'étude confirme certaines positions similaires à celles de l'extrême droite, à l'encontre de la tradition des gauches qui, au XXe siècle se démarquaient fortement des droites extrêmes : leur stratégie est davantage axée autour de positionnements nationaux, combat contre la politique de l'UE, rejet des sanctions contre la Russie au nom d'intérêts économiques, et non internationaux. En ce sens, ces formations ne contribuent guère à l'élaboration d'une nouvelle géostratégie, qu'elle soit même nationale ou européenne.

La conjoncture économique allemande au tournant de l'année 2025

Patricia Commun*

Introduction : des prévisions conjoncturelles en demi-teinte

Alors que la croissance du PIB est prévue à + 0,8 % en moyenne pour la zone euro en 2024, et à +0,5 % en moyenne annuelle pour la France[1], les prévisions de croissance pour l'Allemagne, publiées par la Bundesbank le 13 décembre 2024, annoncent une croissance annuelle négative de -0,2 % pour 2024. Par ailleurs, les prévisions pour 2025 envisagent une troisième année consécutive de légère récession. Ces deux années 2024 et 2025 feraient alors suite à un PIB en recul à -0,3 % en 2023[2]. Rien de catastrophique, au vu des chocs importants et répétés subis par l'Allemagne depuis 2020, mais du jamais vu depuis les débuts de la République fédérale.

Dans le même temps, avec un PIB atteignant 4 121 Md€, l'Allemagne est devenue, en 2023, la 3e puissance économique mondiale, juste derrière les États-Unis et la Chine. Et pourtant, avec un PIB de 50 000 € par habitant, l'Allemagne, en 2023, se rangeait seulement au 18e rang mondial du PIB par habitant. Le PIB par habitant qui apparaît anormalement faible par rapport au PIB global, trahit un accroissement d'inégalité dans la répartition des richesses[3].

* Professeure de civilisation allemande et directrice du master Langues et commerce international à Cergy Paris Université, membre du laboratoire Agora.

1. https://www.google.com/search?q=pr%C3%A9visions+de+croissance+OFCE+2024&oq=pr%C3%A9visions+de+croissance+OFCE+2024&gs_lcrp=EgZjaHJvbWUyBggAEEUYOTIHCAEQIRigAdIBCTEyMDc1ajBqN6gCALACAA&sourceid=chrome&ie=UTF-8
2. https://www.bundesbank.de/de/presse/pressenotizen/deutschland-prognose-der-bundesbank-wirtschaft-kaempft-mit-hartnaeckigem-gegenwind-947514#:~:text=Der%20Deutschland%2DPrognose%20zufolge%20sinkt,beziehungsweise%200%2C9%20Prozent%20zu. (estimation faite par le Handelsblatt Research Institute, tandis que le taux officiel sera publié le 15 janvier par le Statistisches Bundesamt et donc postérieurement à l'écriture de cet article). Ce n'est pas avant 2026 que les économistes du HRI prévoient une reprise légère de la croissance de + 0,6 % à 0,9 %.
3. Même si elle est encore devant la France, tombée au 24e rang mondial en termes de PIB par habitant, l'Allemagne est dépassée par 17 pays, au rang desquels l'Irlande, la Norvège ou le Danemark. https://fr.statista.com/statistiques/710105/pib-allemagne-par-habitant/#:~:text=Il%20en%20ressort%20que%20le,de%2051.000%20euros%20en%202024.
   Outre la taille du pays, c'est aussi l'inégalité de répartition de la richesse qui influe sur l'écart entre PIB global et PIB/habitant. Or, l'Allemagne fait apparaître des disparités importantes dans le partage de la richesse : en 2024,tandis que 10 % des ménages les plus riches concentrent 60 % de la richesse totale, 50 % de la population se partagent 5 % de la richesse. Les différences laissent entrevoir les régions déshéritées par la crise industrielle : https://de.wikipedia.org/wiki/Liste_der_deutschen_St%C3%A4dte_nach_Bruttoinlandsprodukt.

Autre signe inquiétant en ce début d'année 2025 : le chiffre des faillites de 2024. La presse économique parle désormais d'une situation comparable à celle qui a succédé à la grande crise financière de 2008[4]. Pour 2024, les prévisions sur le taux de faillite des entreprises affichent des perspectives d'aggravation avec une progression de 25 à 30 %[5].

En contrepoint de ces mauvaises nouvelles sur le *Mittelstand*, colonne vertébrale de l'industrie allemande, le DAX, équivalent allemand du CAC 40 français, a affiché une bonne tenue sur l'ensemble de l'année 2024 au cours de laquelle il a flirté à plusieurs reprises avec les 20 000 points[6].

Enfin, le chiffre de la balance commerciale pour 2024, reste largement excédentaire, avec un excédent commercial aux alentours de 224 Mrd€[7].

Les données clé de la conjoncture économique allemande à l'orée de l'année 2025 font donc état de résultats qui semblent contradictoires : poursuite prévue de la baisse d'un PIB qui se maintient cependant à un niveau élevé, forte baisse du PIB par habitant, bonne tenue boursière des grands groupes allemands mais augmentation des faillites de PME historiques, baisse de l'excédent commercial de 3,5 % mais bonne tenue des volumes d'importation et d'exportation.

Nous nous efforcerons de comprendre, à partir des chiffres clé de la performance industrielle, mais aussi à partir d'une analyse plus détaillée des chiffres de la consommation et du marché du travail, à quels problèmes fondamentaux l'Allemagne fait face en ce début d'année 2025. Puis, à partir d'une rapide analyse des principaux postes de dépenses du budget 2024 de l'État allemand, nous verrons comment le pouvoir politique a tenté d'amortir les effets de la crise qui affecte l'industrie mais aussi toute une partie de la population allemande.

L'Allemagne en crise

Le PIB allemand face à celui de la France et des autres pays européens

Tandis que le PIB des trois plus grandes puissances européennes (Allemagne fédérale, GB et France) a évolué de façon relativement parallèle depuis le début des années 1960, l'Allemagne s'est le plus souvent distinguée de la France par des récessions plus importantes suivies de remontées spectaculaires lors de chocs liés à des crises internationales. Avec un PIB longtemps dépendant pour environ 50 % de ses exportations, l'Allemagne fut en effet plus encline que la France à naviguer sur les soubresauts des marchés mondiaux. C'est ainsi que, par suite de la crise de 2008, le PIB allemand s'effondrait en 2009 à -5,7 % par rapport à l'année précédente, tandis que la France subissait une perte plus faible de 2,9 %. Puis, tandis que le PIB allemand connaissait un rebond de 4,2 % en 2010, le PIB français, lui, rebondissait beaucoup plus faiblement[8].

---

https://www.studysmarter.fr/resumes/allemand/problemes-sociaux-allemands/disparites-economiques-enallemagne/#:~:text=R%C3%A9partition%20des%20richesses%20dans%20la,les%2050%20%25%20les%20plus%20pauvres.

4. https://www.zdf.de/nachrichten/wirtschaft/insolvenzen-anstieg-2024-firmenpleite-100.html
5. Source : Handelsblatt du 6 janvier 2025.

Le DAX qui rassemble les 40 plus grandes entreprises allemandes a, lui, atteint son plus haut historique à la mi-décembre 2024 (plus de 20 000 points).

6. L'indice parisien du CAC 40 a tourné, lui, autour des 7 500 points sur la même année 2024.
7. https://www.destatis.de/DE/Themen/Wirtschaft/Aussenhandel/_inhalt.html
8. https://www.statista.com/statistics/369222/gdp-growth-forecast-western-europe-vs-major-economies/

Pour autant, il semblerait que, depuis la crise financière de 2009, et plus nettement encore, depuis le début des années 2020, l'Allemagne ne soit pas parvenue à retrouver les niveaux de son PIB atteints dans l'année de référence avant COVID, c'est-à-dire l'année 2019. Qui plus est, après la crise du COVID, le PIB allemand a certes rebondi, mais plus faiblement que ses voisins européens, ce qui est pour l'Allemagne une situation inédite. L'évolution de l'Allemagne semble se faire à contre-courant de celle de ses voisins, France, et Italie attendus en croissance respectivement aux alentours de 0,5 % et 0,8 % avec des prévisions de croissance aux alentours de 1 % pour 2025. L'ensemble de l'UE, à l'exception de l'Allemagne, se voit accréditée d'une perspective de croissance de plus de 1 % en 2025, dans l'espoir d'une reprise de la consommation et des investissements.

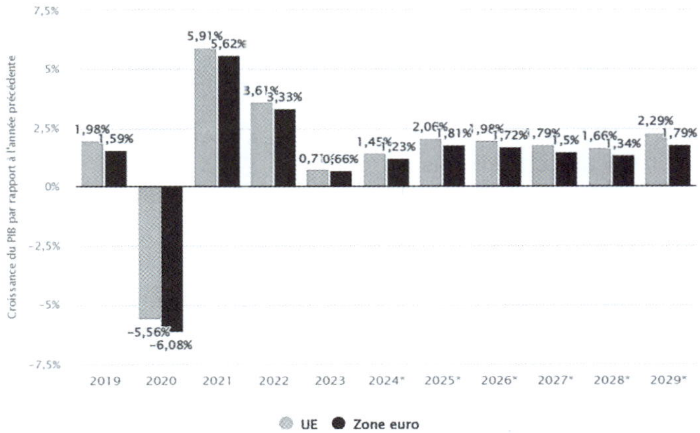

Évolution du PIB en UE et zone euro 2019-2029
Source : Statista.

L'industrie manufacturière entre risque de faillites et effondrement des commandes

Si le secteur de l'automobile (et en particulier les sous-traitants) apparaît comme le plus exposé, au vu de la crise récente de VW, c'est l'ensemble des secteurs de l'industrie manufacturière qui est touché. Pour rappel, l'industrie manufacturière constitue encore environ entre 20 et 23 % de la valeur ajoutée brute nationale, la plus élevée de tous les pays du G7 et de l'Europe, les secteurs les plus performants étant la construction automobile, l'industrie électrique, la construction mécanique et la chimie. Or, à part le secteur de l'industrie électrique très porté par la transition énergétique, tous les secteurs sont touchés par les faillites en 2024 et le risque de faillites en 2025. Avec des effets dominos mais aussi de diffusion incalculable liés à la perte de pouvoir d'achat ou à l'attentisme des consommateurs angoissés de perdre leur emploi ou de voir leur salaire diminuer. C'est ainsi que le secteur touristique et celui de la grande distribution sont déjà touchés : faillite du 3e plus grand groupe touristique européen FTI, Galeria, Weltbild, Esprit) + €56 milliards d'impayés qui mettent en danger les créditeurs en 2024. De nombreuses entreprises, également dans le monde de la santé, soutenues par l'État allemand pendant la période COVID risquent de faire faillite en 2025[9].

9. Prévisions Atradius : + 10 % de faillites en Allemagne en 2025. Ce qui inquiète les observateurs est le pourcentage élevé de start up manquant de capital d'investissement et donc en risque élevé de faillites en 2025.

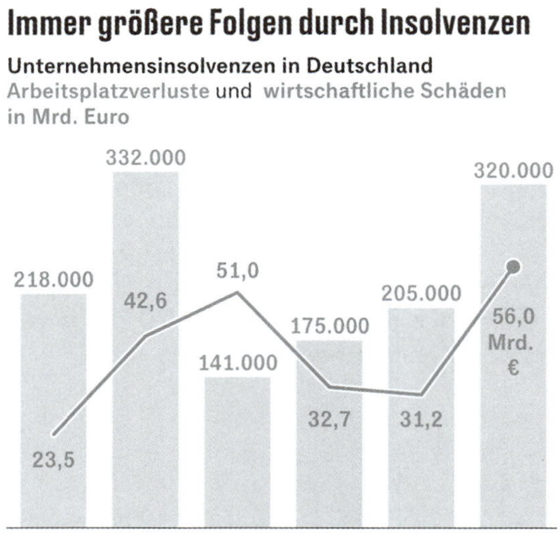

Source : Handelsblatt du 09.01.2025.

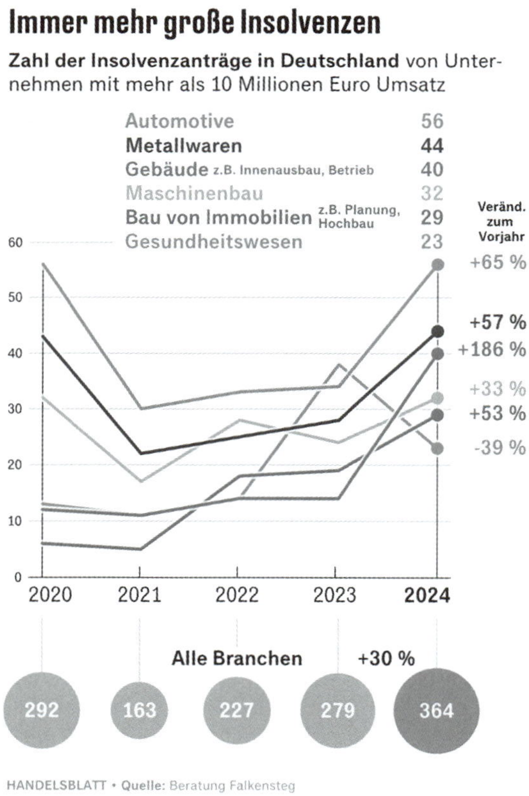

Source : Handelsblatt du 09.01.2025.

---

https://www.handelsblatt.com/technik/it-internet/start-ups-zahl-der-pleiten-auf-rekordhoehe-was-experten-fuer-2025-erwarten/100098155.html.

L'industrie automobile, la métallurgie, la construction, les machines-outils et la santé, aucun secteur ne semble épargné par les faillites qui sont d'autant plus frappantes pour l'opinion publique qu'elles ont touché de grands noms de l'industrie en 2024 et risquent de se poursuivre en 2025.

En effet, **l'indice PMI** de l'industrie manufacturière, qui compile les chiffres des carnets de commandes des entreprises, indique, à décembre 2024, un pourcentage de 42 % (chiffre qui indique une contraction quand il est inférieur à 50 %), traduisant une forte baisse des commandes aux entreprises. Selon l'économiste en chef de la Hamburg Commercial Bank, « la production manufacturière est en forte baisse et les commandes continuent de s'effondrer en ce début d'année 2025, ce qui montre clairement que l'industrie ne sortira pas de la récession de sitôt… La catégorie des biens intermédiaires en particulier a connu sa plus forte baisse depuis un an », et « les choses ne semblent pas s'améliorer pour le secteur des biens d'investissement[10]. »

Le taux d'exportation de l'Allemagne est aujourd'hui beaucoup plus faible que celui de ses voisins européens

Le taux relativement élevé d'industrialisation de l'économie allemande est traditionnellement lié à un taux élevé d'exportation (par rapport au PIB) qui était, jusqu'à aujourd'hui, un moteur important de croissance pour l'ensemble du pays. Ce n'est aujourd'hui plus le cas.

En effet, si le solde de la balance commerciale allemande reste élevé, en dépit d'une légère baisse prévisible pour 2024, le taux d'exportation allemand est, lui, désormais parmi les plus faibles de la zone euro. Avec une UE en moyenne à 52,5 % de taux d'exportation, l'Allemagne, avec 47,9 %, la France avec 35 %, ainsi que l'Italie avec 34 %, font figure d'exception parmi des pays européens qui ont considérablement augmenté leur taux d'exportation ces dernières années (voir diagramme ci-dessous). Ce sont ces pays européens (Europe du Nord et de l'Est) qui affichent des taux de croissance du PIB aux alentours de 3 % pour 2024 et donc largement supérieurs à ceux des trois grandes puissances européennes.

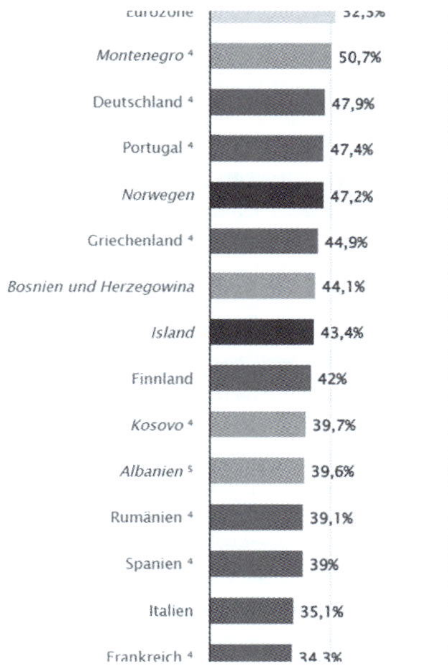

Source : graphique partiel édité par Statista sur le taux d'export 2023/2024.

Le commerce international reste cependant une importante source de revenus pour l'État allemand.

Avec **une baisse prévue de la balance commerciale de 3,5 %** sur l'ensemble de l'année 2024, on est loin des performances exceptionnelles des années avant COVID. Cependant, le résultat de la balance commerciale devrait continuer à se trouver à un niveau excédentaire très élevé autour de 220 Mrd€, dénotant ainsi une remontée

10. https://www.zonebourse.com/cours/action/S-P-GLOBAL-INC-27377749/actualite/L-activite-industrielle-allemande-se-degrade-rapidement-en-2024-selon-l-indice-PMI-48672642/

spectaculaire depuis l'effondrement des chiffres pendant les années COVID. Même si l'Allemagne ne renoue pas avec ses performances exceptionnelles des années 2010, les chiffres de 2024, plus ou moins semblables à ceux de 2023 après une chute vertigineuse en 2022 due aux problèmes de chaînes d'approvisionnement au moment du COVID, prouvent une forte résilience des exportations[11].

Notons enfin que, même si elles ont diminué dernièrement, les importations de provenances hors Europe qui ont, elles aussi, considérablement augmenté, sont une source non négligeable de revenus pour l'État allemand grâce aux taxes douanières et taxes diverses prélevées sur ces produits importés. C'est ainsi qu'en 2023**, les taxes sur les importations avaient rapporté plus de 158 Mrd€ à l'État allemand.**

Enfin, il faut noter que la baisse de l'excédent de la balance commerciale prévue à 3,5 % est partiellement due à la baisse de la part prise par l'industrie manufacturière dans le PIB allemand (-2 %), qui s'élevait encore à 23 % en 2023[12]. La part prise par les services est passée à 69,7 % en 2023 (dont 23 % environ constitués par l'État, la santé et l'éducation) et ne devrait pas tellement baisser en 2024[13].

L'industrie allemande face aux difficultés d'approvisionnement et à l'explosion des prix de l'énergie

Au premier rang des problèmes des entreprises allemandes se trouve le manque de matières premières pour l'industrie manufacturière, et en particulier les problèmes d'acheminement des composants dans à peu près tous les domaines. En effet, ce problème est structurellement lié à la forte intégration de l'industrie allemande dans la chaîne de valeur internationale puisqu'environ 20 à 30 % des produits manufacturés assemblés en Allemagne sont fabriqués partiellement dans le monde entier. Ces difficultés qui ont mis en retard la production se sont partiellement résorbées en 2024 mais ont potentiellement provoqué des retards de production qui se voient dans les chiffres en 2024. Ce sont les « indicateurs de rareté » (*Knappheitsindikator*) qui donnent les renseignements chiffrés sur les problèmes d'approvisionnement des entreprises. En effet, 60 à 80 % des entreprises allemandes déclaraient être en difficulté d'approvisionnement entre 2022 et 2023[14]. En 2024 ce sont encore entre 17 et 18 % des entreprises qui déclaraient encore des ruptures d'approvisionnement dans le domaine des composants informatiques, électroniques ou chimiques[15]. En conséquence de cette accumulation de problèmes : à la fois problèmes d'approvisionnement, et renchérissement des matières premières et de l'énergie, les chiffres de la production industrielle allemande sont attendus en nette baisse sur l'année 2024. « Sur un an, les deux indicateurs cruciaux pour l'économie allemande demeurent nettement dans le rouge, avec une baisse de 2,8 % pour la production industrielle et de 3,5 % pour les exportations[16]. »

11. https://www.destatis.de/DE/Themen/Wirtschaft/Aussenhandel/_inhalt.html
12. https://de.statista.com/statistik/daten/studie/1404704/umfrage/anteil-des-verarbeitenden-gewerbes-an-bruttowertschoepfung/
13. Verteilung der Bruttowertschöpfung in Deutschland nach Wirtschaftsbereichen im Jahr 2023 (Statista).
14. https://www.destatis.de/DE/Themen/Branchen-Unternehmen/Industrie-Verarbeitendes-Gewerbe/materialknappheit-industrieaktivitaet.html. Destatis ne fournit pas encore de chiffres au-delà de mars 2024.
15. https://www.destatis.de/DE/Themen/Wirtschaft/Konjunkturindikatoren/_Grafik/_Interaktiv/2-ifo-knapp-wirtschaftszweige.html
16. https://www.lefigaro.fr/flash-eco/allemagne-rebond-de-la-production-industrielle-et-des-exportations-en-novembre-20250109

Des perspectives moroses pour l'industrie manufacturière allemande en 2025

Outre les faillites et les problèmes de baisse de la production manufacturière déjà évoquées précédemment, les perspectives s'annoncent relativement moroses pour 2025 qui pourrait bien être une troisième année de récession. Désormais, face à l'incertitude due à la baisse drastique des carnets de commandes, une entreprise allemande sur trois déclare vouloir réduire ses investissements. Outre l'incertitude politique qui provoque l'attentisme chez les entreprises comme chez les consommateurs, ce sont **les problèmes structurels qui font jeter l'éponge aux entreprises :**

Selon un sondage de la DIHK (*Deutsche Industrie und Handelskammer*), une entreprise sur trois devrait réduire ses investissements en 2025.

Si la baisse continue et prévisible des investissements des entreprises se poursuivait, celles-ci pourraient se retrouver en 2026 au niveau de 2016. Selon le même sondage de la DIHK, tandis que 25 % des entreprises considèrent leurs perspectives comme mauvaises, seules 26 % restent optimistes, tandis que quasiment la moitié des chefs d'entreprise sondés restent dans l'incertitude.

Cependant les entreprises ont déjà réagi face à cette situation : en 2024, 37 % des entreprises envisageaient sérieusement des limitations de productions sur le sol allemand et planifiaient ou réalisaient des délocalisations. En cause : **l'explosion des prix de l'énergie, l'accès insuffisant à des énergies intermittentes peu fiables ainsi que les amendes énormes sur les émissions de CO2.**

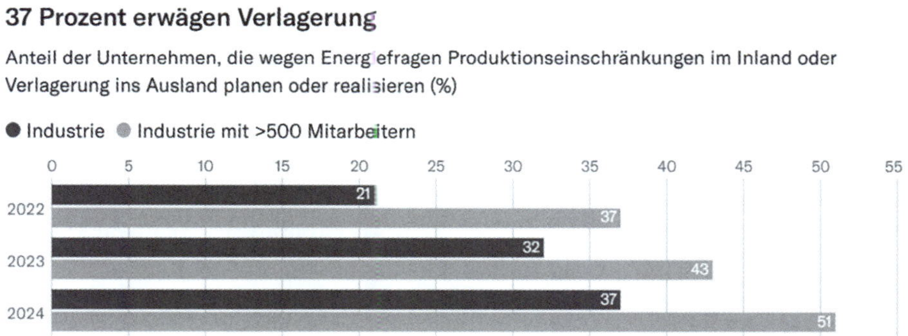

https://www.nzz.ch/wirtschaft/energiepreise-deutsche-industrie-liebaeugelt-mit-abwanderung-ld.1841968

Comme on le voit sur ce sondage réalisé par la DIHK en juillet 2024, la crise de l'industrie allemande est principalement liée à leur présence sur le sol allemand. 37 % des entreprises industrielles comptant moins de 500 employés, contre plus de 51 % de moyennes et grandes entreprises comptant plus de 500 employés, étaient en projet de délocalisation partielle ou totale en juillet 2024. Les entreprises manufacturières allemandes souffrent d'une transition énergétique coûteuse et difficile, d'un accès devenu très onéreux aux énergies pérennes (charbon, gaz, nucléaire français). Tandis que le charbon allemand est renchéri par l'explosion du prix de la tonne de CO2, l'accès au gaz est rendu difficile par les récentes conditions géopolitiques[17].

17. Alors que l'Allemagne a continué de recevoir du gaz russe jusque fin 2024, le blocage complet des livraisons de gaz russe par l'Ukraine à compter du 1er janvier 2025 et le refus de l'Europe de laisser les entreprises et les États européens conclure des contrats de GNL long terme au profit de contrats court terme à prix souvent exorbitant laissent entrevoir à nouveau des perspectives d'augmentation drastique du gaz.

Pour finir, la nécessité de racheter régulièrement en urgence et à prix élevé de l'électricité produite par les centrales nucléaires françaises en cas de production insuffisante des ENR allemandes a fait également exploser les dépenses d'achat d'électricité, en particulier pour les entreprises électro-intensives.

En conclusion de ce chapitre, notons que la production industrielle allemande s'affiche en baisse de 2,8 % et celle des exportations de 3,5 %. Sur un an, ces deux indicateurs cruciaux pour l'économie allemande demeurent nettement dans le rouge et sans espoir d'amélioration notable pour 2025. **Pour la première fois de l'histoire de la République fédérale, c'est *le Mittelstand* qui apparaît comme le plus touché, car moins en capacité que les grands groupes allemands d'échapper à la dégradation du *Standort Deutschland*.**

Le marché intérieur allemand

Le marché de l'emploi au plus haut : signes encourageants ou chant du cygne ?

En dépit d'un taux de chômage en progression (à 6 % fin décembre 2024)[18], jamais le taux d'emploi n'a été aussi élevé en Allemagne. Avec 42,3 millions de personnes en emploi, l'emploi en Allemagne atteint un maximum. Rappelons à cet égard que 73,5 % de l'emploi sont fournis par les services. L'augmentation de l'emploi s'est concentrée en 2024 comme dans les années précédentes sur les services publics, l'éducation et la santé (+ 1,5 %, soit + 184 000 emplois). Les services aux entreprises ont, eux, vu leur personnel se réduire de 0,9 % (-55 000)[19]. L'emploi public en augmentation a donc comblé les pertes d'emploi du privé.

Cependant, à partir de 2025, l'économie allemande devrait perdre 10 000 travailleurs par mois, moins pour des raisons conjoncturelles que démographiques. Dans les 15 ans à venir, ce sont 400 000 emplois vacants par an qui seront non comblés par les jeunes entrants sur le marché du travail. D'une part, les perspectives de robotisation ne règleront pas entièrement le problème des emplois vacants, d'autre part la consommation intérieure ne sera pas en mesure de prendre durablement le relais de l'export pour garantir une croissance du PIB[20].

Un marché intérieur peu dynamique en dépit des bons chiffres de l'emploi

Même si le nombre de personnes en emploi atteint des sommets (46,1 millions de personnes étaient en emploi à fin 2024 si on ajoute au taux officiel les plus de 3,5 millions de personnes travaillant au noir) le gel des salaires, l'augmentation du nombre et de la durée autorisée (de 1 à 2 ans) de contrats à durée déterminée, les perspectives très incertaines de l'emploi dans l'industrie manufacturière, n'ont pas encouragé une croissance de la consommation. Même s'il a augmenté un peu en fin d'année à novembre 2024, l'indice du climat de consommation, indicateur avancé de la consommation et mesuré par la *Gesellschaft für Konsumforschung* s'établissait à -23 %, légèrement en augmentation par rapport à fin décembre 2023 mais sans euphorie particulière.

---

18. https://de.statista.com/statistik/daten/studie/1318374/umfrage/entwicklung-des-stellenindex-der-bundesagentur-fuer-arbeit/
19. https://www.destatis.de/DE/Presse/Pressemitteilungen/2025/01/PD25_001_13321.html#:~:text=Entscheidend%20f%C3%BCr%20die%20insgesamt%20positive,ma%C3%9Fgeblich%20die%20sozialversicherungspflichtige%20Besch%C3%A4ftigung%20bei
20. Selon les études du Handelsblatt Research Institut, Handelsblatt du 01.01.2025.

Autre signe inquiétant pour la consommation au tournant de 2024-25 : le nombre des défaillances personnelles en forte progression s'ajoute à celui des faillites d'entreprises. La forte augmentation du taux d'insolvabilité des consommateurs en Allemagne en 2024 n'augure pas de très bons chiffres pour la consommation intérieure en 2025.

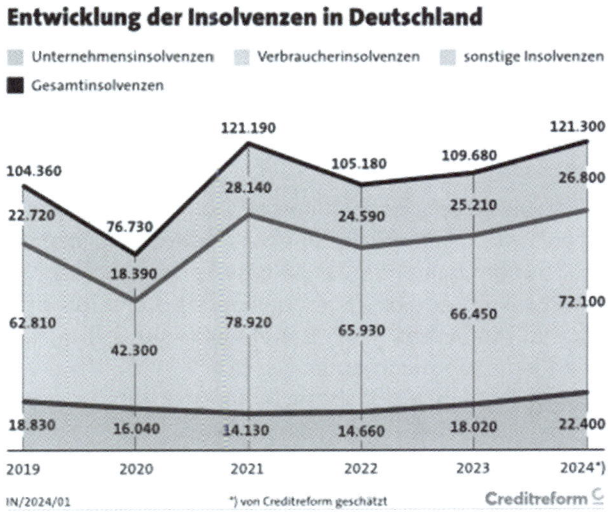

Il faut donc étudier plus en détail la structure du marché du travail si on veut comprendre la contradiction entre le chiffre élevé des personnes en emploi et le manque de dynamisme du marché intérieur.

Chiffres de l'emploi et structure du marché du travail

Emploi et données démographiques : des chiffres en trompe-l'œil

Deux facteurs expliquent la poursuite de la hausse du nombre de personnes en emploi : immigration et augmentation du taux d'emploi. La croissance reste faible en raison des effets du changement démographique avec la sortie d'emploi de la génération la plus nombreuse. Sur 46 millions d'emplois[21], 7,5 millions sont des « mini jobs », emplois à temps partiel non assujettis aux cotisations sociales, sachant qu'une personne peut exercer deux emplois à temps partiel mais que 4,2 millions n'ont qu'un mini job et doivent vivre avec 538 € par mois.

Les pertes d'emplois en 2024 anticipent une récession pour 2025.

Il faut noter que l'emploi n'a poursuivi sa progression que dans le domaine des services[22].

Les pertes d'emploi déplorées le sont dans le domaine de l'industrie manufacturière et de la construction, en raison de la récession attendue pour 2025. Ce sont en

21. En fonction de savoir si les chiffres incluent les plus de 3,3 millions de personnes travaillant au noir ou pas, on a deux chiffres différents qui apparaissent dans les données de nombre de personnes en emploi : 42,3 millions ou 46 millions (voir à ce sujet Destatis et Institut für Wirschaft Köln). https://www.destatis.de/DE/Presse/Pressemitteilungen/2025/01/PD25_001_13321.html#:~:text=Entscheidend%20f%C3%BCr%20die%20insgesamt%20positive,ma%C3%9Fgeblich%20die%20sozialversicherungspflichtige%20Besch%C3%A4ftigung%20bei. https://www.iwkoeln.de/studien/dominik-h-enste-mindestens-33-millionen-arbeiten-schwarz.html.
22. +153 000 personnes ou + 0,4 % sur 34,8 millions contre + 0,2 % càd 72 000 personnes en 2022.

particulier la sidérurgie et la métallurgie, l'industrie des machines-outils qui procèdent à des licenciements.

Dans l'industrie manufacturière, ce sont 50 000 emplois qui ont disparu en 2024 soit 0,6 % de l'emploi manufacturier qui tombe à 8,1 millions d'emplois. La perte d'emplois prévisible dans l'industrie automobile (environ 130 000 emplois devraient disparaître dans les années à venir) n'apparaît pas encore dans les chiffres.

Dans le secteur de la construction, ce sont 28 000 emplois qui ont disparu sur 2,6 millions dans un secteur en progression depuis 2009. L'agriculture, la pêche et la sylviculture ont vu un recul de 0,5 % et comptent désormais 569 000 personnes en emploi.

L'augmentation du nombre global d'emplois à 42,3 millions de personnes est moins due à des créations d'emplois qu'au passage des mini-jobs, postes de travail à temps partiel qui échappent aux charges sociales, à des emplois assujettis aux cotisations obligatoires. Mais il y a également eu des pertes d'emplois dans le domaine des emplois CDD et ou mal rémunérés (-1,9 % – 74 000 sur 3,8 millions), en particulier dans le domaine de l'industrie automobile.

Pour 2024, l'offre d'emplois apparaît comme faible, inférieure de 9 % par rapport à celle de 2023[23].

Les chiffres de la consommation gonflés par une inflation persistante.

Alors que la consommation privée représentait encore 52 % du PIB en Allemagne en 2023, (€2,21billions pour un PIB de €4,19 billions), son augmentation fut principalement liée à l'augmentation des prix de l'énergie et des matières premières de 5,9 % contre 27,9 % en 2022[24]. Les chiffres de la consommation privée de 2024 ne devraient être que légèrement inférieurs à ceux de 2023. Mais il est difficile de tirer des conclusions sur des chiffres pour lesquels l'augmentation des prix importante a très vraisemblablement compensé la baisse des achats en volume. Pour 2024, ce sont encore 3 % d'inflation qui sont prévus, entraînant de nouveau une baisse des achats en volume et une augmentation du prix de la production industrielle sur le sol allemand. Pour 2025, la consommation est prévue en très légère hausse (+ 0,9 %), en tous les cas, inférieure à l'inflation.

Alors que la croissance allemande était traditionnellement portée par un fort excédent commercial et une bonne tenue de la consommation intérieure et des investissements, ce sont désormais les dépenses de l'État, en augmentation de 12 % depuis 2019, qui amortissent une récession persistante depuis 2022. Nous allons voir maintenant dans quelle mesure l'État allemand a en 2024 été contraint de prioriser sur son rôle d'amortisseur de la crise économique et sociale.

23. Voir Stellenindex der Bundesagentur für Arbeit im Dezember.
24. « Die Preisentwicklung für das Jahr 2023 wurde wie im Jahr 2022 von den Auswirkungen der Kriegs- und Krisensituationen beeinflusst. Nach einem enormen Anstieg um 29,7 % im Jahr 2022 verteuerten sich die Energieprodukte 2023 gegenüber dem Vorjahr mit 5,3 % vergleichsweise moderat. Allerdings wiesen die einzelnen Energieprodukte sehr unterschiedliche Preisentwicklungen auf. So verbilligte sich leichtes Heizöl um 22,2 %, Kraftstoffe waren im Jahresdurchschnitt 2023 um 5,8 % günstiger. 2022 waren die Preise für leichtes Heizöl jedoch um 87,3 % gegenüber dem Vorjahr gestiegen, die Kraftstoffpreise um 26,2 %. Erdgas (hier in der Abgrenzung „ohne Betriebskosten") verteuerte sich 2023 um 14,7 % (2022: + 63,6 %) und Strom um 12,7 % (2022: + 19,2 %) ». https://www.bpb.de/kurz-knapp/zahlen-und-fakten/sozialbericht-2024/553197/konsumausgaben/#:~:text=Im%20Jahresdurchschnitt%202023%20erh%C3%B6hten%20sich,2022%20(% 2B%206%2C9%20%25).

La politique de la coalition tricolore face à la crise industrielle allemande

Dans un premier temps, regardons les postes principaux du budget de l'État fédéral. Nous verrons alors combien les choix budgétaires apparaissent comme contraints par une histoire économique, culturelle et sociale tout à fait particulière à l'Allemagne, laissant, au bout du compte, une assez faible marge de manœuvre aux défis actuels de la transition énergétique et aux investissements colossaux, à la fois privés et publics, qu'exigeraient, à la fois la transition énergétique, et les nouveaux secteurs technologiques.

Relative stabilité des dépenses budgétaires fédérales qui s'inscrivent dans le cadre de la règle du frein à l'endettement

En principe, selon les prévisions du diagnostic commun des instituts économiques allemands, le déficit public allemand (toutes administrations publiques confondues) devrait être ramené de 2,1 % en 2023 à 1,6 % en 2024. L'Allemagne affiche donc un ratio d'endettement à 61,9 % du PIB, très proche des critères exigés par Maastricht, tandis que la France atteint les 112 % et l'Italie les 137 % du PIB. L'Allemagne est donc soucieuse de respecter les principes de limite de l'endettement qu'elle a inscrits dans sa constitution, elle-même prônés à l'Europe dans le cadre de ses principes ordolibéraux mettant en exergue l'importance d'un endettement limité, d'une inflation maîtrisée, conditions d'une monnaie stable.

Ratio des dépenses publiques en part du PIB

Au vu du tableau ci-dessous retraçant l'évolution et la prévision des dépenses publiques allemandes de 2019 à 2029, il apparaît que le ratio des dépenses publiques est resté à un niveau élevé, entre 49 et 48 %, de 5 % environ supérieur à la moyenne des années antérieures au COVID, par rapport à l'année de référence 2019. Rappelons à cet égard que 2019 est une année de référence importante, non seulement parce qu'elle est un marqueur de la situation avant COVID, mais aussi qu'elle a été la première année d'un budget qui marquait la fin du « pacte solidaire » signifiant la fin des versements colossaux opérés par l'État allemand pour l'unification allemande (environ 150 milliards annuels pour mémoire)[25]. Or, dans le poste des dépenses de l'État financées par les contribuables et les entreprises, il semblerait que, à partir de 2020, les énormes transferts financiers vers les Länder de l'Est aient été relayés par les dépenses spectaculaires engagées pour contrebalancer la crise du COVID[26].

25. Heinrich Best, Ronald Gebauer, Lange Wege der Deutschen Einheit. Die Kosten und Erträge der Wiedervereinigung Deutschlands, Bundeszentrale für politische Bildung, 19.11.2020. Ce sont environ €150 milliards que l'État allemand a versés annuellement en faveur des Länder et habitants de l'ex Allemagne de l'Est. Cette redistribution opérée par l'État s'est soldée par une « contribution de solidarité », une pression fiscale supplémentaire de plus de 7 % pesant sur l'ensemble des contribuables ouest-allemands. Depuis 2021 le « *Solidarzuschlag* » a baissé légèrement à 6,4 % et n'est plus payé que par 10 % des contribuables les plus aisés ainsi que par les PME allemandes, constituant cependant encore un poids de dépenses pour les entreprises.

26. Le coût de la pandémie COVID a été évalué par le ministère des finances allemand à plus de € 440 milliards (article FAZ du 22.04.2023).

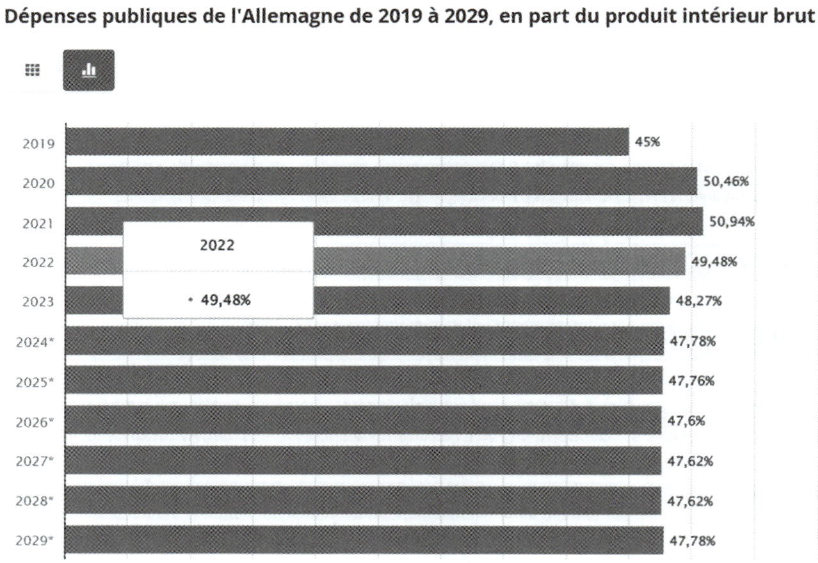

Source https://de.statista.com/statistik/daten/studie/75248/umfrage/deutschland-ausgaben-des-staates-2008-bis-2023/.

Les dépenses sociales, premier poste de dépense budgétaires

En 2023 comme en 2024, le premier poste des dépenses publiques allemandes est, sans surprise, celui des prestations sociales (36 % du budget), et en particulier des versements dus au titre des retraites non couvertes par les contributions des personnes privées. Ce poste de dépense dépasse celui des dépenses de fonctionnement de l'État fédéral, suivi des Länder et des communes.

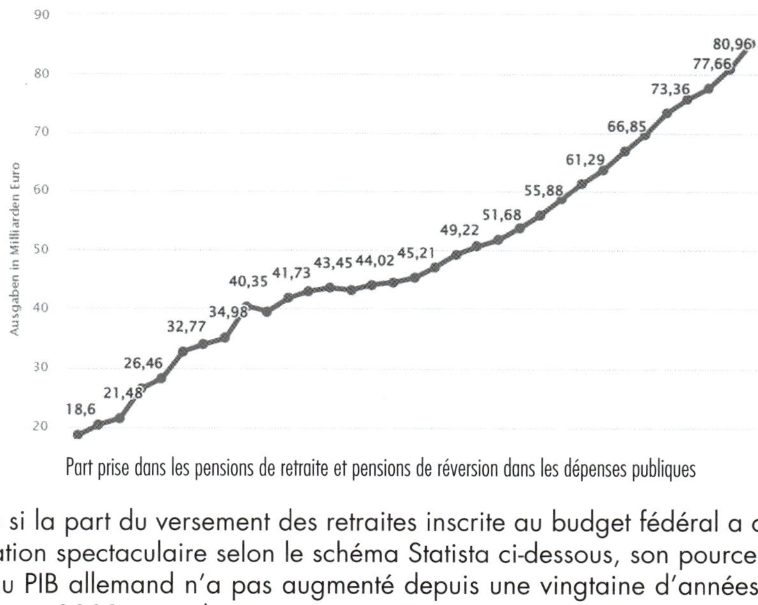

Part prise dans les pensions de retraite et pensions de réversion dans les dépenses publiques

Même si la part du versement des retraites inscrite au budget fédéral a connu une augmentation spectaculaire selon le schéma Statista ci-dessous, son pourcentage par rapport au PIB allemand n'a pas augmenté depuis une vingtaine d'années, a même baissé depuis 2003 et ne devrait pas augmenter avant 2027.

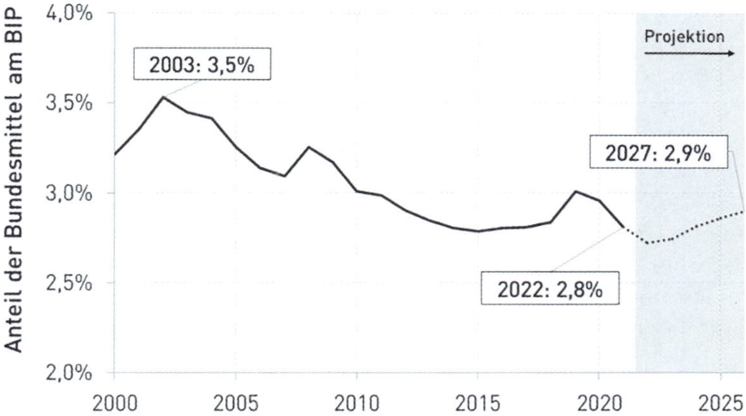

Quellen: Finanzplan des Bundes 2023 bis 2027, Frühjahrsprojektion der Bundesregierung 2023, Destatis 2023, Rentenversicherung in Zeitreihen 2023.
Geringfügiger Zeitreihenbruch ab 2023, Anstieg der Bundesmittel 2022-2027 davon unbeeinflußt.

Au vu de ce tableau, il faut bien noter que le ratio des dépenses de retraite par rapport au PIB va même diminuant et qu'il est prévu d'être contenu aux alentours de 2,8 %, en tous les cas 3 % du PIB, du moins jusqu'en 2028, date où en raison de l'évolution de la démographie, les cotisations retraite devraient augmenter. Pour mémoire, le ratio des dépenses pour les versements de retraite de l'État français s'élève lui à 13,5 % du PIB. Cela signifie que, jusqu'à présent, la croissance du PIB allemand couvrait largement les dépenses liées aux retraites.

Au vu du diagramme explicatif ci-dessous, les dépenses budgétaires de l'État fédéral liées aux retraites ne marquent encore que très peu la multiplication des emplois à temps partiel non assujettis aux charges sociales et donc au paiement d'une cotisation retraite.

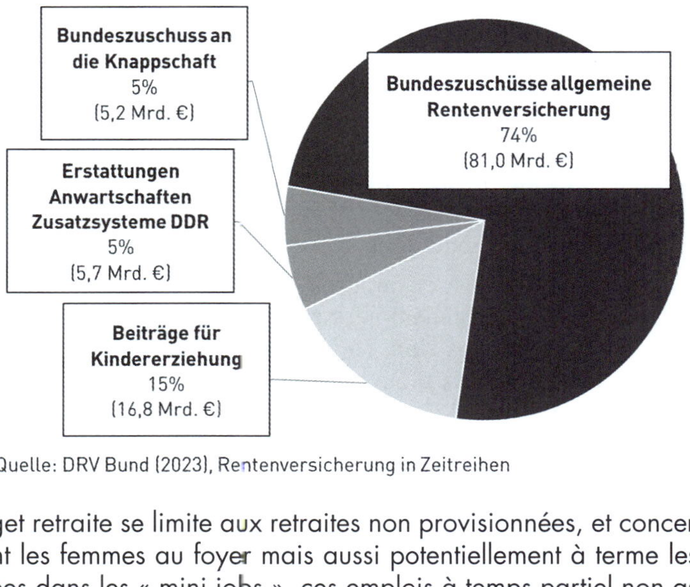

Quelle: DRV Bund (2023), Rentenversicherung in Zeitreihen

- Ce budget retraite se limite aux retraites non provisionnées, et concernant principalement les femmes au foyer mais aussi potentiellement à terme les personnes employées dans les « mini jobs », ces emplois à temps partiel non assujettis aux contributions sociales et qui apparaissent de ce fait comme une bombe budgétaire à retardement.

- Des dépenses pour combler le déficit de la caisse de retraite des mineurs qui sont passés de 600 000 travailleurs dans les années 1950 à 40 000 travailleurs environ aujourd'hui dont seuls 15 000 environ touchent des salaires complets assujettis aux contributions sécurité sociale et retraite.
- Des dépenses liées à une situation bien particulière : celle des versements complémentaires pour les pensions des habitants de l'ex-RDA. Ces dépenses sont partie intégrante de l'effort considérable de l'unification allemande dans laquelle, progressivement les salaires et les pensions ont été égalisés sur l'ensemble du territoire, ce qui a constitué une charge importante pour le budget de l'État fédéral depuis le début des années 1990. Il faut noter que les versements pour le deuxième pacte de solidarité avec l'ex-RDA (montants annuels de €151 milliards) ont cessé en 2019. (*chiffres de la Bundeszentrale Politische Bildung*)

Les dépenses publiques d'investissements

Les dépenses publiques d'investissements dans les infrastructures ont longtemps été considérées comme insuffisantes et participant du retard de l'Allemagne. Or, on remarque que, depuis 2022, les dépenses publiques ont été concentrées sur un fort interventionnisme économique et financier, relativement nouveau dans l'histoire politique économique allemande de l'après 1949.

Alors que le pourcentage des aides aux entreprises ne dépassait pas traditionnellement les 2 à 3 % du budget fédéral, elles ont atteint 10 % les quatre dernières années (pour un montant de plus de 63 Mrd€ en 2024).

Après le choc du COVID, la nécessité de protéger les entreprises manufacturières, mises à mal par la nécessité de s'extraire de la dépendance du gaz russe à la suite de la guerre en Ukraine, ainsi que par l'explosion des prix de l'énergie qui s'ensuivit, enfin l'urgence d'une politique de décarbonation dictée par un calendrier européen très contraint, expliquent en particulier les montants élevés alloués aux entreprises électro intensives.

C'est ainsi que, par exemple, l'aide de l'État à la construction en urgence des terminaux méthaniers s'est élevée à plus de €4,5 milliards. Selon un récent rapport du DSI (*Deutsches Steuerzahlerinstitut*) évoqué par le Handelsblatt du 08 janvier 2025, 20 grands groupes allemands sur 25 (Siemens, Thyssen-Krupp, Airbus, Bosch ou VW) ont reçu des aides gouvernementales conséquentes (4,3 Mrd€) du gouvernement tricolore pour des projets de décarbonation.

Tout se passe comme si le gouvernement était resté en mode gestion de crise depuis le COVID. Avec un argument imparable, selon lequel l'État allemand devait s'inspirer de ce que faisaient les USA ou la Chine pour leurs entreprises, en investissant dans les modèles d'entreprises qui avaient une chance de survivre en Allemagne et de gagner à l'internationale dans la féroce compétition mondiale engendrée par la transition énergétique. Il s'est agi, pour la coalition tricolore, de sauver le « made in Germany » ou, pour reprendre une formule plus traditionnelle de sauver le *« Standort Deutschland »*, avec la création d'un « *Deutschlandfonds* », voulue par le ministre vert de l'économie Robert Habeck.

C'est à cette politique de subventions massives aux grandes entreprises que s'est opposé le ministre des Finances libéral FDP, fervent défenseur du frein à l'endettement et donc de l'équilibre budgétaire et qui a dû démissionner, entraînant ainsi la chute de l'ensemble de la coalition. La CDU, aujourd'hui donnée comme principale gagnante dans les sondages aux prochaines élections, se prononce, elle, en faveur de mesures de défiscalisation et d'allègements de la bureaucratie, insistant sur la nécessité pour l'État de sortir du dirigisme intermittent dans lequel il est tombé depuis le COVID, pour revenir à son rôle de gardien et arbitre du cadre d'une économie de marché.

Il est à noter que seuls un peu plus de 70 Mrd€ avaient été prévus pour les investissements d'avenir, dont une large partie mériteraient davantage l'appellation de dépenses sociales et structurelles visant à amortir le choc économique et social engendré par la crise démographique et les transformations rapides engendrées par la transition énergétique.

C'est ainsi que, sur ces 70 Mrd€, une large majorité est partie vers des postes visant à amortir les conséquences sociales de la transition énergétique ou à sauver des entreprises en difficulté : 12 Mrd€ sont partis en appoint à la caisse des retraites, et 5,5 Mrd€ dans une augmentation de capital de la Deutsche Bahn. Sur les 52 Mrd € restants, la moitié (26 Mrd€) sont partis dans les infrastructures ferroviaires contre seulement 1,8 Mrd pour la digitalisation. Citons ensuite également plus de 6 Mrd€ dépensés pour aider les Länder touchés par la sortie du charbon. Au rang des « investissements d'avenir » apparaissent également 12 Mrd€ d'investissement dans un « capital générationnel » en complément d'une épargne retraite insuffisante. Enfin 14 Mrd€ ont été redistribués en *Bürgergeld* (équivalent du RSA) en compensation de la forte inflation. Par ailleurs, l'impôt sur l'énergie a permis la redistribution de plus de 10 Mrd€ aux plus démunis pour faire face aux augmentations exponentielles de l'électricité et du gaz.

En s'inscrivant délibérément dans le cadre des règles du frein à l'endettement tout en amortissant les conséquences de l'effondrement de secteurs entiers dû à des choix énergétiques politiques, la coalition tricolore avait une marge de manœuvre très étroite pour le financement d'une transition énergétique aux frais colossaux.

Lorsqu'on examine les postes principaux du budget 2024, on comprend que le gouvernement de la coalition tricolore s'est attaché prioritairement à panser les plaies occasionnées par les maux structurels de la société allemande : démographie en perte de vitesse nécessitant un budget prévisionnel retraites de plus en plus élevé, perte de vitesse des régions touchées par la fin du charbon, dislocation du marché du travail avec l'appauvrissement des 7,5 millions de personnes qui occupent des emplois à temps partiel non assujettis aux charges sociales et pour lesquelles il va bien falloir prévoir un minimum vieillesse, investissements dans l'entretien d'un réseau ferroviaire trop longtemps délaissé. Au regard de ces maux hérités du passé, les investissements d'avenir semblent peser peu, et se concentrent sur les meilleurs, laissant au passage des entreprises du *Mitteland* de plus en plus exsangues face à l'explosion des coûts de la transition énergétique et digitale, à celle des frais de bureaucratie énormes liés aux injonctions de l'Europe.

Au cœur du débat sur le frein à l'endettement, se trouve la nécessité d'investir davantage dans les infrastructures, dans la digitalisation, dans l'éducation dont le niveau est devenu alarmant, ainsi que dans la défense militaire, au vu de la montée des dangers sur le sol européen et des injonctions de la nouvelle administration américaine aux membres de l'OTAN d'investir au moins 5 % de leur budget dans l'armement[27].

Installé au chevet des ménages, le gouvernement a cherché en vain à empêcher une dépression durable de l'investissement des entreprises allemandes. Le climat des affaires exprimé par l'indice IFO reste effectivement récessif. Après avoir connu une baisse historique en 2022 (de 101 en juin 2021 à 84,4 en septembre 2022), cet indice a connu une courte amélioration en 2023 (93,4 en avril 2023) avant de chuter à 85,5 en février 2024. De fait, le niveau de PIB actuel est à peine supérieur à celui de l'avant-COVID. Depuis la sortie de crise sanitaire, le taux de chômage n'a cessé d'augmenter avant de se stabiliser à 6 % en décembre 2024[28]. Il est cependant parvenu à amortir la crise sociale dans un pays qui prend régulièrement de plein fouet les soubresauts de la mondialisation et se trouve désormais confronté à une spirale démographique très inquiétante pour l'avenir.

Conclusion

La conjoncture économique allemande, telle qu'elle se dessine, en demi-teinte, au tournant de l'année 2024-25, porte la marque d'immenses défis, géopolitiques, économiques internationaux et nationaux, et enfin sociétaux allemands, déjà présents et prévisibles mais qui commencent seulement à perturber désormais l'économie allemande de manière visible et durable : montée en puissance de bouleversements géopolitiques non anticipés, ni par les acteurs économiques, ni par les acteurs politiques (comme le risque politique et militaire russe pesant sur la pérennité et le renchérissement des approvisionnements énergétiques de l'Allemagne mais aussi l'inévitable augmentation de ses budgets militaires) ; dépenses considérables non anticipées dans leur ampleur d'une transition énergétique qui affecte et, désormais, remet en cause la forte présence d'une industrie manufacturière allemande sur le sol allemand ; et enfin choc démographique affectant le système des retraites mais aussi et surtout creusant des lacunes grandissantes sur le marché de l'emploi, que les pouvoirs politiques et les entreprises espèrent encore combler par le solde migratoire des dernières années, par la robotisation et l'usage de l'intelligence artificielle, ou encore par le renforcement du travail à temps partiel déjà en forte progression, mais qui, à son tour, engendrera une baisse conséquente du pouvoir d'achat des actifs et donc de la croissance.

Les signes inquiétants d'une conjoncture qui pourrait prendre les allures d'une longue stagnation à la japonaise s'accumulent en ce début de l'année 2025 : croissance de négative à faible due à une baisse continue de la consommation privée induite par la baisse des volumes de travail, affaiblissement des volumes d'exportation dû au renforcement des délocalisations, faiblesse du PMI manufacturier et forte réduction des projets d'investissement privé sur le sol allemand, renforcement des inégalités de revenus désormais visibles dans le PIB/habitant, qui, s'il est compensé, provoquera inévitablement une explosion des dépenses sociales[29]. La discussion engagée entre les

27. Le budget militaire allemand a atteint 1,5 % du PIB. L'industrie militaire allemande participe, elle, à l'export, à hauteur de 5,-%.
28. https://www.coface.com/fr/actualites-economie-conseils-d-experts/tableau-de-bord-des-risques-economiques/fiches-risques-pays/allemagne
29. https://www.bundesfinanzministerium.de/Content/DE/Standardartikel/Presse/Namensartikel/2023/2023-08-17-finanzpolitische-zeitwende.html

différentes forces politiques en présence et susceptibles de parvenir au pouvoir à la fin février 2025 porte davantage sur la forme prise par l'intervention de l'État dans la vie économique que sur le fond. Le rôle d'amortisseur joué par l'État social allemand se poursuivra très vraisemblablement, indépendamment de la nature de la nouvelle majorité au pouvoir. Même si le frein à l'endettement était remis en cause, on imagine mal un État allemand réduire les frais de sa politique d'amortissement des chocs économiques et sociaux pour se concentrer prioritairement sur des investissements d'avenir. Et pourtant, les sommes colossales demandées par une transition énergétique réussie l'exigeraient. Les politiques de compromis sociaux se poursuivront, ne laissant d'autres choix aux entreprises dynamiques et porteuses de la transition que de chercher encore davantage à l'internationale les savoir-faire, les compétences techniques et humaines et les soutiens financiers ou le capital risque qui leur manquent déjà cruellement sur le sol allemand.

Brigitte Lestrade

Actualités sociales janvier 2025

Le paysage social en Allemagne se caractérise aujourd'hui par deux tendances qui semblent se contredire : d'une part, **le marché de l'emploi n'a jamais accueilli un aussi grand nombre de participants,** mais d'autre part, **celui des personnes nécessitant des soins**, donc de facto **exclues du marché du travail** n'a jamais été aussi important que maintenant, une contradiction qui n'empêche pas l'Allemagne de présenter un niveau de prospérité que bon nombre de pays lui envieraient. Un signe de plus est le développement d'une structuration du marché de l'emploi qui privilégie **la semaine de travail de quatre jours**, un phénomène qui se répand, car massivement recherché par les salariés si la possibilité leur en est offerte. L'accroissement du temps libre ne semble toutefois pas les conduire à faire la fête plus souvent, car, comme le montrent les statistiques, **la consommation d'alcool est en recul**. Ces bonnes nouvelles ne doivent toutefois pas faire oublier que l'agriculture est actuellement en train de vivre une situation sanitaire très difficile, car **la fièvre aphteuse est de retour**. Elle s'est répandue dans les fermes, obligeant les agriculteurs à des abattages massifs, pour enrayer cette maladie du bétail très contagieuse.

Niveau élevé du nombre d'actifs

En ce début de l'année 2025, les statistiques affichent un nouveau record : en 2024, près de 46,1 millions de personnes en moyenne, 72 000 personnes en plus par rapport à 2023, ont exercé une activité rémunérée en Allemagne. « C'est un nombre d'actifs inédit depuis l'unification en 1990 », ont souligné les responsables de Destatis, l'Office fédéral des statistiques de Nuremberg.

Selon les statisticiens, cette nouvelle hausse est due à deux facteurs, à l'afflux de main-d'œuvre étrangère et à une hausse du taux d'activité de la population allemande. Elle n'est toutefois pas homogène. Les services, qui emploient en Allemagne environ les trois quarts des actifs, ont vu leurs effectifs augmenter (+ 153 000). Les recrutements ont eu lieu dans les services publics, notamment dans les secteurs de l'éducation, de la santé, des banques et des assurances. À l'inverse, d'autres secteurs ont reculé : l'industrie et la construction ont vu leurs effectifs baisser, respectivement de 50 000 et de 28 000 personnes.

Le nombre d'actifs, en hausse quasi-continue depuis 2006, va-t-il continuer d'augmenter en 2025 ? Ce n'est pas certain, d'après les spécialistes. La stagnation de l'économie allemande depuis 2023 commence à peser sur le marché du travail. Une étude de l'IW, l'institut d'études économiques de Cologne, a révélé que 25 branches d'activité prévoient de réduire leurs effectifs, et seulement sept de les augmenter en 2025. L'industrie pharmaceutique, la construction aéronautique et spatial et le secteur de l'investissement figurent parmi ces dernières.

Selon l'Agence fédérale pour l'emploi (Bundesagentur für Arbeit, BA), le chômage est d'ailleurs remonté en Allemagne à 6,0 % en 2024. En décembre, le pays comptait 2,807 millions de demandeurs d'emploi. C'est 33 000 de plus qu'en novembre, et 170 000 de plus qu'en décembre 2023. Sur l'ensemble de l'année 2024, le nombre de chômeurs a augmenté de 178 000, et le sous-emploi de 130 000 personnes. L'Allemagne comptait en moyenne l'année dernière 2,787 millions de demandeurs d'emploi. Selon la BA, il s'agit du nombre de chômeurs le plus élevé depuis 2015. Les entreprises recourent aussi davantage à l'activité partielle qu'en 2023. « Rétrospectivement, le ralentissement économique a laissé davantage des traces plus profondes sur le marché du travail en 2024. Mais dans l'ensemble, fondamentalement, le marché de l'emploi a continué à s'affirmer », nuance la directrice de la BA, Andrea Nahles.

Malgré la faiblesse récente de l'activité économique, et à la surprise des commentateurs, l'emploi en Allemagne est en effet à son plus haut niveau. En moyenne annuelle, environ 46,1 millions de personnes étaient actives en Allemagne en 2024. Cela représentait le plus grand nombre de personnes actives depuis la réunification en 1990. Selon une estimation provisoire de l'Office fédéral de statistique, le nombre de personnes actives en 2024 a augmenté en moyenne annuelle de 72 000 par rapport à l'année précédente. Cela correspond à une augmentation de 0,2 pour cent. Depuis 2006, l'emploi dans le pays a donc connu une croissance continue, à l'exception de l'année 2020, marquée par l'épidémie Corona. Cette augmentation aurait deux sources, d'après les experts. Elle serait due à l'immigration de travailleurs étrangers d'une part et à l'augmentation de l'emploi de la population nationale d'autre part. Selon l'Office fédéral de statistiques, cela dépasserait l'effet modérateur de l'évolution démographique, où la génération du baby-boom se retire davantage de la vie active.

Selon l'Agence fédérale pour l'emploi, le nombre d'emplois a également augmenté : de juin 2023 à juin 2024, il s'est accru de 128 000 pour atteindre 34,84 millions. L'augmentation est toutefois deux fois moins importante que l'année précédente. De plus, elle est exclusivement due à l'augmentation de l'emploi de la main-d'œuvre étrangère. Elle est aussi inégalement répartie : alors que les branches des services continuent de croître, la faiblesse conjoncturelle a entraîné un net recul, en particulier dans le secteur de la production. L'emploi faiblement rémunéré a également augmenté. En juin 2024, il s'est accru de 78 000 par rapport au même mois de l'année précédente pour atteindre 7,68 millions d'emplois. Toutefois, cette hausse est exclusivement due à l'emploi faiblement rémunéré dans le cadre d'un emploi secondaire, un phénomène très répandu en Allemagne.

Augmentation du nombre de personnes nécessitant des soins constants

Si le nombre d'actifs est en augmentation constante, il s'accompagne néanmoins d'une évolution moins réjouissante : le nombre de personnes nécessitant des soins en Allemagne va, lui aussi, augmenter, et même assez fortement : à savoir de 37 % d'ici 2055, uniquement en raison du vieillissement croissant de la population. Selon les résultats des prévisions de soins de l'Office fédéral de la statistique (Destatis), leur nombre passera d'environ 5,0 millions fin 2021 à environ 6,8 millions en 2055. En 2035, ils seront déjà environ 5,6 millions (+14 %). Après 2055, il ne faut plus s'attendre à des changements importants, car les générations nombreuses des années 1950 et 1960, appelées baby-boomers, seront alors remplacées par des générations moins nombreuses d'âge mûr. En 2070, le nombre de personnes dépendantes au sens de la loi sur l'assurance dépendance (SGB XI) devrait s'élever à environ 6,9 millions (+38 %), comme le montre le calcul prévisionnel des soins dans une variante avec des taux de soins constants. Le taux de dépendance se calcule comme la part des personnes nécessitant des soins dans la population selon l'âge et le sexe. Il indique le risque d'avoir besoin de soins à un âge donné.

Dans le cadre du calcul prévisionnel, une autre variante est calculée, qui ne considère pas uniquement le simple effet du vieillissement à taux de soins constant, mais qui prend également en compte les taux de soins changeants. Ce deuxième modèle se base sur le fait que depuis 2017, suite à l'introduction de la notion plus large de dépendance aux soins, on observe une nette augmentation du nombre de personnes nécessitant des soins et des taux de soins dans les différents groupes d'âge. C'est pourquoi, dans ce modèle de calcul supplémentaire, on suppose que la hausse des taux de soins se poursuivra de manière modérée jusqu'en 2027. Il en résulterait une augmentation nettement plus importante du nombre de personnes nécessitant des soins que dans les variantes de statu quo. D'après ce calcul, le nombre de personnes nécessitant des soins s'élèverait déjà à 6,3 millions en 2035 (+27 % par rapport à 2021), à 7,6 millions en 2055 (+53 %) et à 7,7 millions en 2070 (+55 %).

Cette évolution considérable du nombre de personnes nécessitant des soins, notamment ceux de longue durée, fait que ce domaine fait partie des secteurs de services qui ont connu une croissance particulièrement forte ces dernières années. En 2021, 1,25 million de personnes au total étaient employées dans des établissements de soins. Il s'agit notamment de personnel soignant pour personnes âgées, de personnel infirmier (pédiatrique), de personnel de soins supplémentaires, de personnel de soutien domestique, de personnel administratif et de membres d'autres professions sociales. Depuis 1999, année du premier recensement statistique dans ce domaine, le nombre de personnes employées dans les établissements de soins a doublé pour atteindre environ 625 000 salariés. Dans le secteur des soins aux personnes âgées, comme dans l'ensemble du secteur des soins, ce chiffre est toutefois à nuancer, car il comprend une forte proportion de travailleurs à temps partiel, un taux qui, en 2021, s'élevait à environ 65 pour cent, d'après l'Office fédéral des statistiques Destatis.

Semaine de travail de quatre jours

La semaine de quatre jours fait actuellement l'objet de nombreuses discussions en Allemagne. Elle est testée dans certaines entreprises, mais il n'existe pas encore d'introduction généralisée ou de réglementation légale spécifique à ce sujet. Néanmoins, selon une enquête Randstad-ifo de 2024, environ 11 % des entreprises en offrent déjà la possibilité.

Un certain nombre de projets pilotes et d'études suggèrent que le fait de ne travailler que quatre jours par semaine semble rendre les collaborateurs plus heureux, est plus sain et tout aussi productif : c'est ce que suggèrent des études et des projets pilotes. La semaine de quatre jours est-elle un modèle pour tous les secteurs, pour l'ensemble de l'économie ?

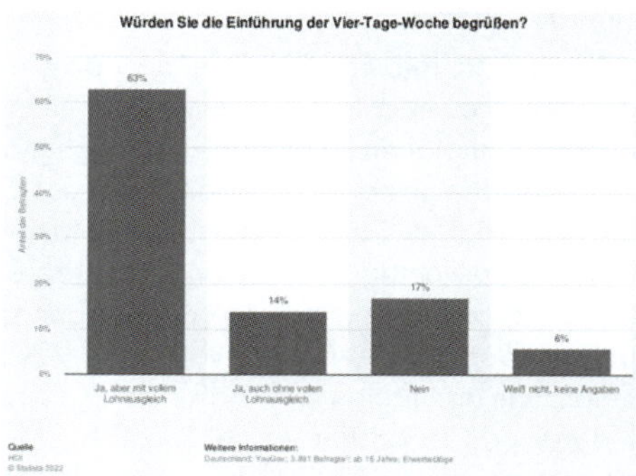

Ce modèle d'organisation du temps de travail présente deux variantes. Dans la première, le travailleur effectue son volume de travail en quatre jours seulement. Pour une semaine de 40 heures, une journée de travail peut ainsi passer de huit à dix heures. Dans la deuxième variante, le travailleur travaille un jour de moins, les jours de travail restent de la même durée, sauf que le vendredi ouvré, par exemple, est supprimé. Il existe des modèles dans lesquels il reçoit le même salaire qu'auparavant malgré la réduction du temps de travail. Mais il est plus courant qu'il renonce à une partie de son salaire pour avoir un jour de congé.

Travailler quatre jours et avoir trois jours de congé : cela semble tentant pour beaucoup. Une enquête réalisée pour l'assurance HDI en 2022 a révélé que plus des trois quarts de tous les actifs en Allemagne seraient favorables à une semaine de quatre jours. Les jeunes actifs sont plus intéressés par une semaine de quatre jours que les plus âgés. Ils sont également plus disposés à renoncer à une partie de leur salaire. Une étude publiée en 2023 par la fondation Hans Böckler, proche des syndicats, aboutit à des taux d'approbation similaires.

Les résultats d'une étude de l'université de Münster semblent également prometteurs. Plus de quarante entreprises et organisations allemandes avaient introduit la semaine de quatre jours à titre d'essai pendant six mois – et constaté : Les employés sont plus satisfaits et rapportent que leur santé mentale et physique s'est améliorée. La productivité a également légèrement augmenté. Plus de 70 pour cent des entreprises et organisations qui ont participé à l'étude souhaitent poursuivre la semaine de quatre jours. La semaine de quatre jours pourrait-elle donc bientôt devenir la norme ?

Il s'agit en l'occurrence de la plus vaste expérimentation menée en Allemagne sur la semaine de quatre jours. Depuis février, 45 entreprises et quelque 900 salariés de différents secteurs d'activité ont testé la semaine de quatre jours sous l'œil attentif de chercheurs de l'Université de Münster, en coopération avec la société de conseil *Intraprenör*. Six mois plus tard, les résultats viennent d'être présentés. Ils sont plutôt positifs tant pour les salariés que pour les entreprises : « L'introduction de la semaine de quatre jours a pour effet d'améliorer significativement la satisfaction (des salariés), principalement en raison de l'augmentation du temps libre », rapporte la directrice de l'étude Julia Brackmann, titulaire de la chaire Transformation du monde du travail à l'Université de Münster (Rhénanie-du-Nord–Westphalie). Ainsi, 64 % des salariés désiraient passer plus de temps avec leur famille avant la mise en place de la semaine de quatre jours. Ils n'étaient plus que 50 % pendant l'expérimentation.

Les motivations des entreprises participantes étaient d'accroître leur activité pour attirer une main-d'œuvre plus rare, d'améliorer la santé de leurs salariés ou bien encore de tester une stratégie d'avenir possible. Les salariés ont vu leur niveau de stress évalué à l'aide de montres connectées, qui ont enregistré leurs données physiologiques. Des prélèvements de cheveux ont aussi été réalisés pour quantifier le taux de cortisol, l'« hormone du stress ». Le résultat a été visible : moins de stress, moins de burnouts et un niveau d'activité accru, mesuré grâce au nombre de pas quotidien et à la quantité de mouvements. Les salariés passés à la semaine de quatre jours ont aussi dormi davantage, précisément 38 minutes de plus par semaine que le groupe témoin. Enfin, ils ont été un peu moins souvent en arrêt maladie. Mais sans qu'on constate une différence statistiquement significative par rapport à 2023.

Recul de la consommation d'alcool

D'après les statistiques de l'Organisation mondiale de la santé (OMS), la consommation moyenne d'alcool en Allemagne est en baisse depuis 40 ans. Au milieu des années 70, l'Allemand moyen buvait encore 15 litres d'alcool pur par an. Aujourd'hui, c'est moins de dix litres. Même la réunification avec la RDA qui, à l'époque, a provoqué une fête monstre dans toute l'Allemagne, n'a pas réussi à freiner le dégrisement progressif de l'Allemagne. Parmi les 18-25 ans, la consommation régulière de boissons alcoolisées est en baisse : au milieu des années 70, il était courant pour cette tranche d'âge de boire des boissons alcoolisées au moins une fois par semaine, 70 pour cent le faisaient. Depuis, cette proportion a diminué de moitié d'après l'Agence fédérale pour l'éducation à la santé. D'après Alfred Uhl, qui travaille à l'Institut Anton Proksch de Vienne, l'une des plus grandes cliniques de toxicomanie d'Europe, la baisse moyenne de la consommation d'alcool s'expliquerait avant tout par le fait que les salariés ne boivent presque plus pendant les heures de travail. Mais l'alcoolisme festif a également diminué. L'alcool est la substance enivrante la plus appréciée en Allemagne, mais sa consommation a baissé, peut-être aussi parce que l'ivresse est moins tolérée aujourd'hui qu'autrefois.

Les experts, eux aussi, ne peuvent que spéculer sur les raisons de ce phénomène. « La conscience croissante de la santé et de la forme physique joue certainement un rôle », explique Bernd Werse, chercheur au Centre for Drug Research de l'université de Francfort. Malgré les articles de presse sur l'importance du *binge drinking*, lui et Alfred Uhl doutent de l'existence d'une sorte de sous-culture de ce phénomène chez les étudiants.

Si les statistiques de l'OMS et du Centre fédéral d'information sur la santé sont précises et si les estimations des chercheurs en matière de toxicomanie sont correctes, on peut alors se demander pourquoi cette évolution ne se répercute pas dans la perception du public. Il y règne une peur de l'alcool qui ne correspond pas à la réalité. Au contraire : il y a sans cesse de nouvelles interdictions d'alcool : à Munich, Hambourg et Berlin, les transports en commun ont été asséchés, en Basse-Saxe, c'est le cas du train régional Metronom. À Fribourg, l'interdiction de consommer de l'alcool dans le centre-ville a été abolie par le tribunal administratif, à Göttingen, elle est maintenue. Le gouvernement bavarois a accordé aux communes le droit d'imposer des interdictions similaires. Dans le Bade-Wurtemberg, le ministre-président Winfried Kretschmann a l'intention de faire de même. Tous ceux qui ont commencé leur soirée d'été avec une bouteille de vin sur le campus ou qui ont bu une bière dans le tramway sont ainsi soupçonnés de ne pas se contrôler. Ceux qu'on soupçonne d'être alcooliques sont désormais chassés de l'espace public.

Toutefois, cette attitude ne correspond pas à la réalité : d'après les chiffres de l'OMS, le pourcentage d'abstinents complets en Allemagne est certes le plus faible d'Europe. Presque personne en Allemagne ne boit pas du tout, mais la plupart ne boivent pas non plus beaucoup trop. Le comportement, tant des Allemands que des Français, ni excès, ni abstinence, ne suscite pas d'inquiétude actuellement.

Retour de la fièvre aphteuse

Après des décennies pendant lesquelles cette maladie paraissait être éradiquée, la fièvre aphteuse est de retour en Allemagne. On ne connaît pas encore l'ampleur exacte du phénomène, mais l'inquiétude est grande dans le secteur agricole. La fièvre aphteuse est une maladie virale très contagieuse qui touche les animaux à onglons, à savoir les bovins, les ovins, les caprins et les porcins. De nombreux animaux de zoo et animaux sauvages peuvent également contracter la fièvre aphteuse. Cette nouvelle est une mauvaise surprise pour les agriculteurs, car l'Allemagne, comme les autres pays de l'UE, étaient considérés depuis longtemps comme exempts de fièvre aphteuse.

Toutefois, le risque d'introduction de la maladie à partir de pays où elle est régulièrement présente est réel. Des cas de fièvre aphteuse continuent d'apparaître régulièrement en Turquie, au Moyen-Orient, en Afrique, dans de nombreux pays d'Asie ainsi que dans certaines régions d'Amérique du Sud. Pour cette raison, les produits animaux importés illégalement de ces pays représentent une menace permanente pour l'agriculture européenne. En outre, les aliments pour animaux et les matériaux de litière provenant de pays où des foyers de fièvre aphteuse sont apparus peuvent également être à la base d'une introduction de cette maladie.

La fièvre aphteuse est considérée comme l'une des épizooties les plus importantes sur le plan économique au niveau mondial en raison de ses effets potentiellement catastrophiques. En raison de l'augmentation du commerce mondial et des voyages, il existe un risque permanent de réintroduction et de propagation explosive de la fièvre aphteuse en Europe, d'après les spécialistes. Il y a plus de vingt ans, en 2001, une épizootie dévastatrice avait eu lieu en Grande-Bretagne, suivie de foyers dans d'autres pays européens, qui a obligé les agriculteurs à tuer des millions d'animaux.

Les experts s'interrogent encore sur la manière dont le virus a pu arriver dans le troupeau du Brandebourg. L'analyse des échantillons pourra éventuellement fournir une réponse. Ils estiment, sur la base des caractéristiques des plaies des buffles d'eau, que l'infection et donc l'introduction dans le troupeau remontent à un certain temps, comme l'a indiqué une porte-parole du district de Märkisch-Oderland.

Un panneau sur une ferme à Mehrow dans le Brandebourg met en garde contre la fièvre aphteuse (13.01.2025).

Selon le FLI, on sait toutefois déjà quelle est la variante de l'agent pathogène. Des virus proches sont présents au Proche-Orient et en Asie. Ralph Bötticher, vétérinaire officiel du district de Märkisch-Oderland, a déclaré que l'agriculteur concerné n'avait pas acheté de fourrage à l'extérieur, mais avait récolté lui-même le foin. L'introduction du virus de la fièvre aphteuse est possible par le biais des vacanciers et des aliments qu'ils apportent avec eux, si les restes de nourriture sont simplement jetés dans la forêt ou dans les prés.

Il est maintenant décisif d'examiner tous les animaux à onglons dans les environs de l'élevage concerné afin de connaître la propagation effective, d'après les experts. Il en dépendra si et comment un vaccin, qui peut être produit en quelques jours, sera utilisé. En attendant, les agriculteurs restent inquiets.

Brèves

Immigration de Syriens

La guerre en Syrie qui dure depuis des années et les mouvements de migration qu'elle induit ont eu un impact significatif sur la population allemande. À la fin de l'année 2023, environ 712 000 Syriens étaient consignés dans le registre central des étrangers, d'après des informations de l'Office fédéral de statistique. Ils représentaient ainsi 22 % des 3,17 millions de personnes en quête de protection en Allemagne, un pourcentage important derrière celui des Ukrainiens (31 %). Une partie importante des Syriens en quête de protection vivent depuis longtemps en Allemagne : 52 % d'entre eux sont arrivés après la guerre en Syrie entre 2014 et 2016. 12 % des demandeurs d'asile syriens sont nés en Allemagne.

Recul du nombre d'accidents de la route

En novembre 2024, la police a enregistré un total de 217 200 accidents sur les routes allemandes, soit 5 % de moins que durant le même mois de l'année précédente (-11 900). Pour la même date, on constate une baisse de 4 % ou de 1 200 du nombre de blessés par rapport à novembre 2013. Le nombre de morts sur les routes a également baissé par rapport à la même époque en 2023. En novembre 2024, la police a enregistré un total de 217 200 accidents de la route, soit 5 % de moins que pendant le même mois de l'année précédente (-11 900).

Promotion du travail des jeunes

En 2023, l'État fédéral, les Länder et les communes ont dépensé plus de 2,3 milliards d'euros pour l'animation socio-éducative afin de soutenir le travail des jeunes en Allemagne. Selon l'Office fédéral de statistique (Destatis), près de 139 000 offres ont ainsi été soutenues, propositions auxquelles 7,3 millions d'enfants, d'adolescents et de jeunes ont participé. Le nombre de participants s'est accru de 2,9 millions en 2023 après avoir baissé à 4,4 millions, un niveau bas jamais atteint auparavant. Néanmoins, le nombre de participants était encore nettement inférieur au niveau d'avant la pandémie. En 2019, 8,6 millions de jeunes avaient participé aux activités d'animation socio-éducative financées par les pouvoirs publics.

Accroissement du nombre d'étudiants allemands à l'étranger

Depuis 2022, le nombre d'étudiants allemands à l'étranger a augmenté de près de 1 %. Au total, 138 800 étudiants allemands se trouvent actuellement dans des établissements d'enseignement supérieur à l'étranger. La plus forte augmentation du nombre d'étudiants allemands à l'étranger a eu lieu à Malte (405 %), en Finlande (83 %), en Malaisie (58 %), en Afrique du Sud (54 %) et en Croatie (51 %). Après une diminution du nombre d'étudiants allemands à l'étranger en 2020, on constate à nouveau une tendance à la hausse depuis 2021. Le nombre d'étudiants allemands à l'étranger a augmenté de 4,5 % depuis, et il atteint désormais un niveau légèrement supérieur à celui de la période pré-Corona.

Activités pour les jeunes

En 2023, l'État fédéral, les Länder et les communes ont ensemble dépensé plus de 2,3 milliards d'euros pour l'animation socio-éducative à destination des jeunes. Selon l'Office fédéral de statistique (Destatis), près de 139 000 propositions ont été subventionnées auxquelles 7,3 millions d'enfants, d'adolescents et de jeunes adultes ont participé. En 2023, le nombre de participants s'est accru de 2,9 millions ou de 65 % après avoir chuté au point bas record de 4,4 millions en raison de la pandémie. Néanmoins, le nombre de participants en 2023 était encore nettement inférieur à celui d'avant la pandémie : en 2019, 8,6 millions de jeunes avaient participé à des offres d'activité soutenues par des fonds publics, 1,3 millions de plus qu'en 2023.

brigitte.lestrade@free.fr

Aa

Compte rendu

Andres Veiel
Leni Riefenstahl, la lumière et les ombres
2024

En 2018 l'unique héritier de Leni Riefenstahl a légué toutes les archives personnelles de la cinéaste à la Fondation du patrimoine culturel prussien, (Stiftung Preussischer Kulturbesitz) à Berlin.

Ce legs, ce sont 700 caisses dont on pourrait dresser un inventaire à la Prévert. On y trouve pêle-mêle (Leni Riefenstahl n'avait pas le goût pour l'ordre qu'exigent les archives) : une tenue de plongée sous-marine (elle découvrit la plongée à l'âge de 72 ans), des photos et films personnels, une table de montage, des enregistrements téléphoniques, des lettres, des articles de presse (entiers ou en partie déchirés), des interviews et entretiens filmés, des journaux intimes, des extraits de scénarios, des cassettes audio, des carnets de téléphone, dont des noms furent rayés.

Le réalisateur Andres Veiel et Sandra Maischberger, journaliste et productrice du film de Veiel ont eu accès les premiers à ce legs. Maischberger, 57 ans, a rencontré la cinéaste en 2002 pour une émission télévisée qui lui est consacrée. Elle a compris alors que faire parler Riefenstahl, c'est s'exposer à endurer un perpétuel discours d'autojustification, c'est être confronté à l'incapacité de percer la carapace. Elle espère bien, en produisant le documentaire de Veiel, percer le « mystère centenaire » de celle qui n'admettait qu'une seule représentation de sa biographie : la sienne, Helene Riefenstahl, dite Leni Riefenstahl, est née en 1902 et morte en 2003.

https://fr.web.img5.acsta.net/c_310_420/img/9c/c3/9cc36bcaa662bf1d24a5a7e1abc0c72d.jpg

À l'aide de ce matériel, le réalisateur Andres Veiel, né à Stuttgart en 1959 dans une famille qui refoula le passé nazi, veut approcher la psyché de la réalisatrice et photographe, entreprendre une nouvelle réflexion sur la vie de l'une des femmes les plus controversées du 20e siècle. Jusqu'à ses 101 ans, Riefenstahl n'a cessé de susciter admiration mais aussi rejet et interrogations. En France, avant 1939, les Parisiens perçoivent la cinéaste comme la face présentable d'un régime dont ils refusent de voir le vrai visage. Elle est « la douce amie du Führer, la dictatrice du cinéma allemand[1] ».

On admire la femme libre et émancipée qu'elle fut, surtout la réalisatrice prolixe et talentueuse. On rejette l'auteure de cinq films qu'elle réalisa à la gloire des nazis : le triptyque de Nuremberg, autour du *Triumph des Willens* (*Triomphe de la volonté*, 1935), film du Congrès du NSDAP en 1934 et le double film, *Olympia* (*Les Dieux du Stade*, 1938), sur les Jeux Olympiques de 1936. *Le Triomphe de la volonté* est une ode à Hitler, *Les Dieux du Stade*, une ode au corps. Dans les années 1970, elle a magnifié par ses photos les Noubas du Sud-Soudan : ouvre-t-elle alors les yeux de la planète sur cette part d'humanité, ou bien n'est-elle qu'une « Levi-Strauss du pauvre » (le choc des photos sans le poids des mots), ou bien encore, les Noubas de Riefenstahl seraient-ils, pour reprendre Susan Sontag, « des SS de rechange : grands, forts, musclés » ?

Riefenstahl interpelle, en raison de son déni qui dura depuis la fin de la guerre (1945) jusqu'à la fin de sa vie (2003).

« Où est ma faute ? »

Comment fonctionne le déni ? On voudrait, avant d'aborder le film de Veiel, interroger la notion de déni pour éclairer celle qui, pendant cinq décennies, se présentera comme une *Mitläuferin*, une « suiveuse », une « sympathisante », « non-concernée » : deux fois arrêtée par les forces d'occupation américaines et françaises au printemps 1945, internée en clinique psychiatrique, elle subit quatre procès de dénazification entre 1948 et 1952. Elle n'aura de cesse de se déclarer innocente, de se proclamer « artiste apolitique », quand tout contredit ses dires : ses rapports avec Hitler et le NSDAP et son esthétique par essence fasciste.

Le mécanisme du déni consiste à faire disparaître de sa mémoire ou de son champ de conscience un fait désagréable. Il s'agit de faire comme si un fait, une parole, un affect n'avaient jamais existé. L'annulation est l'un des mécanismes de défense auxquels a recours le sujet. À une réalité intolérable, angoissante qu'il refuse, il substitue une néoréalité autoproduite, plus conforme à ce qu'il peut supporter. Le sujet veut croire en une réalité qui arrange son psychisme, qui soit une nécessité psychique vitale pour lui. Pour ce qui concerne Leni Riefenstahl, nier sa participation à la propagande nazie est en premier motivé par la volonté de se blanchir, de sauver sa peau. Persister cinq décennies durant dans le mensonge et le déni atteste l'idée d'une version des faits « psychiquement satisfaisante ». « Où est ma faute », s'est écriée maintes fois la cinéaste, arguant qu'elle n'a fait que des films sans jamais n'avoir été membre du NSDAP. Ce discours, analyse la photographe Susan Sontag dans « Fascinant fascisme[2] » en 1974, est un discours fondé sur la banale dissociation esthétique/idéologie permettant de sauver l'artiste des errements de l'égérie nazie. On n'a cessé, elle n'a cessé d'édifier sa statue d'« artiste » et de susciter les mêmes commentaires circulaires. L'historien du cinéma François Albera[3] nous alerte sur un « retour du même », qui alimente l'iconisation de la cinéaste allemande et la mythologie de l'esthétique riefenstahlienne. Pour les cent ans de Riefenstahl, en 2003, les journaux allemands et français y sont allés de la nouvelle reconduction du topos, occultant les recherches historiques[4] menées

1. Lionel Richard, « L'indécente réhabilitation de Leni Riefenstahl », Le Monde diplomatique, oct 2002.

2. Susan Sontag, « Fascinant Fascisme », 1975, *in Sous le signe de Saturne*, Paris, Seuil, 1985.

3. François Albera, « Les 100 ans de Leni Riefenstahl : retour du même », *1895*, n° 40, 2003, p. 104-106.
Glenn B. Infield, *Leni Riefenstahl et le IIIe Reich, Cinéma et idéologie, 1930-1946*, Seuil, Fiction et Cie, 1978. Cet ouvrage n'est quasiment jamais cité. Il fait partie des ouvrages qui cassent la vraisemblance de son apolitisme.

4. Erwin Leiser, « La Vérité sur Leni Riefenstahl et Le Triomphe de la Volonté », Cinéma 69.

depuis : on cherche encore et toujours à construire la « génialité » de l'œuvre au lieu de la replacer dans le contexte socio-culturel de l'époque. Lionel Richard[5] mettra en garde contre « l'indécente réhabilitation ». La connaissance du contexte – tant artistique que sportif – permet de rompre avec le mythe Riefenstahl. Est-ce que Andres Veiel en 2024 aura entendu cette mise en garde de F. Albera, se souciant de restituer à partir des archives léguées le contexte pour éclairer l'œuvre ? Ou bien son film rejoint-il la masse de films et d'interviews réalisés depuis sept décennies pour *in fine* un « retour du même »

Andres Veiel et le legs des 700 caisses

Veiel est précisément un réalisateur qui, entre autres, revisite les mythes : celui de la RAF dans son documentaire *Black Box BRD. Der Kampf ist vorbei, aber die Wunder sind offen* (2001) et celui de Joseph Beuys dans *Beuys* (2017). *Black Box BRD* réunit deux hommes qui ne se sont jamais rencontrés, dont il confronte, en montage parallèle, deux biographies : celle du terroriste Wolfgang Grams, membre de la RAF et le destin du patron de la Deutsche Bank, Alfred Herrhausen, tué par la RAF. Pour Beuys, qui fut un artiste ultra médiatisé, Veiel exploite des archives pléthoriques et livre un film d'archives admirablement montées, mais qu'il ne commente pas, laissant le spectateur seul, sans réponses aux idées reçues.

On imagine la perplexité du réalisateur devant l'ampleur du corpus nouveau et de la nouvelle tâche. On sait qu'il a abordé ce legs Riefenstahl avec une grande minutie, lui consacrant deux années de travail auxquelles s'ajouteront dix-huit mois de tournage. Le problème qui dès lors se pose concerne les questions que l'on adresse à cette masse de documents, d'images qu'il convient d'utiliser avec un but précis. Il aurait fallu déterminer en amont ce but. Ce que Veiel a appris *in situ* : il raconte qu'il a commencé par extraire un document, puis un second, puis un troisième, les trois formant un récit que vient contredire un quatrième document, lequel remet tout en question. Dans le contexte d'une Europe contemporaine de mouvements populistes, lui et la journaliste Maischberger choisissent de demander comme Bert Brecht si « le ventre est encore fécond d'où a surgi la bête immonde[6] », d'interroger l'actualité de l'esthétique de la cinéaste et l'actualité des idéaux qui la sous-tendent : cette question ne quitte dès lors pas l'équipe du film, ni la conduite de celui-ci.

On relira les pages que le philosophe et documentariste François Niney consacre à l'utilisation des images d'archives et sa recommandation, notamment de « remettre au travail les images d'archives à la lumière des réflexions qu'ouvre l'écart de vision entre alors et maintenant », d'avoir en tête cette « coupe dans le passé, ce raccord dans le présent ». Niney adresse aux films d'archives des questions que nous-mêmes adressons au documentaire de Veiel : « Qu'y voyait-on et qu'y voyons-nous ? Qu'y voyons-nous qu'on ne voyait pas ?[7] » Niney cite le documentariste allemand Hartmut Bitomski ayant travaillé avec des images propagandistes nazies – *Reichsautobahn* (*Autoroutes du Reich*, 1985), *Der Volkswagenkomplex*, (*The VW Complex*, 1989) – précisant sa méthode : « Quand on utilise ces images, il faut le faire dans un but précis. J'essaie d'extraire ces images de leur représentation idéologique historique, de rendre explicite mon scepticisme par rapport à ces images. Que fait-on quand on travaille à une compilation d'archives ? On fait violence à ces films. Et quand on travaille avec des matériaux de l'époque nazie, on a l'impression qu'il est permis de le faire[8] ». Andres Veiel aborde-t-il ces archives avec le même scepticisme explicite dont a fait preuve H. Bitomski ? Que cherche-t-il dans ces archives ? Qu'y trouve-t-il ? Que n'y trouve-t-il pas ?

5. Lionel Richard, « L'indécente réhabilitation de Leni Rifenstahl », *Le Monde Diplomatique*, octobre 2002, oct 2002.

6. « Der Schoss ist fruchtbar noch, aus dem das kroch », in *Der aufhaltsame Aufstieg des Arturo Ui*, « La résistible ascension d'Arturo Ui » (1941).

7. Francois NINEY, *Le Documentaire et ses faux-semblants*, Paris, Klincksieck, 2009, p. 146-147.

8. F. Niney, *op. cit.*, p. 146.

La bande-annonce et le film

Dans une bande-annonce sont normalement sélectionnées les séquences les plus mémorables destinées à présenter sous un angle attractif le film à paraître.

La bande-annonce de *Riefenstahl* est bruyante et comporte cette séquence itérative où l'on voit la cinéaste très âgée bondir de son sofa et hurler que « Non, elle n'était pas nazie ». Les premières images du film qui résonnent de « Heil Hitler » mettent le nazisme et le rapport de la cinéaste à celui-ci au cœur de la problématique du film. D'emblée, elle est accusée, acculée et le film poursuit ce procès à charges contre L.Riefenstahl. Les journalistes intervieweurs des années 1970, 1980, 1990, 2 000 se font inquisiteurs : « Quelles ont été vos erreurs ? ». Elle se défend : Non, je n'ai pas fait de « *Rattenfängerfilme* », reprenant la fable du joueur de flûte de Hameln. Elle a cette phrase édifiante qui renvoie les Allemands à leur propre déni après la guerre quand on leur demandait s'ils avaient connaissance des camps de concentration. La réponse fut massivement et demeura longtemps : « wir haben es nicht gewusst ».

Cette posture accusatrice pose problème. Elle est en tous cas inefficace pour ce qui concerne la cinéaste qui joue la carte du bon sens : « 90 pour cent des Allemands étaient pour Hitler, pourquoi pas moi ? Il aurait fallu que moi je sois résistante ? » Elle est redoutable dans son refus de faire figure de délinquant mineur qui « prend » pour les grands féodaux criminels, d'être le scandale qui occulte la « normalité » d'alors. Riefenstahl est fascinée par Hitler, par l'homme, son magnétisme et non par l'idéologue. Elle est apolitique, dit-elle. La vraisemblance de son apolitisme est contredite par les images que le réalisateur accole à ses propos. L'enquête-portrait du réalisateur montre des images de 1940 de la cinéaste extrayant des figurants, des roms et des tziganes des camps de Maxglan près de Salzburg et de Marzahn pour le tournage de son film *Tiefland* (tourné en 1940), leur promettant de les libérer des camps. Ce qui ne fut pas le cas. Tous moururent dans les camps. La réalisatrice gagne un procès en diffamation en 1980 : elle ne savait pas que les jeunes roms seraient exterminés après le tournage. Le procès avait établi qu'elle avait visité des camps pour recruter des figurants. La vérité avait été révélée par la documentariste Nina Gladitz dans son documentaire 1982, *Zeit des Schweigens und der Dunkelheit*, contre laquelle Riefenstahl porta plainte. La diffusion du film fut étonnamment gelée jusqu'en 2022. Veiel ne cite à aucun moment le nom de N.Gladitz.

Trente ans plus tard, elle filme et photographie les Noubas du Soudan, ces « SS de rechange ». Riefenstahl prend soin de préciser qu'elle effectue ce travail photographique avec un zoom, par respect pour eux. Le plan suivant la montre en train d'organiser le groupe pour la photo, une cravache à la main. En 1976, elle évoque sa nostalgie d'une époque où l'Allemagne était fière d'elle-même. Et l'on assiste à cette même levée des inhibitions qui caractérise notre époque présente : elle déclenche une avalanche de lettres de spectateurs décomplexés, désinhibés, déculpabilisés. Cette confrontation du passé avec le présent est fructueuse, d'autant que Andres Veiel fait l'économie d'une voix off pour son film : il choisit de mettre en regard les documents avec les propres films de la réalisatrice, le montage souligne à lui seul les contradictions de la réalisatrice. Du montage vient toujours le sens des films, disait Godard dans son texte fameux « Montage, mon beau souci ». Le film de Veiel montre justement la cinéaste à sa table de montage en train de monter ses films et le plaisir intense qu'elle ressent alors. « Mettre en scène est un regard, monter, un battement de cœur » (Godard) La cinéaste n'est pas une intellectuelle qui a un discours sur son travail. Une technicienne plutôt. Les corps virils qu'elle filme, placés les uns à côté des autres, viennent figurer le corps de la nation allemande, exalter la force et l'énergie esthétiser la violence nazie. Les *Dieux du stade* sont la captation monumentale des Jeux de Berlin. Le film *Das Blaue Licht* (*La Lumière bleue*, 1932) est fondateur aux yeux de Riefenstahl : c'est en effet sur la base de ce film que Hitler la chargera de faire les films de propagande. Riefenstahl y incarne la femme du film qui entretient un rapport primitif, quasi mystique avec la montagne, tourné dans les Dolomites. On y voit la cinéaste escalader la montagne, pieds et mains nus, à une altitude vertigineuse. Elle y découvre sa propre résistance incomparable mais aussi l'immensité et la verticalité des paysages que l'on retrouve dans la monumentalité créée par les contre-plongées qui parsèment ses films suivants. Les moyens sans limite aucune alloués par les nazis à la cinéaste lui permettent de donner libre cours à son ambition dont le film nous dit qu'elle l'a héritée de sa mère, et à son immense imagination technique. L'utilisation de plans modernes comme la contre-plongée mais aussi la plongée, l'utilisation de caméras sous-marines, d'ascenseurs pour élever les caméras, de la technique du travelling éblouissent Hitler qui voit dans cette modernité un moyen de contrôler les masses. Riefenstahl est sans scrupules : elle s'inspire du cinéaste avant-gardiste Willy Zielke (1902-1989) dont elle s'attribue le travail, tout comme elle s'attribue la paternité exclusive du scénario de *Das Blaue Licht* coécrit avec Béla Balazs, dont elle rayera tout simplement le nom.

On demandait au début de ces lignes ce que « nous voyons que l'on ne voyait pas. Cette enquête est un travail d'envergure qui fournit tout un matériel iconographique qui restitue bien le climat des décennies qui se succèdent en Allemagne. À l'aide d'émissions télévisées (*Je später der Abend* des années 1970), nous sont donnés à partager des débats télévisés ou autres émissions qui montrent le redoutable Albert Speer goûter avec délices aux plaisirs de la neige après douze années passées en prison, qui, à l'échelle d'une vie et surtout au vu des crimes commis, ne sont rien.

Le film insiste par ailleurs sur les violences morales, physiques, sexuelles que dut supporter Riefenstahl : celles exercées par son père et son refus d'avoir une fille au lieu d'un garçon. Il voudra la noyer, il la battra régulièrement à l'aide d'un cintre. Violée à l'adolescence par un professeur de tennis, elle fut harcelée sexuellement par Goebbels en personne. Les féministes des années 1970 et 1980 avaient déjà dressé le portrait d'une femme libérée, s'assumant et par ailleurs victime de sévices de tous ordres. Il y a là le risque de victimiser la cinéaste, ce dont celle-ci ne se priva pas.

Le film de A. Veiel pose problème justement en raison de son positionnement un peu flottant. Il adopte, comme évoqué plus haut, la posture de l'accusateur-inquisiteur dans son procès à charge contre la cinéaste, la fait par ailleurs apparaître humaine quand il évoque la personne. On est en droit de s'interroger : fait-il un film sur Riefensthal comme phénomène culturel et politique ? Fait-il un film sur la personne ? Le film, foisonnant, est de surcroît déroutant et problématique quand s'y mèlent des images d'archives et beaucoup d'images de propagande, plus que nécessaire. Ce qui, une fois de plus, est problématique, quand le réalisateur choisit de renoncer à une voix off et à une posture, si ce n'est pédagogique, qui éclaire le spectateur sur l'essence fasciste des images de la cinéaste d'Hitler, les déconstruise.

– Martine FLOCH –

Index des auteurs publiés et des auteurs traités dans *Allemagne d'aujourd'hui* en 2024

AUTEURS PUBLIÉS

Les premiers chiffres renvoient au numéro de la revue, les suivants aux pages. Les articles de fond apparaissent en caractères gras ; les chroniques et les éditoriaux en caractères italiques.

AUTEURS TRAITÉS

abonnement
DIFFUSION

Chers abonnés et chers lecteurs,

ce premier numéro de l'année 2025 doit être pour vous l'occasion de vérifier si vous êtes à jour de votre abonnement 2024 et de le renouveler au plus tard maintenant pour 2025. Les tarifs restent inchangés. Pour vous réabonner vous pouvez utiliser le bulletin intégré dans ce numéro ou vous rendre sur le site de notre diffuseur, les Presses universitaires du Septentrion : www.septentrion.com/fr/revues/allemagneaujourdhui/.

Ce numéro ne comprend pas d'éditorial alors qu'il aurait pu paraître logique d'en consacrer un aux élections anticipées du 23 février 2025 auxquelles nous vous avons préparés avec notre dossier publié dans le No 250, daté octobre-décembre 2024, consacré à ***la fin de la coalition tricolore et aux évolutions du paysage politique en Allemagne***. Nous nous contenterons d'indiquer ci-dessous, en pourcentage des deuxièmes voix exprimées, les résultats du scrutin et de rappeler que notre deuxième numéro de l'année, le No 252 (avril-juin) à paraître fin juin, sera consacré à une analyse de ces résultats. Son sommaire prévisible est indiqué en page IV de la couverture de ce numéro.

Source : Bundeswahlleiter.

Les numéros publiés depuis la refondation de la revue en 1966 jusqu'aux numéros de 2012 seront accessibles en ligne dans les prochains mois sur le site de Persée : http://www.persee.fr/. Pour mémoire, les numéros publiés depuis 2012 sont accessibles sur le site de CAIRN : www.cairn.info/revue-allemagne-d-aujourd-hui.htm. La revue est par ailleurs disponible sur le site de notre diffuseur et dans les meilleures librairies desservies par la SODIS.

Nous vous remercions pour votre soutien, comptons sur votre fidélité et espérons que vous avez bien commencé l'année.

– Jérôme Vaillant –

Abonnement 2025

Presses Universitaires du Septentrion Diffusion
Rue du Barreau - BP 30199
F 59654 Villeneuve d'Ascq Cedex
Tél. : + 33 (0)3 20 41 66 80 / Fax : + 33 (0)3 20 41 66 90
Site internet : http://www.septentrion.com/fr/revues/allemagneaujourdhui/
Email : contact@septentrion.com

Tarifs 2025

Ordinaire 55 € (+ PDF, 65 €) - Étudiant 45 € (+ PDF, 55 €)
Soutien 80 € (+ PDF, 90 €) - Étranger 65 € (+ FDF, 75 €)
Prix du numéro ordinaire : 18 € (franco de port)

Règlement par chèque barré à l'ordre des PU du Septentrion
Virement à son compte bancaire : contacter Christophe Meurisse
Carte bancaire Visa : indication du n° de carte et de sa date d'expiration.

Les abonnements partent du 1er janvier. Sans avis contraire de l'abonné parvenant à Presses Universitaires du Septentrion Diffusion avant le 15 janvier, l'abonnement est automatiquement reconduit.

La revue Allemagne d'Aujourd'hui est éditée par l'**ACAA**, Association pour la Connaissance de l'Allemagne d'Aujourd'hui.

Le service de la revue est compris dans la cotisation annuelle. Mais il est possible de s'abonner à la revue sans appartenir à l'ACAA.

Des conditions exceptionnelles sont par ailleurs réservées aux membres de l'association pour toutes les manifestations que celle-ci organise.

15, avenue Foch - 59800 Lille
Présidente : Hélène MIARD-DELACROIX
Présidents d'honneur : Jean-Claude FRANÇOIS - Pierre ANGEL (1913-2007) - Jean FOURQUET (1899-2001) - Jacques GRANGE (1923-1999)
Pour adhérer :

Tarifs ACAA 2025

Droit d'entrée : 50 € (Étudiant : 40 €)

Cotisation annuelle :
Membre actif : 50 € (à l'étranger : 65 €)
Membre d'honneur : 80 €

ABONNEMENT / RÉABONNEMENT 2025

à retourner à Presses Universitaires du Septentrion Diffusion
Rue du Barreau - B.P. 30199 - F59654 Villeneuve d'Ascq Cedex
Fax : +33 (0)3 20 41 66 90 - E-mail : contact@septentrion.com
http://www.septentrion.com/fr/revues/allemagneaujourdhui/

L'abonnement 2025 comprend les N°s 251 - 252 - 253 - 254

Je soussigné(e) Nom .... Prénom..
demeurant à *(adresse complète avec l'indication du code postal et du pays)*
....
....

O m'abonne / me réabonne pour l'année 2025

à la revue *Allemagne d'Aujourd'hui*

Tarifs 2025

Prix au numéro	18 € franco de port	O					
En France :	Ordinaire 55 €	O	Étudiant 45 €	O	Soutien 80 €	O
	Ordinaire (+ PDF) 65 €	O	Étudiant (+ PDF) 55 €	O	Soutien (+ PDF) 90 €	O
À l'étranger :	Ordinaire 65 €	O	Ordinaire (+ PDF) 75 €	O		

Ci-joint mon règlement d'un montant total de ....
O par chèque bancaire à l'ordre des P.U. du Septentrion
O par virement bancaire au compte des P.U. du Septentrion : contacter Christophe Meurisse
O par carte bancaire visa N° ....
expirant .... cryptogramme ....

Signature

Envoi de spécimen

Allemagne d'Aujourd'hui vous a intéressé(e). **La revue pourrait intéresser d'autres personnes que vous connaissez. Sur votre recommandation, nous ferons parvenir un spécimen** aux personnes dont vous nous indiquerez l'adresse :

Nom et adresse...
....
Nom et adresse...
....